改訂版
建築計画学

編著 　　　　共著
松本直司 　　櫻木耕史
　　　　　　瀬田惠之
　　　　　　高井宏之
　　　　　　建部謙治
　　　　　　谷田　真
　　　　　　中井孝幸
　　　　　　夏目欣昇
　　　　　　西尾洸毅
　　　　　　西本雅人
　　　　　　船曳悦子
　　　　　　宮崎崇文
　　　　　　矢田　努

執筆担当

松本直司
　0章、1部第1〜3章、第5章、第7章（7.1~7.4）

建部謙治
　1部第4章（原文）、1部第8章（原文）、3部第2〜3章（原文）

船曳悦子
　1部第4章

中井孝幸
　1部第6章、2部第2章（2.2、コラム）、3部第4章、3部10章、3部11章

夏目欣昇
　1部第6章（6.1.2、6.1.3、コラム）、1部第8章（8.4.2、8.4.3）、
　3部第4章（4.1.3、コラム）

西尾洸毅
　1部第4章（コラム1）、1部第7章（7.2.4）、1部第8章（8.6、8.7）、
　2部第5章（コラム）、3部第13章（13.3、コラム）

瀬田惠之
　1部第1章（コラム）、1部第7章（7.5、7.6）、
　1部第8章（8.2.3、8.2.4、8.3.3（1）〜（5））、3部第6章（コラム4）

櫻木耕史
　1部第8章（8.1、8.1.3、8.2.1、8.2.2、8.2.3、8.2.4、8.2.6、8.3.2、8.3.3（6）、
　8.4.1、8.5）、3部第10章（コラム）、3部第13章（13.1、13.2）

高井宏之
　2部第1章〜第5章、3部第8章

矢田努
　3部第1章、第5章、第9章、第12章

西本雅人
　3部第2章〜3章

谷田真
　3部第6章、3部第7章

宮崎崇文
　3部第11章

改訂版　建築計画学　目次

第0章　はじめに ・・・・・・・・・・・・・・・・・1
0.1 学問としての建築計画学 ・・・・・・・・・・2
0.2 建築計画学が扱う範囲 ・・・・・・・・・・・5
0.2.1 計画基礎 / 5　0.2.2 住宅・住宅地 / 6　0.2.3 各種建築・地域施設 / 7　0.2.4 その他 / 7
0.3 建築計画学のあゆみ ・・・・・・・・・・・・7
0.4 執筆担当と謝辞 ・・・・・・・・・・・・・・11

1部　建築と空間の計画

第1章　建築と計画
1.1 建築空間創造のための計画 ・・・・・・・・・17
1.1.1 生活のための建築計画学 / 17　1.1.2 建築の社会化 / 18　1.1.3 地球環境問題と建築 / 20　1.1.4 建築計画学の意義 / 23
1.2 生活空間の創造 ・・・・・・・・・・・・・・23
1.2.1 空間像の設定 / 23　1.2.2 生活像の把握 / 24　1.2.3 生活と空間 / 27
1.3 これからの建築計画学 ・・・・・・・・・・・31
【演習問題】/ 33

第2章　人間と空間
2.1 空間とは ・・・・・・・・・・・・・・・・・37
2.1.1 空間の概念 / 37　2.1.2 空間（space）と時間（time）/ 39　2.1.3 空間と場所 / 39　2.1.4 場所と位置（position）、中心、方向性 / 40　2.1.5 空間概念の諸相 / 40
2.2 建築空間 ・・・・・・・・・・・・・・・・・41
2.2.1 生活の器 / 41　2.2.2 建築空間の必要条件 / 42
2.3 建築空間の構成 ・・・・・・・・・・・・・・43
2.3.1 人間をとりまく環境 / 43　2.3.2 空間の構成 / 43
2.4 空間構成要素 ・・・・・・・・・・・・・・・45
2.4.1 建築空間の三要素 / 45　2.4.2 建築空間を構成する面 / 46　2.4.3 空間の内容物 / 49　2.4.4 空間の時間要素 / 49　2.4.5 行動と奥の概念 / 51
2.5 内部空間と外部空間 ・・・・・・・・・・・・51
2.5.1 内部空間と外部空間の定義 / 51　2.5.2 内部と外部の中間領域 / 52
【演習問題】/ 53

第3章　人間と建築
3.1 形の意味 ・・・・・・・・・・・・・・・・・57
3.1.1 形は意味をもつ / 57　3.1.2 形の連結 / 58
3.2 形態知覚 ・・・・・・・・・・・・・・・・・59
3.2.1 錯視 / 59　3.2.2 恒常性 / 60　3.2.3 黄金分割 / 61　3.2.4 図と地 / 62
3.3 奥行・距離の知覚 ・・・・・・・・・・・・・63
3.3.1 奥行の知覚 / 63　3.3.2 方向と距離の知覚 / 65　3.3.3 識別距離 / 65
3.4 空間形態の知覚 ・・・・・・・・・・・・・・66

3.4.1 位置・方向・傾きの知覚 / 66　3.4.2 平面形状の知覚 / 66　3.4.3 立体形状の知覚 / 67
　3.5 建築空間と意味・・・・・・・・・・・・・・・・ 68
　　　3.5.1 PN-スペース / 68　3.5.2 空間のまとまり・大きさ感 / 68　3.5.3 遠近・逆遠近 / 69
　　　3.5.4 空間形状意識 / 69
　3.6 建築空間の諸相・・・・・・・・・・・・・・・・ 70
　　　3.6.1 空間の2局面 / 70　3.6.2 空間の記号化（ノーテーション）/ 71　3.6.3 空間の意味構造 / 72
　【演習問題】/ 74

第4章　身体と人間行動

　4.1 空間の寸法・・・・・・・・・・・・・・・・・・ 77
　　　4.1.1 寸法の単位 / 77　4.1.2 人体寸法と姿勢 / 77　4.1.3 動作寸法と空間 / 78
　　　4.1.4 人間のくせ / 80　4.1.5 インテリアの寸法 / 80　4.1.6 エクステリアの寸法 / 82
　4.2 歩行の特性・・・・・・・・・・・・・・・・・・ 83
　　　4.2.1 歩行行動 / 83　4.2.2 分かりやすい空間 / 83
　4.3 滞留の特性・・・・・・・・・・・・・・・・・・ 84
　　　4.3.1 待ち行列 / 85　4.3.2 滞留場所 / 85　4.3.3 待合いの型と座席選択 / 85
　4.4 空間領域・・・・・・・・・・・・・・・・・・・ 86
　　　4.4.1 パーソナルスペース / 87　4.4.2 人と人との距離 / 87
　　　4.4.3 集合の種類と型（人間同士のフォーメーション）/ 88
　4.5 混み合い・・・・・・・・・・・・・・・・・・・ 90
　　　4.5.1 プライバシーと混み合い / 90　4.5.2 群集流動とサービス水準 / 90　4.5.3 歩行速度 / 92
　　　4.5.4 混み合いの制御 / 92
　【演習問題】/ 93

第5章　人間と空間のイメージ

　5.1 空間のイメージ・・・・・・・・・・・・・・・・ 95
　　　5.1.1 イメージの性質 / 95　5.1.2 イメージの種類 / 96
　5.2 イメージのしやすさ・・・・・・・・・・・・・・ 97
　　　5.2.1 都市のイメージ / 97　5.2.2 都市のアンビギュイティ（ambiguity）/ 99
　　　5.2.3 様々なイメージ研究 / 100
　5.3 アフォーダンスとスキーマ・・・・・・・・・・・ 101
　　　5.3.1 アフォーダンス理論 / 101　5.3.2 空間図式 / 101
　　　5.3.3 知覚循環（図式 - 探索 - 対象 - 図式）/ 102
　5.4 心象風景・原風景・・・・・・・・・・・・・・・ 103
　　　5.4.1 心象風景（mental scenery）/ 103　5.4.2 原風景 / 104
　5.5 認知距離・・・・・・・・・・・・・・・・・・・ 104
　　　5.5.1 距離の種類 / 104　5.5.2 認知距離の性質 / 105
　5.6 時間軸から捉えた空間のイメージ・・・・・・・・ 105
　【演習問題】/ 107

第6章　計画と設計の過程

　6.1 計画のプロセス・・・・・・・・・・・・・・・・ 109
　　　6.1.1 企画、設計、施工、管理の流れ / 109　6.1.2 計画マネジメントの手法 / 109
　　　6.1.3 設計の評価方式、建設工事の発注方式 / 110

6.2 設計のプロセス・・・・・・・・・・・・・・・・111
6.2.1 現状を分析する / 111　6.2.2 データを集める / 111　6.2.3 コンセプトをつくる / 111
6.2.4 エスキスの進め方 / 112
6.3 設計の方法・・・・・・・・・・・・・・・・・112
6.3.1 敷地の声を聞く / 112　6.3.2 図面を描く / 113　6.3.3 展開される行為を考える / 114
6.3.4 空間をつなげる / 115　6.3.5 空間を区切る / 116　6.3.6 ひかりとあかり / 117
6.3.7 街並みとの関係性 / 117
6.4 設計を支援する知見・・・・・・・・・・・・118
6.4.1 形を決める / 118　6.4.2 寸法を決める / 119　6.4.3 構造を考える / 121
6.4.4 力の流れと構造形式 / 122　6.4.5 人と環境にやさしい技術 / 122

第7章　計画と設計
7.1 全体計画・・・・・・・・・・・・・・・・・・125
7.1.1 規模計画・配置計画 / 125　7.1.2 外部空間計画 / 130
7.2 平面計画・・・・・・・・・・・・・・・・・・134
7.2.1 エスキス / 134　7.2.2 平面の構成手法 / 135　7.2.3 各部位の計画 / 139　7.2.4 規模計画 / 140
7.3 動線計画・・・・・・・・・・・・・・・・・・141
7.3.1 動線の種類 / 141　7.3.2 動線計画のポイント / 141
7.4 立面・断面計画・・・・・・・・・・・・・・・143
7.5 色彩計画・・・・・・・・・・・・・・・・・・144
7.5.1 建築計画の中で色彩の考え方 / 144　7.5.2 建築色彩の心理的効果 / 146
7.5.3 色彩のゾーニング、ユニバーサルデザイン / 147
7.6 照明計画・・・・・・・・・・・・・・・・・・148
7.6.1 概要 / 148　7.6.2 照度基準 / 148　7.6.3 輝度の重要性 / 148　7.6.4 照度と輝度の違い / 149
7.6.5 JIS の輝度基準 / 149
【演習問題】/ 150

第8章　建築空間の性能
8.1 空間の機能・・・・・・・・・・・・・・・・・153
8.1.1 利便性 / 154　8.1.2 快適性 / 154　8.1.3 健康性 / 155
8.2 安全性・・・・・・・・・・・・・・・・・・・156
8.2.1 建物の安全性 / 156　8.2.2 火災に対する安全性 / 157　8.2.3 水害 / 160　8.2.4 地震 / 161
8.2.5 日常災害 / 163　8.2.6 防犯対策 / 165
8.3 耐久性・・・・・・・・・・・・・・・・・・・167
8.3.1 建築の耐用年数 / 167　8.3.2 建築物の解体 / 168
8.3.3 設計の瑕疵・意匠権への対応（つくる責任・使う責任）/ 168
8.4 経済性・・・・・・・・・・・・・・・・・・・170
8.4.1 経済性と建築の更新 / 170　8.4.2 資産としての建築の管理 / 172
8.4.3 地域の産業／観光の計画 / 172
8.5 環境性・・・・・・・・・・・・・・・・・・・173
8.5.1 カーボンニュートラル / 174　8.5.2 パートナーシップで目標を達成 / 175
8.6 気候の地域性・・・・・・・・・・・・・・・・175
8.7 建築の再生・・・・・・・・・・・・・・・・・178
【演習問題】/ 179

2部　住まいの計画

第1章　住まいの機能と諸条件
1.1 風土と住まい ・・・・・・・・・・・・・・・ 185
1.2 住まいの機能と計画 ・・・・・・・・・・・・ 187
1.3 日本の住宅の歴史的系譜 ・・・・・・・・・・ 191
1.4 これからの住まい ・・・・・・・・・・・・・ 196
　【演習問題】/ 196

第2章　独立住宅の計画
2.1 住宅の種類と計画条件 ・・・・・・・・・・・ 199
2.2 住まいの計画 ・・・・・・・・・・・・・・・ 201
2.3 計画のテーマと作品 ・・・・・・・・・・・・ 207
2.4 独立住宅計画の取り組み方 ・・・・・・・・・ 214
2.5 住宅を作るプロセス ・・・・・・・・・・・・ 215
　【演習問題】/ 215

第3章　集合住宅の計画
3.1 建設のフローと住宅の種類 ・・・・・・・・・ 217
3.2 集合住宅の計画 ・・・・・・・・・・・・・・ 219
3.3 住宅管理・更新／建替え ・・・・・・・・・・ 223
3.4 集合住宅のテーマの変遷と事例 ・・・・・・・ 225
3.5 海外の集合住宅 ・・・・・・・・・・・・・・ 231
3.6 集合住宅計画への取り組み方 ・・・・・・・・ 235
　【演習問題】/ 235

第4章　住宅地の計画
4.1 土地利用と生活関連施設 ・・・・・・・・・・ 237
4.2 道路の種類と計画 ・・・・・・・・・・・・・ 238

第5章　現代の住宅計画の課題
5.1 居住者の変化への対応 ・・・・・・・・・・・ 239
5.2 社会の変化への対応 ・・・・・・・・・・・・ 242
5.3 日本らしい空間・意匠 ・・・・・・・・・・・ 245
　【演習問題】/ 246

3部　施設の計画

第1章　子どもの育ち・あそぶ（子ども施設）

1.1 子どもの育ちと建築計画 ・・・・・・・・・・・・ 251
1.2 子どもにやさしいまちをつくる建築・都市の条件
　　・・・・・・・・・・・・・・・・・・・・・・ 252
1.3 子どもの特性をふまえた子どもにふさわしい環境づくり
　　・・・・・・・・・・・・・・・・・・・・・・ 252
1.4 子ども施設の計画とあそび・交流 ・・・・・・・ 256
　　1.4.1 子どものあそび環境の変容と子ども施設 / 257　1.4.2 子ども施設の種類 / 257
　　1.4.3 子ども施設の課題と計画条件 / 258　1.4.4 子ども施設の計画 / 260
1.5 子どもの環境の計画と空間の価値 ・・・・・・・ 261
　　1.5.1 小さなあそび空間 / 261　1.5.2 あそべる空間と公園緑地 / 261
　　1.5.3 あそび空間としての都市空間の価値 / 262
　　1.5.4 面積、ゾーン、遊具、植栽空間等の役割 / 263
　　【演習問題】/ 264

第2章　成長する・見守る（保育施設）

2.1 保育施設の歴史 ・・・・・・・・・・・・・・・ 267
　　2.1.1 種類（幼稚園・保育園・こども園）/ 267　2.1.2 保育施設の保育とその活動の流れ / 268
2.2 全体計画（遊びのデザイン）・・・・・・・・・・ 270
　　2.2.1 園舎・保育室の配置 / 270　2.2.2 園庭（屋外スペース）の計画 / 270
2.3 各部の設計 ・・・・・・・・・・・・・・・・・ 271
　　2.3.1 保育室の機能分離 / 271　2.3.2 トイレの計画 / 272　2.3.3 共有空間の計画 / 272
　　2.3.4 管理諸室の計画 / 273
2.4 将来の保育施設像 ・・・・・・・・・・・・・・ 273
　　【演習問題】/ 274

第3章　学ぶ・教える（学校）

3.1 学校の歴史 ・・・・・・・・・・・・・・・・・ 275
　　3.1.1 種類・分類 / 275　3.1.2 教育の流れと学校建築の変遷 / 275
3.2 学校における活動と場づくり ・・・・・・・・・ 276
　　3.2.1 質の高い教育をみんなに / 276　3.2.2 活動と求められる機能 / 276
　　3.2.3 運営方式と教室 / 278　3.2.4 オープンシステムによる運営と学習諸室 / 278
3.3 全体の計画 ・・・・・・・・・・・・・・・・・ 280
　　3.3.1 部門構成と配置 / 280　3.3.2 地域に開かれた学校 / 280　3.3.3 複合化された学校 / 280
3.4 各部の設計 ・・・・・・・・・・・・・・・・・ 282
　　3.4.1 学習活動と諸室 / 282　3.4.2 こどもの居場所（生活活動と諸室）/ 284
3.5 将来の学校像 ・・・・・・・・・・・・・・・・ 286
　　【演習問題】/ 286

第4章　調べる・揃える（図書館）

4.1 記憶の倉庫から知の宝庫へ・・・・・・・・・289
4.1.1 図書館の起源 / 289　4.1.2 情報化と多様なメディア媒体 / 290　4.1.3 図書館の電子化 / 291

4.2 図書館サービスのネットワーク・・・・・・・・・292
4.2.1 多様な利用を支えるネットワークづくり / 292　4.2.2 図書館の利用圏域 / 292
4.2.3 図書館の地域計画 / 294

4.3 図書館平面の変遷・・・・・・・・・・・・・294
4.3.1 自由閲覧式への移行 / 294　4.3.2 貸出中心型利用から滞在型利用、そして課題解決型へ / 295

4.4 図書館の部門構成・・・・・・・・・・・・・296
4.4.1 図書館全体の構成要素 / 296　4.4.2 利用者部門の計画 / 296
4.4.3 書庫、業務部門の計画 / 297　4.4.4 自動化、デジタル化と動線 / 297

4.5 開架閲覧室の計画・・・・・・・・・・・・・298
4.5.1 開架閲覧室のゾーニング / 298　4.5.2 多様な利用者への図書館サービス / 298
4.5.3 児童開架スペース / 300　4.5.4 図書館家具の計画 / 300

4.6 これからの図書館像・・・・・・・・・・・・302
4.6.1 異世代が交流する地域のサロンとしての図書館 / 302
4.6.2 にぎわいをつくる装置としての図書館と音のゾーニング / 302
4.6.3 ついで利用とまちへの広がり / 302

第5章　鑑賞する・展示する（博物館）

5.1 博物館の種類と機能・・・・・・・・・・・・307
5.1.1 博物館の起源 / 307　5.1.2 博物館の種類 / 308　5.1.3 博物館の機能 / 310

5.2 博物館建築の特徴・・・・・・・・・・・・・310
5.2.1 共通の特徴 / 310　5.2.2 館種により異なる特徴 / 312

5.3 全体計画・各部計画・・・・・・・・・・・・313
5.3.1 立地・敷地計画・配置計画 / 313　5.3.2 部門構成と諸室 / 313　5.3.3 各部計画 / 316

5.4 科学館の計画と施設規模・展示内容・・・・・・317
【演習問題】/ 319

第6章　観劇する・演ずる（ホール）

6.1 ホールの歴史・・・・・・・・・・・・・・・323
6.1.1 分類 / 323　6.1.2 変遷 / 323

6.2 全体の計画・・・・・・・・・・・・・・・・325
6.2.1 部門構成 / 325　6.2.2 専門化・広域連携 / 325　6.2.3 大規模・複合化 / 326

6.3 舞台・客席部門・・・・・・・・・・・・・・326
6.3.1 舞台の計画 / 326　6.3.2 客席の計画 / 327　6.3.3 舞台と客席の関係 / 327

6.4 パブリックスペース関連部門（ホールの表側）・・・・・・・・・・・・・・・・・・・・・328
6.4.1 ロビー・ホワイエの計画 / 328　6.4.2 クローク・トイレの計画 / 328

6.5 裏方関連部門（ホールの裏側）・・・・・・・・329
6.5.1 練習室・リハーサル室の計画 / 329　6.5.2 楽屋・スタッフ諸室の計画 / 329

6.6 市民参加型のホール・・・・・・・・・・・・329
6.6.1 計画段階における市民参加 / 329　6.6.2 ホール運営への市民参加と組織づくり / 330
【演習問題】/ 332

第 7 章　買う・売る（商業施設）

- 7.1 商業施設の歴史 ・・・・・・・・・・・・・・・・・ 333
  - 7.1.1 分類 / 333　7.1.2 変遷 / 333
- 7.2 商業施設の計画 ・・・・・・・・・・・・・・・・・ 335
  - 7.2.1 規模・配置計画 / 335　7.2.2 売場計画 / 336　7.2.3 アメニティ・外装計画 / 338
  - 7.2.4 駐車場・後方施設等計画 / 339
- 7.3 コンビニエンスストアの計画 ・・・・・・・・・・・ 339
- 7.4 飲食店の計画 ・・・・・・・・・・・・・・・・・・ 340
- 7.5 持続可能な商業施設 ・・・・・・・・・・・・・・・ 341
  - 7.5.1 建物の再生 / 341　7.5.2 都市との関わり / 341　7.5.3 地域住民との連携 / 341
  - 【演習問題】/ 342

第 8 章　泊まる・もてなす（宿泊施設）

- 8.1 ホテル・旅館の特性と種類 ・・・・・・・・・・・・ 343
- 8.2 ホテルの計画 ・・・・・・・・・・・・・・・・・・ 347
- 8.3 近年の動きと課題 ・・・・・・・・・・・・・・・・ 349
  - 【演習問題】/ 352

第 9 章　執務する・ビジネスをする（業務施設）

- 9.1 業務施設とは ・・・・・・・・・・・・・・・・・・ 353
  - 9.1.1 業務施設の特徴 / 353　9.1.2 事務所ビルの種類 / 355
  - 9.1.3 事務所ビルの歴史的展開と動向 / 355
- 9.2 全体計画 ・・・・・・・・・・・・・・・・・・・・ 356
  - 9.2.1 立地条件・敷地条件 / 356　9.2.2 用途構成とレンタブル比 / 357　9.2.3 建築形態 / 357
  - 9.2.4 事務所ビルと技術革新 / 358
- 9.3 各部計画 ・・・・・・・・・・・・・・・・・・・・ 358
- 9.4 アトリウムの計画 ・・・・・・・・・・・・・・・・ 360
  - 9.4.1 アトリウムの公共性を高める / 361　9.4.2 人が満足するアトリウムをつくる / 362
  - 【演習問題】/ 364

第 10 章　癒す・治療する（医療施設）

- 10.1 地域包括医療 ・・・・・・・・・・・・・・・・・ 367
- 10.2 規模と寸法の計画 ・・・・・・・・・・・・・・・ 368
- 10.3 人・もの・情報の動線計画 ・・・・・・・・・・・ 369
- 10.4 診療所の計画 ・・・・・・・・・・・・・・・・・ 371
- 10.5 病院の部門構成 ・・・・・・・・・・・・・・・・ 373
- 10.6 病棟平面の変遷 ・・・・・・・・・・・・・・・・ 376
- 10.7 暮らしの中の医療 ・・・・・・・・・・・・・・・ 378

第 11 章　自立する・支援する（福祉施設）

- 11.1 自立した生活 ・・・・・・・・・・・・・・・・・ 381
- 11.2 高齢者のための福祉施設 ・・・・・・・・・・・・ 383
- 11.3 高齢者用の住宅 ・・・・・・・・・・・・・・・・ 384
- 11.4 通所系の高齢者福祉施設 ・・・・・・・・・・・・ 384

11.5 入所系の高齢者福祉施設 ・・・・・・・・・・・・ 385
11.6 福祉施設のこれから ・・・・・・・・・・・ 388

第 12 章　集まる・交流する（コミュニティ施設）

12.1 コミュニティとコミュニティ施設 ・・・・・・ 393
　　12.1.1 建築・地区・地域のなりたち / 393　　12.1.2 地球環境時代とコミュニティ / 395
　　12.1.3 コミュニティ施設とは / 396
12.2 コミュニティ施設の課題と計画条件 ・・・・・・ 398
　　12.2.1 コミュニティ施設の課題 / 398　　12.2.2 コミュニティ施設の計画条件 / 398
12.3 コミュニティ施設の計画 ・・・・・・・・・・ 400
　　12.3.1 全体計画 / 400　　12.3.2 各部計画 / 401
12.4 コミュニティ施設をめぐる近年の動向 ・・・・・ 403
【演習問題】/ 405

第 13 章　まちづくりと建築

13.1 まちづくり・地域づくり・街づくり ・・・・・・ 409
　　13.1.1 コミュニティの再構築 / 410　　13.1.2 空間の質の向上と管理 / 411
　　13.1.3 アートの街づくり / 413
13.2 伝統的環境 ・・・・・・・・・・・・・・・・ 414
　　13.2.1 景観計画 / 415
13.3 住民活動 ・・・・・・・・・・・・・・・・・ 415
　　13.3.1 街のまちづくり / 415　　13.3.2 住民参加のまちづくり / 417
　　13.3.3 ゼロから始めるまちづくり / 419
【演習問題】/ 421

第0章　はじめに

　この数年の間に、世界情勢はめまぐるしく変化している。ビッグデータを活用した情報通信技術や、IoT、AIの技術革新など、これまでにない速度で世の中を物理的にも精神的にも変えてきている。こうしたなかで、建築が積極的に新局面を誘発し、展開する場として機能することが必要となっている。

　建築計画学も創生期から成熟期を経て、新たな展開が図られる時期になってきた。建築活動が、日本といった狭い範囲ではなく、世界全体を視野に入れていかなくてはならない。かつての建築計画学が、時代のなかで現状に合わなくなってきている。建築計画学が細分化の一途をたどり、研究者の専門が建築計画全体を網羅できなくなってきている。

　しかし、根本の要因は、これまでの人間のための空間を創造するという建築計画学の理念そのものが、地球環境の保全や、生物多様性の持続というグローバルな問題へシフトし、建築の目標が大きく変化してきていることにある。さらに、都市空間を構成するものとしての建築の社会的意義である、表現の自由や多様性、芸術性が追求されるようになってきた。建築することが都市をつくることになってきた。

　この『建築計画学』も、この流

すばらしい地球環境を、次の世代まで残していかなくてはならない。
写真0.1　雄大な自然
（アメリカ・ヨセミテ）

住宅と生産活動と自然とが調和した風景を感じる。
写真0.2　美しい農村風景
（恵那市坂折棚田）

市場は絶えなく続いてきた人間の営み。この中で次世代につなげなくてはならないものは何なのだろうか。
写真0.3　力強い生活を感じる
（中国・ハルビン市靖宇街）

こんもりとした山の中に、まるでキノコのように自然な形で建てられている。
写真 0.4 小山敬三美術館（村野藤吾設計）

れのなかで成立する。そこでこれまでの建築計画学とは異なる、いくつかの特徴を込めたつもりである。それらのなかで、地球環境の持続性の問題は最も大きい。つくり続けてきた建築から、良いものを長く使いこなす時代の到来である。人間中心から、生物界全体の問題として建築をとらえ直す必要がある。

　建築計画という学問分野の中での、細目における専門化が一層進んでいる問題に対しては、本書では、在野の建築計画の教育・研究者が、毎年自身の大学の学生に講義してきた内容を持ち寄り、度重なる打合せ、調整を経て、最も得意とする分野についての執筆を行っている。学生が学びやすいように地域の特性を加味することにも留意した。この意味で、幅広く全体にわたる内容になっている一方、細部にこだわった点もあることは否めない。

　建築を初めて学ぶ学生を対象とし、内容がわかりやすいことを心がけたが、特別な項目を深く掘り下げている箇所が散見されることも事実である。そこについては、一通り学んだ後にでも再読いただくと、その有用性が認識されるものと考えている。

0.1　学問としての建築計画学

　建築計画は、生活空間を創造するための技術であり、建築計画を学問として体系化したものが建築計画学である。

(1) 生活からの理解

　建築は人間の生活の場であり、生活に適したものであるべきである。建築を生活に適合させるためには、人間の行動や建築空間の使われ方を理解し、生活要求を把握する必要がある。

　建築は、その空間を機能面で充実させ、人間生活の快適性や、満足度を高めるべきものである。そのためには人間の知覚・行動や生活意識と、建築空間との対応関係を把握することが重要となる。木材や土、コンクリートでつくられた壁や天井などの建築を構成するもの自体の効果、これらによってつくりだされる空間の広さや、開放性など、人間感覚への効果を知る必要もあろう。建築は、そこで生活するものに新しい生活の局面を提供し、心の中に住み処としてずっと残り続ける。建築計画学は、建築空間を

どのように豊かにするかに関する学問である。人間の行動や意識との関係を求めるという意味で、人間−環境系のデザイン論ともいわれる。

一方、建築は人間の健康や安全を保全する。自然の驚異から身を守るシェルターとして、雨風を防ぎ、害虫や猛獣あるいは外敵の侵入を防止する。日常生活では、事故が起きない、病気にならない、安全で衛生的であるべきであり、地震や火災時には壊れない、燃えにくいなどの必要がある。避難が容易であることも求められる。

いずれにしても、建築計画学は、人間生活の、安全性、健康性、能率性、快適性を、さらには耐久性、経済性、環境性などを確保するための空間を創造する技術を提供し、建築による表現の自由、多様性、芸術性をささえるものである。

(2) 社会性からの理解

土地には様々な条件がある。その土地の、気候、風土、歴史文化の理解が建築には欠かせない。周辺の施設条件の把握や周辺コミュニティについても、その現状と将来の予測が必要である。建設の規模に関しては、建築に対する需要を予測し、その施設の適正配置も検討を要する。

建築は環境の創造と保全、およびその持続性保持にも貢献する必要がある。地球の多様性を保持し、他の生物との共存による豊かな環境を保ち永続させていかなくてはならない。界隈やコミュニティの形成・維持、単体の建築が集合することによる社会的な影響、効果について科学的な調査研究や実証的な理論が必要である。

生産・施工性、構法など、よりよいものをより効率的に、コストをかけず、安全に建設するための技術の探究も必要である。高齢者、妊婦、体の不自由な人も、自立して生活ができるような、建築的な装置や仕組みの追求も必要である。バリアフリー、ユニバーサルデザインの建築の研究、普及を目指すこと、建築を適切に評価する基準の明確化なども必要であろう。

人間が安全に生活できる建築として、防災・避難の研究も必要である。

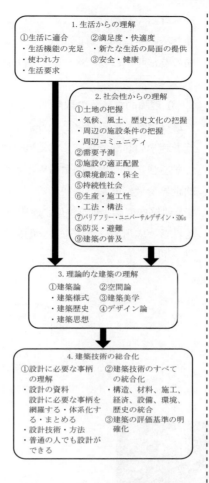

図 0.1　学問としての建築計画学

コミュニティ（community）日本では「共同体」と訳されることが多い。同一地域に住んでいる人々が、政治や風俗などで結びついた地域社会のことを指す。日本語に「界隈」という言葉があるが、これは地理的な意味で付近とか近辺、あたり一帯を指すことが多い。

動線計画や避難計画、そのための通路や階段、エレベータ、非常口や排煙のための開口部の適正な大きさ、広さ、数、配置の検討が必要である。人間の非常時の行動パターン、消火活動等の効率的な建築計画が望まれる。

(3) 理論的な建築の理解

建築はかくあるべきというような規範的な理論の構築や、その検証も建築計画学の範疇である。古くは、**ウィトルウィウス**の唱えた建築の三要素である強、用、美に関するものがある。この考え方は、今日に至るまで西欧世界ではほとんど途切れることなく語り継がれている。建築論、建築思想、建築空間論、建築美学、建築デザイン理論などの細分野が相当するが、それらの応用や、実証を科学的に検証する学問ともいえる。

メタバース

バーチャルリアリティ (VR) の進化したものとして、メタバースがある。コンピュータ内に構築された仮想空間に、アバターとして入場し、空間体験できると同時に、他の構築空間参加者との自由なコミュニケーションを可能にする。この空間体験には、スマートホンや、ヘッドマウンテッドディスプレイ (HD) の装着が必要となる。
オンラインでの会議、ショッピング、交流会、未知の空間体験など様々な用途が可能となる。

模型は、設計した建築を確認したり提示するために欠かせない。さらに、模型は空間の研究にも様々な方法で用いられている。空間シミュレータを用いた研究もそのひとつである。

写真 0.5 建築空間模型と空間シミュレータ

六面体の壁面スクリーンに CG 映像が写し出される。中に人が入り、空間を自由に体験することができる。

写真 0.6 「COSMOS」
（写真は岐阜県情報技術研究所提供）

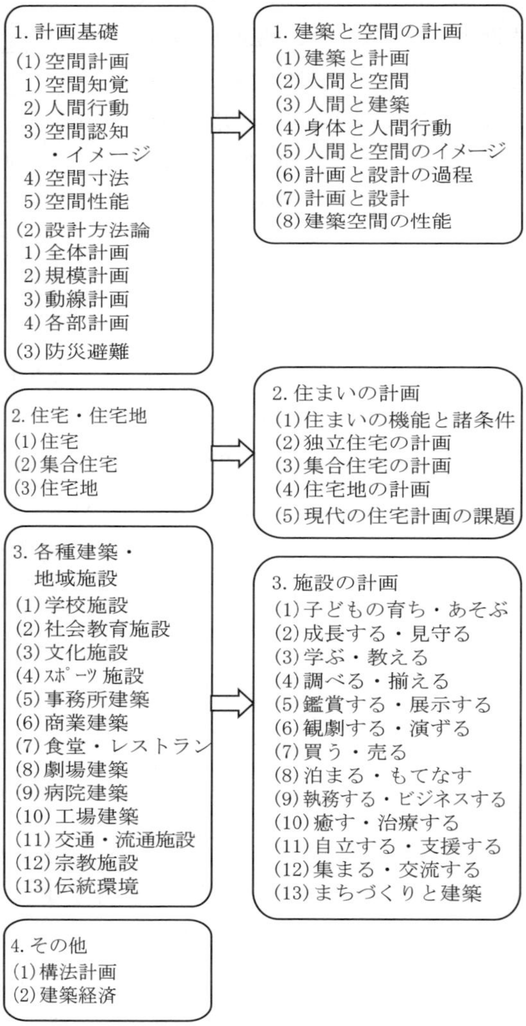

---

1. 計画基礎
(1) 空間計画
 1) 空間知覚
 2) 人間行動
 3) 空間認知
   ・イメージ
 4) 空間寸法
 5) 空間性能
(2) 設計方法論
 1) 全体計画
 2) 規模計画
 3) 動線計画
 4) 各部計画
(3) 防災避難

2. 住宅・住宅地
(1) 住宅
(2) 集合住宅
(3) 住宅地

3. 各種建築・
  地域施設
(1) 学校施設
(2) 社会教育施設
(3) 文化施設
(4) スポーツ施設
(5) 事務所建築
(6) 商業建築
(7) 食堂・レストラン
(8) 劇場建築
(9) 病院建築
(10) 工場建築
(11) 交通・流通施設
(12) 宗教施設
(13) 伝統環境

4. その他
(1) 構法計画
(2) 建築経済

→

1. 建築と空間の計画
(1) 建築と計画
(2) 人間と空間
(3) 人間と建築
(4) 身体と人間行動
(5) 人間と空間のイメージ
(6) 計画と設計の過程
(7) 計画と設計
(8) 建築空間の性能

2. 住まいの計画
(1) 住まいの機能と諸条件
(2) 独立住宅の計画
(3) 集合住宅の計画
(4) 住宅地の計画
(5) 現代の住宅計画の課題

3. 施設の計画
(1) 子どもの育ち・あそぶ
(2) 成長する・見守る
(3) 学ぶ・教える
(4) 調べる・揃える
(5) 鑑賞する・展示する
(6) 観劇する・演ずる
(7) 買う・売る
(8) 泊まる・もてなす
(9) 執務する・ビジネスする
(10) 癒す・治療する
(11) 自立する・支援する
(12) 集まる・交流する
(13) まちづくりと建築

図 0.2 建築計画学が扱う範囲

(4) 建設技術の総合化

a) 設計に必要な事柄の理解

建築計画学は、建築設計のための資料を提供するものである。人間生活のための空間を提供するのが建築であるとすると、建築計画学は、あらゆる知識や、学問の集積ということになる。これらの資料や知識を網羅し、建築技術のすべてを総合し、体系化することが建築計画学の役割である。

b) 設計の技術・方法

実際の設計の進め方や、組織の組み方、建築の設計方法論などについての研究がある。CAD やデータの共有、コンピュータ技術の応用、通信技術の導入についての研究も建築計画学の役割といえる。C. アレグザンダーの提唱した設計方法論**パタン・ランゲージ**も建築計画学の範疇に含まれる。

c) 建築設計のための建築計画学

設計者が個人（建築家）である場合は、設計意図は明確でありうるし、かつ独断的にもなる。一方設計集団、すなわち設計会社による設計は、複数の人の思想や技術を結集することができる反面、設計意図が不明確になり内容が一般的になりやすい。建築計画学は設計者の意志を明確にし、効果的に建築空間として表現するための資料、方法を提供する。

建築設計が、特殊な才能を有する人だけの職業ではなく、普通の人でも「建築計画」を適切に学ぶことによって、標準的なレベルの設計を可能にする技術や資料を提供するものでもある。

d) 技術の統合化

建築には構造、材料、施工、経済、設備、環境・歴史などの様々な分野が存在する。建築計画学は、これらの分野を統合、総合化して建築設計を行う技術である。

0.2 建築計画学が扱う範囲

0.2.1 計画基礎

(1) 空間計画

生活と空間の関係を、人間の空間知覚・行動・認知・イメージ、空間寸法、人体寸法、動作範囲、感覚、知覚、規模、動線などを人間の生理・心理特性の局面より捉える。すなわち、人間の行為・行動と空間の関係や、人間の空間知覚、人間行動、空間認知を研究する学問である。

空間性能に関しては、体の不自由な人達に対する**バリアフリーデザイン**、どんな人でも利用可能なデザインである**ユニバーサルデザイン**に関する考え方、具体的な空間の提案は、建築計画学の分野に相当する。

建築の環境項目で計画原論で扱われてきた、光、熱、音、振動、空気など空間の物理的条件に関する性能、心理的な影響に関しては、現在では環境工学や、環境を保つための建築設備の分野で扱われている。

ウィトルウィウス（ヴィトルヴィウス）（ウィトルーウィウス）
紀元前1世紀の古代ローマの建築家。建築は強、用、美の原理が保たれるように造られるべきと述べている。『建築十書』を著す。

パタン・ランゲージ
建築や環境のデザインにおいて、関係者全員が参加する事を前提とした設計ツール。C. アレグザンダーが提唱した建築家の独断によらない全員参加型の設計方式。

バリアフリーデザイン
国連障害者生活環境専門家会議（1974 年）において「バリアフリーデザイン」の報告書が出され、これを契機に世界中に普及した。

ユニバーサルデザイン
故ロナルド・メイス博士（ノースカロライナ州立大学）が 1985 年に提言した概念で、「UD の 7 原則」が作成されている。

(2) 設計方法論

全体計画、規模計画、動線計画、各部計画などの具体的な設計図面の作成方法を扱う他に、設計事務所などの組織で、どのように設計を進めていくか、実際に仕事を得て建築を実現するための**コンペ**や、他の組織との連携など、建設に結びつく具体的な設計方法論について研究する。

(3) 防災避難

地震・津波や火災などの自然災害、人的災害に対する建物の安全やそこからの避難に対し、建築空間が備えるべき内容についての考え方や知見を提供する。

0.2.2 住宅・住宅地

戸建て住宅や集合住宅などから、それらの建築が集合した住宅地の計画手法についての考え方や手法を提供する。住宅を、人間生活を包み込む空間や場として考えると、住宅の計画は建築の基本であり、建築は住宅に始まって住宅に終わるといわれるように最も重要なテーマである。

住宅は単体としての計画に始まったが、今日では集合した群として捉える必要性が大きくなっている。住民の個別な生活を満足させるだけではなく、住民間の交流や、コミュニティの形成など、複数の住宅や集合住宅の間の関連性を

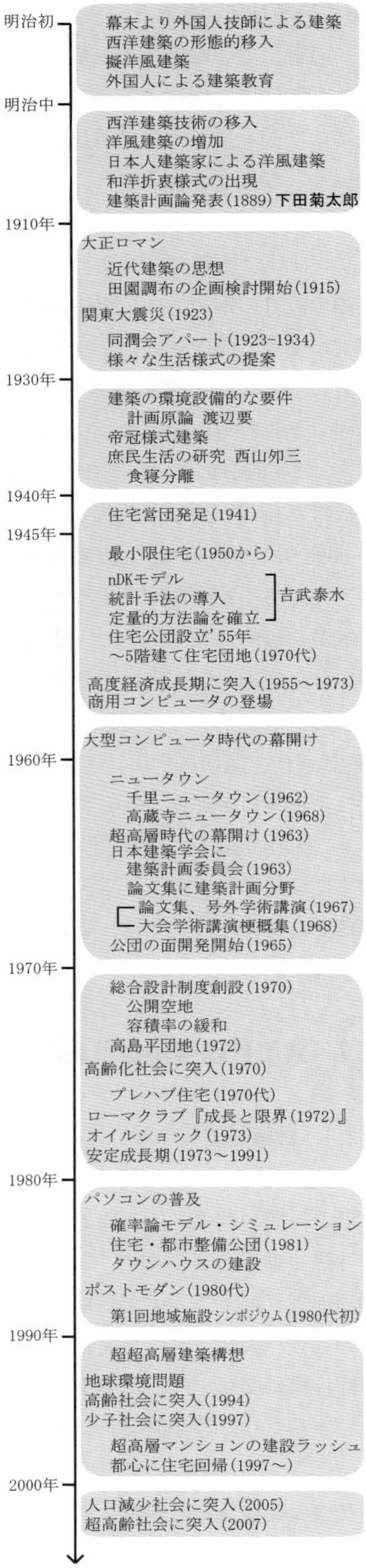

コンペ

コンペティションの略。建築設計競技、設計コンペ、競技設計ともいう。設計者より設計案を募集し、審査を経て優秀案を選考する。公開コンペ、指名コンペ、アイディアコンペ、実施コンペ、プロポーザルコンペなど様々な形態がある。

図0.3 建築計画学の歩み

- 明治初
  - 幕末より外国人技師による建築
  - 西洋建築の形態的移入
  - 擬洋風建築
  - 外国人による建築教育
- 明治中
  - 西洋建築技術の移入
  - 洋風建築の増加
  - 日本人建築家による洋風建築
  - 和洋折衷様式の出現
  - 建築計画論発表(1889) **下田菊太郎**
- 1910年
  - 大正ロマン
  - 近代建築の思想
  - 田園調布の企画検討開始(1915)
  - 関東大震災(1923)
  - 同潤会アパート(1923-1934)
  - 様々な生活様式の提案
- 1930年
  - 建築の環境設備的な要件
  - 計画原論 渡辺要
  - 帝冠様式建築
  - 庶民生活の研究 西山夘三
  - 食寝分離
- 1940年
- 1945年
  - 住宅営団発足(1941)
  - 最小限住宅(1950から)
  - nDKモデル
  - 統計手法の導入   吉武泰水
  - 定量的方法論を確立
  - 住宅公団設立'55年
  - ～5階建て住宅団地(1970代)
  - 高度経済成長期に突入(1955～1973)
  - 商用コンピュータの登場
- 1960年
  - 大型コンピュータ時代の幕開け
  - ニュータウン
    - 千里ニュータウン(1962)
    - 高蔵寺ニュータウン(1968)
  - 超高層時代の幕開け(1963)
  - 日本建築学会に
    - 建築計画委員会(1963)
    - 論文集に建築計画分野
    - 論文集、号外学術講演(1967)
    - 大会学術講演梗概集(1968)
  - 公団の面開発開始(1965)
- 1970年
  - 総合設計制度創設(1970)
    - 公開空地
    - 容積率の緩和
  - 高島平団地(1972)
  - 高齢化社会に突入(1970)
  - プレハブ住宅(1970代)
  - ローマクラブ『成長と限界(1972)』
  - オイルショック(1973)
  - 安定成長期(1973～1991)
- 1980年
  - パソコンの普及
  - 確率論モデル・シミュレーション
  - 住宅・都市整備公団(1981)
  - タウンハウスの建設
  - ポストモダン(1980代)
  - 第1回地域施設シンポジウム(1980代初)
- 1990年
  - 超超高層建築構想
  - 地球環境問題
  - 高齢社会に突入(1994)
  - 少子社会に突入(1997)
  - 超高層マンションの建設ラッシュ
  - 都心に住宅回帰(1997～)
- 2000年
  - 人口減少社会に突入(2005)
  - 超高齢社会に突入(2007)

捉える必要がある。

今日では、単身赴任、**DINKS**、**ミングル**、**パラサイト・シングル**などの生活形態が顕在化し、新たな住宅像が生じている。

生活圏（領域）の研究、住宅地の規模算定、施設計画、伝統環境保存、街並み修景における地方性、個性の追求の研究など多方面にわたっている。

一方、内閣府はスマートシティとか未来都市を目指して、2030年までに「まるごと未来都市」とすべく「スーパーシティ構想」を打ち出し、2020年につくば市と大阪市の2地区をスーパーシティ型国家戦略区域に指定した。

また、デジタル技術を活用して、地域の健康、医療の課題解決に取り組むデジタル田園健康特区も指定している。

民間では、トヨタによる「ウーブン・シティ」の建設が進められている。

0.2.3 各種建築・地域施設

建築種別ごとに生活と空間の関係を明らかにし、建築計画の考え方や手法を提供する。すなわち、立地計画、規模計画、必要機能、動線計画などを行う。計画基礎で学ぶ内容と重複する部分もあるが、特定種別であるからこその**計画条件**がある。また、個別であるがゆえに、詳細に計画条件を扱うことが可能である。

各種建築の種別として、たとえば、学校施設、社会教育施設、文化施設、スポーツ施設、事務所建築、商業建築、食堂・レストラン、劇場建築、病院建築、工場建築、交通・流通施設、宗教建築、伝統環境などがある。この教科書では、これらすべてを網羅しているわけではないが、主要なものについて、建物のサービスを提供する立場、サービスを享受する立場の両面から計画条件を解説している。

0.2.4 その他

モデュラーコーディネーションやプレハブ建築などの工業化の方法、歴史的建築の構法にみられる知恵を学び、現代の建築の架構や施工に役立てる構法計画、建築を経済的にいかに成立させるか、建設コストをいかに効率的に削減するかといった建築経済の分野もある。この教科書ではこの項「0.2.4 その他」に関する内容については、随時必要な各章で述べる。

0.3 建築計画学のあゆみ

日本の建築技術や文化は、時代の節々で中国など東アジア諸国からの影響を受けてきたが、これらの文化の流入の合間に日本の独自性が育まれた。建築計画学は、西洋文化の波が一気に押し寄せた明治初期から、徐々に必要とされた学問領域であり、主に日本で独自に発達してきた。

DINKS（ディンクス）
Double Income No Kidsの略で、共働きで子供がいない夫婦、またその住まい方。

ミングル
他人が二人で、寝室は別々にして、浴室・トイレ・台所などを共同で使用する住まい方。

パラサイト・シングル
学校卒業後も親と同居し、生活の基本的事項を親に依存している未婚者のこと。

計画条件の内、建築主からの建築に対する様々な要求のことを与条件という。

モデュラーコーディネーション
建築材料の量産化や、現場作業の効率化をはかるために、建築各部の寸法をモデュールが当てはまるように調整すること。

第 0 章 はじめに

下田菊太郎
建築計畫論、建築雑誌 3(29)、日本建築学会、1889年5月28日、p84-86

最小限住宅
建築の合理主義、機能主義指向の中で、第2回 CIAM（1929年、ドイツ・フランクフルト）のテーマとなる。日本では戦後、1948年に主婦之友社から『明日の住まい』が出版され木造15坪の制限のもとに多くの提案がなされた。1950年には池辺陽が「立体最小限住宅」を発表、清家清、増沢洵、広瀬鎌二らが機能主義に基づく最小限住宅等の提案をした。(p 208参照)

　幕末には、欧米の技術者により西洋建築が建設された。明治時代の政治体制の変化は、新たに学校、官公庁、工場、病院、ホテルなどの多種・多様な建築需要をもたらした。日本人棟梁による擬洋風建築の出現もこの頃であり、その後本格的西洋建築建設のため日本人の建築家養成が始まり、建築種類別の計画論が始まった。

　明治中・後期も西欧技術の移入の時期で、市民社会の形成時期でもあった。洋風技法が波及し和洋折衷様式も出現した。明治22年に**下田菊太郎**が、『建築計畫論』を建築雑誌に発表し、太古からの建築造営の沿革の概略、人間の住居のあり方を説いている。建築計画という言葉の出現である。

　大正、昭和初期は、近代建築思想が盛んな機能主義・合理主義の時期である。建築計画原論が成立したのもこの時期である。昭和9年の『高等建築学第13巻』に渡辺要、長倉謙介による計画原論がある。室内気候、自然換気、伝熱、日照、日射、照明、音響などの環境問題と、人体寸法と建具や家具の関係、間取りなどの基本事項、建築の外部環境として自然気象や都市気候を扱い、室内環境として、建築設備技術の基礎である照明や暖房・冷房・換気など、人体の生理にかかわる事項を扱っている。今日でいうところの建築環境工学と建築計画の内容である。また、関東大震災による多大な被害は、その後の復興において、建築の不燃化・耐震化要求を高め、不良住宅の改良や同潤会による良質な住宅の供給の流れを導いた。

　昭和10年代は、第2次世界大戦に至る建築の停滞期である。そのなかで、各種の庶民住宅が、西山夘三により調査研究され、住宅の間取りと住まい方との関係など、生活に対応する建築のありかたが追求された。建築利用者の現状把握、建築と実生活との関係性が求められている。西山は食寝分離論、男女就寝室の分離、夫婦就寝室の隔離を提唱しており、このような生活と空間との対応という観点は、今日の計画学の基礎となった。

　第2次大戦後は、**最小限住宅**（1948年以降）をテーマにした建築運動が起き、小さくても質の高い住宅の建設が追求された。一方、吉武泰水および、多くの吉武研究室所属の研究者により、家族型に基づく地域人口推計、公営住宅の標準設計の提唱、さらに学校の設計とブロックプラン、病院の看護単位と施設設備、図書館の出納システム、医療施設の診療圏、病院規模など、利用者の実態調査に基づく建築計画が展開されている。また、統計学など科学的手法が用いられ、建物群や各種施設の配置計画に応用されている。

　その後、建築計画学の分野が建築の空間分析、人間工学、建築生理・心理、建築の生産、モジュール、設計方法の研究などに展開した。戦後社会が復興し、複雑化・多様化に向かいつつあるなかで、電算機が発達し、急速に統計手法が普及し、建築計画学の研究手法が確立された時期である。

　1960年代では、千里ニュータウン、高蔵寺ニュータウンが完成し、一方では霞ヶ関ビルが建設され超高層建築時代の幕開け（1963年）を迎えた。

日本建築学会では、建築計画委員会が1960年代には成立しており、学会の論文集に建築計画の分野が確立された。高島平団地も1969年にその名称を得て、1972年に入居が開始された。住宅、集合住宅、住宅地、学校建築、農村計画、計画論、住宅生産など多様な分野で建築計画が展開した。

　1970年代では、総合設計制度が創設され、都心の建築密集地に空間のゆとりを持たせることを主眼にして、公開空地を一定量敷地内に設けて解放する代償に、敷地の容積率を高くできるという緩和がなされた。**高齢化社会**に突入した（1970年）のもこの時期である。一方、プレハブ住宅が普及し、各地で盛んに建てられるようになった。1972年に発表されたローマクラブによる『成長の限界』は、エネルギー資源の有限性を唱えたもので、経済成長とエネルギー消費の増大という社会問題に警鐘を放った。中東諸国で石油の生産調整が大々的に始まり、石油価格が高騰し、1973年にはオイルショックがおきた。世界中が経済的に大混乱となり、日本経済は、これを契機に高度成長の時代から安定成長の時代へと移行した。大型電子計算機のめざましい発達の時期でもあり、多量なデータの解析技術が発達した。さらに映像技術の進展に伴い、建築空間シミュレーションが開発され、1980年代の熟成期への先駆けとなった。

　1980年代には、大都市の郊外に盛んに高層住宅を建設してきた住宅公団が住宅都市整備公団に機構替え（1981年）をし、中低層のタウンハウスの建設が始まった。パソコンが普及しはじめたのもこの時期であり、ポストモダニズムは全盛期を迎えた。建築学会では建築計画学の分野で第1回地域施設計画シンポジウムの開催をみた。

　1990年代になると、情報通信技術が発達し、大手ゼネコンを中心に1,000mを超える超超高層建築の構想が盛んに発表された。バーチャルリアリティ技術の浸透の時代でもあった。インターネットの普及、地球環境問題の世界的規模での対応が迫られるなかで、建築計画学はその関心を人間の生活環境から領域を広げ、地球全体の生物や資源の継続性へと大きく方向を転換した。建築計画学の役割が建築学会などで盛んに議論された時期でもある。

　この時期、複合施設の建設が盛んになってきたことも見逃してはならない。日本では1990年代から商業施設や娯楽施設、オフィスビル、マンションなどを併設させた複合商業施設が増加しはじめ、2000年代には、利用者の満足度や利便性の向上を意図して、公共施設において諸施設の複合化や商業施設の併設などが行われた。この背景に、①1980年から1990年にかけて、乗用車の所有率が5人に1台強から3人に1台と急増し、郊外への大規模複合商業施設や娯楽施設の立地が可能になったこと、②1999年、公共施設にPPP・PFI制度が導入され、その整備・運用に民間企業の資金・経営能力・技術的能力が活用されるようになったこと、があげられる。複合施設の運営方式には、さらにコンセッション方式が採用されるようにも

CIAM(Congrès Internationaux d'Architecture Moderne、近代建築国際会議)
建築家たちによる将来の都市・建築についての国際会議。近代建築の展開への貢献が大である。1928年に第1回（スイス、ラ・サラ）が開催され1959年の第11回（オランダ、オッテルロー）で幕を閉じた。

高齢化社会・高齢社会・超高齢社会
65歳以上の高齢者の割合が、高齢化社会は人口の7％を超えた社会、高齢社会は人口の14％を超えた社会、超高齢社会は人口の21％を超えた社会。

なっている。③ 2011 年には日本の人口が一貫して減少しはじめ、少子高齢化が進展し、国や地方の財政が厳しくなったこと、④高度経済成長期に整備した公共施設が更新時期になり、新たな施設運営方式が望まれたこと、などがある。

2000 年代以降では携帯電話の普及、ユビキタス環境の実現、生物多様性社会の実現、2007 年には 65 歳以上の人の割合が全人口の 21％以上の超高齢社会になるなど様々な動向のなかで、現実の空間と虚構の空間の境界の不明確化が進み、建築計画学の基本である生活そのものが極めて希薄になった時代である。建築計画学のあり方を見直すべき新たな時代に突入した。

2010 年は、**COP10** が名古屋で開催され、各国の生物資源利用の公平性という戦略的な面が目立ったものの、人間が地球の一部であり、多くの生物の存在の重要性が再認識される年となった。

2015 年 9 月、「持続可能な開発のための 2030 アジェンダ」に **SDGs** の記載が、国連サミットにおいて採択され、国際目標として 2030 年までに持続可能でよりよい世界を目指すこととなった。

この時期は観光立国を目指した時期でもあり、交通インフラの整備、宿泊施設の増設などが盛んになり、2012 年に 836 万人を数えていた海外からのインバウンドは、3500 万人へと急増した。しかし、2019 年に新型コロナウイルスが中国湖北省で発生し、世界中に急速に広がった。日本では 2020 年 1 月に最初の感染者が確認され、その後感染者が増加し、同年 3 月にはパンデミック宣言が世界保健機構より出された。そのため感染者の完全隔離がなされ、ワクチンの接種が奨励され、マスクの着用、手のアルコール消毒、ソウシャルディスタンスの保持が励行された。

インバウンドは 2021 年には 26 万人にまでに激減し、国内旅行者も旅行を控えることとなり、受け入れ準備をしていた観光業関係の施設は大きな打撃を受けた。また、小学校から大学にいたる教育においては、ネットでの遠隔授業が多くなり、会社においても、会議や打ち合わせが在宅で行われるようになった。ネットによるリモート授業、リモートワークが盛んになり、教育や働き方の新たな方式が流通した。2023 年 3 月にはようやく新型コロナウイルスも下火になり、同年 5 月には、人々の生活における制限も緩和された。再び、海外からのインバウンドが増大し、日本各地に、外国人観光客の姿を目にするようになった。

他に、子育て環境の充実が叫ばれ、子ども家庭庁が発足している。また、新たな交通手段として自動車の自動運転化への進展、空飛ぶ自動車の実用化が進むことになる。これらは、建築計画において、個人の生活の場からさらに集団の生活の場、個人の住宅から都市の生活空間、さらには動物や植物を含む自然界との共存共栄の思想が重要になってきている。

COP10（コップテン）
the 10th Conference of the Parties のことで、名古屋市で 2010 年開催された生物多様性条約第 10 回締約国会議。

SDGs
「Sustainable Development Goals」持続可能な開発目標で、17 の目標がわかりやすく示されている。

0.4 執筆担当と謝辞

　本書は、2013年2月に発刊した『建築計画学』を大幅に改訂、増補している。発刊以来順調に版を重ねてきたが、10数年を経過した現在、未曾有の少子高齢化、急速な気候変動、ジェンダーの平等、建築の都市化、無国籍化など、様々な社会情勢の変化により、建築界の関心や建築の役割が大きく変化した。そこで、今回の改訂・増補版では、子どもの保育や子どもの生活環境に関する計画、高齢者を中心とした福祉施設の計画、建築や都市の環境・防災・安全性の計画、地域に根差したまちづくり計画などの観点を加えて増強している。

　このため、これまでの執筆者に新たに次の執筆者、岐阜工業高等専門学校・櫻木耕史准教授、名古屋工業大学・夏目欣昇准教授、八戸工業大学・西尾洸毅講師、福井大学・西本雅人准教授、大阪産業大学・船曳悦子教授、愛知工業大学・宮崎崇文講師、を加えている。

　内容として、書き足りない面や十分に煮詰まっていない箇所、読者に疑問に思われる箇所など、まだまだあることと思われる。内容によっては章をこえて何度も繰り返し記述されているものがあるが、これらは特に重要であると考えていただきたい。また、慎重に校正したが、誤字や脱字、誤った記述などもあるかと思われる。お気づきの折りには、お手数ですがご指摘いただけると幸甚である。

　改訂版に、東京工業大学工学部建築学科の故茶谷正洋教授の40数年前の講義資料『住宅を作るプロセス』をアップデートし、今日にあわせたものを掲載した。加筆にあたり茶谷研出身の株式会社ORANDO PLUS取締役 盛 和春氏の暖かなご支援いただいた。資料提供・作図・校正は、同じく茶谷研出身の岡部憲明アーキテクチャーネットワーク山口浩司氏をメインに、株式会社ファーイースト・デザイン・ラボ（FEDL）代表 伊原孝則氏と株式会社アトリエハレトケ代表 長崎辰也氏にご尽力いただいた。紙面をお借りして厚く御礼申し上げる。また、理工図書株式会社には改訂・増補版の出版許可をいただき。企画担当者には数々のご助言をいただいた。心より感謝の意を表します。改訂・増補版ということで、改めて建築計画の教育がいかにあるべきかを真剣に討論することができた。建築計画の研究者としてよい機会になったと思っている。内々ではあるが多忙なところ快くメンバーに加わった、執筆者の方々に編著者としてあつく御礼を申し上げる。

　末筆ですが、共同執筆者である愛知工業大学の建部謙治名誉教授が改訂・増補にあたる直前の2021年に病気でお亡くなりになった。ここに先生のご貢献に謝意を表するとともに、謹んでご冥福をお祈り申し上げる。

【引用・参考文献】

1) ハンノ＝ヴァルター・クルフト著、竺覚暁訳：建築論全史Ⅰ、中央公論美術出版、平成 21 年
2) 鈴木成文（代表）他：建築計画、実教出版、1979 年
3) 前田尚美、佐藤平、高橋公子、服部岑生、川添智利：改訂新版建築計画、朝倉書店、1992 年
4) 渡邊要、長倉謙介：高等建築學第 13 巻・計畫原論、常磐書房、昭和 9 年
5) 西山夘三：日本の住まい（壱〜参）、勁草書房、1975 年、1976 年、1980 年
6) 西山夘三：これからのすまい、相模書房、昭和 23 年
7) 西山夘三：住宅計画、勁草書房、1967 年
8) 吉武泰水：建築計画の研究、鹿島研究所出版会、昭和 42 年
9) 吉武泰水：建築計画学への試み、鹿島出版会、昭和 62 年
10) ドネラ・H・メドウズ、デニス・L・メドウズ、ジャーガン・ラーンダズ、ウィリアム・W・ベアランズ三世著、大来佐武郎監訳：成長の限界――ローマ・クラブ「人類の危機」レポート――、ダイヤモンド社、昭和 49 年
11) 宮川英二編、宮川英二他著：建築士技術全書 1 計画、彰国社、昭和 60 年
12) 新建築学大系編集委員会編、原広司、鈴木成文、服部岑生、太田利彦、守屋秀夫著：新建築学大系 23　建築計画、彰国社、昭和 57 年
13) 建築計画教科書研究会編著：建築計画教科書、彰国社、1989 年
14) 奥田芳男：建築計畫、吉田工務所出版部、昭和 11 年
15) 淺野三郎：最新建築計畫，鐵道圖書局、昭和 15 年
16) 平山嵩：建築計画汎論、実業教科書、昭和 25 年
17) 渡辺要：建築計画の研究　1　晝光照明、森北出版、昭和 26 年
18) 斎藤平蔵、宮川英二：大学課程 建築計画、オーム社、平成 4 年
19) 岡田光正、柏原士郎、森田孝夫、鈴木克彦：現代建築学　建築計画 1、鹿島出版会、1993 年
20) 長澤泰編著、在塚礼子、西出和彦著：建築計画、市ヶ谷出版社、2008 年
21) 大佛俊泰、宮本文人、藤井晴行：建築計画学入門――建築空間と人間の科学――、数理工学社、2009 年
22) 西出和彦：建築計画の基礎－環境・建築・インテリアのデザイン理論－、数理工学社、2009 年
23) クリストファー・アレグザンダー著、平田翰那訳：パタン・ラン

ゲージ―環境設計の手引、鹿島出版会、昭和 63 年
24）下田菊太郎：建築計畫論、建築雑誌 3（29）、日本建築学会、1889
　　年
25）槇文彦：記憶の形象、筑摩書房、1992 年
26）松隈洋：ル・コルビュジエから遠く離れて、みすず書房、2016 年

1部　建築と空間の計画

第1章　建築と計画

第2章　人間と空間

第3章　人間と建築

第4章　身体と人間行動

第5章　人間と空間のイメージ

第6章　計画と設計の過程

第7章　計画と設計

第8章　建築空間の性能

第1章　建築と計画

◇◇◇◇◇◇◇◇◇◇◇◇◇◇◇◇◇◇◇◇　**本章で学ぶ内容**　◇◇◇◇◇◇◇◇◇◇◇◇◇◇◇◇◇◇◇◇

ここでは、建築計画学が担うべき役割や意義について述べるとともに、建築計画の重要性、建築計画学の発生の要因、これからの建築計画学のあり方を論じる。また、建築を創造していく学問として、人間生活の理解、生活と空間の対応についての考え方と方法論を述べる。

◇◇

1.1　建築空間創造のための計画

建築を創造するためには、①対象物をイメージし、②様々な思考・判断を行い、③設計・建設方法を決定する、必要がある。建築計画は、建築設計の考え方や設計条件を明確にし、建設に向けてのプロセスを決定する。

1.1.1　生活のための建築計画学

建築計画学は、建築計画のための学問である。①人間が生活する上での要求を正しくとらえ、その要求に的確に応える建築空間をつくるための技術を研究し体系化すること、②新しい創造的空間を作る技術を学び、その能力を開発すること、などをその主眼としている。

しかし、今日では、建築計画学に新たな視点が必要になっている。建築計画学も、これまでの人間の生活を豊かにするといった価値観から、人類存続のためには地球環境の持続性が最重要課題であるとの認識に到り、環境保全、資源の有効利用など、地球の将来を見据えた人間社会の形成にその主眼が移っている。

一方、技術面においては物的な進歩だけでなく、情報通信技術が急激に進展している。インターネットによる世界規模のネットワークの構築、いつでも、どこでも、だれでもが恩恵を受けることのできるユビキタス環境の到来

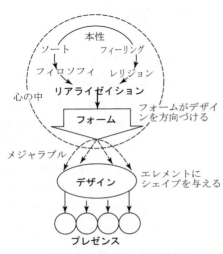

ルイス・カーンの**フォームとデザイン**
図1.1　建築空間の創造[1]

フォームとデザイン

ルイス・カーンによるところのフォームとは、建築そのものの基礎であり、その存在に欠くことができない本質。その前段階のリアライゼイションは、建築に対する確固たる自覚、思いつきの瞬間であり、インスピレーションの段階である。デザインとは、建築を人間という生命の内の領域から、外部へと具現化する過程。具現化されるとプレゼンスということになる。

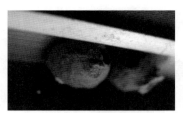

(a) トックリバチの巣

(b) スズメバチの巣

写真 1.1　昆虫の家

(a) 木と枝と草の家[2]
（エチオピア）

(b) キロキティアの集落[3]
（キプロス）

(c) カッパドキア地下住居
（トルコ）

写真 1.2　人間の家

など、人間のコミュニケーション空間の共有が、同一の場所だけでなく仮想の空間上で可能になっている。このような科学技術の進化は、新たな空間構築を可能にし、建築の計画に大きな変化をもたらしている。人間生活の将来像は、これまで以上に予測が困難になり、建築計画学も大きな転機を迎えている。

1.1.2　建築の社会化

　建築空間は人間生活の場であり、建築計画学はこの生活の場を創造するための学問である。生活の場の中心は、他の動物では「巣」とよばれ、ずっと長い間変わることなく自分たちの力で「巣」を造り、そこを中心に棲息してきている（写真 1.1）。

　人間も、原始時代にはこれに近い状況であったろう。しかし、人間は経験を知識として蓄え、知恵を働かせて、他の動物よりたくみに生活と空間との関係を調整してきた。その結果、建築を複雑にかつ高度にし、複数の人間による共同作業や、技術の専門性を生むことになり、有能な人材が中心となって建築が造られるようになった（写真 1.2）。

　人類史において大きな変革を二つあげるとすると、農耕の開始と産業革命であろう。1 万 5000 年前に始まる根菜農業からの農耕の開始は、人間生活に余剰食物をもたらし、結果、建築も徐々に複雑化し、多様な展開をみた。

　農耕開始からはずっと時代が下るが、18 世紀後半に始まる産業革命による生産技術の急速な進歩は、大量生産を可能にした。建築もその数や規模、生産速度を増大させ、建設のための組

織力が一層必要となった。

(1) 庶民のための建築へ

初めは、それぞれの家族の生活のための建築であったものが、富の蓄積に伴い集団の長の建築や、倉庫、神殿建築が発生した。さらに人々が集団化すると、組織としての秩序を保持するための階層が生じ、王の建築、貴族の建築がこれらに加わることになった。古代ギリシャやローマにみられる劇場や、競技場は支配者を中心とする建築である。

建築が庶民中心となるのは、これから産業革命後までかなりの時代を経ることになる。これまでは支配者の建築、富豪の建築であったものが、産業革命以来、徐々に庶民が消費者としてその中心的存在になり、建築の担い手となった。それに伴い建築に経済性、合理性、機能性が要求されるようになった。

一方、産業革命により工業製品を中心にものが豊かになった。その結果、人々の要求の多様化、生活の個別化、新たな施設要求を招いた。人々が共同して利用する施設の数や種類が増加した。

庶民の住宅に目を向けると、これまでの宮殿や、貴族の屋敷のような余裕は空間になくなり、日常生活に直接関係する必要最小限の空間が求められるようになった。生活と空間の関連は直接的かつ強力になり、安全、健康、能率、快適を目ざし、限られた空間の中で1人1人の生活の豊かさが追求されるようになった。

(2) 住人や利用者の不特定化

建設前に住む人あるいは利用者が特定される場合が少なくなった。集合住宅では建築主は公共団体、不動産や建設会社などで、住人ではないことが多い。そのため将来の住人や利用者の要望を、建築主が綿密に予測して

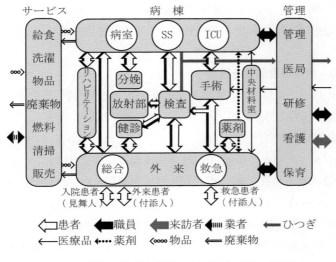

図1.2　多様で複雑な機能の例（総合病院の機能）

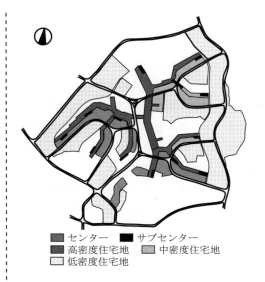

図 1.3　高蔵寺ニュータウン

■ センター　■ サブセンター
■ 高密度住宅地　■ 中密度住宅地
□ 低密度住宅地

高蔵寺ニュータウン
中京地区の急激な人口増に対処するために、1961年に愛知県春日井市の高蔵寺を対象にニュータウンのマスタープラン作成が開始され、約5年の歳月を経た後、1967年にはニュータウン建設が開始された。計画目標は、これまでの住宅団地とは異なる新しい概念の都市建設であり、これからの都市生活のイメージの実現にあった。先行する大阪の千里ニュータウンは近隣住区理論に基づく計画であったが、高蔵寺ニュータウンでは、ワンセンター、3つの大住区という新たな方式を掲げた。1968年に入居が開始された。

建設することになる。このような状況では、建築主には柔軟な考え方が必要となり、居住する人たちには状況に応じた賢い空間の選択が必要となる。建築計画学の知識が要求されるようになった由縁である。

(3) 要求の複雑化・建物の複合化

人々による生活要求の増大は、建築に機能の多面化や複雑化を要求し、建築の複合化や共用化、規模の増大、建設数の増加をもたらした。建築の利用者も、年齢、性別、職業、利用目的等などが、一つの建物であっても極めて多様になっている。これを建築の高度化とよぶなら、高度化に対する様々な専門技術の発生、錯綜をひも解く共同作業、それらを統合するための新たな学問体系が必要となる。

(4) 複数の技術者が対応

様々な新技術が現れ、技術が高度化・専門化する一方で、建築は常にその変化に対応していかなくてはならなくなる。建物規模の拡大、建物数の増大など、1人の技術者では対応ができなくなる。

(5) 建築の社会化

建築が大規模化し広範囲に影響を持つようになると、建物は社会との関連なくしては成立しなくなる。建築を単体としてではなく、周囲の建築を含めた都市全体のなかでの建築の影響を含めて考える必要がある。建築はその社会化に失敗すると、建築や社会に大きな経済損失を生むことになる。

1.1.3　地球環境問題と建築

現代の爆発的人口増加、物事の地球規模化、地球環境問題などは建築計画学にも深く関わっている。

(1) 国連の動き

リオデジャネイロで開催の1992年国連環境開発会議において、大量生産・大量消費・大量廃棄の20世紀先進国型発展では、地球環境が維持できないとの認識に至るが、一方では、発展途上国の貧困克服には開発が必要であり「持続可能な開発」というコンセプトが提唱された。

UNEP（国連環境計画）では、世界環境に関するデータの収集・分析・提供を目的に、1995年から地球環境の展望白書に関するプロジェクトが開

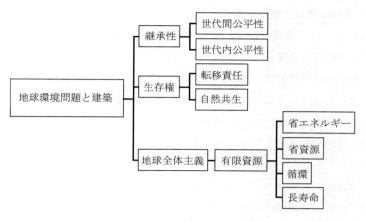

図 1.4　地球環境問題と建築

表 1.1　他の生物にも敬意

> 『「さまざまな社会の豊かさと多様性という、記憶を越えた昔からの人類の遺産のもっとも素晴らしい部分を破壊し、さらには数え切れないほどの生命の形態を破壊することに没頭しているこの世紀においては」、われわれはこうした謙虚さをすでに失っただけでなく、もはや理解することさえもできなくなろうとしている。それに対して神話は、あるべき人類は「自分自身から始めるのではなく、人間の前にまず生命を、生命の前には世界を優先し、自己を愛する以前にまず他の存在に敬意を払う」べきであると教えている・・・』[4]

始された。そして 1999 年 9 月には、**地球環境概況 2000** が出版された。

(2) 持続可能な開発

『持続可能な都市』において、グラハム・ホートンとコリン・ハンターは、以下の項目を提唱している。

① **世代間公平性**：地球環境に関して、今の世代と次の世代、あるいは前の世代とが同じように豊かである。

② **社会正義**：資源や、地球環境に関して、今の世代の誰もが同様に豊かである。世代内公平性とも言われる。

③ **転移責任**：他の地域の環境を導入して環境変化を招かないように、その場所の豊かな環境を保持していく責任がある。

(3) 環境倫理学の提唱

日本での環境倫理学の提唱者である加藤尚武は、その著書『環境倫理学のすすめ』で、次の 3 点を提唱している。

① 自然の生存権の問題：すべての生命には生きる権利、生命権がある。

② 世代間倫理の問題：過去を未来にいかに続けさせるか、通時性の原理が必要である。

③ 地球全体主義：地球規模の原理（有限な資源）。

地球環境概況 2000
Global Environment Outlook 2000。また、「持続可能な社会の構築」という言葉は 1980 年代初めにレスター・ブラウン（米国ワールドウォッチ研究所）らが使い始めた。

持続可能な開発
Sustainable Development

世代間公平性
Inter-generational equity

社会正義
Social justice

世代内公平性
Intra-generational equity

転移責任
Transfrontier responsibility

(4)「地球環境・建築憲章」[5]

　2000年6月、建築5団体（日本建築学会、日本建築士会連合会、日本建築士事務所協会連合会、日本建築家協会、建築業協会）は物質文明の発達、世界的規模の急速な都市化は、地球温暖化、生態系の破壊、資源濫用、廃棄物の累積などを招いたとして「地球環境・建築憲章」を制定した。これは地球環境の保全、人間の健康と安全、持続可能な社会の実現が緊急課題との認識のもとに、持続可能な循環型社会の実現に向けての宣言といえる。

　宣言は次の5項目よりなっている。

① （長寿命）建築は世代を超えて使い続けられる価値ある社会資産となるように、企画・計画・設計・建設・運用・維持される。
② （自然共生）建築は自然環境と調和し、多様な生物との共存をはかりながら、良好な社会環境の構成要素として形成される。

写真 1.3　自然と共に生活
（岐阜県白川郷）

③ （省エネルギー）建築の生涯のエネルギー消費は最小限に留められ、自然エネルギーや未利用エネルギーは最大限に活用される。
④ （省資源・循環）建築は可能な限り環境負荷の小さい、また再利用・再生が可能な資源・材料に基づいて構成され、建築の生産の資源消費は最小限に留められる。

写真 1.4　壁面緑化による省エネルギー（千種文化小劇場）
（伊藤建築設計事務所設計）

⑤ （継承性）建築は多様な地域の風土・歴史を尊重しつつ新しい文化として創造され、良好な成育環境として次世代に継承される。

(5) CASBEE（建築物総合環境性能評価システム）

　CASBEEは、2001年に国土交通省の主導で(財)建築環境・省エネルギー機構内に委員会が設置され、そこで開発が進められている、建築物を環境性能で評価し格付けする手法である。その目的は、省エネルギーや省資源・リサイクル性能などの環境負荷削減や環境品質・性能の向上、室内の快適性や景観への配慮などである。

写真 1.5　次世代への継承
（中津川市横町）

1.1.4 建築計画学の意義

建築計画学は、建設・設計における建築空間の質を確保するための基礎的資料を提供する学問である。その意義として以下の事柄があげられる（図 1.5）。

① 利用上の要求を的確に捉えて設計に反映させる。

② 経験によって判断されていたことを科学的に捉える。

③ 建築のすべての分野の技術を包含し総合する。

④ 技術間の矛盾を調整し現実のものとして統合する。

⑤ 施主や利用者に新しい生活像を提案・提供する。

⑥ 建築が、不特定多数の人々の生活の場である地域や都市を構成しているために、公共性についての資料を提供する。

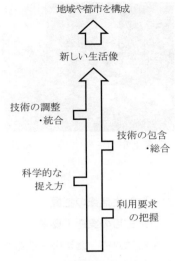

図 1.5 建築計画学の意義

建築の課題

『地球環境建築のすすめ』の中で、岩村和夫は次のように述べている。『人は生きる限り「生活の質」の向上を望む。そして不可避的に「環境への負担」を生む。この矛盾を克服する手だてを、そうした関係性のなかから発見することが、これからの建築や私たちの営みにおける最大の課題である。』[6]

1.2 生活空間の創造

1.2.1 空間像の設定

建築は住む人、使う人のためのものである。彼らは生活の場として建築に関わるわけであり、彼らの生活が便利で豊であるべきである。

建築利用者と建築家との接点は建物である。お互いの建物のあり方に対する考え方にズレがあると利用者は満足できない。利用者を無視した建築は、建築家の自己満足である。建築家の作品であることが強調され、利用者と乖離した建築が社会で注目されることがあるが、建築に携わるものとして、生活を無視した建築は慎まねばならない。

そのため、建築設計には利用者の空間像の設定が欠かせない。空間像の設定には、利用者の生活の実態や要求を把握し、その**生活像**を実現する空間のイメージを明確化する必要がある。

また、空間像の設定には、建築敷地の特性や地形条件、周辺条件などの把握、地区の生活習慣、気候風土、風習への配慮が必要となる。

空間像

建物の設計・計画者が、利用者の生活実態・生活要求から捉えた生活像をもとにして意識的に設定すべき総合的な空間のイメージ。

生活像

建物利用者や所有者の、その建物での生活のあり方のイメージ。

写真 1.6　ワークショップ風景　　　写真 1.7　ワークショップまとめ図

1.2.2　生活像の把握
(1)　生活の実態・要求

生活に対応した建築を造るために、生活実態や生活要求を把握する必要がある。

生活実態を、おもてに表われている生活そのものとすると、実際に目で確かめられ記録として残すことが可能である。一方、生活要求は目に見えるものではなく、心のなかに存在する。生活の過不足、生活意識など、比較的生活者自身が自覚していて、言葉で表現できる顕在要求は、インタビュー、アンケート、測定といった方法により把握される。

一方、生活者自身が、要求があっても表現が難しい、あるいは自覚していない潜在要求がある。これらは主に測定、実験、観察により把握される。

(2)　生活の実態や要求の把握方法

生活像を設定することが空間を決定する第一歩である。しかし、人間関係や機能が複雑な施設では、生活の実体や要求が多面化しており、生活像の把握が難しい。また、利用者が多数であると、施設設置では一致しても具体化の段階で一致しないといったことが起こる。いわゆる総論賛成、各論反対である。

　a)　生活像は建物の種類によって異なる

個人住宅では、個人やその家族の生活行動や要求を最初に捉えることが基本であるが、集合住宅では、さらに他の家族やそこに住んでいる人々との関係を考慮する必要がある。子供の遊び場、集会所など個人の生活に加え、個人と集団、集団と集団、集団と社会といった関係性が重要になってくる。学校建築では教師と、児童・生徒および学校の管理者、PTAという具合に、それぞれ目的の異なる人々が利用者となる。生活像をそれぞれで設定して、空間像を定めていく必要がある。

　b)　立場によっても生活要求が異なる

建物の利用者は、安全で便利で快適(安全性、利便性、快適性)であることを要求するであろう

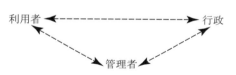

図 1.6　立場によって生活要求が異なる

1.2 生活空間の創造

表 1.2 様々な調査分析手法

> ① ワークショップとは、自由に作業ができる環境のもとで、進行役を中心に実施体験やブレーンストーミングなどを行い、問題の解決方法を案出する手法。人々の思考を促す訓練や、住民参加型のまちづくりを目指す団体における合意形成などに用いられる。
> ② ブレーンストーミングとは、1930年代後半にアメリカのアレックス・F・オズボーンが考案した技法。会議において、既成概念や年功序列の影響をなくし、自由に発言を求めてアイデアを出させる。そのため、意見への批判は禁止であり、意見が止まるような結論を出さない。なるべく多くの意見を集め、それらを結合して創造的アイデアを創出する。特定問題の解決、参加者の創造性や問題解決能力の開発、チームワークの強化等がなされる。
> ③ KJ法とは、川喜田二郎が考案した、創造性開発の手法。テーマに対するヒントやひらめきを導き出す。カードを用い、様々な情報を書き込み、情報の近いものを集めて大小のグループにする。このグループを入れ子にしたり、関連性で系統立てて**ツリー構造、セミラチス構造、ラチス構造**とし図解する。雑多な情報を新たに構造化し意味あるものとして情報化する。
> ④ SD法（セマンティック ディファレンシャル法）とは、意味微分と直訳されるが、対象に対してどのように感じるのか、あらかじめ用意してある評価尺度（形容詞を反対語と対にし尺度化したもの）を用いて被験者に評価させ、対象の意味と、意味の中に存在する意味構造を求める手法。

ツリー構造
樹木の枝のように幹から枝が末端に順次分かれていく構造のことで、例として試合のトーナメント表がこれに当たる。

ラチス構造
ザルのように枝がジグザグに編まれた構造である。

セミラチス構造
ツリー構造とラチス構造の中間的なもので、枝分かれの構造の中に、いくつも隣の枝やもとの枝に結びつくものが混在する構造である。

が、管理する側では、犯罪や事故などが起きにくい安全性の面での管理が簡単であることが重要である。行政など建築主側では、社会の教育、経済性、あるいはサービスの公平性などへの配慮が必要となる。

c) 生活像の把握

生活像の把握には、測定、観察、実験、アンケート調査などがある。

① 測定

　人体寸法は、空間の大きさを定めるための基本である。さらに人体寸法が、家具などの大きさや通路幅、開口の大きさなどの寸法を決定する。人間の動作の大きさやその範囲も重要である。物品の寸法は、収納場所の寸法決定に必要である。測定する内容は、長さなどの寸法の他に重さや、早さ、エネルギー代謝量、脈はくなど様々である。観察とあわせて、動作寸法、動作特性、時間距離、人間の距離などの測定がある。アンケートとあわせて、利用圏、時間距離の測定などもある。人間の体や行動、運動、生活などに対する寸法の実態が把握される。

② 観察

　住まい方調査、間取りと住まい方、空間と人間行動の関係、家具などの配置に関するしつらい調査、行動観察調査、待合わせ空間調査、

名義尺度（nominal scale）
ものごとに名前を付けること。名称を付けることにより他との区別が可能。非線形（ノンパラメトリック）な尺度と言うことになる。大きさの判断なし。性別を判別する場合、男、女は名義尺度。これを数量化する場合、男なら1、女なら2という数値を割り振る。あるいはそれぞれ1、0か0、1というダミー変数で数量化する。

順序尺度（ordinal scale）
序数尺度とも言う。大きさの大小を示す尺度。AさんはBさんよりも気が短い。BさんはCさんより気が短い。ならばAさんはCさんより気が短い。 A＞BかつB＞CならばA＞Cという関係が成立する。

距離尺度（interval scale）
間隔尺度とも言う。大きさの差が明確になる尺度。AさんはBさんより10cm背が高い。BさんはCさんより5cm背が高い。ならばAさんはCさんより15cm背が高い。厳密な意味での間隔尺度はほとんど無い。摂氏で表される温度はほぼ間隔尺度。複数存在する変量の平均を求める場合には算術平均を用いる。

比例尺度（ratio scale）
比率尺度ともいう。尺度に0点が存在する。AはBの3倍の重さで、BはCの2

滞留調査、子供の行動観察、利用数の調査、生活実態踏査など様々である。

観察により、人間行動の規制要因の抽出、人間行動誘発要因の抽出などがなされる。長所として、潜在している要求を引き出す、得られた結果の再現性が高い、客観的であるなどの点があげられるが、一方、短所として原因が掴みにくい、結果が一般に特定な状況にしか適用できないといったことがあげられる。動物行動学者がよく用いる方法であり、建築計画では、座席の選択、人間の距離、行動の特性抽出などに応用されている。

③　アンケート調査

アンケートは、社会学・心理学で多く用いられてきた方法である。建築計画学の場合においても、住宅の居住者に対して、住み心地や住宅への要望、近隣との交流関係などに関する様々なアンケート調査が行われてきた。長所として取り扱いやすく、結果の情報が豊富で、顕在している要求を把握できる。短所としてデータの信頼性、潜在している要求が捉えにくい点があげられる。

④　実験

一定の実験条件のもとにデータを収集し、解析して目的とする内容の把握や予測を行う。人間の動作の特性や動作範囲を測定する場合、人間の空間条件と作業能力、動作能力を測定して、仕事量や動作能力を測定する場合など。またアンケートなどの調査と組み合わせることにより、人間の心理状況や、要望などを測定する場合がある。さらに、観察の実験というような併用実験も行われる。

実験は問題とされる変数をコントロールして、原因と結果の法則性（因果関係）を求めるものである。長所として、一定の条件のもとで被験者に刺激を与えることができること、典型的な場合についての実験ができることなどがあげられる。一方、短所としては、全体の内のほんの一部の場合を取り扱わざるをえないこと、全体像を把握するために実験を繰り返して行う必要があり、労力と時間を要する。

d) データの種類と数量化方法

① 言説や記事・書籍の記録。
② 脈拍、呼吸、血圧、血流、脳波、唾液分泌量などの生理データ、人々の意向や嗜好性、情緒的傾向といった心理データ。
③ 動画、静止画などの映像・画像記録。
④ 図として記録したり、図中に記録したもの、集計したものを図表として表現した図表記録。
⑤ 現象を数量化した数値記録。
⑥ 数量化のための尺度として、アメリカの心理学者 S. S. Stevens があげた、**名義尺度、順序尺度、距離尺度、比例尺度**がある。

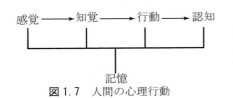

図1.7 人間の心理行動

1.2.3 生活と空間
(1) 生活
a) 生活内容

建築計画では人間と空間との対応関係を捉えることが基本となる。そこで人間の生活を、生活内容と生活姿勢とに分けて整理すると次の通りである。

人間は、衣、食、住をもって生活としてきた。生活を支えるために仕事をし、休養をとり、リクリエーション、スポーツをし、遊びなどをしてきた。知識獲得に読書をしたり、自己啓発のための教育を受け、創造活動をし、趣味に興じて教養を深めた。個人生活の他にも、家族生活、集団生活、地域生活といった空間的な広がりの観点、社会生活、精神生活、経済生活、信仰生活といった文化的な観点での生活もある。

一方、普通の生活、派手な生活、地味な生活、一点豪華主義、あるいは主義主張である、太く短く、細く長く、会社中心、家中心、地域中心、家族中心、個人中心、子供中心、夫婦中心、仕事中心、趣味中心といった、自分の生活態度や生活姿勢の観点での生活がある。

また、すべての人々が不自由なく生活可能な建築・都市空間の計画が重要である。これまで、不十分であるが、体や精神に障がいを持つ人々への生活への空間的配慮が叫ばれてきた。近年では、LGBT（性的マイノリティ）さらに、SOGI（性的指向・性自任）の人々に対する差別の解消と空間計画への配慮も重要な課題となってきている。

建築は生活の器であり、器である建築が人々の生活を規制する。人間の生活（行動）を十分に考慮して建築は設計の時点において空間の形態・機能が決定されるが、一度建築されると存在する空間が人間生活を規制する。安定成長時代を迎え、環境負荷を削減しなくてはならない現代においては、新築は少なくなり、すでに存在する空間をいかに有効に生活のなかで機能させていくかが重要な課題となってきている。

b) 行動

人間は、空間の枠組みのなかで能動的に行動する。この行動を満足させるにはどのような条件が必要となるか。空間条件としては、部屋の位置関係、部屋の広さ、大きさ、材質、付属設備など、環境条件としては温度、湿度、明るさ、設備、風通し、空気の清浄度（臭い、ほこり）などがあげられる。

c) 生理・心理面

人間は空間による影響に対して受動的である。したがって、生理・心理面での空間が人間に及ぼす影響を十分に理解しておく必要がある。これは人間の行動を捉えるだけでは把握できない局面である。日常における快適性はもちろんのこと、非日常の生活ではさらにおどろきやよろこびが求め

倍の重さである。したがってAはCの6倍の重さである。この尺度の変量の平均は幾何平均で求める。

られる。遊びの側面も重要である。

d) 社会的な面

社会的な面として経済、宗教、人種、歴史、風土、慣習など様々である。これらの面の生活は集団での生活となり、人間と人間の関係を伴う。このとき、個人を生かすことが必ずしも集団を生かすことでも、集団を生かすことが個人を生かすことでもなくなる。共同生活の中で集団の意志を尊重すると、個人のプライバシーは損なわれことがある。集団の中で個人をいかに生かすか、個性を発揮させるか、プライバシーを守るかが重要になる。このような集団であることのデメリットを最小限にするとともに、集団であることのメリットを十分に生かす必要がある。

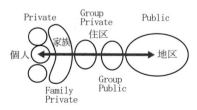

図 1.8　私的空間から公的空間

公と私の間にいくつもの空間の段階が存在する。

図 1.9　空間の段階構成

また、生活の機能的な面において、ルイス・カーンは、リビングルーム、寝室、食事室などの生活の主たる空間をサーブド・スペース、厨房、浴室、階段などの生活をサポートする従なる空間をサーバント・スペースと区分した空間構成を提案している。

(2) 空間

a) 人間生活の場としての空間

建築は人間が生活するための器である。建築は人間の行動、生理心理、社会的側面に制約を与える。人間が空間を創るが、できあがった空間は人間に制約を与える。

建築空間には現在の生活に対応する、人間生活の変化に対応する、人間生活に新しい局面をもたらす、といった3局面がある。

b) 空間の段階構成

① 内と外の段階構成

　建物の内部に対して外部がある。そして、その間に中間的空間が存在する。この中間的な空間が人間生活に思わぬ豊かさをもたらす。

② 動的領域と静的領域

　廊下や通路など移動のための空間は、情景の変化を伴い、先の空間へ行ってみたいという期待感が生じる。一方、居間や個室などは、ゆったりとくつろいだり、作業をする空間であり、安心や快適な環境が要求される。これらをそれぞれ、動的空間と静的空間としたとき、動的空間と静的空間の組み合わせが豊かな空間を構成する。

③ 公私の段階構成

　空間には、どちらかというと個人が利用する私的（プライベート）なものと、誰でもが利用できる公的（パブリック）なものがある。

この公と私の間には、公とも私ともいえない中間的な空間が存在する。これを公から私への段階としたとき、空間の段階構成（hierarchy）という概念が生まれる（図1.9）。パブリックで不特定な人が利用する空間は一般性の高い誰でもが使えるもの、決まった人が利用するプライベートな空間は個性的で個別性の高いものとなる。

自宅から大学までの空間を考えると、自宅の個室から居間、玄関、アプローチ空間、門に至る空間と、街中の住区内街路から幹線道路、鉄道駅、電車内、鉄道駅、幹線道路、街路を経て、大学内の、正門、講義棟、教室の空間へと至る段階構成がある。

公から私への空間の段階構成の連続性は、豊かで安定した生活意識をもたらす。槇文彦設計の代官山ヒルサイドテラスは、パブリック、セミパブリック、プライベートの空間利用の構成が明確化されている。

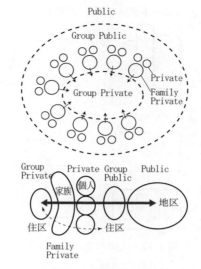

中国の伝統的集合住宅様式のひとつである「土楼」に、これに近い空間構成が存在する。

図1.10 熊本県営保田窪住宅の空間の構成（山本理顕設計）

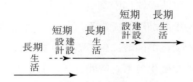

図1.11 生活と空間の関係

この連続性を途中で入れ替えて、新しい空間の構成を提案した事例がある。山本理顕設計の保田窪第1団地である（図1.10）。空間の段階構成は公から私へ、私から公へと連続させるという考えに基づいているが、団地の広場などのグループプライベートと、私の段階の個室のプライベイトを意図的に入れ替えることにより、団地内の人々の団結を高めようという試みである。この住宅は、建築計画学の知識を設計コンセプトにたくみに応用した実験的な事例といえる。

(3) 生活と空間の対応

a) 建築の変更は簡単ではない

施主や建築主の要求や行動を把握し、それらに対応する具体的内容を計画条件として建築空間が設計される。その結果、はじめは空間が生活に対応するところとなる。しかし、建設された空間が、施主や建築主の要求、生活行動の変化に対処することは簡単ではない。居住者の生活の変化より、建物の寿命の方が長いのである。そのため人間生活をいつまでも制約する

ライフステージ

人間の一生には様々な段階がある。幼年期・児童期・青年期・壮年期・老年期といった年齢による段階や、独身期・新婚期・育児期・教育期・子離れ期・老夫婦期といった家庭における段階、幼稚園・小学校・中学校・高校・大学・大学院といった、学習の段階などがある。

コンバージョン（conversion）

既存の建築の用途を変更して、他の用途で使用する手法のこと。1990年代になって、都心の地価が下がり、これまで入手が難しかった土地に、超高層オフィスビルが盛んに建つようになった。その結果2003年にはオフィス供給量が東京で急増した。（いわゆる「2003年問題」）これまでの古いオフィスビルは空室化し、これを住宅等に転用して都心部の空洞化を防ぐ方策が求められた。

一方、都心での地価の低迷は、人々の住宅の都心回帰をもたらし、オフィスビルの空室化と、都心居住の経済的面での可能化が、住宅転用のコンバージョンを促した。このような都心への人口回帰により、関連施設の需要も増加し、特に小学校をオフィスビルから転用しようという動きが生じ、小学校の教室の天井高を3m以上とする建築基準

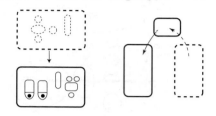

図 1.12　空間のフレキシビリティ

ことになる（図 1.11）。それだけに建設にあたって、現在の生活のみならず、将来にわたって対応できる十分な建築計画が必要となる。

b）人間の利用要求・行動は変化する

人間の要求や行動は、状況によりダイナミックに変化する。例えば、はじめは夫婦2人の家族に、子供が生まれたり、親と同居したりして家族構成が変化する。家電製品や自動車の普及といった生活水準の変化も、予測しがたい要求や行動の変化をもたらす。これらの人間生活の様々な変化に対して、建築は予測できる、予測できないに関わらず、その本質を捉え対応をしていかなくてはならない。

生活の変化のうち、居住者の**ライフステージ**としての変化は、ある程度の予測が可能である。一方、全く予想できない変化や、予想されても複数の変化が同時に生じるような場合には対応が難しくなる。そこで、どのような変化でも、空間自体が対応できるように計画すると具合がよい。

c）生活の変化への対応

建築は予測できない事態にも対応可能な、柔軟性をもつことが必要である。生活の変化への空間的な対応として、空間のフレキシビリティの考え方を中心に、**コンバージョン**や住み替えのシステムについてここで言及する。

フレキシビリティには、空間の物理的な面、機能面、精神面での可変性がある。図 1.12 は、物理的な面あるいは機能面での空間のフレキシビリティの例である。

①は家族のライフステージに合わせて、空間を拡大や増築する場合である。あらかじめ増築することを想定した空間計画を行うものである。

②は用途を変更して不足空間機能を補う方式である。コンバージョンはこの方式に相当する。

③は部屋を特定な用途だけでなく、多目的に利用するという考え方である。和室は寝室になったり茶の間になったり、用途変更が自在な多目的利用の部屋で、フレキシブルな空間ということになる。大空間を壁で区切ることをせずに、必要に応じて多目的に利用する場合があるがこれもフレキシブルな空間ということになる。

床と天井と垂直動線、垂直設備動線のみを設け、後は居住者の都合によ

り、部屋割りを自由に設定できるSI（**スケルトン・インフィル**）方式の住宅が考案されているが、これは最初の居住者は自由に平面を決定でき、次からの居住者は容易に模様替え可能な②の方式ということになる。④はアパートなどで、部屋を必要に応じて融通したり交換して使用する方式である。**同潤会江戸川アパート**で4階に設けられた勉強部屋群は、必要とする家庭と必要としなくなった家庭が互いに融通しあって利用していく互換スペースということになる。新婚期、子育て期、教育期、子独立期、老夫婦期で適する周辺環境や住宅形態は異なる。住宅数が過剰になってきているこの時代に、最適な住宅に住み替えることのできる社会システムの構築が急務となっている。

1.3 これからの建築計画学

建築計画は、建築のソフト面での設計である。しかしこの設計は、今までのような物理的な面での建築の創造だけではなくなっている。建築を生活の場であるとすると、生活を創造することこそが建築計画の本質となる。なかでも、心の面での豊かさの創造が建築計画の使命となっている。

建築が集団生活の器としての社会性を求められ、建築デザインは単なる一つの建築で完結する存在ではなく、都市デザインや環境デザインを担うようになっている。また、海外での建築活動も盛んであり、建築計画学に日本だけではなく国際性を考慮していく必要もあろう。

建築や都市は、これまでのスクラップ・アンド・ビルドで、建物を壊しては建てていた時代から、質のよいものを建築し、長く工夫をしながら利用していくストックアンドフロー時代になっている。長く使い続けることにより、建物や都市は時代の波に洗われ、風格を持ち、洗練された美しい風景を生み出す。自然を壊さず、資源を枯渇させることなく、他の生物環境を破壊することのない生物多様性の世界実現につながる。

一方で、都市のデザインとしての役割が大きくなり、建築に芸術性を求める流れが強く出てきている。このような中で、個人の生活面と都市の建築としての面との両面からの、建築の適切な評価基準も必要となっている。

2015年に国連で採択されたSDGs（持続可能な開発のための2030アジェンダ）は、自然保全、生活の向上、平等、平和、産業開発に関する17の国際目標を設定し、2030年までにより良い世界を目指すことを目標としている。これらの目標は、建築計画においても十分に配慮され、建築に反映される必要がある。

地震や風水害、人的な大災害などによる建築や都市機能の大規模な破壊に対しては、一時的な避難施設や仮設住宅の建設が行われ、人間の生活の回復の一歩となっている。しかし、まだまだ十分ではなく、建築計画としてのより迅速な復興推進策の研究が必要とされる。

法の基準を外す議論が盛んに行われた。

他の事例として、倉庫を事務所に、オフィスをマンションに、住宅を老人ホームになど様々である。

スケルトン・インフィル住宅（SI住宅）
床と天井と垂直動線、垂直設備動線のみを設け、後は住み手の都合により部屋割りを自由に設定できる。

同潤会江戸川アパート
関東大震災（1923年）の後に、火災に強い鉄筋コンクリート造の集合住宅を（財）同潤会が、東京と横浜に建設した。建設は中之郷アパートメント（1926年）にはじまり江戸川アパート（1934年）まで続いた。江戸川アパートは集中暖房方式を採用した質の高いアパートで、その晩年には建物の保存活動が盛んに行われた。しかし、日影の問題や耐震性の問題などにより2003年に解体された。

科学技術の進歩は、人間の生活の場を地下、海洋、宇宙へと拡大している。一方で、仮想空間がよりリアルな世界として展開し、現実との差が縮小してきている。現実の空間からイメージの空間へと、空間自体の仮想性が進展している。さらに、電子通信技術の普及による時間距離の克服、生成AIによる様々な創造活動が現実化し、社会の変化が急速化している。また、様々な新交通システムへの進化は、われわれの時間距離の短縮、生活空間の拡大を可能にしている。

　このように、現在、近未来すら予測不可能な時代に突入している。しかし、こんな時代だからこそ、真に豊かな人間の生活の場とはどうあるべきかを、建築計画学として研究し提案し続ける必要があろう。

コラム：「SDGs」

SDGsとは、2015年に国連で採択されたSustainable Development Goals（持続可能な開発目標）の略称。地球環境問題、貧困、資源の枯渇などの全世界が直面する課題に対して設定された世界共通の目標で、2030年までに、17の目標と各目標を細分化して169のターゲットの達成をめざし、国際機関、政府、地方自治体、企業、学術団体、市民社会など、すべての人がそれぞれの立場から目標達成のために行動することがもとめられている。建築計画学の立場から、SDGsの17目標を5つ（A～E）に分類し、それぞれの目標に関係する内容を本編で各分担執筆者が記載している。

A. 自然保全
13. 気候変動の影響を軽減するための具体的対策 → 省エネルギー、再生可能エネルギー、グリーンビルディング
15. 陸の豊かさを守る（陸域生態系を保護、回復、持続可能な利用の促進など） → 環境配慮認証製品（エコマークのついた土木建築資材等）や環境共生住宅の活用、環境共生住宅認定制度の活用、環境共生型住宅地の開発

B. 生活向上と安全・健康
3. すべての人に健康と福祉を → バリアフリー・ユニバーサルデザイン、パッシブソーラー、日射コントロール、ひさし、ブリーズ・ソレイユ、天窓、高窓、クールチューブ、氷室
6. 安全な水とトイレを世界中に → オストメイト、多機能トイレ

C. 平等
4. 質の高い教育をみんなに（生涯教育の機会の促進）→ 生涯学習、アクティブラーニングスペース
5. ジェンダー平等（男女が権利、機会、尊厳を享受すること）を実現しよう（すべての女性及び女児の能力強化を行う）→ 新しい住宅のあり方や多目的トイレ、事業所内託児施設の設置
7. エネルギーをみんなにそしてクリーンに → 省エネルギー、再生可能エネルギー

D. 平和
11. 住み続けられるまちづくりを → コンバージョン・リファイン建築、BCP・災害に強いまちづくり、住宅管理、空き家対策、住み替え、長寿命住宅、温泉地活性化、コミュニティ施設、伝統的環境の保存・再生、景観計画
17. パートナーシップで目標を達成しよう → 住民活動

E. 産業開発
8. 働きがいも経済成長も（経済の規模だけでなく経済の質的成長を定めた目標でその過程で労働者の尊厳を守ることに焦点を当てた目標）→ リモートワークと住宅、シェアオフィス、コ・ワーキングスペース
9. 産業と技術革新の基盤をつくろう（強靱なインフラ構築、包括的かつ持続可能な産業化の促進等）→ 現地調達可能材料の利用、国内森林資源のあらたな活用（CLT（Cross Laminated Timber）材等の利用促進、中高層建物の木造化促進（CO_2 固定化））、質の高いインフラ整備、ビジネスパーク
12. つくる責任つかう責任（持続可能な生産と消費）→ 品質管理、地震・水害対策、ハザードマップ、防災・防犯対策、団地再生、廃墟マンション防止、保存・再生、転用・コンバージョン、設計の瑕疵、意匠権

【演習問題】

1．以下の言葉の違いはどこのあるか。
・住み手、住人、住む人
・利用者，使用者、使う人、所有者、管理者、施主、建築主
・建築家、設計者、計画者、専門家、作家、芸術家、作り手
2．地球環境問題に関連して、建築ではこの問題に対して何ができるか考えてみよう。
3．いろいろな寸法を測定してみよう。
・ドアの幅、高さ、ドアノブの高さ、トイレブースのドアの幅
・イスの座面の高さ、机の高さ、手摺の高さ、廊下の幅、通路の天井高
4．自分の家の平面図を書いてみよう。
5．自分のプライバシーとして最も大事にしたいことを述べてみよう。
6．今の生活で、5年後、10年後、20年後に変化するものは何か考察してみよう。
7．自分の親と、将来同居するか、別居するか。親との生活のあり方について考察してみよう。

【引用・参考文献】

1）日本建築学会編　建築・都市計画のための空間学事典［改訂版］、井上書院、2005年
2）エンリコ・グイドーニ著、桐敷真次郎訳：「図説世界建築史」第1巻　原始建築、本の友社、2002年

3）日本建築学会編：西洋建築史図集、彰国社、1991 年
4）渡辺公三：レヴィ＝ストロース―構造、講談社、2003 年
5）日本建築学会 2000 年編集委員会：建築雑誌、Vol.115、NO.1458/2000 年 8 月号
6）日本建築学会編：シリーズ地球環境建築・入門編　地球環境建築のすすめ、彰国社、2002 年
7）工藤国雄：講座―ルイス・カーン、明現社、1981 年
8）前田忠直：ルイス・カーン研究、鹿島出版会、1994 年
9）青柳正規：興亡の世界史　第 00 巻　人類文明の黎明と暮れ方、講談社、2009 年
10）日本建築学会編：建築設計資料集成 6　建築―生活、丸善、平成元年
11）彰国社編、都市空間の計画技法　人・自然・車、彰国社、1992 年
12）森島昭夫、巻頭言　環境の 21 世紀に向けて、環境情報科学　30-2、p.1、2001.7
13）名執芳博、国連環境計画（UNEP）の環境戦略、環境情報科学 30-2、p.2、2001.7
14）Graham Haughton & Colin Hunter (1994): Sustainable Cities, the Regional Studies Association
15）加藤尚武：環境倫理学のすすめ、丸善ライブラリー 032、平成 11 年
16）高山英華編：高蔵寺ニュータウン計画、鹿島研究所出版会、昭和 42 年
17）W.H. イッテルソン、H.M. プロシャンスキー、L.G. リヴリン、G.H. ウィンケル原著、望月衛、宇津木保翻訳：環境心理の応用、彰国社、昭和 52 年
18）デイヴィド・カンター、乾正雄編：環境心理とは何か、彰国社、昭和 47 年
19）続有恒、八木冕監修、田中良久著：心理学研究法　第 16 巻　尺度構成、東京大学出版会、1973 年
20）東京工業大学谷口研究室・都市環境研究会：都市住宅計画の展開Ⅰ、季刊カラム No.49、新日本製鐵株式会社発行
21）東京工業大学谷口研究室・都市環境研究会：都市住宅計画の展開Ⅱ、季刊カラム No.50、新日本製鐵株式会社発行
22）日経アーキテクチュア：有名集合住宅その後、2006.7.24
23）一般社団法人市民社会ネットワーク、基本解説　そうだったのか。SDGs―「我々の世界を変革する：持続可能な開発のための 2030 アジェンダ」から、日本の実施指針まで―、一般社団法人市民社会ネットワーク、2018 年

24) 国連、我々の世界を変換する：持続可能な開発のための 2030 アジェンダ、第 70 回国連総会で採択された国連文書（外務省が仮訳）、2015 年

第 2 章　人間と空間

◇◇◇◇◇◇◇◇◇◇◇◇◇◇◇◇◇◇◇◇◇◇◇◇◇ 本章で学ぶ内容 ◇◇◇◇◇◇◇◇◇◇◇◇◇◇◇◇◇◇◇◇◇◇◇◇◇

　ここでは、建築の空間について、空間概念や空間の捉え方、空間の構成、内部空間と外部空間およびその中間の空間について、先人たちの様々な論説や、建築の実例をあげて論究する。

◇◇

2.1　空間とは

2.1.1　空間の概念

(1) space の和訳としての「空間」

　「空間」は、現在では頻繁に使われる言葉となっているが、明治初期までは日本語には存在しなかった。沖種郎らは、森岡健二の『近代語の成立』の資料に基づき『空間は古い言葉ではない。space を邦訳するに当ってこの二字を当てたのは、明治11年に発刊された西周（あまね）の『心理学』の和訳にはじまる。』[1) と発表している*。

　空間の「空」と「間」について、藤堂明保が『漢字語源辞典』の中で次のように記述している。「空」は『竅（あな）なり。＜中略＞…孔と同じ。転じて空虚の意となる。』[2) 「間」は『隙（すきま）なり。門中に月を見ゆるに従う。』[2) 「間」は時間と空間を示す。狭間、間合い、隙間と使われる。音の間隔、舞踏の動作の切り替えや停止の姿勢を「間」という。「間」は「閒」であり、門の間から見られる月との位置関係を示している。「間」に「空」を付けることにより**空間と時間**との判別を可能にしている。

(2) 空間の無限性

　デモクリトスは、空虚の存在を認めた哲学者で、空間を無際限な空虚と考えた。『紀元前5世紀に現われたデモクリトスなどの原子論者たちは、「無限にして均質」という近代以降の物理的空間の性質に関する観念に近い観念にすでに到達していたといわれる。』[3) デモクリトスは『物の元素としてアトマ（atoma）を考え、アトマが運動できるのはケノン（kenon）と呼ぶ空虚な場所があるからだとし「在らざるものは在るものにおとらず存在する」と空虚の存在を認めた。』[4)、『空間の無限性は概念そのものに本来具わっているのではなく、存在する原子の限りない個数から導かれる・・・』[5) としており、近代以降の観念に近いものとなっている。

(3) 形としての空間

　プラトンはコーラ、**アリストテレス**はトポスとして、彼らは空間を形態において理解するとされ、M．ヤンマーは、アリストテレスの空間論につ

西周

西周（1829～97）は、現在の島根県津和野町に生まれる。日本の哲学用語の大部分は西周によると言われている。

＊中国古代の書『管子・輕重甲』や『佛遺教經』には「空間」という言葉が用いられている。

空間と時間

空間と時間に、人間あるいは仲間・世間を加えて、「間」の三態として捉える場合がある。

デモクリトス(Demokritos)
(前 460-370)

古代ギリシャの哲学者。宇宙論、自然科学、音楽…等、広範な領域を研究した。

プラトン(Platon)(前 427 年 – 前 347 年)

超感覚的なイデアの世界を重んじた。「コーラ」は場のことで、プラトンの書『ティマイオス』に"その中に何かがあるところ"とされている。

38　第 2 章　人間と空間

> アリストテレス (Aristotle) (前 384—前 322)
> プラトンの弟子。プラトンと並ぶ古代ギリシア哲学者。
>
> ルネ・デカルト (René Descartes)(1596-1650) フランス生まれの哲学者。「我思うゆえに我あり」という命題は有名。
>
> サー・アイザック・ニュートン (Sir Isaac Newton)(1642-1727 年)
> イングランドの科学者。万有引力の法則を発見。
>
> イマヌエル・カント (Immanuel Kant)(1724-1804)
> バルト海沿岸のプロイセン王国出身。多くの哲学や科学の著作を出版した。『純粋理性批判』は大きな反響を呼んだ。
>
> アウグスト・シュマルゾー (August Schmarsow)(1852-1936)
> ドイツの美術史家。建築空間の諸問題を、絵画、彫刻との相違に注目して理論的に取りあげ、建築において内部空間の創造が最も重要であるとしている。
>
> オットー・フリードリッヒ・ボルノウ (Otto Friedrich Bollnow)(1903-1991)
> ドイツの教育哲学者。ハイデッガーの後継者のひとりであり、『人間と空間』(せ

いて、『「空間」は、物体によって占められているすべての場所の総和と考えられ・・・』[6)] と記述している。すなわち、ギリシャ哲学の中枢においては、空間を事物の限界あるいは事物の境界であるとし、形あるものとして捉えていた。

(4) 空間の実在性と観念性

デカルトは、精神と物質とを分けて考える 2 元論を唱えたが、空間においても物理的空間と心理的空間を区別し、『一方に、精神（主体）から離れて実在する客体としての空間があり、他方に、精神（主観）の内に存在する空間があるとする近代の空間論の原型が成立する。』[7)] としている。

(5) ニュートンの絶対空間

ニュートンの空間は，等質で等方な三次元ユークリッド空間であり、事象の空間的距離は絶対的である。『空間は、無限で、均質で、連続的で、不動で、事物やその運動からまったく離れてある絶対的なもの・・・』[7)]、『空間は、時間からも独立して、何ものにも依存せず（もちろん、人間の意識と無関係に）、無限に広がっているもの・・・』[7)] としている。

(6) 主体側の空間

無限な空間は観念上の理解であり、建築における空間では、主体側の観念性において理解すべきである。『デカルト以後、空間の問題をもっぱら主体の側の問題として論じる流れが哲学の中に生ずる。＜中略＞**カント**においては、空間は主体の側の認識の形式の問題に完全に移行している・・・』[8)]

(7) 体験されている空間

アウグスト・シュマルゾーは『人間主体と外界との対決は、＜中略＞文字どおりの意味で、固有の身体から始まることは確かである。』[9)] と述べた後『人間と環境との関係は、直立の姿勢によって決定的に規定されているのである。頭から足へ至る垂直軸は、その他の軸も身体の重要な箇所を通っているとはいえ、人間にとっては他のすべての軸に勝って重要な軸となっている。』[9)] とし、人間の身体とその身振りに注目している。

O.F. ボルノウは、人間の身体とその方向から空間を捉え、有限な空間から体験されたものを通して無限な空間へと広がることを以下のように述べている。『数学的空間の決定的な性質は、その等質性である。＜中略＞＜体験されている空間＞には、これらの規定はあてはまらない。＜中略＞体験している人間の居場所をとおしてあたえられている、他に優越する原点がある。＜中略＞人間のからだと、そして人間の直立の姿勢、すなわち重力にさからってとられている姿勢に関連している・・・。＜中略＞空間におけるいろいろな方位とかいろいろな場所は質的に区別されている。＜中略＞はっきりと刻印づけられた境界もまた存在する。＜中略＞完結した有限な空間としてあたえられ、その後の諸経験においてはじめて無限の広がりへとひろがっていく＜中略＞人間にたいして現にそこにある空間が問題・・・』[10)]

(8) 関係性の空間

空間は事物間の秩序、関係であると理解され、空間の存在には事物の存在が欠かせない。『**アインシュタイン**の空間は事物の秩序・関係としての空間である。〈中略〉ニュートンの絶対的空間を否定する。二つの事象の空間的距離は慣性系に相対的である。』[11]、ハーバード大学芸術心理学の名誉教授であったルドルフ・アルンハイムは『空間を、その中にある物理的な物体に先駆けて存在し、物体から独立している容器と見る〈中略〉空間は物と物との関係によってつくりだされる』[12]としている

2.1.2 空間（space）と時間（time）

空間をX、Y、Zを軸とする三次元とすると、空間の経時変化を示す次元として、時間が第四次元として対応する。

『空間と時間とは、人間の現存在の根本規定である。空間と時間のなかでわれわれの生活はいとなまれている。〈中略〉時間は流動的なもの、つまりそのなかではどんなものも長つづきする持続性をもたない不安動揺の要素である。時間性とは無常ということなのである。〈中略〉これに対して空間は、固定しているもの、持続しているものである。そして、人間の生活が持続性をねらって努力するときは、空間のなかで住めるように、つまり空間のなかに自分を基礎づけようとしなくてはならないのである。』[13]

『我々は、移動することによってのみ対象の造形性や奥行を考慮し、その物が一つの場所を占めていると感ずるのである。プラトンが言うように、目に見え、感じ得るものすべてに空間は一定の場所を与えているのであるが、対象の変容をもたらす動きがなければ空間は我々にとって存在しないであろう。また、カントによれば、空間の概念は時間の概念と結びついており、この二つはア・プリオリに共存するのである。』[14]

上松佑二は『建築空間論』のなかでウェルナー・ハーガーの空間を取り上げ『「空間体験は時間の中で」行われ、「時間体験は空間の中で」行われることによって、観者はいわゆる「空間と時間」、つまり「前芸術的な現実条件」を忘れてしまい、より高次な空間＝時間体験が「美的現実」を構成することになる。』[15]と述べている。

2.1.3 空間と場所

空間に時間の概念が入ると場所となるといわれることがある。これは、空間という物理的な広がりに対して、時間という人間の営みの次元が入ることによる。建築は変っていくけれど、土地は変ることはない。空間は変化していくけれど地所は変化することはない。場所は、人間生活の基盤であり、生活し、歴史を経ることにより、人間にとっての愛着や思い出となる。

イーフー・トゥアンは、『場所すなわち安全性であり、空間すなわち自由性である。〈中略〉場所に対しては愛着をもち、空間には憧れを抱いて

りか書房）は、建築学の分野でよく読まれている。

アルベルト・アインシュタイン（Albert Einstein）(1879-1955)：ドイツ生まれ。特殊相対性理論、一般相対性理論等で知られる理論物理学者。

「間(あいだ)」と「間(ま)」
「間(ま)」は単独でも存在するが、「間(あいだ)」は複数あって初めて存在する。

「間(ま)」と「空(くう)」
日本の建築で多用される「間(ま)」の概念は、何もないことで「空(くう)」の概念に極めて近い。「空(くう)」はまさにものはないが広がりがあるそこ、そのものの状態。違いは、「間(ま)」は「空(くう)」だが、人間にとって有用な何かを意味している。

「間(ま)」と「空間」
「間(ま)」は、柱間や間取りという言葉が表すようにある広がりの中に限られた長さや広さを切り取るような意味合いがある。この場合、「間(ま)」はどちらかというと線的、平面的であり、「空間」は「間(ま)」より立体的。「間(ま)」は意味を持ち、何かの用をなす。千利休が、「茶室」のことを「かこひ」といっていたが、「かこひ」によって形成されるのが「空間」であり、そこは「空(くう)」が存在し、茶がふるまわれて意味を持つ。意味が生じたと

きに、そこは「間」となる。

いる』[16] と述べている。一方、エドワード・レルフは『一般に、空間は場所の背景になるが、空間の意味は特定の場所に由来する・・・』[17]『場所は人間の秩序と自然の秩序との融合体であり、私たちが直接経験する世界の意義深い中心である。』[18] と述べている。ノルベルク・シュルツは、ハイデッガーの言説として『「諸空間は、その存在を、場所から受けとるのであって、いわゆる『空間』から受けとるのではない」＜中略＞「人間の場所への繋がりは住まいに存する」、「住まうことができるようになって、初めて建てることができるのである」、「住まうことは、実存の本質的特質である」』[19] と記述している。

2.1.4　場所と位置（position）、中心、方向性

エドワード・レルフは、**ランガー**の言葉として『場所とは文化的に定義されたものであること、そして厳密な地図学的意味での位置は、場所の単なる付随的な特性にすぎない』[20] と記述している。O.F. ボルノウは『・・・われわれは、生き物として空間のなかに存在し、自分のからだを基にして上・下、前方・後方、右・左という諸規定がともに与えられている具体的な人間から出発しているということは容易に推測される。こうして一般に、この目の前にある知覚空間、つまり、本質的には視覚空間の零点を＜体験されている空間＞の零点であるとうけることができる・・・』[21] と述べている。

スザンヌ・ランガー
（Susanne K. Langer）
（1895—1985）
アメリカの哲学者。1942年『シンボルの哲学』を出版。芸術に記号論的アプローチを展開、記号美学の発展の一歩を記した。

ノルベルク・シュルツは、空間の方向体系について**ギュンター・ニチュケ**を引用している『「この空間は中心をもち、それは知覚する人間である。したがって、この空間には、人体の動きにともない変化するすばらしい方向体系がある。この空間は、決して中性的ではなくて限界がある。いいかえれば、それは有限であり、不均質であり、主観的に決定され知覚される。そこでは距離や方向は、人間との関係に基づいて定まる・・・」』[22]。

2.1.5　空間概念の諸相

人間が介在しない空間は実存空間ではない。介在することによってはじめて人間との関係性が生じて、空間が意味ある存在となる。

アウグスト・シュマルゾーは、建築芸術で最も重要なのは内部空間の創造であるとし、従来の美術論は知覚空間を視覚のみで捉える傾向にあったが、触空間、歩行空間に視空間を加えた3種類に区別されるとしている。さらに人体の固有の軸として垂直軸、水平軸、奥行軸の3軸をあげ、それぞれ幅の次元の形成原理であるシンメトリー、垂直軸を成長軸とするプロポーション、運動と前二つを結びつけるリズムといった空間の構成原理と関係づけた。

ギュンター・ニチュケ
（Günter Nitschke）
ドイツ人。建築家であり、日本建築、日本庭園の研究者。アメリカ、プリンストン大学で、日本建築史、日本庭園史の教鞭をとった。

ノルベルク・シュルツは具体的な物理的空間、抽象的な数学的空間、肉体的行為の実用的空間、直接定位の視覚的空間、環境について人間に安定

したイメージを形成させる実存的空間、物理的世界の認識的空間、純粋論理的関係の抽象的空間をあげ、実存的空間として『己れの世界の構造を、現実の世界像として表現するために空間を創造してきた。そこに創造されたものは、表現的空間あるいは芸術的空間〈中略〉「美学的空間」〈中略〉建築的空間・・・』[23]と分類している。

```
自然空間   宇宙空間    スケール大
  ↑       地理的空間
          土木空間
  ↓       都市空間
人工空間   建築空間
          外部空間
          内部空間
          芸術空間    スケール小
```

図 2.1　空間概念の諸相

2.2　建築空間

　建築は人間が雨、風、寒暑などの自然の厳しさから身を守り、猛獣などの外敵の侵入を防ぐためのものである。また、神殿は神の住まい、倉庫は人間の食料や調度品を蓄える空間である。建築は、人間生活のための道具や機械の一つと位置づけられることすらある。しかし、建築の最も大きな役割として、人間生活に豊かさや安らぎをもたらすことがあげられる。建築は人々の心に語りかけ、心を揺さぶり、印象づける。建築は生活の舞台であり、自分たちでいろいろ工夫して変更可能なもので、ものと人間とが融合する、コミュニケーションの場でもある。

　ジョン・ラスキンは『建築とは、人間によって整えられ、装飾が加えられ、構築された芸術であって、その用途がいかなるものであっても、人間にとって精神的、かつ健康的な力と歓びに寄与するもの・・・』[24]と述べている。

2.2.1　生活の器

　建築するということは空間をつくることである。建築は空間を秩序づけ、人間はこの空間によって秩序づけられる。建築空間は人間がなかに入り生活するための器となる。人間の生活そのものと全体的に関わる。

　建築の成立は、内部空間（室内生活）と外部空間（戸外生活）の分化を意味する。建築が高度化するとこの分化は複雑になり、境界が曖昧になり内部と外部が連続してくる。内部と外部の関係性の発生である。この連続や空間の結合内容が空間に様々な意味をもたらす。物理的空間のボリュームを超えた広がり感や開放感はその一例である。実体としての建築に対して、空の部分が用をなすことになる。

　中国の思想家、老子の言葉に『粘土を固めて食器をつくるが、その何もない空間のところに、食器としての有用性がある。〈中略〉部屋には戸や窓をあける。もしこの空間がなければ、暗くなって部屋として役立たないであろう。このように有が有として役立つのは、その背景に無の働きがあ

ジョン・ラスキン（John Ruskin）
ジョン・ラスキンは19Cのイギリスの美術評論家。風景画家ターナーを見いだす。理想社会を夢見た。「生命以外に富はない」という根本思想を掲げる。

る』[25]がある。何もないことの用が、建築空間の本質を明確に示している。

2.2.2 建築空間の必要条件

ウィトルウィウスは、『建築十書』の中で、建築は『強さと用と美の理が保たれるようになされるべきである』[26]と記述している。この考え方は、今日に至るまで途切れることなく語られている。

(1) 造形美

建築は単なる箱ではない。芸術性が必要である。様々な芸術のなかでその総合性、全体性において際だっている。人間の行為から心理(知覚・認知)まで制御する力を持っている。上松佑二は『建築空間の固有性は、人間がその中に歩み入り、その中で生きることのできる「現実空間」でありながら、それが同時に「芸術空間」であること』[27]と述べ、さらにハイデッガーを引用して『「建築することが場を生み出すが故に、空間もまた諸室の連結と共に、必然的にSpatium(空間)として、Extensio(広がり)として、建築の物的な組織の中に入ってくる。しかし、建築することは、決して空間を造形することはない。・・・」』[28]と述べている。

中央の女神の左のニッチの上に「強」、右のニッチの上に「美」、階段の1段目に「用」の文字が穿たれている。

図 2.2 『建築のオーダーの設計の手法に関する論』の扉絵 [29]

(2) 機能性

ル・コルビュジエは『家屋は住むための機械である』[30]と述べているが、建築は生活のための空間であり、住むための装置としての機能を果たすものだ。『形は機能に従う』とは、19世紀末にアメリカの建築史家ホレイショ・グリーナフ、あるいは20世紀初頭のアメリカの建築家ルイス・サリヴァンが唱えた。

建築・彫刻・絵画は、空間に依存しており、それぞれが相応しい方法によって空間を造形する必要性に縛られている。さらに美的な感動の鍵は、空間的な機能にあることが建築では本質的なことである。

(3) 技術的な裏づけ

建築は材料、構造、経済面、施工面での技術の裏付けが必要である。しかし、当初は技術的な裏付けがないにもかかわらず、それを解決して実現した建築もある。ヨーン・ウッツォンのシドニーオペラハウス(1973)は、海に浮かぶ帆船の形をイメージさせるフリーハンドの曲線立面であった。国際設計競技でエーロ・サーリネンらが審査しこの作品を1等に選んだ。

ウィトルウィウス
前掲「はじめに」P.5

家屋は住むための機械である
La maison est une machine à habiter

『形は機能に従う』
Form follows function. [31]

アルベルティ
『建築は小さい都市である。都市は大きい建築である』

ル・コルビュジエ
『機能的なものが美しい』

フランク・ロイド・ライト
『形態は機能に従う』

ハンス・ホライン
『すべては建築である』

しかし建設において、設計者の当初の構造方式を貫くために、数年にわたる構造計算が必要となった。さらに建物基盤にも多くの工事費が費やされ、結果として初期予算の20倍の建設費となった。

2.3 建築空間の構成

2.3.1 人間をとりまく環境

一般に生物と自然の関係は、生物が環境に適応することで成り立つ。したがって、環境は生物が適応できる程度の穏やかさでなければならない。自然環境の変化は、生物を絶滅の危機に導き、生物自身の変化（進化）が種の存続を可能にする。一方、生物のなかで人間は自然を調整する能力を有する。人間には過酷な環境であっても、火を使い、服を着、建築のなかに住むなど環境を調整することにより生存を可能にしている。裸であった人間は、衣服を纏い、住居を構え、集団で生活することにより村落を形成し、都市を構築している。

(1) 環境の構成

「環境」という言葉は、明治20年代に初めて一般化した。もとは、Environment の訳として「環象」が用いられていた。環境は、人間が防御したり取り入れたりでき、積極的に変化させることができるものでありたい。人間の環境への適応は、ピアジェ流にいうなら、『**同化と調節**との均衡である。』[32) 特に人間が自身の生活のために同化、調節して創造したものは、建築空間となる。

(2) 環境構成要素

人間を取り巻く環境は実に様々である。体を包む衣服から室内、庭、街路、地区・・・といった空間的な広がりのなかで、直接人間に作用する光、色、熱、雨、風、音、振動などの物理環境や、歴史、風土などの人文環境、ペットや家畜、鳥、昆虫、魚、樹木や草花などの生物環境、太陽、水、地形、といった存在その物が意味を成すものなど多様である（図 2.3）。

2.3.2 空間の構成

(1) 人間が存在する

空間は、自分自身を中心としてそこから放射状に周囲に広がる。香山寿夫は『空間とは、「私」から発し、「私」を包むものとして生まれ、「私」と同時に、「私」の必要とする他の人をともに中に包みます。』[34) と述べている。空間構成

ルイス・カーン
『形は機能を刺激する』

丹下健三
『美しきもののみ機能的』

「環象」
井上哲治郎、有賀長雄：哲学字彙、東洋館書店、明治16年12月東京大学願済、明治17年4月版権免許、同年5月出版、p40

同化と調節
同化は「生物は環境に対して、単に受動的に従属するのでなく、かえって、環境にはたらきかけてこれを変更し、環境に一定の独自の構造をおしつける」、調節は「生物は、自分のまわりの物体から来る反作用を、ただじっと堪えしのぶだけのものではなく、自己をその反作用に対して（うまく）調節することにより、同化の周期、状態を変更するのだ。」[33)

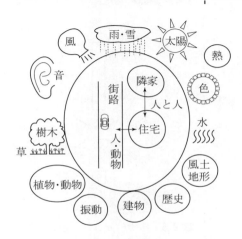

図 2.3　環境の構成

の原点は、人間である自分自身である。

(2) 知覚対象の存在と空間

a) 何も存在しない

何もないと人間は知覚できない。大地の上で地平線まで果てしなく広がる空間は、ただただ広がるばかりで捉えどころがない（図 2.4）。そこは物理的には開放され、無限ではあるが、中心に存在する自分自身は本当に小さな存在となる。何も存在しない空間は物理的には無限だが、心理的には閉鎖的で狭苦しい。どこまでも広がる大海原に浮かぶ小舟にいるような、不安でよりどころのない空間となる。

b) 構造物が柱状に存在する

縦長の構造物が平地にひとつ存在すると、その周囲に何もない場合と異なる緊張が生ずる。構造物を中心に周囲に広がる空間は、他に制限するものはなく無限に広がっている。しかし、この緊張はある程度までの限界を持つ広がりとなっている（図 2.5）。

図 2.4 同質の空間が続く

寺院の境内に柱が立っていることがある。長野市の善光寺本堂前に、6 年ごとに立てられる回向柱はその例である。独立して立てられた柱は、周囲に威容を放ち、特別な空間の意味を人々に感じさせる。

小規模なものであると、お墓に立てられる卒塔婆がある。五重塔なども周囲に空間の緊張をもたらす存在である。柱を立てる風習は世界共通で、古代エジプトのオベリスク、ハワイのトーテンポールはとくに有名である。

c) 建物が線的に存在する

横長の建物が存在すると、その周囲の空間に緊張が生じる。この緊張は塔状の建物の場合と異なり、建物の長手方向に伸びる楕円球のような形となる。したがって、建物との位置関係によりその性質が異なる、方向性のある空間ということになる。

d) 建物が複数存在する

建物が複数存在すると、その周囲に広がる空間の緊張は、もう一つの建物によって有限なものとなる。こ

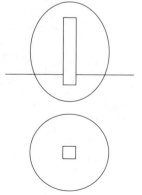

図 2.5 建物の周りに、他とは異質な空間が生じる

2.4 空間構成要素

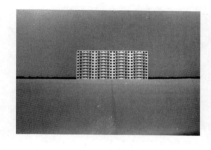

塔の周囲に広がる空間と、二つの建物の間の空間の存在。

写真 2.1 エッフェル塔

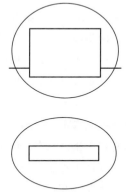

図 2.6 場所によって性質が異なる空間が生じる

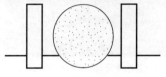

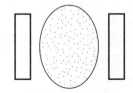

図 2.7 建物間に空間成立

の緊張は、それぞれの建物によって生じた緊張が重なっており、構築物が単体で周囲に区切りなく広がる b) や c) の空間とは異なっている。独立した空間の出現である。

さらに棟数が増えると、建物周囲の緊張した空間は、建物の数だけ幾重にも重なり、よりまとまりの強い空間となる。

面が増加し上部までかぶさってくると室内空間となる。周りが包み込まれた空間は、人間にとってその存在場所が確固としたものとして認識され、安心や暖かみを感じさせる。一方、このような囲まれた空間は、閉じこめられ、行動の不自由を感じさせる空間ともなる。

2.4 空間構成要素

2.4.1 建築空間の三要素

井上充夫は『建築美論の歩み』のなかでアウグスト・シュマルゾーの建築論を取り上げ、建築空間を構成する以下の三要素あげている[35]。

① 空間を閉ざす要素－壁・床・天井・屋根など

図 2.8　三方が囲まれた空間

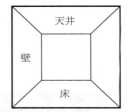

図 2.9　建築空間の三要素

地下空間は天井と壁との区別が定かでない。

写真 2.2　フィンランド・イタケスクスの地下水泳場

② 空間を開く要素－戸口、窓、柱の間隙など
③ 空間を分ける要素－支柱・円柱・アーケード・手摺など

　一方、芦原義信は『外部空間の設計』のなかで床、天井、壁を建築空間の三要素としてあげている（図 2.9）。これらの要素は明快であるが、洞窟のように丸く穿たれた空間では、床、天井、壁の区別がはっきりしない（写真 2.2）。そこでシュマルゾーやボルノーが、実存主義の立場より提唱する、人間を起点に上下、左右、前後のそれぞれに存在する面という捉え方が有効になる。O. F. ボルノーは『アリストテレスにおいても、空間のたがいに対になって並べられた六つの「種類」、すなわち上と下、前方と後方、右と左とがあった。』[36] と述べ、自然の座標系として、垂直軸と水平面に言及し『どんな方向も他の方向にたいして優越していない』[36] とし、一方では通常の生活における方向は全く別物で、「前方と後方」「右側と左側」の優位性の言及をしている。

　ここでは方向性を人間が元来備えている空間規定要素として、各方向における面の意味と、規定された空間における内容物の意味について以下で言及する。

2.4.2　建築空間を構成する面

(1) 下－床（図 2.10）

　地面はほとんどすべてのものを支えており、面として一様に広がっている。しかし、ひとたびそこにゴザや毛氈などが敷かれると、まとまりを持つ空間がそこに切り取られる。ゴザや毛氈による空間の切り取りは、場合によっては縄張りの主張で、他の人々の進入を防御すると同時に、自分たちのまとまりの範囲を規定することにもなる。

　江戸時代より続く日本の花見の風習は、今日も衰えることなく続いている。地面を仕切って領域を確保する行為自体は現在でもほとんど変化していない。都会の喧噪に対して、花見は自分たちで場所を見つけて大騒ぎを

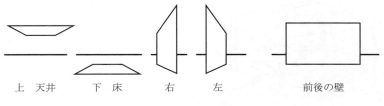

　　　上　天井　　　下　床　　　右　　　左　　　　前後の壁

図 2.10　面の位置

するところが、極めて人間的に思える（写真 2.3）。

　茶事の一つに野点があるが、毛氈を敷き野点傘をたてることにより場の設定がなされる。ハイキングに行ったときなどに眺めの良い場所に、敷物をさっと敷いて休憩場所とする場合もある。石やれんがで舗装してテラスをつくるのも、際限なく広がる地面に異なる性格を加えることにより新たな空間を切り取ることになる。

　宗教によっては、礼拝の場所を定めるために絨毯を床や地面に広げる。絨毯がない場合には石で囲って、一部を臍のようにふくらませて礼拝の方向を定めるという。

(2) 上－天井（図 2.11）

　野点傘や海辺のパラソル、四阿などは、上方を規定することにより、その下に空間を成立させる。

ゴザを敷くことにより領域を確保するとともに、ゴザの上に空間を成立させる。
写真 2.3　毛氈やゴザを敷く

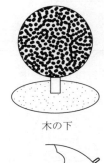

木の下

海辺のパラソル
図 2.11　上・天井

　ル・コルビュジエは 1914 年に、鉄筋コンクリートの 3 枚の平板を支柱で支える構造方式、ドミノ・ハウスを提唱した。この構法では、平板の間に平面計画を自由に行うことが可能であり、周囲に対してすべて開放することもできる（図 2.12）。

　ミース・ファン・デル・ローエ設計のファンズワース邸は、周囲の壁にあたる部分がすべて透明ガラスになっており、床と天井の住宅といった感が強い。視線を遮る壁のない空間は、プライバシーが気になるところであるが、周辺が美しい自然に恵まれた広い敷地ならではの開放性である。ガラスと鉄でできた箱状の住宅が、現在でもほぼ完璧な形で保存されており、アメリカにおける貴重な近代建築のモニュメントとなっている。

　スケルトン・インフィル住宅も床と柱が提供され、その中に後から自由

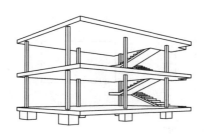

図 2.12　ル・コルビュジエ[37)]
　　　　ドミノ・ハウス

に壁を設けて室を区切っていく方式である。住宅として成立させるためには間仕切壁を設けて、空間的には周囲をある程度閉鎖して、開放とのほどよいバランスを志向することになる。

(3) 前－前面の壁（図 2.13）

前面の壁は、その大きさや高さによって圧迫感、閉鎖感を空間にもたらす。この閉鎖性は壁面の高さそのものや、壁面の視野に占める割合に影響される。前面の壁が低くまたげる程度の高さであっても、人間が前方に行こうとするときの障壁となり、行動が静止、制限される。

(4) 後－後方の壁（図 2.14）

建物から外へ出たときに、建物の壁を背にするわけであるが、後方の壁は新たな出発やこれから待ち受けることに対する希望を抱かせる。後方の壁は防御、安全、出発、希望などの意味を暗黙のうちに感じさせる。すなわち、壁を後にして寄り掛かった時、後からの攻撃に対する防御ができているという安心感、落着き、ゆとりを感じさせる。

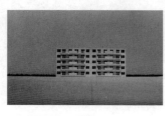

図 2.13　前面の壁

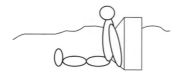

図 2.14　後方の壁

(5) 左右－側面の壁

人間の視線に対して側面方向に存在する壁は、前方方向への歩行を促す。壁のパースペクティブな線形は、前方へと意識を導く。建物が視線の両側に存在する場合には、さらに進行方向が限定され、人間の視線方向は前方へと固定され前方への意識をさらに強化する（図 2.15）。

側面が途中で区切られ、空間が前後に分節されると一層ダイナミックな空間になる。建物により挟まれた二つの空間を、空間のまとまりと考える

図 2.15　奥行きを生ずる人間の行動を誘引する

図 2.16　両側面に長く続く壁面は行動範囲を規制する

図 2.17　囲まれた空間

と、この二つのまとまりの間に連続性が生じる。空間の連続性には、分節されたそれぞれの空間はある程度まとまっている必要があり、かつその分節も適度な強度である必要がある（図 2.16、図 2.17）。ちなみに両側の建物の壁面が高くなり過ぎると、空間のまとまりが曖昧になり連続性は弱くなる。

2.4.3　空間の内容物

いわゆる空間のしつらいや造作である。ストリートファニチャー、パブリックアートなどが相当する。線的なもの・面的なもの・立体的なもの、壁に付属するものなど様々である。

これらのしつらいや造作は場の性格や機能を明確にする。たとえば、日本間であれば違い棚、床の間は方向性を表す。長押や、面皮柱などは、暗にその部屋の性格を示している。西洋では暖炉、ロビーなどが存在することによりそこでの生活のイメージがわかる。

2.4.4　空間の時間要素

時間とともに光、色、陰影、映り込み、テクスチャーなどは、目に見える形で変化する。音や匂いも空間に広がりをもたらす時間要素である。

日本と西欧とで時として光の扱いに大きな違いがみられる。ローマのパンテオンやサンピエトロ寺院は、上方から光が差し込み、崇高で神秘的である。地下や洞窟にいるときに、地上から光が差し込んでくるときのようなイメージをもたらす。

日本の空間は下方からの光が特徴的だ。ひさしの長いお寺では、庭や軒下の白砂、縁に反射した光は、軒裏にあたり部屋の奥までほんのりと明るくする。

銀閣寺の庭園のなかの銀沙灘（ぎんさだん）は、月の光を反射して銀閣の軒下を照らし出すといわれている。部屋の片隅や、枕元を照らす行灯の光は、下から上方の空間を照らし出す。

谷崎潤一郎は『陰翳礼讃』において、日本独特の陰翳について次のように述べている。

『もしあの陰鬱な室内に漆器と云うものがなかったなら、蝋燭や燈明の醸し出す怪しい光の夢の世界が、その灯のはためきが打っている夜の脈博が、どんなに魅力を減殺されることであろう。』[38]

チャペル MIT は、小さな建物であるが、内部は豊かな空間が広がる。礼拝室は、円筒形に上方に伸び、中央に穿たれた天窓から淡い光が注いでいる。光はモビール状の向拝に反射して帯状の光の空間を形成する。

写真 2.4　チャペル MIT
（エーロ・サーリネン設計）

光は構成面の性質を変化、あるいは見え方を変化をさせる。階段の降り口にあいた大きな吹き抜けの穴を、垂直にガラスの手摺りが囲み、床面のテクスチャーと物影を映し込む。大きくあいた吹き抜け空間は、これによって1階部分からはそれ程気障りではなくなっている。

写真 2.5 奈良写真美術館
（黒川紀章設計）

細い竹格子がスリットホールとなり内側の障子に像を結ぶ。

写真 2.6 名鉄犬山ホテル内有楽苑国宝・茶室「如庵」
（加藤真裕氏撮影）

黒い漆塗りの表面に映る光はガラスや金属、はたまた陶磁器に映るものとも異なり、輪郭線のはっきりしない鈍い輝きに違いない。その輝きが日本建築独自の空間の広がりを映し出しているのだろう。日本建築の暗さゆえにほとんど気づくことのないはずのわずかな光を、そして薄暗い空間を感じさせる。

『日本座敷を一つの墨絵に喩えるなら、障子は墨色の最も淡い部分であり、床の間は最も濃い部分である。私は、数寄を凝らした日本座敷の床の間を見る毎に、いかに日本人が陰翳の秘密を理解し、光と蔭との使い分けに巧妙であるかに感嘆する。』[39]

現代の日本家屋は、蛍光灯さらにLEDの普及のお陰で昼のように明るい。かつて、西洋に明るい空間をイメージしていた時代は過ぎ去り、むしろ西洋に暗い空間のイメージが残された。西欧の地下室や、修道院の部屋、住宅の小さな個室は日本のように開放的ではなく、壁に穿たれた小さな窓より射しこむ光によりその明るさを取り入れている。

小泉八雲は『日本の心』のなかで、障子に映る影の美しさを次のように述べている。

『宿の私の部屋の雨戸は繰られ、さっと差し込む朝日が、金色に光る四角に区切られた障子の上に、小さな桃の木の影をくっきりと完璧に描き出す。人間の芸術家には、たとえ日本人といえども、この影絵を凌ぐことはできまい。・・・』[40]

障子に映る外部の影はその距離が離れるに従い輪郭がぼけてはっきりしなくなる。輪郭のぼやけ具合が、平面に映し出された影のみで、元来知覚できないはずの障子の外の空間の広がりを感じとることができる。

『夜、障子を閉めただけの日本の家は、紙を張った大きな行灯のように見える。外にではなく内側に動きまわる影をうつす幻灯機だ。日中、障子

小泉八雲（ラフカディオ・ハーン）
アイルランド人を父にもつ1850年ギリシャ生まれのイギリス人。1896年日本に帰化。

の影は外からだけだが、日が出たばかりの時、ちょうど今のように、趣のある庭越しに光線が真横からさしていれば、影は大変見事なものとなるだろう。』[41]

テクスチャーは、見た目の表面の材質的性格、見た目での材料表面の触覚的な感覚あるいは性質のことである。光の当たり具合や、みる角度によって面のやわらかさや固さなど様々な表情を空間にもたらす。

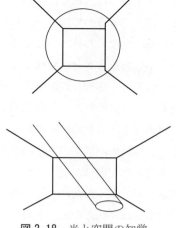

図 2.18　光と空間の知覚

2.4.5　行動と奥の概念

人間が動いて初めて知覚されるものがある。夜空の月はどこまでもついてくることにより遠くの存在であることを認識させる。距離、奥行など、自分が移動したり他の人や物体が通り過ぎるのを知覚することにより、空間の大きさや形状を把握できる。

動くことにより正確な空間知覚が妨げられることもある。通常、人間は曲がり角は直角であるかのように知覚する。そのため、曲がり角が直角でない場合には方向を正しく認識できなくなる。さらに、人間は湾曲した通路や折れ曲がった通路を移動する場合に、自己定位ができなくなる。城の郭や迷路のように入り組んだ都市はこの例で迷子になりやすい。

かつての日本の住宅には、座敷や奥座敷が存在した。子どもなどはめったにそこに踏み入ることは許されなかった。旅に出て旅館に行くと、玄関から仲居さんに案内されて、廊下を何度も曲がりくねってようやく部屋に到達する。ずいぶんと奥に入った感じで、迷子になりそうだ。何しろその部屋の奥にもほかの部屋が続いている。奥まっていると思うのだが、この心理的な空間の広さ感は物理的な空間よりずっと大きくなっている。

建築の内部だけではない、日本のような山だらけで狭隘な土地柄では神社の奥社や磐座、修験者の道など、さまざまな奥の存在が、町や村に広がりや深みをもたらしている。奥は、水平方向の空間知覚で、移動の観念をその中に含む、深さや奥行きの概念である。

2.5　内部空間と外部空間

2.5.1　内部空間と外部空間の定義

井上充夫は『日本建築の空間』のなかで『建築空間とは、建築の「なか」を意味する。たとえば部屋のなか、押入れのなか、などがそれである。このような意味の建築空間を、われわれは「内部空間」とよぶ。』[42]と内部

空間を定義づけ、さらに外部空間について『建築空間の問題は、内部空間だけにとどまるのではない。われわれが日常見る建物には、すべて「外観」がある。すなわち外から見える。このことはいいかえれば、建物が「空間のなかにある」ことを意味する。ただしこの場合の空間は、内部空間の場合とは逆に、建物の周囲をとり巻き、無限にひろがっている。このような空間を、われわれは「外部空間」とよぶ・・・』[42)] と述べている。

建築は生活のための器である。この生活を屋内生活と戸外生活に分割すると、建築の内部空間と外部空間ということになる。この分化された内部空間と外部空間は、壁により分かれていればその境界は明確である。そこに窓や開口がうがたれたり、柱で屋根が支えられていたりするような構造では境界は曖昧になる。さらにひさしや縁側が設けられると、外部と内部とも区別のつかない空間が生じてくる。このような外部空間と内部空間の様々な関係性が、空間に新たな意味をもたらす。物理的空間のボリュームを超えた広がり感や、開放感はその一例である。

2.5.2 内部と外部の中間領域

R・ヴェンチューリは『外と内とが異なるものだとしたならば、その接点である壁こそは何かが起こるべきところであろう。外部と内部の空間や用途上の要求が衝突するところに建築が生ずる・・。』[43)] と述べている。

R.アルンハイムは『建築家の仕事の中で、空間の取り扱いに関する一番特徴的な問題は、内部と外部とを関係させて、大まかに言えば、同一の概念の中の二要素として見ることの必要性である。』[44)] と述べている。

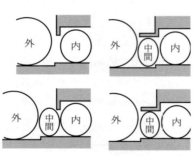

図2.19　内と外をつなぐ空間

これらの記述は、いずれも内部と外部をつなげることに関心があり、内部と外部を隔てるその部分について、中間的な空間の存在は認めていない。ハーバード大学で研究を行った芦原義信の提唱したPNスペースは、隔てる部分における中間的空間の存在は示しておらず、上記のような欧米的な意味での内、外の空間の捉え方といえる。

一方、伊藤ていじは、日本家屋のひさしに関連して大工、建築家および多くの人たちが用いる「軒下」という概念に対して、庭師、

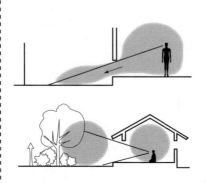

図2.20　せり出し空間

造園家などが用いる「軒内」を取り上げ、これを「灰色の空間」「灰色の場所」あるいは「つなぎの空間」とし、ひさし下の空間が内部と外部をつなぐ役割をしているとしている。「中間の空間」の概念の登場である。この灰色の空間に相当する空間は、軒下の他にも、縁、下屋など様々な空間が日本には存在する。

　黒川紀章は『日本の家屋では、内と外との中間領域に縁側というものがあった。』『縁側は軒の下にテラス状に突き出して建築の周囲に配置されるが、この用途は西欧の建築にみられるテラスとは違って、外部廊下としての機能、風雨そして夏の日射から内部を保護する機能・接客の機能、庭からの出入口の機能等のさまざまな機能を兼ね備えていた。』[45]と述べ、日本建築の大きな特質として、内部空間と外部空間の間に中間の空間が存在することを認め、それを中間領域としている。

【演習問題】

1. 建築と建築物・構造物の相違を述べよ。
2. 外部と内部をつなぐ空間の具体例を，身近な空間より探し、スケッチをしなさい。

【引用・参考文献】

1) 沖種郎他：非単位空間の存在性に関する考察（その1）－単位空間の限界性－、日本建築学会論文報告集　第294号．S55.8

2) 藤堂明保、漢字語源辞典、學燈社、1993年

3), 7), 8) 空間認知の発達研究会編：空間に生きる、北大路書房、1995年

4) 日本建築学会編：建築・都市計画のための空間学事典、井上書院、1997年

5), 6) M. ヤンマー著、高橋毅・大槻義彦訳：空間の概念、講談社、昭和55年

9) アウグスト・シュマルゾー著、井面信行訳：芸術学の基礎概念、中央公論美術出版、平成15年

10), 13), 21), 36) オットー・フリードリッヒ・ボルノウ著、大塚惠一、池川健司、中村浩平訳：人間と空間、せりか書房、1978年

11) 村治能就編：新装版　哲学用語辞典、東京堂出版、2002年

12), 44) ルドルフ・アルンハイム著、乾正雄訳：建築形態のダイナミクス（上）、鹿島出版会、昭和55年

14) P・A・ミヒェリス著、吉田鋼市訳：建築美学、南洋堂出版、1991年

15), 27) 上松佑二：建築空間論、早稲田大学出版部、1986年

16) イーフー・トゥアン著、山本浩訳：空間の経験、筑摩書房、1993年

17), 18) エドワード・レルフ著、高野岳彦、阿部隆、石山美也子訳：場所の現象学、筑摩書房、1999年

19) クリスチャン・ノルベルク・シュルツ著、加藤邦男訳：実存・空間・建

築、鹿島出版会、昭和48年（引用部分の原典はM.Heidegger：'Bauen Wohnen Denken', 1954, p.29, M.Heidegger：op.cit., p.32, M.Heidegger：op.cit., p.35）

20) エドワード・レルフ著、高野岳彦、阿部隆、石山美也子訳：場所の現象学、筑摩書房、1999年（引用部分はLanger S, 1953 Feeling and form(New York:Charles Scribner's Sons), p.95を参考にしている。）

22) クリスチャン・ノルベルク・シュルツ著、加藤邦男訳：実存・空間・建築、鹿島出版会、昭和48年（ニチュケの言葉（原典は'Anatomie der gelebten Umwelt', Bauen+Wohnen September 1968）として引用。）

23) クリスチャン・ノルベルク・シュルツ著、加藤邦男訳：実存・空間・建築、鹿島出版会、昭和48年

24) ジョン・ラスキン著、杉山真紀子訳：建築の七燈，鹿島出版会、1997年

25) 森三樹三郎：「無」の思想、講談社、昭和51年

26) ウィトルーウィウス著、森田慶一訳：ウィトルーウィウス建築書＜普及版＞、東海大学出版会、1989年

28) 上松佑二：建築空間論、早稲田大学出版部、1986年（Martin Heidegger : Bauen, Wohnen, Denken (1952), in : Vorträge und Aufsätze, Teil II, Pfullingen 1954, S. 29 : Die Kunst und der Raum, St. Gallen 1969, S. 9. より引用。）

29) ハンノ＝ヴァルター・クルフト著、竺覚暁訳：建築論全史I、中央公論美術出版、平成21年

30) ル・コルビュジエ著、吉阪隆正訳：建築をめざして、鹿島出版会、昭和51年

31) Spiro Kostof : A History of Architecture、Second Edition, Oxford University Press, 1995

32), 33) ジャン・ピアジェ著、波多野完治、滝沢武久共訳：知能の心理学、みすず書房、1978年

34) 香山壽夫：建築意匠講義、東京大学出版会、1997年

35)、48) 井上充夫：建築美論の歩み、鹿島出版会、1991年

37) S. ギーディオン著、生田勉・樋口清共訳：現代建築の発展、みすず書房、1977年

38)、39) 谷崎潤一郎：陰翳礼讃、中央公論社、1990年

40)、41) 小泉八雲著、平井祐弘編：日本の心、講談社、1990年

42) 井上充夫：日本建築の空間、鹿島研究所出版会、昭和46年

43) R. ヴェンチューリ著、伊藤公文訳：建築の多様性と対立性、鹿島出版会、1997年

45) 黒川紀章：共生の思想、徳間書店、1991年

46）森岡健二：改訂近代語の成立―語彙編―、明治書院、平成 3 年
47）Joseph Haven 著、西周訳：心理学、上冊、文部省印行、明治 11 年
49）コルネリス・ファン・デ・フェン著、佐々木宏訳：建築の空間、丸善、昭和 56 年
50）チャールズ・ジェンクス著、中村敏男編集：ポスト・モダニズムの建築言語、a＋u 臨時増刊号、1978 年
51）芦原義信：外部空間の設計、彰国社、昭和 50 年
52）R. マーク著、飯田喜四郎訳：光と風と構造、鹿島出版会、1991 年
53）井上哲治郎、有賀長雄：哲學字彙、東洋館書店、明治 17 年
54）伊藤ていじ：日本デザイン論、鹿島出版会、1991 年
55）宇佐見英治：迷路の奥、みすず書房、1975 年
56）オギュスタン・ベルク著、宮原信訳：空間の日本文化、筑摩書房、1994 年
57）五光照雄：言葉からみた日本人：自由現代社、昭和 54 年
58）神代雄一郎：間（ま）・日本建築の意匠、鹿島出版会、1999 年

第3章　人間と建築

◇◇◇◇◇◇◇◇◇◇◇◇◇◇◇◇◇◇◇◇◇◇　本章で学ぶ内容　◇◇◇◇◇◇◇◇◇◇◇◇◇◇◇◇◇◇◇◇◇◇

　建築は人間のための空間である。人間が建築を構築し、その建築によりもたらされた空間が様々な形で人間に影響を及ぼす。この章では、建築空間を形や、平面・立体の集合体により構成されるものとしてとらえ、人間がそれらの意味をどのように知覚・認知し、生活に生かしてきているかを、建築設計・計画の基礎的な知識として学ぶ。

◇◇◇

3.1　形の意味

3.1.1　形は意味をもつ

　形は意味を伝える。形を持つ文字は、意味そのものを伝達する。古代エジプトの**ヒエログリフ**や中国の漢字など、象形文字あるいは表意文字は、意味が文字そのものの形になっている（図3.1）。一方ひらがな、カタカナ、アルファベットなどの表音文字は単独では意味をなさないが、複数の組み合わせで、意味を伝達する。

図 3.1　トンパ文字[1]
（中国雲南省ナシ族の象形文字）

　サインは特定の意味を伝えるものであり、その意味は言葉でも説明することができる。サインの一種である**シンボル**は、抽象的に意味を伝達するもので、一度その意味が把握されると文字より意味の伝達が速い。さらに非常口の模様などは**ピクトグラム**といわれる。

　線で表された図形も、様々な意味を伝える（図3.2）。左右対称な図形は安定感があり、非対称な図形は不安定なイメージである。曲線図形は優しさや柔らかさを、直線図形は強さや鋭さを伝える。これらの意味は、誰でもほぼ共通して感じとることができる。

　物の形もさることながら、物によって構成され

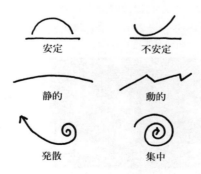

図 3.2　形の意味

ヒエログリフ
発音に結びつく音素文字

サイン
日本語では記号。平面や空間的な図形として表現され、特定な意味を伝える。

シンボル
サインのうち「あるもの」を「別のあるもの」で表わす場合の「別のあるもの」のこと。意味が一般的、抽象的になる。

ピクトグラム
「絵文字」「絵単語」などといわれる。この非常口のピクトグラムは国際規格になり、西欧諸国や、韓国、中国でも目にする。

る空間もその形が意味を伝える。天井が高く、垂直に伸びた空間は、厳かさや崇高さを感じさせる。水平に広がった空間は、ゆったりした落ち着きを感じさせる。これらは、形と知覚の**共感現象**といわれる。

このように図形や立体は意味を持つが、人によってこれらから伝わる意味が同一の場合と、異なる場合が生じる。すなわち、形により伝えられる意味は、人々に共通するものと共通しない個別のものがある。建築計画では、これらのうち共通する意味内容が重要であり、意味と形の関係で、人々に共有できる関係を理解し、建築設計に有効なものとする。

3.1.2 形の連結
(1) 真行草（しんぎょうそう）

中国東晋時代の書聖として知られる王羲之（おうぎし）（303-361）が、真（楷書）・行・草の書体を確立したとされている。真は字画がはっきりと分離した書体で、草は字画が省略されて連続されたり、複数の文字を続けて表現するくずし文字である。行は真と草の中間的な書体である。日本では、王羲之の書が奈良時代に大量に鑑真（ジェンジェン がんじん）（鑑真 688-763）により、さらに平安初期に最澄（さいちょう）と空海により伝えられた。

中世には茶の湯の世界で格式が高く整った真、破格の草、その中間の行がそれぞれ茶室に出現した。真は人工的な幾何学的形態で、草は自然な有機的形態である。

書院の床柱と長押の捌（さば）きは、通常は長押の端（留め）が床柱の角まで達しない雛留め（草の捌き）が用いられる。この留めを伸ばし、床柱の角でL字型に折り曲げて留めた片捌き（行の捌き）、さらに長押を伸ばし、床柱をコの字型に巻いて留めた本捌き（枕捌き）がある。本捌きが真の捌きということになる。

大徳寺の塔頭（たっちゅう）の一つ真珠庵の方丈（ほうじょう）（お寺の部屋）には、15世紀後半の曽我蛇足（そがじゃそく）筆の襖絵が存在する。精細に描かれた「真」の四季山水図、やや自由に描かれた「行」の四季花鳥図、それと「草」の山水図である。

桂離宮における、犬走りの幾何学形から飛び石、庭園にいたる配石の自然的形態への変化は、真行草を思わせる巧みな構成である（写真3.1）。このように近世には庭園においても、建物から庭園にいたる真、行、草への連続変化がなされ、違和感のない空間を構成する。真から行、草への変化は、異質な形態をさりげなく、かつ巧妙に連結させる手法といえる。

(2) 対称と非対称

最古の建築論といわれている『建築十書』の著者ウィトルウィウスは、建築の要件として強、用、美を唱えたが、その中の美の基本となる**六**

写真3.1　桂離宮の外構部分

共感現象（共感覚）

図3.2の図形は、単に視覚だけではなく、聴覚、味覚、嗅覚、触覚にも通じるところがある。ほんのり、甘い、かぐわしい、やわらかいといった意味を伝える。このことは文字についても、その発音との共感覚がある。たとえば、ひらがなの形と発音、アルファベットの形と発音の関係などである。

つの概念の一つにシュムメトリアをあげている。彼はシュムメトリアを『組み合わされた建築各部から生ずる調和であり、固定された比例における全体としての建築の形態と個々の各部分の調和的関係』[3)]としている。したがって、シュムメトリアを左右対称ではなく、調和がとれたものとして美の一基本としている。

上松佑二はアウグスト・シュマルゾウなどの空間の広がりに対する思想を例にあげた後に、「空間とフォルム」の関係より『「建築空間」の左右には、シンメトリーの原理が、「建築空間」の上下には、プロポーションの原理が、「建築空間」の奥行には、リズムの原理が、そして「建築空間」の全体には、ハーモニーの原理が対応し、それぞれが「美的空間体験」の担い手として作用する…』[4)]と述べている。シンメトリーを左右対称として捉えると、日本の空間の構成は、シンメトリーの原理に則らないものが多い。しかし、非対称な中にも全体のバランス（プロポーション）は絶妙で、対称空間にない動的（リズム）な安定感（ハーモニー）を示している（写真3.2）。ウィトル

写真 3.2　竜安寺石庭

六つの概念は次の通りである[3)]。
(1) オルディナティオ
(2) ディスポシティオ
(3) エウリュトミア
(4) シュムメトリア
(5) デコール
(6) ディストリブーティオ

図 3.3　生花の真行草[32)]

写真 3.3　大徳寺塔頭・真珠庵の胡蝶の飛び石[6)]

ウィウスのようにシンメトリーを調和（シュムメトリア）と捉えると、日本の空間はシンメトリーの原理に則っていることになる。

このことは建築に限った美意識ではない。生花にも真行草があり、さらに生花の役枝に「天地人」あるいは「真、副、体」という手法がある（図3.3）。庭園では「七五三」の石組みや敷石の実例があり、非対称に並べられた奇数の石の組み合わせで全体の調和をとっている（写真3.3）。

3.2　形態知覚

3.2.1　錯視

錯視はある対象が、近くにある他の図形や付加物の影響により、実際と

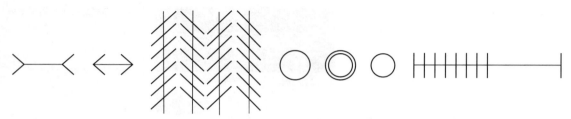

(a) 長短錯視　　　　(b) 方向錯視　　　　(c) 面積錯視　　　　(d) 分割距離錯視
（Müller-Lyer の錯視）　（Zöllner の錯視）　（Delboeuf の錯視）　（Oppel の錯視）

図 3.4　錯視図形の例

異なる形や大きさに見える現象である。

図 3.4 は、代表的な錯視の事例である。Müller-Lyer の錯視は長短錯視で、明らかに左の線の方が長く見える。これを縦に 90°回転させると、矩形建物の角の部分を、室内側から見た形と外部から見た形になる。外で小さく見えた建物が、内部に入ると意外に大きく見えることがあるが、錯視との関係で考えると興味深い。

写真 3.4　建物のファサード

建物が道路側に傾いて見える場合がある（写真 3.4）。方向錯視である。高層建築を見上げた時に、建物が覆いかぶさって見えるが、これも方向錯視の一種であろう。

面積錯視では、建物の窓の見え方が例となる。窓枠がしっかりと見える場合に、窓枠は小さく、窓自体は実際よりも大きく見えるということである。

分割距離錯視は、分割された方が分割されない方より長く見えるという現象である。しかし、洋服の縦縞と横縞で体の太さが変わって見えるという例を考えるとこの現象は単純ではない。また、高層建築において、縦の線が強調された建物は高く見えるということもあり、二次元の図形と三次元の立体とで現象が異なるように思われる。

錯視は、方向錯視のように線と線の交差角が実際より直角に近く大きく見えたりすることにより、角度の判別を容易にし、生命維持にプラスに作用する。しかし、このことが時として危険をもたらすこともある。下り坂での角度の錯視は重大である。坂を降りきったところにカーブがある場合においては、カーブの大きさを誤って知覚してしまう。車で下り坂を上り坂と錯覚する場合にも事故につながる危険性をはらんでいる。

3.2.2　恒常性

恒常性は、知覚対象が提示距離や傾き・方向などの変化、照明や音の強

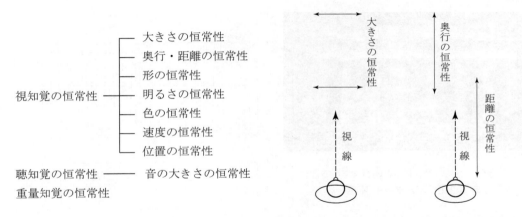

図3.5 恒常性の種類[7]　　図3.6 大きさ・奥行・距離の恒常性の関係[7]

さや質の変化などによって、知覚対象自体は大きく変化するが、知覚される対象の大きさ、奥行、形、傾き、早さ、明るさ、色などの内容が変化せずに安定して知覚される現象である。

恒常性には、図3.5に示すような種類がある。

大きさの恒常性は、同じ大きさのものは遠いと小さく、近いと大きく網膜上に像を結ぶが、人間には両方とも位置に関係なく、同じ大きさに知覚されるといった現象である。奥行や距離の恒常性は、大きさの恒常性と同様に、近くのものどうしの距離は長く、遠くのものどうしでは短く網膜上に像を結んでいる。しかし、これも位置に関係なくほぼ正しく奥行や距離が知覚される。形や傾きなどの恒常性も、網膜上のひずんだ形がもとの整形に知覚できる現象であり、生命維持に必要な知覚作用である。

恒常性は、変化する刺激が多量に存在しても、環境を比較的安定したものとして知覚する性質であるため、暮らしの中で人間の行動を誤認識が少ないものにし、日常生活での安全性を高める。

3.2.3　黄金分割

線分ＡＢ上に、ＡＣ：ＢＣ＝ＡＢ：ＡＣとなる点（すなわち、ＡＣ^2＝ＡＢ・ＢＣ）となる点Ｃをとったときのａｃとｂｃの比は、$(\sqrt{5}+1)/2=1.618\cdots$（図3.7）となる。これを黄金比といい、神秘さ、安定感をもたらすとし古代よりよく造形に用いられた。アテネのパルテノン神殿（図3.8）は、その立面が黄金比で分割されているといわれている。

ル・コルビュジエが提唱したモデュロール（p119参照）は、人体の各部の寸法比率が黄金比になるとし、黄金比をたくみに組み込ん

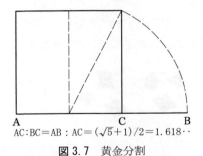

図3.7　黄金分割

黄金分割が見いだされるといわれている
写真 3.5　パルテノン神殿

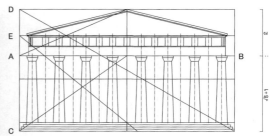

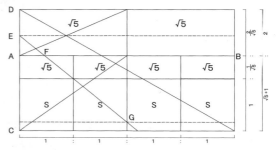

図 3.8　ハンビッジによるパルテノンの解析[8]

だ寸法体系である。

3.2.4　図と地

　ゲシュタルト心理学の基礎概念で、図形において浮き上がって見える部分を「図」、その背景となる部分を「地」という。主に、視知覚における図形の性質を示すものであるが、知覚全般に用いられることもある。

　異質な二つの領域が存在すると、そこに図と地の分化が起こる。この分化した二つの領域には輝度差があったり輪郭線で分けられている。図となる領域は形がはっきりしており、図と地の境界線は図に属する。図は地の前に浮かび上がって見え、地はその背後に広がっている。図は形ある物体としての性格を帯びている。

(1) 図になりやすさ

　近くのものや似ているものは図になりやすく、なめらかにつながる線は図になりやすい（図3.9）。閉じた形は図になりやすい。対称な形は、非対称な形より図になりやすい。等しい幅の形は、幅が変化する形よりまとまりやすい。他に、水平あるいは垂直に長い形は、斜め方向に長い形より図になりやすい。下からのびた形は、上から垂れ下がった形より図になりやすい。周囲に対して明度の差が大きい形は図になりやすい。

図 3.9　図になりやすさ[9]

(2) 図と地の反転

図形の中の二つの形は、それらの形の図になりやすさの程度が伯仲している場合において、それぞれの形が図として知覚されたり地として知覚されたりする。このことを図と地の反転という。

デンマークの心理学者ルビンは、1915年に視覚における地の役割関係の研究で、ある時は向かい合う少女の顔、ある時は杯に見える反転図形を発表した（図3.10）。「ウサギとカモ」「少女と老婆」など、反転図形は他にも数多く発表されている。いずれもどちらかの形には見えるが、同時には両方の形を知覚することはできない。

図と地の決定には多くの要因が関与しているために、一般の図形では反転することはほとんどない。

ゲシュタルト心理学は、従来の要素心理学を否定し、物の関係性に注目した。人間が知覚する内容は、知覚要素一つひとつの効果を足しあわせたものではなく、要素全体の関係性によって決定されることを、この反転図形は証明している。

18世紀に、ローマの地図で、建物を黒く塗りつぶし、道路や広場を白く塗り残した「ノリーの地図」がある。これまでの建物に視点を置いた地図から、外部空間に視点を逆転したことで、外部空間の重要性を際立たせた。

(a) ルビンの杯
(Edgar Rubin)

(b) ウサギとカモ
(Joseph Jastrow)[10]

(c) 少女と老婆
(Edwin G. Boring)[10]

図3.10 反転図形

(a) ルビンの杯
1915年にルビン（Edgar Rubin）によって紹介された。

(b) ウサギとカモ
1900年に心理学者ヤストロー（Joseph Jastrow）によって使用された。

(c) 少女と老婆
1930年に心理学者ボーリング（Edwin G. Boring）によって紹介された。

3.3 奥行・距離の知覚

3.3.1 奥行の知覚

(1) 生理的手がかり

奥行の知覚には、人間に元々備わっている生理的手がかりがある。近

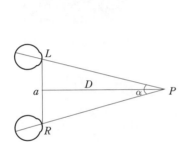
(a) 両眼輻輳[11]

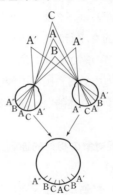
(b) 両眼視差[11]

図3.11 生理的手がかり

くの物をみるときに寄り目になるが、これが「両眼輻輳」である。輻輳することにより両眼周辺の筋肉に緊張が生じる。また、物体の網膜像は左右の目で微妙に異なってくる。この差は近くの物体の像ほど顕著である。これが「両眼視差」である。他に水晶体が、近くの物を見る場合に厚く、遠くの物で薄くなるという毛様体による作用も人間の脳に距離の感覚を伝える。

(2) 経験的手がかり

同じ大きさの物体は、近くの物体の方が遠くの物体よりも網膜像は大きい。この大きさは距離に反比例する。「網膜像の大きさ」による距離の知覚である。

街路に沿って並ぶ建築はその軒先線が遙か彼方の一点（消点）に集中する。遠くのものはこの消点の近くに、近くのものは離れている。これを「直線的遠近」という。

近くの物体と遠くの物体が重なって見える場合、前の物体は背後の物体を隠す。これを「対象の重なり」という。「対象の重なり」は奥行の手がかりの最も優位なものである。また、遠くの物体は近くの物体よりも明瞭である。これを「視対象の明瞭さ」という。

影のできる位置により、凹んで見えたり出っ張って見える場合がある。光が上から射すという経験的な手がかりにより、下側に黒い影が生ずる場合に出っ張って見え、上側に影ができる場合に凹んで見える。これが「視対象に付随する影」ということになる。

両眼視差を応用して、平面図形を奥行のある立体として立体的に奥行知覚させることができる。写真3.6は、前面のコンクリートの塀にカメラの画面を平行にし、同じ距離で、地面からの高さも同じ位置から撮影したものである。両眼の像を重ねることにより立体的な映像知覚が可能である。

(3) 視対象の相対的運動（運動視差）

いくら移動しても、夜の月はついてくる。電車の車窓の風景では、近

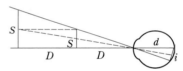

(a) 対象の大きさ[11]

(b) 視対象に付随する影[11]

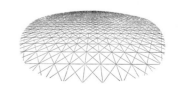

(c) 視対象の"きめ"の密度勾配[11]

図3.12 経験的手がかり

写真 3.6 2 枚の写真による立体視（名古屋市白鳥庭園）

くの景色はあっという間に通り過ぎ、遠くの景色はいつまでも電車についてくるように見える。これを「運動視差」という。

3.3.2 方向と距離の知覚

「見上げの距離は遠く、見下げの距離は近く感じる」といわれることがあるが、逆に、崖の上から下を見ると自分の立っている位置がすごく高く感じる。

月の大きさは、地平線近くでは大きく、天頂近くで小さく見える。この原因として、地平線に近い場合には地上に比較対象物があり、天頂では比較対象物がないということが一説にあげられている。ほかに、人間の生理的判別能力がもともと水平方向で大きいためという説もある。眼球の向きに対する眼筋の緊張度合いが、大きさ判断に関わっているというものもある。いずれも、人間の生存に有利な方向への知覚傾向である。

3.3.3 識別距離

物体の性状を見分けることのできる距離は、対象の大きさや存在の状況、見分ける内容によって異なる。これを識別距離という。

サインの大きさ、美術館の展示物と来場者の距離、舞台と客席の距離、人の視線が気にならないプライバシーを守るための建物間の距離など、そ

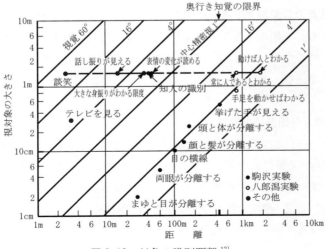

図 3.13 対象の識別距離[12]

の応用範囲は広い。

3.4 空間形態の知覚

3.4.1 位置・方向・傾きの知覚

空間を決定する最も重要なものに定位がある。定位には位置、方向、傾きなどの諸性質がある。

(1) 位置

人間は自分の位置を見失うと迷子ということになる。動物であれば迷子は死を意味する。幸い人間には、言葉があり、他の人に教えてもらうことができる。そんなわけで、逆に他の動物よりも、自然から自分の位置情報を得る能力には劣っている。それでも、山の重なりや見えの大きさ、川や橋の位置などが定位の手がかりとなる。海であれば潮の流れ、風の方向、海岸線の入り組み、海底の地形や海草の状況等々、昔から位置を得るための様々な情報手段が存在した。

他人には知らせずに自分だけの場所を確保するには、その場所やそこへの道筋に秘密の印（暗号）をつけることもある。動物では縄張りを示すマーキングが行われる。

(2) 方向

人間の定位には、自身の位置を示す座標軸が必要である。昼間であれば太陽の方向、夜であれば北極星や南十字星の方向である。磁石による方位決定も重要である。これらは、人間の移動行動を安全にするためのものであるが、風向、水の流れなどの自然現象に対する防備、心のよりどころを決める。祈りの方向なども生活に重要な要素である。

(3) 傾き

坂の勾配は小さい場合はほとんど気にならない。走ったり、自転車に乗ると歩いている場合より、坂の勾配に対して敏感になる。既往研究によると、**坂道の勾配**が4%以下でほとんど平坦に見え、4～6%で緩やかな感じである。人間の上り下りによい勾配は5°までで、7°以上になると勾配がきつくなる。8%以上の上り坂では、視覚的に圧迫感が生じ階段を選ぶようである。

3.4.2 平面形状の知覚

ただ一様に広がる平面は、その形状を知覚することはできない。人間の知覚には、2種以上の平面の存在が不可欠である。平面は、線があったり、テクスチャや色彩、明度が異なるとそこに境界が生じ、互いの区別が可能になる。彩度、濃度、明度の相違の他、模様の違いなども手がかりとなる。

人間はその視知覚の特性から、境界部分の差異を大きく知覚する。濃淡の差異の場合を**マッハバンド効果**という。輪郭線の強調効果ということに

坂道の勾配
坂道の勾配に関しては、引用・参考文献の28)、29)を参考にしている。

3.4 空間形態の知覚

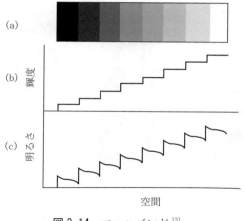

図 3.14　マッハバンド[13]

ブルー・プラネット・スカイ 2004 ジェームズ・タレル
写真 3.7　金沢 21 世紀美術館（妹島和世設計）

なる。清少納言の『枕草子』の一節に『春はあけぼの。ようよう白くなり行く山ぎは少しあかりて・・・』[14]とあるが、マッハバンド効果とも思える自然現象の記述である。

一方、こんな場合もある。全く厚みを感じさせない窓枠の内側に、一様な空が広がる場合に空はまるで壁と同一の平面であるかのように知覚される（写真 3.7）。

3.4.3　立体形状の知覚

人間は感覚した内容をそのまま知覚するのではなく、脳で再構成して、意味あるものとして知覚する。図 3.15 はいわゆる 3D である。やや縦長のほぼ同じ二つの点図形を中央で接合している。ただし、左右の点図形は、「形」という文字を同じ位置で切りとり、それを 5％程度拡大し、再びそれぞれの点図形に左は少し右に寄せて、右は少し左に寄せて貼り戻してある。切りとられていない部分の点をじっと見つめ、左右同じ点を両目で合うようにするとそこに「形」という文字が浮き上がる。

> **マッハバンド効果**
>
> 「マッハバンド」のように、境界において強調・抑制がおこる現象に「シェブール錯視」「バサレリ錯視」などがある。
> 「ハーマン格子」という錯視もあるが、これは格子の交差点の明度や色味が変化して見える現象である。

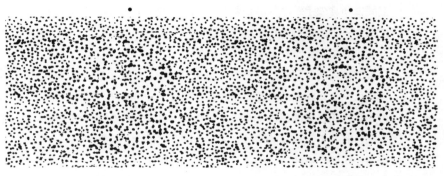

コンクリートの表面を想定した図であるが、ジッと見ているとその中に「形」が浮かび上がる。
図 3.15　立体視 3D

3.5 建築空間と意味

3.5.1 PN-スペース

建築家の芦原義信は、空間の積極性（Positive）と消極性（Negative）ということで P-スペース、N-スペースを提唱している。P-スペースは、人々が利用したり、人々に意識されている空間であり、N-スペースはそうでない残部空間である。彼は、イタリアの都市における広場や街路を例に、外部空間が単に建築の外側の N-スペースとしてではなく、求心的で積極的な意味合いを持つ P-スペースとなっていることを示し、日本の外部空間は N-スペースになっているという見方である。さらに PN-スペースという概念を導入し、P-スペースが N-スペースに逆転したり、P とも N ともどちらともつかない中間的な空間となりうることを示している。

ゲシュタルト心理学によるところの図が P であり、地が N ということになる。PN は図と地の反転ということである。

> **P-スペース、N-スペース**
> ギリシャの都市計画家ドクシアデスもポジティブ、ネガティブの概念を同様な意味に用い、西欧の都市においてネガティブ空間の増加を嘆いている。

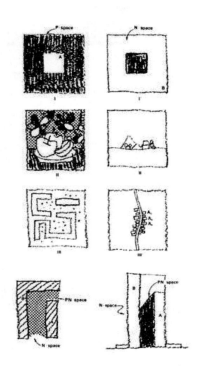

図 3.16　PN スペースの概念[15]

芦原は金沢文化ホールや池袋の芸術劇場の設計において、彼の理論 PN-スペースを実現している。

写真 3.8　金沢文化ホール
（芦原義信設計）

3.5.2 空間のまとまり・大きさ感

空間は無限の広がりを持つが、この空間の広がりを感じとるためには、空間に知覚の手がかりが必要となる。この手がかりのひとつが空間の分節であり、分節をもたらす典型は壁ということになる。壁により分節された空間は有限な広がりとなる。

人間は空間を知覚し、その広がりや大きさを感じる。この広さ感や大きさ感は、単に物理的な空間の大きさではなく、空間の性質（構成）と人間の知覚作用との関係により決定される。対象となる空間は、壁などにより分節されても、物理的には必ずしも有限ではなく、壁の隙間からその先に無限の広がりを持っている。この完全に限定されなくても大きさを感じることのできる空間の単位が空間のまとまりということになる。

空間のまとまりと大きさ感についての、縮尺模型を用いた心理実験にも

3.5 建築空間と意味　**69**

とづく研究結果を図 3.17 に示す。これによると、建物の長さや高さなどの形状いかんにかかわらず、観察者の視点が外部（図中の点がない地点）であっても、内部（点がある地点）であっても、点が打たれた空間が建物に遮られていない面が大きい程、大きいと知覚される。いいかえると建物に挟まれている空間の部分が同じ容積であっても、限定されていない開かれている面が大きい空間は、空間のまとまりが大きく知覚される。

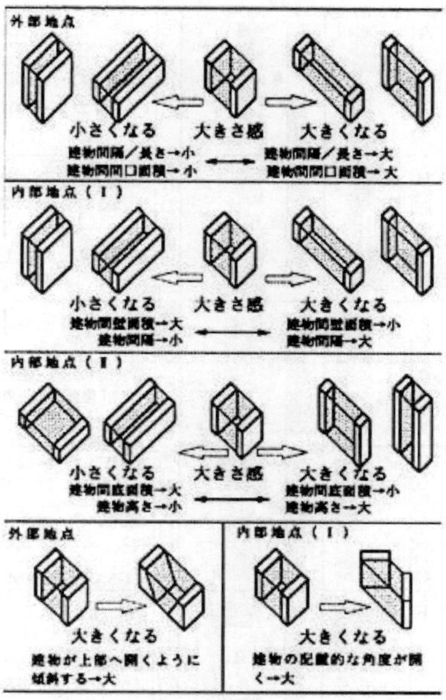

3.5.3　遠近・逆遠近

吉村貞司は**月の桂の庭**を例に、逆遠近について語っている。この庭は建物の南と東にL字型に設けられ、南庭と東庭の重なる角に「月待ち石」が据えられている。この石を中心として東西に枯山水の庭が配されている。毎年当主が、建物の東南角の縁のところで月待ちの宴を催す。その場所より、左右に分かれる南庭と東庭は、少しずつ奥に向かって広がっている。

「月待ち石」ごしの塀の角は、直角ではなくやや開いている（図 3.18、写真 3.9）。この角が柔らかく視線を受け止め、南庭と東庭を左右一体化し、一つのまとまりとして感じさせる。まさしく、逆遠近を利用した空間の広がりの表現である。

3.5.4　空間形状意識

壁に囲まれている空間は、実体としての形が存在する。矩形の室内空間は、立方体や直方体として知覚される。しかし、空間には、柱がコーナー

図 3.17　空間の大きさ感[16]

月の桂の庭
防府市の北の部分、この庭園は、桂家4代運平忠晴の時、1712年に築庭される。

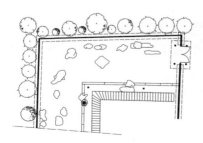

図 3.18　月の桂の庭

写真 3.9　月の桂の庭

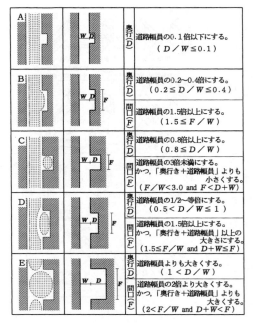

図 3.19　壁面後退空間の形状意識[17]

景観　――――――――――――　室内
外部空間　　　囲み空間　　　建築内
男性的　　　　　　　　　　　　女性的

図 3.20　景観と空間

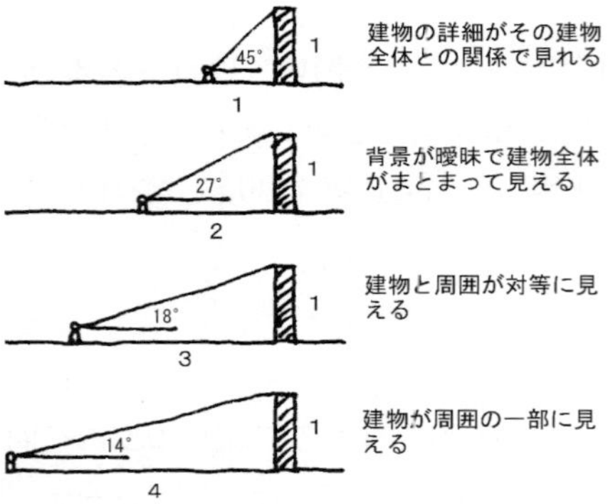

図 3.21　メルテンスの理論

に飛び出ていたり、壁が少し外側に出ていたりする。コーナーの柱が太くなると部屋の形は徐々にL型の平面になり、柱が複数になれば凸型、十字型になる。壁の一部に開口があって開放されている場合にも、人間はその空間の形を知覚する。このことは、開放度の高い外部空間にも当てはまる。たとえば、街で壁面が後退して小さな広場が存在する場合を例にすると、その広場が小さければほとんど気づかない街路の一部の空間であるが、大きくなると街路から膨らんだ空間になったり、独立した空間になる。広場の間口や奥行の大きさ、それらのプロポーション、街路自体の幅員の大きさによって、広場は形態が異なって知覚される。

図 3.19 は、模型実験により壁面後退部分の広場の、間口（F）、奥行（D）、街路幅員（W）と、広場の形状意識の関係を求めて図表化したものである。Aの場合、壁面後退に気づかない。Bの場合、道路に膨らみを感じる。Cの場合では、道路わきに壁面後退空間が分離する。Dの場合、道路わきの壁面後退空間がせり出してくる。Eの場合、壁面後退空間が道路を分断して広場を形成する。

3.6　建築空間の諸相
3.6.1　空間の2局面

建築空間は、内部から見る室内空間と、外部から見るところの景観的な

写真3.10　ロンシャン教会堂の外観　　写真3.11　ロンシャン教会堂の内部

局面がある。この2局面は空間の裏と表のような関係であるが、どちらが優位であるとはいい切れない。

(1) 景観としての建築

人間が建築外観そのものを対象として見る場合には、景観としての建築である（写真3.10）。この場合、建築に社会性が求められ、集団生活の器として、都市を構成する要素として、それぞれ重要性が増している。そんな中で、魅力ある都市デザイン、環境デザインの局面からの、都市景観への関心が高まっている。景観としての建築には、観察者の視点場、建築が遠く離れた遠景、近くて視野全体をしめるような近景、その中間の中景がある。

メルテンスの理論（図3.21）では、建物などの構築物までの距離（D）とその高さ（H）の比（D/H）をもとに、構造物の見え方を理論化している。この理論では人間の上方の視野が、およそ30°であることと、D/H=2の場合の「建物全体がまとまって見え、背景が曖昧になる」こととが対応している。

(2) 器としての建築

建築の内部や、複数の建物の間の空間において安定した人間生活が成立する（写真3.11）。建築を生活の場とすると建築の本質は、この何もない空間にあることになる。まさに建築は生活の器である。

実際にはわれわれが経験する建築は、景観的でもあり空間的でもある。景観としての建築と空間としての建築はそれぞれ建築の本質である。

3.6.2　空間の記号化（ノーテーション）

人間の空間体験は、移動とともに変化する空間を知覚し、その中で行動し、様々に空間を感覚することである。この空間体験を時間を軸として、音楽の楽譜のパートのように空間の物的状況（周辺状況）、人間の行動（動作行動）、人間の感覚に分けてとらえ、これらを記号化して記録する方法がノーテーション（Notation）である。楽譜が音楽を表現するように、ノーテーションは紙面上で空間を表現する。

ノーテーションは、アメリカの環境計画家のフィリップ・シールやゴー

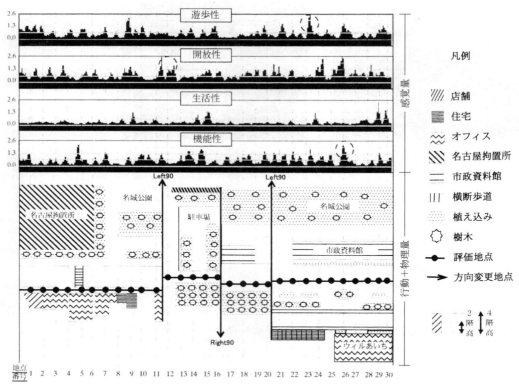

図 3.22 感性・物理量と空間のノーテーション[18]

SD 法

SD (Semantic Differential) 法は、1950年代にアメリカの心理学者 C・E・オズグッドが、情緒的意味測定のために開発した手法。ものごと（概念）の様々な意味を微分して、より少ない意味に集約する。代表的方法は、提示した概念の情緒的意味を、対立する形容詞の対を用いて回答者に求め、概念に対する情緒的意味を数量化する。この段階ですでに意味の微分をしているが、さらに因子分析を用いることにより、数量化データに潜在する意味の因子の構造を把握することができる。

ドン・カレンらが1960年代に唱えたもので、大量なデータの分析が可能になった大型電子計算機の時代である1970年代に研究が盛んに行われた。日本では、街路の空間譜という形で飯田勝幸が研究を行っている。

図3.22は、筆者らが試みた空間のノーテーションである。人間の感覚については、脳波と空間の情緒的意味との関数関係を解析した計算式を用いているため、連続的な解析が可能になっている。

3.6.3 空間の意味構造

空間は人間に対して様々に作用し、人間の側からも空間に様々な作用を及ぼす。このような作用を、空間の意味としたとき、これらを人々の共通の認識とするために言葉が用いられる。この作用を表現する言葉として形容詞がある。美しい空間、広い空間、賑やかな空間などである。これらの形容語を収集し反対の意味の言葉と組み合わせて、評価尺度として分析する手法が**SD法**である。

言葉の意味には、比較的近いものと、関連がないものがある。たとえば、美しいという言葉ときれいなという言葉は空間の好意的評価として共通している。一方、きれいなと、大きいでは、小さくてきれいなものもあれば、大きくてきれいなものもある。このように比較的共通な意味の言葉と、そうでない言葉が存在する。そこで、関連のある言葉の集合がいくつぐらい

3.6 建築空間の諸相

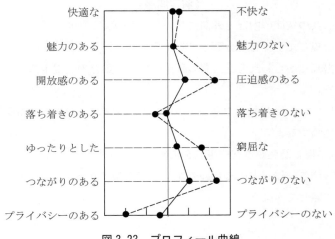

図 3.23 プロフィール曲線

プロフィール曲線
SD法の評価結果を平均してグラフ化したものをプロフィール曲線という。この図3.23では、各形容詞尺度をもちいて7段階評価したものに、1から7の数値を与えて数値尺度とし、平均値を計算している。図は評価対象が複数であって、全体の平均とそれと比較したい対象の平均値をそれぞれ実線と破線で結び、曲線として表わしている。

あるのかといったことを言葉の次元と考え、言葉の空間を想定する。この言葉の空間の次元が意味空間を構成し意味構造となる。

表3.1は、住宅の室内空間をSD法を用いて評価した結果を分析したものである。分析手順としては、評価対象（概念）の決定、評価（評定）尺度の選定、評価実験、評価プロフィール（図3.23）の作成、**因子分析**による評価構造の抽出ということになる。

表3.1の場合、意味の次元として「行動・遊歩性」「安定・停留性」「生活・静謐性」「仕事・現実性」が抽出されている。従って、意味の構造はこれらの四次元で説明がなされることになる。言葉の意味次元を明確にすることにより空間の意味構造が解明される。

因子分析法
因子分析法 (Factor Analysis) は、「多変量解析」の一手法で、多数の変数が示す変動を、共通する因子によるものと共通しない独自性の因子に分け、共通性の因子の抽出を行う。この分析により多変量の背後にある構造を把握することができる。同様な手法に主成分分析 (Principal Component Analysis) があるが、これは変数の独自性を認定しない分析手法である。

表 3.1 空間の意味構造

評価尺度 \ 因子軸	第Ⅰ軸 行動・遊歩性	第Ⅱ軸 安定・停留性	第Ⅲ軸 生活・静謐性	第Ⅳ軸 仕事・現実性
行ってみたい−行きたくない	0.85	0.26	0.11	0.18
ぶらぶらしたい−ぶらぶらしたくない	0.83	0.31	0.02	0.20
楽しい−つまらない	0.83	0.21	−0.04	0.20
期待的な−期待できない	0.71	0.23	0.06	0.17
開放的な−閉鎖的な	0.35	0.87	−0.03	0.23
開かれた−囲まれた	0.29	0.72	−0.01	0.10
住みたい−住みたくない	0.34	0.06	0.69	0.37
静かな−騒々しい	−0.01	−0.13	0.66	−0.11
現代的な−伝統的な	0.22	0.38	−0.48	0.39
働きたい−働きたくない	0.36	0.25	−0.04	0.80
固有値	4.94	1.67	0.93	0.76
累積寄与率	49.39	66.05	75.33	82.89

【演習問題】

1．公共の空間の内部と外部において、どのようなサインがあるか写真で収集してそれらを分類してみよう。
2．漫画にあらわれる、人間の動作やものの動きの表現手法を集めてみよう。
3．「シンメトリー」「プロポーション」「リズム」に相当する建築空間を集めてみよう。
4．「錯視」が生じる空間事例を集めてみよう。
5．人間の表情がどのくらいの距離まで認識できるか、2人ペアになって実験してみよう。

【引用・参考文献】

1）高木隆司編：かたちの事典、丸善、平成15年
2）ジョン・オームスビー・サイモンズ著、久保貞訳：ランドスケープ・アーキテクチュア、鹿島研究所出版会、昭和49年
3）ハンノ＝ヴァルター・クルフト著、竺覚暁訳：建築論全史Ⅰ、中央公論美術出版、平成21年
4）上松佑二：建築空間論、早稲田大学出版部、1986年
5）都市デザイン研究体：日本の都市空間、彰国社、昭和49年
6）中村良夫：風景学・実践篇、中央公論新社、2001年
7）日本建築学会編：建築・都市計画のための空間学事典［改訂版］、井上書院、2005年
8）柳亮：新装版 黄金分割、美術出版社、初版2012年（寸法線と長さ比の数値は筆者が加筆している）
9）P．ギヨーム著、八木冕訳：ゲシタルト心理学、岩波書店、1974年
10）F．アトニープ：ものの見え方と知覚システム、別冊サイエンス、特集 視覚の心理学、日本経済新聞社、1976年
11）和田陽平、大山正、今井省吾編著：感覚・知覚心理学ハンドブック、誠信書房、昭和51年
12）高橋鷹志、上野宏、B・O・ゲルラック、中地正隆、中津原努：識別尺度に関する研究2、日本建築学会論文報告集号外、昭和41年をもとに作成。
13）池田光男：視覚の心理物理学、森北出版、1975年
14）簗瀬一雄監修、榊原邦彦著：古典新釈シリーズ8 枕草子、中道館、2000年
15）芦原義信：外部空間の設計、彰国社、昭和50年
16）松本直司、磯貝和美：縮尺模型実験による二棟配置の建物間空間の形態と大きさ感の関係、日本建築学会計画系論文集、第485号、1996年

17) 松本直司、藤井勝彦他：壁面後退による街路の空間形状意識について、日本建築学会計画系論文集、第474号、1995年
18) 瀬田恵之、松本直司他：都市空間の物的要因が感性分析の評価傾向に与える影響、日本建築学会計画系論文集、第577号、2004年
19) 楊璐主編：王義之書法全集　楷書卷、中国書店、2008年
20) 大角芳園著：書の新しい学びかた、雄山閣出版、1989年
21) C.A.ドクシアディス著：長島孝一訳：現代建築の哲学、彰国社、昭和42年
22) H.Maertens著、北村徳太郎訳：都市計畫上視力の標準［其ノ一］、都市公論、10巻4号、Hans Blumenfeld: Scale in Civic Design: Town planning review、24巻1号、1953、および樋口忠彦：景観の構造、技報堂出版、1988年
23) PHILIP THIEL: A. SEQUENCE-EXPERIENCE NOTATION FOR ARCHITECTURAL AND URBAN SPACES, The Town Planning Review, vol.32.No1(April 1961) pp33-52, Published by: Liverpool University Press
24) Gullen, G: notation[1]-[5]、London: Architectural Press, Broadsheets. Alcan Industries LTD. (1968)
25) ローレンス・ハルプリン：MOTATION, Process: Architecture NO.4, 1978.2, pp51-62
26) 飯田勝幸：街路の空間譜、建築文化、1975年2月号
27) 高橋研究室編、かたちのデータファイル、彰国社、1991年
28) 土木学会：街路の景観設計、技報堂出版、1992年
29) 戸川喜久二：歩行を測る、ディテール、No37、1973年
30) 吉村貞司：庭　日本美の創造、六興出版、昭和56年
31) 小林重順、室田理子：インテリア・デザインの心理、明現社、1975年
32) 工藤昌伸：日本のいけばな文化史　二　江戸文化といけばなの展開、同朋舎出版、1993年3月17日
33) 槇 文彦：記憶の形象、筑摩書房、1992年11月15日初版第2刷

第4章　身体と人間行動

◇◇◇◇◇◇◇◇◇◇◇◇◇◇◇◇◇◇◇◇◇　本章で学ぶ内容　◇◇◇◇◇◇◇◇◇◇◇◇◇◇◇◇◇◇◇◇◇

　人間の行動は、日常と非常時では大きな違いがみられることがある。日常における行動は様々な環境要因に影響されるが、ある一定の行動パターンをもつものもある。一方、緊急事態においては常日頃から訓練をしていない限り、本能的な行動をとってしまうことが知られている。
　この章では、人間行動の特性を理解したうえで、人体・場面・室の関係をよりどころに、構築環境のデザインの仕方について考えることにする。

◇◇◇

4.1　空間の寸法

　建築空間のデザインにおいて重要なことは空間の形状や寸法を決めることである。その基本となるのが人間の身体であり活動である。その活動はいくつかの段階に分けて考えることができる。建築においてはこれまで、立つとか座るなどの基本的な「姿勢・動作」と、洗面、入浴するなどの動作が複合的に組み合わされた「行為」、さらに一連の行為が組み合わされた「行動」の三つに大別されていたが、近年ではこれらを総称して「行動場面」としてとらえるようになった。この「行動場面」に対応する空間は「室」であり、「建築」「都市」という構築環境につながっていく。

4.1.1　寸法の単位

　寸法の単位は現在、国際標準の**メートル法**が採用されているが、それ以前は古今東西を問わず、人体各部の寸法が長さの単位の基とされてきた。米・英においては、足の踵から爪先までの長さを1フィート（約30.5cm）とし、草刈鎌で牧草地を一人で1日に刈れる広さを1エーカーという意味で使われてきた。日本においても一尺を約30.3cmとし、1日に稲作作業ができる田畑の広さを一段（または反、300坪）というように、人間を基調とした長さや広さの尺度は、人間の実感や行動に深く結びついていた。
　建築空間においても基本となるものはヒューマンスケールであり、平面寸法や断面寸法などの設計寸法が決められることになる。

4.1.2　人体寸法と姿勢

　人体の各部寸法の長さや高さ方向の寸法は身長と比例し、幅方向は体重に比例する傾向がある。図4.1は身長を基準にして人体寸法各部の概算値を示したものである。これを見ても分かるように、人間の身体は一定のバ

メートル法

1メートルは、パリを通る子午線を含む地球全周の4千万分の1の長さとして定義された（現在は波長で定義）。

畳の長辺寸法は、人間が横になる程度の長さをもち、この寸法単位が和室の設計の規定条件になる。

第4章 身体と人間行動

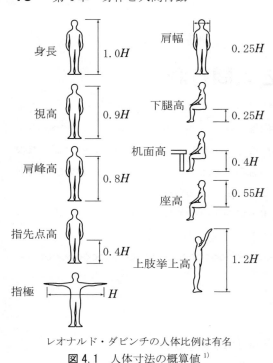

図 4.1 人体寸法の概算値[1]

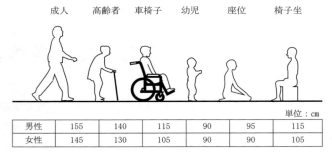

	成人	高齢者	車椅子	幼児	座位	椅子坐
男性	155	140	115	90	95	115
女性	145	130	105	90	90	105

単位：cm

図 4.2 姿勢と視高

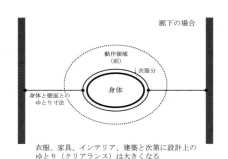

図 4.3 人体寸法とゆとり

ランスで構成され美的である。人体の形態を表すものには、人体寸法のほかに体型、重量、重心位置、体表面積などがある。

人体、姿勢、動作はいずれも活動している人間の外観をとらえる観点の違いを表している。姿勢については立位、椅座位、平座位、臥位の四つが代表的な生活姿勢である。これらを生活の仕方と対応させて、日本古来の畳の上での生活を床座式（平座式）生活様式、西欧式の生活を椅子座式生活様式とよぶ。

なお、目の高さ（視高）は年齢や姿勢などによって違いがあるため、計画においての配慮が必要である（図 4.2）。

さらに大人と子供の寸法と同様に個人差があり、人体寸法値のデータとともに平均値やバラツキ（標準偏差）などの性質を知る必要がある。

4.1.3 動作寸法と空間

動作をするために必要な空間を確保するためには、まず人間の動作寸法、機能寸法や動作域、作業をするための作業域とともに、家具や機器などのモノの寸法を把握する必要がある。加えて、設計寸法を決める際には設計者による判断が求められる。すなわち、その動作・行為にとって最小限の空間とするのか、あるいは余裕ある空間とするのかの判断を踏まえて、必要な空間に「ゆとり」を加えて、構造体との折り合いをつけながら空間寸法を決めることになる（図 4.3、4.4）。

ゆとり寸法

歩行行動の分析によると、水平方向では 12cm ごとに、垂直方向では 5cm ごとに心理的評価レベルが変化する[2]。

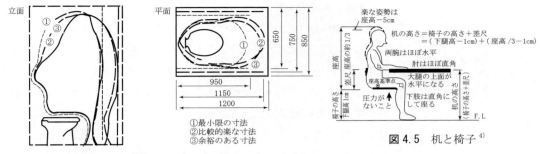

図4.4 動作域と動作空間[3]

図4.5 机と椅子[4]

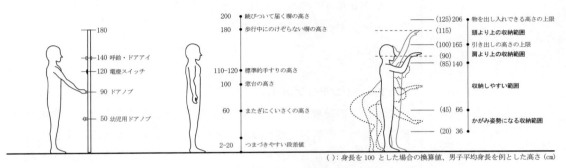

図4.6 人体寸法と建物各部および収納棚の高さ寸法
引用・参考文献5)を参考に作成

「設計寸法」＝「人体寸法および動作寸法」＋「モノの寸法」
　　　　　＋「ゆとり寸法」

　物の中でも机・椅子やベッドは人が直に触れるので人体系家具とよばれる。**人間工学**から見た座りやすい椅子の条件は、体重をバランスよく座面で受け止めることで、座面高さと下肢の長さが合っている必要がある。
　とくに重要なのは生育期の児童を対象にした小学校の机・椅子で、人体寸法にあったものを用意する必要がある（図4.5）。休息や家事作業などの日常生活場面では、まず人体系家具が中心となって個々の要素空間を形成し、さらに造り付けの収納家具などのシェルター系家具などによって総合的なインテリア空間が構成されることになる（図4.6）。

人間工学
ヨーロッパでは人間工学を労働科学的視点からergonomics、アメリカではシステム工学的視点からhuman factors engineeringと呼ぶ。建築人間工学では人間を物理的、生理的、心理的、さらには社会的存在としてとらえている。

── コラム1：立位作業現象 ──

　近年、健康と生産性の観点から立位でパソコン作業や読書を行えるスタンディングデスクが注目されている。2014年に人間の健康の観点からオフィス空間を評価するWELL認証制度が米国で始まったが、認証条件にはスタンディングデスクの導入が含まれている[6]。国内でも認証取得の事例があり、大手オフィス家具メーカーからは軽い力で天板の昇降も可能なスタンディングデスクが販売されている[7]。座位作業用と立位作業用で机を兼用でき、オフィスだけではなく一般家庭でも導入しやすくなりつつある。長時間座った状態で作業をすると腰や背中への負担が大きいため、立った状態での作業が可能になることで身体への負担を軽減し、血流の促進や生産性の向上が期待できると謳われている。今後はより効果的なスタンディングデスクやその寸法について調査研究も進んでいくだろう。本書では座位作業用の机上面高さと身体寸法の関係について紹介しているが、立位作業の場合に机上面の適切な高さはどれくらいになるか、考えてみよう。

4.1.4 人間のくせ

建築においては一般的にユーザーを特定できることはほとんどない。子供や高齢者、ハンディキャップをもつ人など様々な人が使う可能性があるため、その状況を想定したデザインが必要になることを忘れてはならない。

しかし、一方で不特定多数の人の機器・設備・家具・ドアなどの操作においてはある法則がみられることもある。これは身についたくせのようなもので「動作のポピュレーションステレオタイプ」とよばれる（図4.7）。

また第5章5.3で扱う人間の特定の行動を、アフォードする構築環境のあり方についても学んでおきたい。

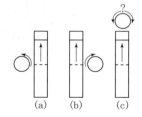

図4.7 Warrickの法則[8]

4.1.5 インテリアの寸法

キッチンの配置は、調理内容・方法、関連諸室との繋がりや動線計画、換気・採光・照明および給排水計画を考慮して決定される。冷蔵庫、流し台、レンジを結ぶワークトライアングルの3辺の合計が作業動線となり、各辺が長すぎると動きに無駄が出て疲れやすいキッチンとなり、短すぎると配膳や収納などのスペースが不足することから、3辺の総和は3,600～6,000mmが適当である。また、コミュニケーションが取りやすい配置にすることが望ましい（図4.8）。キッチンは、調理などが安全かつ容易に行なえるように段差をなくし、濡れても滑りにくい床材にする。設備機器などは作業の安全性が確保され、操作性のよい機器を使用し、ガス漏れ・熱感知器などの警報装置を設置する。収納は、調理する人の身体状況にも考慮する必要がある。流し台上部に固定した食器戸棚の高さは、立位の場合は手の届く範囲内とし、車いすの場合は、座面から900mm、床面から1,300mm程度までとする（図4.9）。

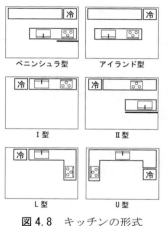

図4.8 キッチンの形式

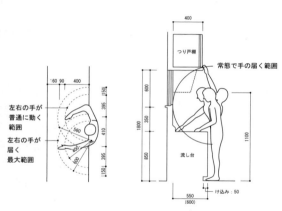

図4.9 台所の寸法[9]

便所は、動作スペース、アプローチのしやすさに考慮する必要がある。広さは、長辺の内法を130 cm以上、または、便器の前方か側方の壁までの距離を50 cm以上とし、充分なゆとりの寸法を確保することが大切である。図4.10は一般ブースおよび車いす用ブースの最小寸法である。車いす用の便器は、床面から便座までの高さを車いすの座面に合わせて40〜45 cm程度とし、一般用の36〜38 cmよりも高くなる。多目的トイレ（写真4.1）は、すべての人にとって利用しやすく、介護が必要な人が同伴者と一緒に利用できるようにジェンダーレスになっている。広さは車いすの最小動作寸法を考慮し、200 cm角程度が望ましい。

浴室の広さは、短辺を内法120 cm以上、面積を2.5 m²以上とするのが望ましい。浴室の床は滑りにくい仕上げとし、出入口の段差は2 cm以下とする。浴槽の大きさはさまざまであるが、深さは、和風で50〜60 cm、洋風で40〜45 cm程度であり、和洋折衷もある（図4.11）。車いす使用の場合は、浴槽の縁は腰かけて移動できるようにし、高さは車いすの座面高さと合わせて30〜50 cm程度とする。

昇降しやすい階段の踏面（T）とけあげ（R）の寸法関係

T+2Rが約63 cmとなるように寸法を決めるのが適切である。55 cm ≦ T+2R ≦ 65 cm

住宅の内部階段

推奨：勾配≦7/11
基本：勾配≦6/7

共用の階段

推奨：T≧300、R≦160
基本：勾配≦7/11

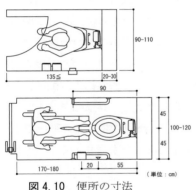

図4.10　便所の寸法
引用・参考文献10）を参考に作成

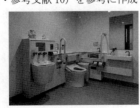

写真4.1　多目的トイレ

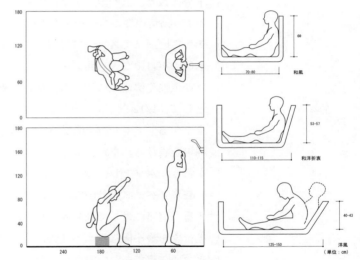

図4.11　浴室の寸法
引用・参考文献9）と10）を参考に作成

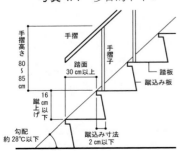

図4.12　階段の寸法
引用・参考文献11）を参考に作成

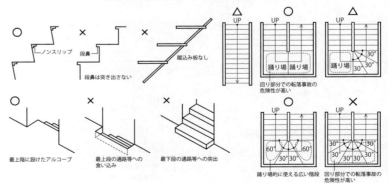

図4.13　階段の安全性
引用・参考文献11）、12）を参考に作成

階段に代わる傾斜路

勾配：1/8以下程度（1/8の傾斜は建築基準法で定められたもので、最低限の配慮事項である。そのため、緩い勾配の方が望ましい。傾斜路が長くなれば、勾配はもっと緩くする必要があり、踊り場も設ける必要がある。）

階段は、空間に変化を与える要素であるが、安全性に配慮する必要がある。けあげ寸法を小さくするときは、踏面寸法を大きくした方が昇降しやすい（図4.12、4.13）。また、けあげ、踏面、けこみは、同一階段においては、同一寸法とする。階段の手すり高さは、踏面の先端で80～85 cm程度、幼児や高齢者を考慮する場合は、65 cm程度のものを設けて2段とする。階段に関わる最低基準寸法は、建築基準法で定められている。

4.1.6　エクステリアの寸法

外部空間の仕上げには、アスファルト舗装、インターロッキング舗装、タイル張り舗装、小舗石（ピンコロ）舗装、石張り舗装、レンガ舗装、ウッドデッキ、コンクリートブロックの芝生舗装などがある。

玄関は、住宅の内と外との境界である。主たる出入口であり、接客の場でもあり、靴の脱ぎ履きがしやすい適切な広さ、防犯性能、明るさと換気、十分な収納、プライバシーなどを考慮して計画される。玄関ホールに床の段差をつけながら、室内に緩やかに連続していく。玄関扉の有効開口幅は十分に取り、玄関ポーチには降雨時に配慮し庇を設け、車いすが回転できる150 cm角程度のスペースを確保しておくことが望ましい。また、玄関ポーチから門扉までスロープ（勾配：1/15）を設けるなど、スロープは健常者も体の不自由な人も共に使える点で効果的である。スロープや階段の勾配は安全性や快適性に関わる。車いす使用を考慮した傾斜路の勾配は、原則として、1/12以下、屋外においては1/15以下とし、有効幅員は120 cm以上とする。スロープの起点・終点及び高さ75 cm以内に踏幅150 cm以上の踊場を設ける。また、通路仕上げは、降雨時などでも滑りにくく、水勾配を除き、水平とし、段差は2 cm以下とする。

駐車スペースの計画には、敷地の形状、道路の向き、方位によって検討する。道路に対して駐車場が直角に停める直角駐車、北側道路や駐車場の奥行きを最小限に抑える並列駐車、駐車場の間口が狭く、2台横並びにできない駐車できない縦列駐車などがある。車いす使用を考慮する場合には、車いす使用者の乗降スペースを確保する必要がある（図4.14）。

歩行者のくせ

歩行行動では、できるだけ目的地に近い直線的な動線をとろうとする近道行動や、展示場などでの左回り行動、通路での左側通行などの傾向が見られる。

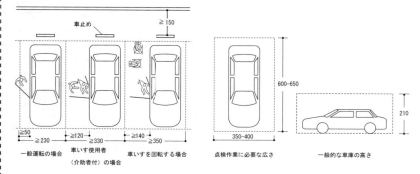

図4.14　駐車場の寸法
引用・参考文献10）を参考に作成

4.2 歩行の特性

公共的な空間において、人間は望むところにスムーズに到達・利用できるアクセシビリティが等しく保障されるべきである。そのためには杖であれ車椅子であれ、自分の意思で移動できることが重要な要件となる。ここでは、快適な歩行空間をデザインするため、人がどのような歩行能力を持っているかを理解する。

図4.15 車椅子の寸法

写真4.2 分かりづらく戸惑うデザイン

4.2.1 歩行行動

人の歩行は2足で歩くという特徴だけでなく、諸感覚を駆使しながら全身を使う高度な行動であるといえる。また、立ち止まったり休息したり、様々な行為の複合でもある。歩くための空間は、安全でリズミカルに歩行できる平らな床面、十分な幅員、頭上にはゆとりをもった空間が求められる。

歩くことはできても、その速度や距離には人それぞれに限界がある。昔の人は1時間に歩ける距離を一里とした。これは1時間に4km、1秒間に1.1mに相当する距離である。何物にも干渉を受けない自由歩行における歩行速度は、子供から成人になるに従って次第に高くなるが、その一方で、加齢とともに低下していく。また、歩行目的、性別、集団、地域、空間などによっても歩行速度には違いがある。グループ（群集）歩行は単独歩行より遅くなり、群集密度が高くなるにしたがって歩行速度は低下する。

人が歩いてもよいと思う距離については、美術館での鑑賞距離が200mで、学校の通学距離が500m以内、バス停までの距離が200〜400mが適切といわれている。

4.2.2 分かりやすい空間

建築や街の歩行空間は、まず分かりやすいことが重要な要件で、できるだけサインに頼らない計画であることが望まれる（写真4.2）。不慣れな環境においては**ウェイファインディング**という目的地を探す行動をとる。人が目的地に移動するためには、目印や手がかりとなるものなど様々な情報を得ながら経路を選択している。環境から読み取る情報には「位置に関するロケーション情報」、「方角に関するオリエンテーション情報」、「経路選択のナビゲーション情報」などがある。サインはこれらの情報を伝達するもので、「位置・誘導・案内」に関するサインに分類される（図4.16）。

身体の動き

人間工学的に見れば、人は身体を静止し続けることは困難で、さまざまな動きによって身体の快適性を保つようにしていることが分かる。その代表例が、就寝時の寝返りであり、また映画館で見られるように長時間着座する椅子においては身体との接点をたえず移動させている。

ハートビル法

「ハートビル法（1994）」や「交通バリアフリー法（2000）」は、お年寄りや体の不自由な人でも、容易に公共施設や交通機関へアクセスできる目的から生まれた法律である。

歩行者のくせ

障害物を避ける歩行者を観察すると、障害物が人の場合と物の場合では、回避し始める距離が人の場合のほうが大きく、人の体の向き（前向き・横向き・後ろ向き）によっても違うことが知られている[13]。

小学校のウェイファインディング

小学校は、子どもが最も早い時期に、大きな建物の中を一人で行動することを求められる施設である。大きな吹き抜け空間や小さな家具がランドマークとして子どもの興味を引き出し、カラーコーディネーションなどが手掛かりとして利用される。

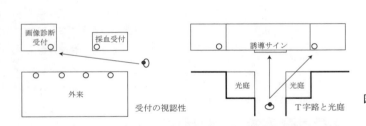
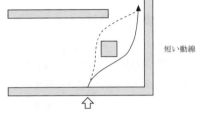

図 4.17　平面移動における経路選択の傾向

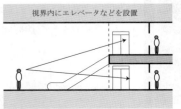

図 4.16　ウェイファインディングデザイン
引用・参考文献 14) を参考に作成

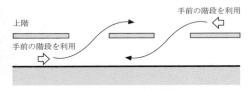

図 4.18　垂直移動における経路選択の傾向

似たもの同士が集まる場所
Pokémon GO をする人々

自然を取り入れた駅前広場
JR 博多駅前

非日常の駅前広場
JR 長崎前における長崎くんち祭り

写真 4.3　様々な滞留空間

　また、垂直移動をする際の経路選択では、人は手前の方の階段やエレベータを利用する傾向が強いことが知られている（図 4.17、4.18）。
　歩行者のなかには、さまざまな事情を抱えた人、年齢も異なる。どんな人でも歩きやすい環境はどうあればいいのか、あるいは群集に車椅子（図 4.15）などが混在した場合の問題点などについても学ぶ必要がある。

4.3　滞留の特性

　建物・地下街などの通路やホール、都市の街路や広場において、人々は目的を持って滞留したり、あるいは目的もなく停留したりする現象がみられる（写真 4.3）。こうした行動場面も、個人的条件や社会的条件、あるいは空間的条件に影響を受けているため、これを踏まえてデザインする必要がある。

4.3 滞留の特性

写真 4.4 順番を待つ行列

写真 4.5 駅構内での待合わせ風景

4.3.1 待ち行列

待ち行列は、プラットホーム、タクシー乗り場、バス停、自動券売機、エレベーター、ＡＴＭ（銀行自動支払機）、宝くじ売場、食事店など、いたるところで観察される。同じ目的を持った人が列状になって、前後の人同士の関係と目的地点との関係が集合の型になって形成される。自然発生的なものでも**線密度**のばらつきは意外と小さく、1列行列では2.5人／m前後、2列主体では3.5〜4.5人／m前後である（写真4.4）。

4.3.2 滞留場所

人々が多数利用する施設のロビーや駅のコンコースなどでは、不特定多数の人による休憩や待ち合わせなどの目的をもつ**滞留**が生まれる。待ち合わせで空間に占める位置は、必ずしも均等に分布しているわけでなく、見通しがよく、あまり人目につかない場所、人の往来の激しいところを避け、柱や壁の周辺に背を向けた状況でたたずむ傾向がある（写真4.5）。

4.3.3 待合いの型と座席選択

銀行や病院の待合室では長時間待たされることがある。同じ目的を持つ人が、同じような空間形態を持つスペースで待つことが多いのは、銀行や病院のシステムが待つ人の行動場面を規定しているといえる（図4.19）。

これに対してレストランの場合では、中央部のテーブルを避けて、周辺部のテーブルが選択される傾向がある。この現象は、乗り物や図書館における他人と距離をおく座席の選択にも見られる（図4.20、4.21）。このように人間の行動は、構築環境よりも他人との関係により影響を受け、他人

線密度
行列1m当たりの行列人数。待ち行列の現象を数学的に扱った理論によって、サービス窓口数や待ち時間、行列長さの予測を行う。

滞留
滞留の他にも、停留のように突然目的もなく立ち止るような行動場面もみられるが、この場合は滞留のような型にはまらないものが多い。

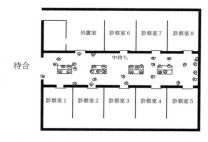
図 4.19 病院の待合いスペース[15]

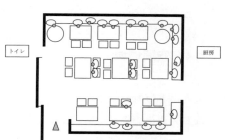
図 4.20 レストランにおける座席の占め方[16]

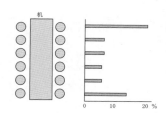
図 4.21 閲覧机における座席の占め方[17]

コラム2：市庁舎の市民空間[18]

　市庁舎の基本的な機能として、行政手続を行うための機能性及び利便性が追求されてきた。近年の社会状況から地域連携の必要性や重要性が唱えられ、地域の拠点施設として位置づけられる市庁舎は、存在価値を高めつつある。市庁舎は、市民に確実な情報を提供する拠点であり、市民生活を送る上で状況に応じて訪れる場所であり、市民がより良い生活を送るために公共サービスの一環として様々な催しを行う場所でもある。市庁舎にはそのような場合に利用される空間として、また、市民と市の接点の場所として、市民のための空間である「市民空間」が設置されている（図、写真）。

　市庁舎は、平常時において様々な支援やサービスを提供する中核的な公共施設であると同時にそれを支える職員の執務空間である。近年はインターネットによる自治体からの情報提供やコンビニエンスストアでの各種書類の交付サービスが一般化しているが、各種手続き、相談、質問といった市職員との直接のやりとりは必ず発生する。さらに市庁舎は、単に行政サービスを提供するだけでなく、市民活動を支える協働・交流機能も担っており、図書館やホール、ボランティアルームなどを併設することから、市庁舎機能が複合化する傾向にある。また近年、自然災害が多発していることから、市庁舎は、災害時、災害対策の指揮および情報伝達の中枢機能を担うとともに、中枢機能を支える資材や食料の備蓄および避難者や支援者への対応など、防災拠点の役割を果たすことから、市民の安心・安全を支える拠点でもある。

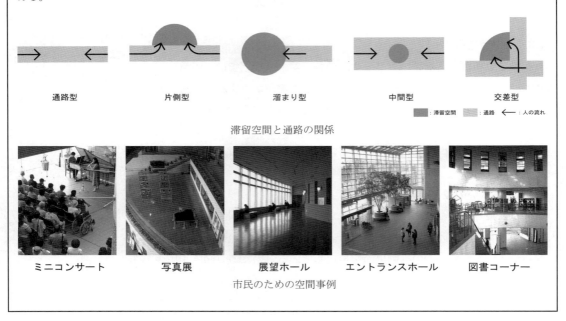

滞留空間と通路の関係

市民のための空間事例

の行動により自身の身の置き場所を決定することも実際の生活では多く見られる。

4.4　空間領域

　人間は非接触動物であり、状況に応じた適度な距離や空間を必要とする。すなわち、人の立つ位置、距離には意味がある。言い換えれば、距離はコミュニケーション機能をもち、国や民族にとっては文化程度、習慣、社会的ルールを表現するものと考えることができる。

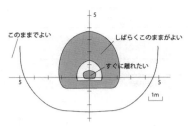

図4.22 離れたいとする個体域[19]

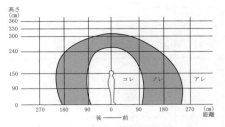

図4.23 個人型指示領域の広がり[20]

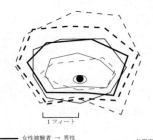

図4.24 ホロビッツのボディバッファーゾーン[21]

4.4.1 パーソナルスペース

アユには縄張り（テリトリー）があることは知られているが、人にも目に見えない境界を持った領域があり、ある大きさを持って広がるように形成されている。この領域が侵されると不快を感じるが、R．ソマーはこれを「パーソナルスペース（個体空間）」と呼んだ。人同士は互いにパーソナルスペースを確保しようとし、そのときの状況に応じて一定の距離以上互いに近づかないように行動する。しかし、空間が狭すぎたり、人が多すぎると、それぞれのパーソナルスペースが確保できず、プライバシーが侵害されることになる。こうした領域の概念は室空間の家具のしつらえなどを計画する際に参考になる。図4.22は、実験で得られたパーソナルスペースの大きさを示したもので、平面的には人の後ろや側方よりも前の方が大きいとされる。一方、指示代名詞「コレ・ソレ・アレ」によって区別される領域を立体的に計測したものもある（図4.23）。

このように、様々な研究者によってパーソナルスペースの大きさが捉えられようとしているが、総合失調症の場合ではこの広がりは健常人と比べてより広い空間が必要であるとされる（図4.24）。

4.4.2 人と人との距離

親しく会話をしたい場合と声かけ程度のあいさつといった場合とでは、対人距離の取り方に違いがある。すなわち、会話などのコミュニケーションにおいては両者が親密なほど距離が近くなるのである（図4.25）。

E．T．ホールは、**プロクセミックス**として人間の個体間の距離を取り上げ、これを密接距離、個体距離、社会距離、公衆距離の4つの対人距離に分類し、コミュニケーションの仕方の違いを明らかにした。人間同士の距離のとり方は、接触から0.5mまでは近づかない、0.5～1.5mでは会話を行い、会話しようと思えばできる限界は3m程度で、あいさつを交わすのは30m以内である。また、こうした距離はその国の文化と関連が深いことを示した。

計画・設計するにあたっては、構築環境とともに人間環境の社会的意味などを踏まえて、空間規模や所要面積を決定する必要がある（図4.26）。

ライオン

ライオンは、遠く離れていれば行動はとらないが、人が近づくと逃走し、ある距離以内に近づくと攻撃すると言われている。ヘーディガーは、個々の動物は不規則な形をした気泡（バブル）のようなもので囲まれていて、それが個体間のスペーシングに役立っているとして、個体間距離と定義した[22]。

プロクセミックス

人間空間学、近接空間論、ホールの造語、人に近接した空間領域の文化研究
出典：E. T. ホール著、日高敏隆共著、かくれた次元、みすず書房、1970年
ソマーは、人間の空間知覚と空間行動についてさらに心理学的に検討している。

集合の目的と型

目的をもった人の集合は、目的や構成員同士の関係により、一定の型を取る傾向がある。これに対して、集まる意図のない人の集合は、対人関係よりも座席配置や空間の形状に左右されることが多い。

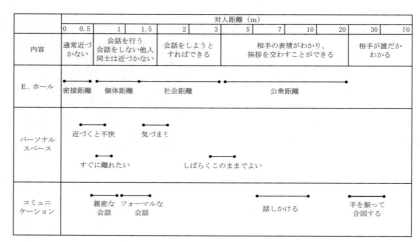

図 4.25　人間同士の距離の分類を位置づけ
引用・参考文献 5) を参考に作成

座席の寸法と間隔

座席各列の椅子の前後間隔は最低 80 cm 以上、1 席あたりの左右間隔は 45 cm 以上必要である。座席の前後間隔は 1.1 m 程度あれば、機能面から人体寸法とともに心理面でもゆったりとしたスペースとなる。劇場や鉄道車両などの座席で重要な寸法である。

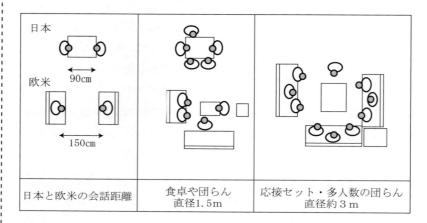

図 4.26　会話距離と家具配置[14]

4.4.3　集合の種類と型（人間同士のフォーメーション）

人間の集合の形態は、人数・姿勢・目的・空間的制約の有無などによって変化する。図 4.27 は**集合の種類と型**を示したものである。二人の集合の位置関係には、ソシオペタル（対面型）、ソシオヘロタル（側背面型）、ソシオフーガル（離反型）という三つの型がある（図 4.28、4.29、写真 4.6）。ソシオペタルは視線を交わしコミュニケーションをとることができる身体の向きの型であるのに対し、ソシオフーガルはコミュニケーションをとりたくない場合の型である（写真 4.6）。距離を十分にとれない場合、身体の向きによって対応することは、エレベーター内に乗り合わせたときに誰しもが経験することである。これを駅や公共空間、住宅の居間などの座席配置に応用すると、コミュニケーションの関係を計画的に操作することが可能となる。

4.4 空間領域

集合の種類	共通目的の小集団	同一目的・行動の集団 一斉集合	同一目的・行動の集団 1対多数	個別の集会	複合的な集会
単位空間例	集会・会議室・ゼミ室・居間	展示室・劇場客席	教室・講義室	閲覧室・待合室	事務室・ホール・ロビー・広場
空間的制約なし					
座席のある場合					

図 4.27 集合の種類と型[23]

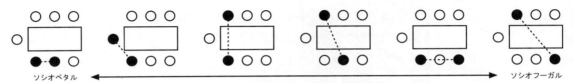

図 4.28 座席位置による距離感
引用・参考文献 11) を参考に作成

ソシオペタル

ソシオヘロタル

ソシオフーガル

ソシオペタルとソシオフーガルの両様

写真 4.6 いろいろな座席配置

名称	種類	事例
ソシオペタル	対面型	
ソシオヘロタル	側背面型	
ソシオフーガル	離反型	

図 4.29 2人の位置関係の三つの型
引用・参考文献 5) を参考に作成

4.5 混み合い

4.5.1 プライバシーと混み合い

人は雑踏の中に一人でいて、他人からじろじろ見られたり干渉があったりすると**プライバシー**を侵されたと感じる。あるいは、パーソナルスペースが確保できない状況になると混み合い感を感じる。さらに混み合いが激しくなると、個々の人間の問題というよりも、空間全体の密度が計画上の問題となる。

東京におけるラッシュアワー時の電車の混み合いが高いことはよく知られている。これは一時的なものであるが、長期的なもので最も高いのは奴隷運搬船で1.5人/㎡程度詰め込まれたといわれている（図4.30）。

一方、祭りのように一定の混み合い感が好ましいものとして求められることもある。しかし、この混み合いも、弥彦神社将棋倒し事故（1956）や明石歩道橋事故（2001）、ソウル梨泰院雑踏事故（2023）のように群集事故を引き起こす可能性もあるため、状況に応じて空間密度を制御する必要がある。

4.5.2 群集流動とサービス水準

混み合いはラッシュ時や繁華街において見られる（写真4.7）。群集歩

> **プライバシー**
> 広辞苑によると、「私生活、個人の秘密」とある。アルトマンによると「個人やグループへの選択的なコントロール」とされる。ウェスティンによると、「孤独」「親密」「匿名」「留保」の4つに分けて説明され、状況により様々に変わる概念である。

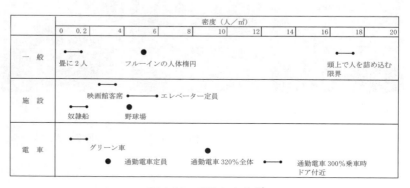

図 4.30 群集と密度 [24]

群集流動には、一方向流と対向流、そして交錯した流れの交錯流がある。
写真 4.7 一方向流（左）と対向流（右）

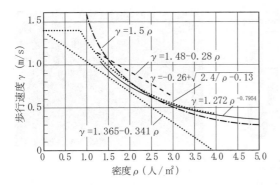

図4.31 一方向流における密度と歩行速度[25]

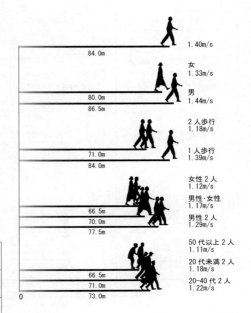

図4.32 歩行速度の比較
引用・参考文献 26)、27) を参考に作成

表 4.1 歩行におけるサービス水準

群集密度 (人/m²)	歩行状態	適用対処
0.3以下	自由歩行は確保される	公共の建物や広場
0.3〜0.43	追越し自由で、自由歩行も確保	公共の建築や駅
0.43〜0.7	ある程度の制約あり	利用者がかなり多い公共建築や駅
0.7〜1.0	大半の人が自由歩行を確保できない	混雑の激しい公共空間
1.0〜2.0	自由歩行が不能 流れの許容限度	短期間に大量移動 駅や野球場
2.0以上	流動の極度の制約 制御不能	歩行路の設計には不適当

行では、群集密度が低いと自由歩行が可能で歩行者は快適であるが、密度が高くなるに従って歩行速度が次第に低下し、不快感が増す。群集の密度と歩行速度の関係は図4.31に示すように指数関数的に低下していく。一方向流と対向流では同じ密度でも大きく異なることが分かる。一方向の群集歩行速度の目安としては、1人/m²までは追い抜きが自由にでき、2人/m²では停留が始まる。こうした群集密度の程度を区分整理したものがサービス水準とよばれるもので、群集歩行対策の判断指標とされている（表4.1）。計画者は待ち合わせ空間や歩行者空間としてのサービス水準をどう設定するのか目標を立て、空間規模を計画することが求められる。

　群集が滞留する要因としては、ネックの存在があげられる。駅であるならば改札口がネックになり、建物であれば廊下幅より狭い開口部がネックとなる。滞留を起こさないためにはネックになる部分をなくすか、できない場合は十分に広くする必要がある。逆に避難計画上、避難開口部幅を制限して、階段での流入を制御して混乱をきたさないようにすることも行われる。

　群集行動には、慣性行動、逆戻り行動、先導効果、走光性などの傾向がみられる。

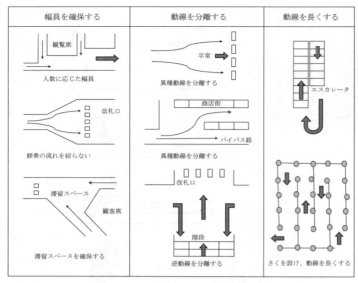

エスカレータは時間帯によって動く方向が変わる。

写真 4.8 選択できる経路

図 4.33 群集流の処理方法[25]

4.5.3 歩行速度

人はどのくらいの速度で歩くのか（図 4.32）。歩行速度の調査は、計測区間の通過時間を定点から計測する方法、追跡調査、ビデオ撮影によるモーションキャプチャーなどがある。一般的な歩行速度は約 1.4m/s とされている。男性の方が女性より約 1 割速い。朝の時間帯は歩行速度が速まる傾向があるが、地下通路では終日において差は見られない[28]。携帯端末を操作しながら歩く場合には、約 2 割遅くなる。複数で歩行する場合、二人歩行では、単独歩行に比べて約 2 割遅い。また単独歩行と同様に夕方より朝方の方が速い。性別の組合せでは、女性二人組は、男性二人組より約 1 割遅く、女性単独歩行に比べて約 2 割遅い（図 4.32）。歩行速度は、これらの要因以外に、地域性[29]や街路空間の魅力[30]などが、歩行速度に影響するとされている。

4.5.4 混み合いの制御

混み合う群集流の整理の基本は、不安感の発生を防止し流動の円滑化を図ることである。流動の円滑化に関しては、通路内の滞留を防止し、動線を乱さないような対策が求められる。具体的な手法としては図 4.33 に示すように、一方向流では合流部分（滞留箇所）の幅員の増大、ネックの分散、別ルートの確保などがある。これに対して、対向する群集（対向流）については動線を乱さないよう分離することが基本である。

また、滞留する群集についてはロープや柵によって動線距離を長くしたり、順番を乱さないよう群集を適宜分断することや混雑状況に合わせて経路を変更する（写真 4.8）などのソフト的対応方法がある。

【演習問題】

1. 自分の身体の実寸法と概算値で求めたものを比較しなさい。
2. 自分のまわりにある階段を実測し、推奨された寸法に合致しているか調べなさい。
3. 身近な開口部の取っ手・ノブなどの高さや形状を調べ、使いやすさについて調べなさい。
4. 姿勢はどうして「ことば」の一種であると考えられるのか説明しなさい。
5. 図書館や電車の中で人々はどのような席を選んでいるかを観察し、法則性があるか調べなさい。
6. 建築内のホールや広場において、人々はどんな場所にどんな方法でたたずんでいるか、一人者やグループによって差が有るかどうか調べなさい。

【引用・参考文献】

1) 小原二郎ほか：建築・室内・人間工学、鹿島出版会、1969 年
2) 建部謙治：歩行時の開口部高さ評価と領域高さ、日本インテリア学会論文報告集、第 7 号、pp.17-24、1997 年 3 月
3) 清家清、谷口汎邦：和風便所における動作の実験、日本建築学会論文報告集、第 63 号、pp.253-256、1959 年 10 月
4) インテリアデザイン教科書研究会編：インテリアデザイン教科書、彰国社、1993 年
5) 小原二郎、加藤力、安藤正雄 編：インテリアの計画と設計、彰国社、1986 年
6) 大和ハウス工業：WELL 認証とは？「働く人の健康に配慮したオフィスの目印」(URL https://www.daiwahouse.co.jp/sustainable/sustainable_journey/topics/well_Building_Standard/ 2024.1.17 参照)
7) ITOKI：プレスリリース (URL https://www.itoki.jp/press/2021/2104_salida-desk.html/ 2024.1.17 参照)
8) J. Brebner, B. Sandow: Direction of turn stereotypes, conflict and concord, Applied Ergonomics, 7.1, 1976 年
9) 一生使えるサイズ事典 住宅のリアル寸法 完全版：エクスナレッジ、2022 年
10) 日本建築学会編：建築設計資料集成「総合編」、丸善、2001 年
11) 日建学院：1 級建築士受験テキスト 学科Ⅰ 計画、建築資料研究社、2015 年
12) 相良二朗：福祉住環境コーディネーター 2・3 級、新星出版、2007 年
13) 建部謙治：歩行時回避行動の画像処理による分析的研究、学位論

文、1993年

14) 川崎寧史、山田あすか 編：テキスト建築計画、学芸出版社、2010年

15) 加藤裕二、長澤泰ほか：迷いからみた患者の病院像に関する研究、日本建築学会大会学術講演梗概集、pp. 489-490、1991年9月

16) Darid Canter : Psychologr for Architects, Applied seience publishers Ltd, England, 1974. デイヴィド・カンター 著、宮田紀元、内田茂 訳：建築心理講義、彰国社、1979年

17) Robert Sommer: The Ecology of Privacy, Library Quarterly Vol. 36, No. 3, 1966年

18) 船曳悦子：市庁舎建築における市民空間の計画条件に関する研究、学位論文、2010年

19) 日本建築学会 編：人間環境学 よりよい環境デザインへ、朝倉書店、1998年

20) 西出和彦：建築計画の基礎 環境・建築・インテリアのデザイン理論、数理工学社、2009年

21) Horowitz et al.: Personal space and body-buffer zone, The Archives of General Psychiatry, 1964年

22) エドワード・T・ホール：かくれた次元、みすず書房、1970年

23) 東京大学高橋鷹志研究室資料による

24) 岡田光正ほか：建築と都市の人間工学 空間と行動のしくみ、鹿島出版会、1977年

25) 日本建築学会編：建築設計資料集成「人間」、丸善、2003年

26) 松本直司、清田真也、伊藤美穂：街路空間特性と歩行速度の関係、日本建築学会計画系論文集、第74巻第640号、pp. 1371-1377、2009年6月

27) 朝倉陽、松本直司、伊藤美穂：都市における2人歩行の歩行速度と街路空間の魅力の関係、日本建築学会大会学術講演梗概集、pp. 713-714、2009年7月

28) 入船百弘、加原康通、舟橋國男、紙野桂人：環境条件に応じる行動変化に関する研究 街路と地下街における歩速・距離感の比較、日本建築学会大会学術講演梗概集、pp. 649-652、1985年5月

29) 辻村明 編：高速社会と人間、かんき出版、1980年

30) 松本直司、櫻木耕史、東美緒、伊藤美穂：街路の魅力と歩行速度の関係、日本建築学会計画系論文集、第77巻第678号、pp. 1831-1836、2012年8月

31) 岡田光正ほか：現代建築学（新版）建築計画1、鹿島出版会、2002年

32) 建築計画教科書研究会 編：建築計画教科書、彰国社、1989年

第5章　人間と空間のイメージ

◇◇◇◇◇◇◇◇◇◇◇◇◇◇◇◇◇◇◇◇　**本章で学ぶ内容**　◇◇◇◇◇◇◇◇◇◇◇◇◇◇◇◇◇◇◇◇

　ここでは、建築や建築空間、都市空間に対して人間がそれらをどのように認知し、イメージするのかを扱っている。具体的には、空間のイメージとその研究、アフォーダンス理論、空間図式、心象風景、原風景、認知距離、空間の魅力と空間イメージである。

◇◇

5.1　空間のイメージ

　人々とふれあい、周囲の環境を体験し様々な状況を肌身で感じとることにより、人間は自分の住宅やその周辺環境に慣れ親しむことができる。このような環境への習熟は、安定した近所付き合いを可能にし、日常生活のあり方を定め、われわれの生活領域を確固たるものとする。住み慣れた環境で展開される日常の行動の繰り返しが、周囲の環境全体を**イメージ**として脳裏に深く刻み込む。

　建築家はこのような住まい手の環境イメージを担う空間を創造するという役割を担っている。居住者の望む空間イメージが、完成して実体となった空間とうまく整合することが必要である。設計依頼者や建物利用者がどのような空間を望み、そこをどのように使い、そこでどのようなドラマを展開していくのか、十分に調査・予測し設計にあたる必要がある。

　このことは、単体の建築に限ったことではない。建築の集合である地区や都市の計画においても、都市のあり方に対する確固とした思想や、都市の将来像が必要である。

　都市居住者にとって、魅力的で個性があり、安全で分かりやすい都市づくりが望まれる。建築家は現状を正確に把握し、将来像を踏まえた空間や都市のイメージを構築する必要がある。

5.1.1　イメージの性質

　日常生活は、目に見えているものや事柄に対する行動だけで成り立つものではない。むしろ、目に見えていないイメージに基づく行動が多い。「これからどこどこに行こう」と歩き出すとき、その目的地での事柄を心の中でイメージするし、目的地までの道順も同時にイメージする。これらのイメージは、心の中にこれまでに蓄えられてきた情報に基づいている。

　K.E. ボウルディングは、その著書『**ザ・イメージ**』において、「知恵の世界」について論じ、知恵を表す最も適切な言葉を「イメージ」であるとしている。

イメージ
『人が心に描き出す映像や情景など。芸術、哲学、心理学の用語として、肖像、画像、映像、心象、形象などと訳される。』[1]『心の中に思いうかべる像。心象。』『姿。形象。映像。』[2]

ザ・イメージ
ボウルディング、大川信明訳：ザ・イメージ、誠信書房、S37.5.18 第1刷発行、S49.7.20、第7刷発行

さらにイメージを『真実と信じていること〈中略〉主観的な知恵』であるとし、『行動を支配している〈中略〉行動がイメージに依存している〈中略〉ある人の過去経験の総合的結果としてイメージができあがる〈中略〉イメージの一部はイメージ自身の歴史である。』[3]としている。

(1) イメージと記憶

記憶は過去の様々な事象を、それぞれ個々に人間が脳に蓄えたものである。この個々の記憶が、心の中で関係性を持ったときにイメージとなる。このイメージは、刺激の形としての記憶とは異なり、それらが変形し、心の中に形成され醸成されたものである。新しいものを生みだす創造活動の源ともなり、知らない世界、存在しないもの、実在しないもの事さえイメージとなる。イメージは過去と未来に属するもので、抽象的なものに対してもそれを具象化して捉えることもある。人間はイメージを蓄えた世界そのものである。

(2) イメージとメッセージ

メッセージとイメージとの関係について、K. E. ボウルディングは『メッセージは情報である。メッセージはイメージをつくりだすための変化を意味している』として、メッセージがイメージを構成する際の三つの事柄として、『メッセージは、イメージにぶつからず、スカンスカンにつき抜けてしまう』『メッセージは、時間についての注意を喚起し、それを評価する』『イメージの中核にメッセージがぶつかり、全体がすっかり変わってしまう』[3]ことをあげている。

5.1.2 イメージの種類

生活し経験したこと、知識として与えられたことなど、視覚的だけでなく音楽や香り、肌触り、味覚など、あらゆることにイメージが存在する。

(1) 世界の内容についてのイメージ

個々の事象が把握不能なものであったり、同時に把握できないような場合においても、人間にはその対象に対してのイメージは存在する。「月にはウサギが餅つきをしている」とイメージしたり、「地球は球である」という場合が相当する。

(2) 地理的・空間的イメージ

自己の定位、地図の描写、これらは地理的イメージが確実なときに正確である。迷子になるということは、自己定位を失うことであり、地理的イメージ、空間的イメージの混乱である。

(3) 社会と人間関係のイメージ

「住みにくい世の中になった」というときに、その住みにくさには様々な内容のイメージが存在する。社会の仕組みや制度、それに伴う規制、それらが社会のイメージとして住みにくいという評価をもたらす。

社会の習慣、人々の価値観、文化のあり方、人と人とのつきあい、実際

図5.1 イメージの種類

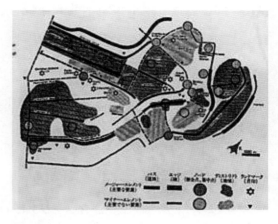

図5.2 アメリカ・ボストンの視覚的な形[4]

の経験や聞き伝えなど人々のイメージとして心の中に存在する。

(4) 事のイメージ

世界ではいつも様々な事件が起こっている。それらは実際に見聞きしたり、文字や映像で知ることができ、様々な思いがそれに対して浮かんでくる。実際に経験したものだけでなく、情報メディアを通じてのことがらでもイメージとして抱かれることになる。

(5) 五感によるイメージ

人間は歩いたり触ったりするときに、あらかじめ地面の状況やものの状況をイメージとして抱いている。氷の上では滑りそうだということで慎重に歩くであろう。金属に触るときには、冷たいとか、熱いとか、前もって触ったときの感触をイメージしている。声を耳にするとその人の顔や姿がイメージされたり、音楽が情景イメージを誘引することもある。匂いによって食欲が触発されたり、異様な臭気により危険を察知することもある。このように視覚、聴覚、味覚、嗅覚、触覚など、いわゆる五感によってイメージが抱かれる。

5.2 イメージのしやすさ

思い出したり、思い浮かべたりしやすいということは、そのもののアイデンティティ (identity) が心の中に記憶として刻まれているということである。刻まれたそのものが人間の個性の源となり、時として全体のイメージの中で中心的なものとなる。

5.2.1 都市のイメージ

『The Image of the City』をケビン・リンチ (Kevin Lynch) が 1960 年に出版した。「都市はイメージしやすく分かりやすくなければならない」

Kevin Lynch

The Image of the City, Library of Congress Catalog Card No:60-7362, Printed in the United State of America, First Printing, June 1960, Fourteenth Printing, March 1977

というのがこの本の主眼である。この本が、魅力的な都市の創造に有効であるということで、今日に至るまで多くの支持者を得てきた。基本的な用語を抜き出すと以下の通りである。

(1) 環境の3成分 (three components)

周囲の環境のイメージを、自分なりに筋の通った、秩序あるものにするためには、環境自体に以下の三つの成分が必要となる。

① アイデンティティ（identity）：環境の中で、図と地のうちの図に相当するもの。

② ストラクチャー（structure）：空間の関係やパターン。

③ ミーニング（meaning）：観察者にとっての対象の何らかの意味。

(2) イメージアビリティ（imageability）

都市は分かりやすくなければならない（レジビリティ legibility）。分かりやすいためにはイメージしやすいことが大事になる。イメージの大きな部分を占める視覚的イメージには、イメージのための具体的な形が関わってくる。これが都市であれば、都市の様々な場所や建物、街路樹などの部分がイメージしやすく、それらが全体の中に位置づけられる必要がある。

リンチによると、幼児は、最初は自分と自分の周囲の環境との関連づけができない状況である。そこで、自分と周囲との関係を必死に把握しようとする。このとき周囲の環境のイメージのしやすさが、幼児の環境との関連把握を助けることになり、幼児の知能発達に有効な刺激となる。

(3) 5エレメント (five types of elements)

ケビン・リンチはボストン、ジャージシティ、ロスアンジェルスにおいてイメージ調査（スケッチマップを描いてもらう）を行い、都市のエレメントとして、**パス**、**エッジ**、**ディストリクト**、**ノード**、**ランドマーク**という5エレメントを抽出している。

パス paths（道）
「観察者が日ごろあるいは時々通る、もしくは通る可能性のある道筋」[4]

エッジ edges（境界）
「観察者がパスとして用いない、あるいはパスとはみなさない、線状のエレメント」[4] 海岸、鉄道、河川、山の端など。

ディストリクト districts（区域）
「観察者は心の中で"その中に"はいるものであり、また何か独自な特徴がその内部の各所に共通して見られるために認識される」[4] 公園、森など。

ノード nodes（結節点）
「観察者がその中にはいることのできる点であり、彼がそこへ向かったり、そこから出発する強い焦点」[4] 交差点、駅前広場など。

ランドマーク landmarks（目印）
「観察者はその中にはいらず、外部から見る」[4] 教会の塔、東京タワー、城など。

写真5.1　パス（東京、銀座通り）

写真5.2　エッジ（ロンドン、ロンドン塔）

写真5.3　ディストリクト（名古屋、舞鶴公園）

5.2.2 都市のアンビギュイティ (ambiguity)

人間が自身を都市のなかで定位する場合において、都市のレジビリティやイメージアビリティは重要である。しかし、都市の魅力という観点から考えると、レジビリティとイメージアビリティではすべてを論じきれない。東京や香港、はたまた、モロッコの迷宮都市フェズ（メディナ（旧市街）「フェズ・エル・バリ」）などに見られる複雑で迷子になりそうな場所に対して、多くの人々が引き寄せられている。子供にしても、物置場のような無秩序にものがほおってあるような場所にしばしば興味をそそられる。そこにはイメージアビリティでは語ることのできない、空間のアンビギュイティが存在する。

写真5.4 ノード（名古屋、オアシス21）

写真5.5 ランドマーク（東京スカイツリー）

写真5.6 多義性（東京、原宿）

アンビギュイティは、日本語で多義性という言葉があてられている。一様ではなくて選択性のある多様な状況ということになる。ヨーロッパの都市風景は、「石ででき、赤い瓦で統一されたすばらしい風景である」「パリは建物の高さがそろっていて美しい」などといわれるが、整ってはいないが、人々が集い、活気に満ちた都市が世界にはいくらでもある。これを魅力といわないで何というのであろう。人々が高密度に集まり、混乱しているかに見えるアジアの都市の状況を asian chaos といわれる。そこは危険を伴うこともあるが同時に魅力的だ。この魅力の根源には、子供の秘密基地のような秘密の場所の存在（匿名性）、個別性の存在（私だけの空間）、他人に自分が知られていないといった匿名性がある。

志水英樹は『街のイメージ構造』の中でラポポートの論文を参考として『・・・"アンビギュイティ"とは、物的環境における構成要素が、心的環境において、多様な役割を演ずるという心的環境における、"複合性"である・・・』[5]と述べている。

アモス・ラポポート（エイモス・ラポポート）
ポーランド生まれ。人間の環境行動に関する研究者。著書に『住まいと文化』（大明社）、『構築環境の意味を読む』（彰国社）などがある。

5.2.3 様々なイメージ研究

リンチが用いた地図を描いてもらう研究方法は、スケッチマップといわれるが、日本では、イメージマップともいわれる。認知地図、メンタルマップなどもよく使われる用語である。表 5.1 の①から⑤の用語は、厳密な定義があるというより、研究者により比較的自由に使用されている。一方、⑥から⑧は経路学習という目的性の強い用語である。

表 5.1 様々なイメージ抽出法

① 認知地図 cognitive map(1948) は、トールマン (Edward C. Tolman)（新行動主義の心理学者）の造語。
② メンタルマップ (mental map)(1966) は、グールド (Gould) の造語。
③ スケッチマップ (1960) は、都市計画家のケビンリンチ (Lynch) が都市のイメージの研究で用いた、都市のイメージを描いてもらう方法。
④ イメージマップ (image map)(1974) は、鈴木成文がイメージを全く自由に描く方法として用いた。記憶地図ともいわれた。
⑤ サインマップ：輪郭や主な道路、駅などが描かれた地図上に住宅や施設、標識などを描き入れる方法。
⑥ YAH(You Are Here) マップは、Levine が用いた、案内図のこと。
⑦ ルートマップ (route map)(1962) は、シェミャーキン (Shemyakin)(1962) が用いた。経路学習の結果をトポロジカルにマップとして表現。
⑧ サーベイマップ (1962) は、シーゲルとホワイト (Siegel, A. White. S. H. 1975)、による。経路学習の結果を平面的にマップとして表現。

表 5.2 イメージの想起連想法

(1) 描画法
　①自由描画法：白紙に知っている空間要素を自由に記述させる。記述範囲は調査者が決定。
　②統制的描画法：回答者に作画能力の差があるため、あらかじめ主要な空間要素を用意し、それを用いて用紙に記入させる。
(2) 図示法
　①圏域図示法：与えられた地図上に圏域を記入させる。
　②空間要素図示法
(3) 想起法
　①エレメント想起法：地区にある空間要素を示して、知っているか、評価はどうか、認知、評価状況を問う。
　②自由想起法：地区の構成要素を自由に想起させる。
(4) 連想法
　①自由連想法：複数の選択肢の中より心に浮かぶ最初のものを選択する。
　②制限連想法：思い浮かべたものから数を制限してさらに連想していく。

5.3 アフォーダンスとスキーマ

5.3.1 アフォーダンス理論

アフォーダンス理論は『生態学的視覚論』を書いたJ. J. ギブソン（James J. Gibson）により『環境のアフォーダンスとは、環境が動物に提供する（offers）もの、良いものであれ悪いものであれ、用意したり備えたりする（provide or furnishe）ものである。』[6]として理論化された。

『アフォーダンスとはギブソンが創出した用語であり、生物を取り巻く環境に存在して、特定の生物にある行為や認知を可能ならしめる「もの」を指す。』[7] しかし、同じ対象物であっても、人の性格、経験、能力、欲求などによって、知覚内容（提供offersされるもの）は異なってくる。

D. A. ノーマンは、アフォーダンスをもたらす対象物に四つの制約があるとしている。

① 物理的な制約：『可能な操作の幅をせばめる』[8]
② 意味的な制約：『その状況の意味にもとづいて可能な行為の集合を制約する』[8]
③ 文化的な制約：『そこで受け入れられている文化的な慣習にもとづく制約』[8] がある。
④ 論理的な制約：そのために用意されたものはすべて使わなくてはならないし、用意されたものは隙間があってはならない。

体をささえるのにちょうどよい高さの背もたれがあり、人々の休息を誘っている。
写真5.7 寄りかかり（北京）

シュロ縄を結ばれた石は、客人が踏み入ることを妨げている。
写真5.8 関守石（如庵）

5.3.2 空間図式

J. J. ギブソンの「アフォーダンス理論」に対して、友人である U. ナイサーは、その書『認知の構図』のなかで『・・・知覚者は図式（schemata）と名づけられる認知構造を持っていると仮定する必要があると考えている。図式とは環境が提供する情報

階段の途中にたれ壁があり、通常では頭をぶつける。しかも、ちょうど階段勾配がその位置で変化し、たれ壁によけいに近づく。このことが、かえって頭をぶつけることのない通過を助けている。無言の忠告である。
写真5.9 東松家住宅（博物館明治村）

を抽出する働きをするものである。』[9] とし、ギブソン派のアフォーダンス理論の立場に対して空間図式という理論を提唱している。

『スキーマは、もの、状況、出来事、行為についての一般的な知識を表象する記憶内に貯蔵された情報のまとまり』[10]『すべての活動はすでに存在している心的構造に依存しており、それをここでは図式（schema）とよぼう。図式は知覚活動を方向づけ、また知覚活動により修正される。』[9]『視覚にとって最も重要な認知構造は、予期図式とでもよばれるもので、それは、他の情報に比べてある特定の情報を選択的に受け入れ、それによって見る活動をコントロールする、いわば準備状態を意味している。』[9]

U. ナイサーの理論では、図式とは、もの、状況、出来事、行為などに関する一般的な知識で、脳内に蓄えられた情報の集合としている。人間の行動は、脳内に存在する「図式」と定義される心的構造に依存しているという理論である。知覚活動において、図式は人間行動の方向づけを行い、その行動の結果に基づき修正される。さらに認知構造における準備状態を意味する「予期図式」について、「予期図式」は、多くの情報のなかよりある特定の情報のみを受け入れ、人間の行動を制御しているとしている。

5.3.3　知覚循環（図式－探索－対象－図式）

U. ナイサーは人間の知覚循環として図5.3の様な過程を提示した。『知覚者はしばしば、眼や頭、そして身体を動かすことによって、このような情報を有効なものにするために、積極的に光学的配列を探索する必要がある。このような探索は、知覚活動プランであり、かつ特定の光学的構造に対する準備状態である予期図式によって方向づけられる。この探索の結果－抽出された情報－はもとの図式を修正する。修正された図式は、さらに次の探索を方向づけ、さらに多くの情報を取り入れる準備を整える。』[9]

この過程は、例えば「探索」から始まって「対象」「図式」を経て「探索」に戻る。ただしスパイラルになっており、一回転して戻ったときには上層の過程へと上昇していると

写真5.10　ツバメはなぜここに（美濃加茂市）

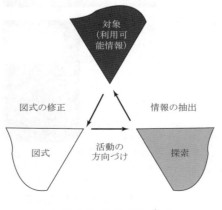

図5.3　知覚循環[9]

風景

哲学者、沢田允茂によると「景観」は英語の landscape の地理学での訳語。「風景」は、日常的文脈の中で landscape と同義語。「光景」は、限られた場面の「眺め」。「景観」「風景」「光景」もある意味で「眺め」。

『風土工学を標榜する竹林征三氏が「景観十年・風景百年・風土千年」という言い方をしている。中国で古来から使われる「樹木十年・樹林百年」の用法であるが、〈中略〉景観には人為性が強く、風景・風土に向かうに従って人為的関与は低まり自然に任せられる部分が多くなる。〈中略〉風致に関連する言葉の意味を整理しておくと、次のとおり。景色：ながめ、風景。景観：けしき、ながめ、風景の外観、風景の観方。風景：けしき、風光、風姿。風土：その土地固有の気候・地味など自然条件、風趣、景の趣を感じさせるもの、状態。景趣：けしき、おもむき、風趣、風致。風趣：おもむき、風致。』[12]

心象風景

『空間を対象物と人との相互作用によるものとする観点より、心象風景とはその所有者が、空間を自分のものとして把握しようとする行為の体験をもとに所有者にとって意味や価値のある

考えられる。

5.4 心象風景・原風景

『人間の認識と環境的自然との最初の出会いは知覚の風景である』[11] この知覚の**風景**は、初めは画像（景観）として知覚され、周囲全体が組織づけられることにより空間として認識される。人間は、その中で行動することにより生活の場を確固としたものとし、イメージとして心の中に蓄積する。

5.4.1 心象風景 (mental scenery)

人間はイメージとして様々な風景を心に抱く。それは実際に経験した風景であったり、想像によりふくらまされた風景であったりする。しかし、知覚された風景のほとんどは、記憶の外に葬り去られてしまうか、記憶の奥にしまい込まれて、再び思い起こされることはない。それ故に心象風景として、人々の心に再び思い浮かべられる風景は、その人に何らかの意味あるものである。それはよい記憶としてのものであったり、時としては思い出したくもないトラウマ的なものであったりする。物理的に現前する空間と、その空間内で生起している事柄や状況の深い印象が、心象風景となる。

この心に思い浮かぶ風景は、基本的には人によって相違する個別なものであるが、ときには、他の人とも共通点を多く含む風景である場合がある。誰もが思い浮かべるそのなかに、人々に共通する特別な意味が存在する。

心象風景という言葉は、もともとは小説などで表現される風景が、小説家の心の中の風景に基づいていると考え、心象風景といっている。建築の世界でも最近ではしばしば用いるようになってきている。ここでは空間のイメージのうち、視覚的なイメージを心象風景として扱う。

心象風景には、面的広がりを持った「心象場所」、風景の起点となる「心象位置」、心象位置からどちらを見ているかという「心象方向」、風景の中にあらわれている「心象構成要素」がある。

（1）心象場所

心象風景は頭の中での画像である。この画像は重なり、関係性を持ち、空間的な広がりを持っている。心象風景に名前を付けるとすると、そこの場所名で代用されることがほとんどである。

（2）心象位置

風景には必ず視点がある。心象風景の場合には、その視点が心象位置となる。一つの心象風景に同時にいくつもの視点が混在したり、絵巻物のように移動することもある。**多視点**という特質である。また、実際ではあり得ない不可能な位置となることもある。

空間として心のなかに再構成するもの』[13] である。建築家、槇文彦はその著『記憶の形象』の中で『今日、われわれの住む都市、特に大都市はしだいに断片化し、人びとはいくつかの断片から自分の都市を組み立てていく。私にとってのニューヨークは、まさにいくつかの断片がつくり出す心象風景として語られている。そして、そうした心象風景を核としながら、少しずつ肉づけが行なわれ、より豊かなものになっていく。〈中略〉私の都市。それはだれもが持たなければならない、自己と都市との関係のつくりだす風景にほかならない。』[14]

多視点

同一の絵の中に視点がいくつも存在し、それぞれの視点から見た風景を総合して描くもので、絵巻物のように横に長く連続していく絵は多視点となる。

多方向

例えば掛軸のように縦に長い絵では水平方向に見た部分と、見上げて見た部分、見下げて見た部分を、それぞれ自然に見えるようにまとめて一枚の絵として表現している。

(3) 心象方向

心象位置から心象風景を見ているその方向のことである。水墨画が描かれた掛軸のように**多方向**という特質を持つ。

(4) 心象構成要素

心象風景の中には、風景を構成する様々な要素が存在する。自然風景と人工の風景があり、さらにそれぞれをその形態より、垂直性、水平性の要素がある。自然風景では垂直に立ち上がる山、平面的な広がりをもつ野原、水辺、人工の風景では、垂直に立ち上がる歴史的建造物、駅、商業施設、平面的な広がりを持つ公園、繁華街がある。これらは次にあげる原風景とも密接に関わってくるが、心象風景は体験する年齢にそれほど左右されず、年月とともに忘れ去られることもある。

5.4.2 原風景

奥野健男はその書『文学における原風景』の中で『ぼくにとってはここがかけがえのない自己形成空間であり、"原風景"であった』[15]という記述がみられる。自己形成空間を実在の物理的なものとし、人間の内面に刻まれた自己形成空間のイメージを原風景としている。この「原風景」という言葉が、以後様々な文献に登場することになる。

川添登は『東京の原風景』で、かつて"花のお江戸"と親しまれた東京を、江戸時代の武士や寺社での庭園経営や、樹木や花卉の栽培が盛んであったことをもとに、田園都市、庭園都市とし、これを東京の原風景としている。岩田慶治は『それは幼時の風景、忘れようとして忘れられない風景である。事あるごとにそこにたち帰り、たち帰ることによって自らを力づけてくれる風景である』[16]とし、高橋義孝は『・・・人間がそこから出発して行く地点であると同時に、そこへ帰着して行く地点、・・・』[17]、関根康正は『単にものやことの原型ないし原像といったニュアンスを持った用例がある。〈中略〉もう1つには、人の心の中に蓄積されているさまざまな風景の中で、とりわけ深く刻まれているものを、原風景と呼ぶ・・・』[18]としている。

これらをまとめると表5.3の通りとなる。

表5.3 原風景の考え方

① 単にものやことの原型
② 人の心の中に深く刻まれた風景
・かけがえのない風景
・ものの見方の枠組みとなる風景
・原風景＝ふるさと
・自己形成空間のつくる心のイメージ
・想像力の源泉
・子供の時の生活的風景

5.5 認知距離

5.5.1 距離の種類

距離には、物理距離として経路距離（道のり）と直線距離があり、機能距離として時間距離と費用距離（交通費の大小）がある。知覚

距離として、主観距離、距離認知、認知距離（認識距離）、想起距離などがある。

認知距離を、羽生和紀は『認知地図における距離は主観距離、または認知距離とよばれる〈中略〉記憶における距離や視野の中にない経路の距離の判断を示す』[19]、想起距離を、松本らは『ある場所までの距離を人が頭の中で思い浮かべた主観距離と実際の距離とを比較・評価して認知空間の特性を探ろうとするものを「距離認知」、人が認知できる距離の範囲を「認知距離」とし、この「認知距離」のうち人が思い浮かべた場所までの距離を「想起距離」』[20]としている。

5.5.2 認知距離の性質

認知距離の性質として、羽生和紀は『近い距離は過大評価され、遠い距離は過小評価される』とし、様々な研究者の研究成果をまとめて、まず人間の要因として『男性は女性より正確〈中略〉社会的地位の高い者は低い者より正確〈中略〉年齢が上がるにつれて正確さは増加〈中略〉個人がその環境での経験を積み熟知度が高まると、認知距離が正確になる』[19]などをあげている。物理的要因として『推定される通路の持つ曲がり角の数（多いほど長く推定される）〈中略〉交差する道路の数（多いほど長く推定される）〈中略〉推定される通路の持っている視覚情報量（多いほど長く推定される・・・）〈中略〉坂道・階段（上り・下りとも長く推定される）〈中略〉目的地視認性（目的地が評定地点から見えている場合と比較して、目的地が見えない場合に、認知距離は長く推定される）』[19]などをあげている。そして、これらをまとめて認知距離理論として情報貯蔵仮説、労力仮説、報酬仮説を提唱している。

想起距離では、小学生に描かせたサインマップ法により想起された空間と自宅までの距離を集計した結果、自宅から約700mぐらいの距離まで心象風景となる。しかし、山など自然についてはそれより距離が遠くなる。

5.6　時間軸から捉えた空間のイメージ

（1）空間の魅力の3局面

「滅びゆくものは美しい」とは三島由紀夫の美学である。代表作の『金閣寺』の中に三島がとらえる時間と空間の魅力の3局面が伺える。それは、これから起こるであろう未来に対する期待、現実に感動するその瞬間の衝撃、起こったことに対する充実感や意外感である。

（a）期待感

期待感や不安感は未来の状況に対してのものである。期待感には自分自身の中で、目的があってそれがかなえられそうな予感から生じる場合、全く目的なくただ空間を体験しているときに、行ってみたくなったり、吸い

『金閣寺』
三島由紀夫の美学は「滅び行くものは美しい」。代表作のひとつ『金閣寺』では、幼少の頃より父親の話を聞き、無類の美としての金閣のイメージを抱いた修行僧は、金閣に対して期待と意外感、驚きの美を見いだす。初めて金閣に、父親につれられて行くときの期待感、金閣寺に対面したときの失望感、燃えさかる金閣を谷間から眺め下ろした時、自身を寄せ付けることのない金閣に無類の美を見いだす。

込まれてしまうような空間の力を感じる場合がある。

　カーブや、屈曲した道で、曲折していて先の見えない空間に対して、何かありそうだという期待感を抱くことがある。坂道や階段を上る場合にもこれから展開する情景に対する期待を抱く。神社の鳥居、寺院の門、あるいは中華街の入口に設けられたゲートなど、手前の空間と先の空間を区切って（分節させて）領域を明確化するが、この分節によって、人々の気持ちを先の空間に惹きつける効果がある。

図5.4　空間の魅力の3局面

（b）感動・驚き

　『国境の長いトンネルを抜けると雪国であった。夜の底が白く・・』[21]とは、川端康成の『雪国』の冒頭である。さらっと書かれているが、読むものは深く静かな感動を覚える。このような一面雪で覆われた情景に突如として遭遇したときハッとした驚きを感じるであろう。建築空間においても思ってもみなかった突然の感動や驚きは、心を高揚させ、喜びや崇高な気分をもたらす。時間の流れのなかでの一瞬であるが、そのときの心の動きは心に深く刻み込まれる。ハッとする経験というものは、あるときは発見であり、あるときは身の危険でもある。

（c）充足感・意外感

　体験するまえに、これから起こるであろう事態に対して予想していたところ、予想通りだったときに充実感あるいは失望感を味わい、裏切られた

(a) 折れ曲がり

(b) ゲート

(c) 上り道

(d) 下り道

写真5.11　期待感を感じるところ

ときに意外感を抱く。

　予測していた状況と、体験した状況に対するギャップ、あるいは全く新たな状況の経験による意外な感覚、「あれ、そうだったのか」「あれー」といった感覚である。

【演習問題】

1．自分が住んでいるところの周辺の地図を書いてみよう。
2．アフォーダンスの事例を探して写真を撮ってこよう。その写真がなぜアフォーダンスなのか説明をしよう。
3．空間図式の理論にあうと考えられる事例を探してこよう。
4．自分の原風景に相当するものは何かあげてみよう。
5．最も記憶に残っている心象風景は何かあげてみよう。

【引用・参考文献】

1）日本大辞典刊行会編：日本国語大辞典（縮刷版）第1巻、小学館、昭和62年
2）新村出編：広辞苑、岩波書店、昭和51年
3）ボウルディング著、大川信明訳：ザ・イメージ―生活の知恵・社会の知恵、誠信書房、昭和49年
4）ケヴィン・リンチ著、丹下健三、富田玲子訳：都市のイメージ、岩波書店、1983年
5）志水英樹：街のイメージ構造、技報堂出版、1979年
6）James J. Gibson、古崎敬、古崎愛子、辻敬一郎、村瀬旻共訳：ギブソン　生態学的視覚論―ヒトの知覚世界を探る―、サイエンス社、1991年
7）杉山公造、永田晃也、下嶋篤編著：ナレッジサイエンス　知を再編する64のキーワード、紀伊國屋書店、2003年
8）D.A.ノーマン著、野島久雄訳：誰のためのデザイン？　認知科学者のデザイン原論、新曜社、2001年
9）U.ナイサー著、古崎敬、村瀬旻訳：人文社会叢書-1　認知の構図、サイエンス社、1991年
10）長町三生監修著：認知心理学講座1　記憶、海文堂出版、1990年
11）沢田允茂：認識の風景〈哲学叢書〉、岩波書店、1975年
12）平成19～20年度編集委員会　委員長　宮城俊作：ランドスケープ研究、72巻2号、2008年7月、日本造園学会
13）岩永敬造、松本直司：都市の心象風景に関する研究、昭和63年度第28回日本都市計画学会学術研究論文集
14）槇文彦：記憶の形象　都市と建築との間で、筑摩書房、1992年
15）奥野健男：文学における原風景、集英社、1972年

16) 岩田慶治：日本文化の深層　諸君9巻　第1号、1977年11月号、文藝春秋
17) 高橋義孝：「原光景」と「原風景」、思想　1978年11月号、思想社
18) 関根康正：原風景試論—原風景と生活空間の創造に関する一考察—季刊人類学13-1、京都大学人類学研究会編、1982年
19) 羽生和紀：ライブラリ　実践のための心理学＝5　環境心理学、サイエンス社、2008年
20) 松本直司、建部謙治、花井雅充：生活空間における想起距離及びその方向性、日本建築学会計画系論文集、第575号、2004年
21) 川端康成：新潮文庫　雪国、新潮社、平成11年
22) 日本建築学会編：建築・都市計画のための調査・分析方法、井上書院、1987年
23) 中村豊、岡本耕平：〈地理学選書〉メンタルマップ入門、古今書院、1993年
24) 槇　究：環境心理学　環境デザインへのパースペクティブ、実践女子学園学術・教育研究叢書8、実践女子学園、2004年
25) 鈴木成文：建築計画学5　集合住宅　住区、丸善、1974年
26) 嶋村仁志：記憶地図に於ける空間構造について、日本建築学会論文報告集号外、S42.10
27) 飽戸弘：イメージの心理学、潮出版社、昭和49年
28) 川添登：東京の原風景、日本放送出版協会、昭和54年
29) 中村豊、岡本耕平：〈地理学選書〉メンタルマップ入門、古今書院、1993年
30) 三島由紀夫：新潮文庫、金閣寺、新潮社、平成13年
31) 松本直司、瀬田恵之：折れ曲がり街路空間の期待感と物的要因の関係、日本建築学会計画系論文集、第526号、1999年
32) 高木清江、松本直司、瀬尾文彰：詩的形式に関する研究、日本建築学会計画系論文集、第567号、2003年
33) 金　元圭、松本直司：都市・建築空間の意外性に関する研究、日本建築学会大会学術講演梗概集、2004年

第6章　計画と設計の過程

◇◇◇◇◇◇◇◇◇◇◇◇◇◇◇◇◇◇　本章で学ぶ内容　◇◇◇◇◇◇◇◇◇◇◇◇◇◇◇◇◇◇

設計計画のプロセスを概観し、エスキスなどアイデアのまとめ方を整理する。現状の認識、問題点のありかを探しだすことで、設計計画の方向性を決めていく。その基本的な方向性（コンセプト）に沿って、求められる空間やプログラムを肉付けしていき、寸法を与え、構造や設備を考えて具体化していく。その内容を図面や模型を用いて、如何に分かりやすくプレゼンテーションできるのかを考えていく。

◇◇

6.1　計画のプロセス

6.1.1　企画、設計、施工、管理の流れ

　企画があって設計が始まるだけではなく、昨今は需要を掘り起こすような計画を立ててから企画を練り直すこともある。

　公共施設などの場合では、基本構想、基本計画を立案してから、基本設計、実施設計、設計監理、施工管理へと続く。最近ではPFIとよばれる手法により、20年から30年間の維持管理を含めた事業計画を立案することもある。また、建物をどのように効率よく管理して運用するのか、FM（ファシリティマネジメント）の視点も重要となる。

　このように、企画や計画段階の想定が、最後の施工や維持管理まで続いていくので最初の設定が肝心となる。持続する社会を目指すためにも、建築の耐用年数を延ばし、ハード的にもソフト的にも長寿命化を図ることが今後ますます求められる。

　さらに設計を進めていくうえで、様々なタイミングでワークショップなどを開催し、施設利用者である地域住民との協働作業を通じて、設計者はもちろんのこと、施設に対する地域住民自身への啓発を含む活動に取り組むことも増えている。設計のプロセス自体が、複雑になり非常に多岐に亘っている。

6.1.2　計画マネジメントの手法

　建設プロジェクトは、発注者である建築主と受注者である設計者・施工業者とで遂行される。戸建住宅の場合はその連携を密にすることで業務効率を上げられるかもしれないが、ある程度の規模の建物を建設する場合、建築主も設計者も企業であり、様々な部局の人が関わる。そうした建設プ

PFI
Private Finance Initiativeの略。公共サービスを提供する場合、公設公営ではなく、民間の資金を活用し、公共施設を建設・運営する手法。

FM
Facility managementの略。日本ファシリティマネジメント協会（JFMA）によると、業務用不動産（土地、建物、構築物、設備等）すべてを経営にとって最適な状態（コスト最小、効果最大）で保有し、運営し、維持するための総合的な管理手法と定義される（p 353参照）。

発注者
建物の建設を依頼（工事請負契約を発注）する人・組織であり、建築主、施主、クライアント、事業主などと呼ばれる。

ロジェクトの推進にあたっては、発注者・受注者ともに体制の構築が求められる。技術者不足の昨今において、高度化するプロジェクトを円滑に遂行するためには様々な計画のマネジメントの手法が必要となる。

PM(プロジェクトマネジメント)：建築事業活動全般（設計・施工、運営、維持・管理）にわたってマネジメントする業務のこと。事業推進に重点をおき、QCD(Quality：品質、Cost：コスト、Delivery：納期）を管理し利益の獲得を目指すもの。**CM(コンストラクションマネジメント)**：設計・施工の段階に主眼を置いたマネジメント業務のこと。CMr(コンストラクションマネジャー) が、技術的な中立性を保ちつつ発注者の代行者または補助者となって発注者側に立ち、各種マネジメント業務の全部又は一部を行うもの。**FM(ファシリティマネジメント)**：ファシリティ（土地、建物、構築物、設備等）すべてを経営にとって最適な状態（コスト最小、効果最大）で保有・賃借・使用・運営・維持・活用するための総合的な経営管理活動。それに関わる専門家をファシリティマネジャー（FMr）という。

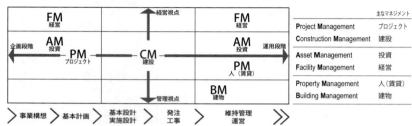

図6.1 建築に関わる様々なマネジメント[11]

6.1.3 設計の評価方式、建設工事の発注方式

限られた予算のなかで事業主の要望を実現するため、課題を明確化し、プロジェクトの流れ・建物の仕様の大枠で整理した後、各種の評価方式が用いられる。**コンペティション方式**：発注者が提示した設計条件に従って応募者から提出された設計案を審査し、設計者を選定する方式／**プロポーザル方式**：対象プロジェクトに対する設計業務の考え方、計画方法について技術提案を求め、必要ならばインタビューを行い、設計者を選定する方式／**デザインビルド方式**：設計及び施工の両方を単一業者に一括して発注する方式。DB方式では設計者が基本設計を行って必要建築許認可を取得し、その結果に基づいて施工業者が選定されるのが一般的である。／**ECI方式**：プロジェクトの設計段階より施工者（建設会社）の技術力を設計内容に反映させることで「コスト縮減」や「工期短縮」を目的とした方式。

発注図書（実施設計図書等）に基づき施工者へ工事を依頼する発注段階において、様々な方式が用いられている[12]。そして、建設プロジェクトの節目においてはデザインレビューを行う。BIMの活用も進んでいる。

マネジメント
経営学者ピーター・F・ドラッカーはマネジメントを「組織をして成果を挙げさせるための道具、機能、機関」と定義した。『明日を支配するもの：21世紀のマネジメント改革』ダイヤモンド社 1999

ECI方式
Early Contractor Involvementの略。発注者は技術提案に基づいて選定された優先交渉権者（施工者）と工事契約を前提に技術協力業務の契約を締結し、別途設計者へ発注された設計業務に技術提案の内容を反映させながら設計を進める。

デザインレビュー
製品やシステムなどの開発過程における成果物を、第三者の観点から評価・審査してもらうこと。開発の各段階において、仕様書や設計書、開発当初の計画と照らし合わせ、進捗の確認、問題点の抽出、情報の共有を行う。

BIM。
Building Information Modelingの略。建物の3次元デジタルモデルに、コストや仕上げ、管理情報などの属性データを追加、その建築物データベースを、建築の設計、施工から維持管理までのあらゆる工程において活用するソリューションのこと

> **【コラム】まちづくりの手法**
>
> 　わが国が直面する人口減少、少子高齢化、地域コミュニティの希薄化などの社会問題は画一的な計画方法では解決できない。市民、市民活動団体等の事業者、行政の各主体が対等の関係で連携・協力し、地域の力で課題を解決する市民協働社会（新しい公共）の構築が期待されている[13)14)]。今後は従来的な地縁型コミュニティの充実を図りながら、多様な主体が関わる目的型コミュニティの形成が必要となる。そうした取組に関わる概念を紹介する。**アセットベースドコミュニティディベロップメント**：地域にあるアセット（資産）をベースにして、持続可能なコミュニティを築き上げること。ここでの「アセット（資産）」とは、金銭的価値のある財産に限らず、地域にある「すべて」を指す。**防災まちづくり（震災、水害）**：地震・火災発生・豪雨・豪雪などの自然現象を誘因として発生する被害を、できるだけ小さくするように災害に強いまちをつくる行政と市民の共同努力のこと。防犯まちづくりと合わせて、安全・安心まちづくりともいわれる。**インフィルハウジング**：建物の建て替えなどを通じて、既存の町並みに新しい開発を埋め込んでいく埋め込み型開発のこと。既存の都市の文脈（コンテクスト）に合わせ、時間をかけてゆっくり都市を更新していく開発手法。クリアランス型の再開発の反省から考えられた。**オープンビルディング**：1960年代にニコラス・ジョン・ハブラーケンによって提唱された理論であり、建物の建設・利用の一連のプロセスを、「サポート」と「インフィル」に分けて考えるもの。SI（スケルトン・インフィル）住宅の源流をなす。

6.2　設計のプロセス

6.2.1　現状を分析する

　建物を設計または計画する場合、問題意識を明確にするために、その建物の社会的な状況や動向を読み取ることが必要である。

　そして、隣地など周辺の状況も含めた敷地関係の現状を調べることが最も重要なことである。建築は敷地がなければ建たないため、必ず自身の目で確認すること。敷地条件として、用途地域、高さや面積などの法的な規制は事前に整理し、都市インフラの整備状況、引き込みや接続位置、高低差、方位、隣地との関係を現地調査する。

6.2.2　データを集める

　コンセプトの立案のために関連する知識を広げ、類似施設や周辺地域の状況や資料を調べることも必要である。近年では、インターネットからいろいろな情報を簡単に入手できるが、こうした情報の真偽も含めて、適切に取捨選択することが求められている。

　また白地図や統計書など、どこでどんな情報を入手できるのかを把握し、自分だけのオリジナルなデータをどうやって入手するか検討すること。

6.2.3　コンセプトをつくる

　現状の分析、諸データの分析により、計画の骨格となるコンセプトを導き出す。データを基に的確な要求を読み取り、実現可能なゴールとなる目

標をたて、陳腐化しないコンセプトの提案を行う。

コンセプトを図として表現することはかなり難しいが、単なる機能図のような空間のつながりを示すのではなく、計画の骨格を表わすように心掛けたい（図6.2.①）。近年、公共施設等総合管理計画の策定が進み、全国で機能の複合化が増えている。機能が融合した複合施設の計画ではコンセプトの立案が重要となる。

6.2.4 エスキスの進め方

設計もしくは**エスキス**の手順は、以下のように整理される。慣れないと、平面、立面、断面の順に案をまとめていくが、平面・立面・断面は同時に考えエスキスを進めていくことが望ましい。

また、傾斜地など敷地に高低差がある場合は、断面の計画が優先されることがある。常に全体像を意識しながら考えをまとめ、統合していく（図6.2.②）。アイデアを練る時は、頭と手だけでなく、五感をフルに使って考える。

6.3 設計の方法

6.3.1 敷地の声を聞く

(1) 周囲の状況

現在はインターネットで航空写真を見られる、非常に便利な時代となったが、敷地は必ず見に行くべきである。デジタルカメラで写真を撮って終わりではなく、敷地の状況をきちんと紙に（頭に）書き込まなければならない。

敷地の測量図（公図でも可）を用意して、敷地内の状況や周囲の状況を描き込む。建築確認申請では、公図ではなく実測した測量図が優先される。

エスキス
フランス語のスケッチの意味。建築の分野では、アイデアをまとめることを指す。

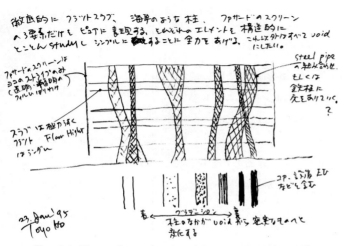 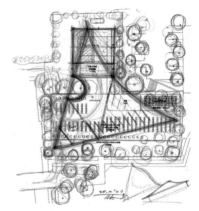

① せんだいメディアテークのスケッチ（伊東豊雄）[1]　　② 小布施町立図書館スケッチ（古谷誠章）[2]

図6.2　コンセプト、エスキスのスケッチ

敷地内にある樹木や垣根、塀、門扉などの既設のものや高低差を記入し、周囲の建物の位置や樹木、そこから見える景色を確認する。

土地にはゲニウスロキ（地霊）が宿っており、土地の声を聞き、周囲の景観にも配慮しながら土地のポテンシャルを最大限に活かす案を考えていくことが求められる。

(2) 敷地の環境条件

まずは用途地域（建ぺい率、容積率）、高さ制限（日照時間）、その他の地域指定、方位、道路幅員、高低差など、法規に関わる基礎的な諸条件を確認することから始まる。

現地では当該敷地内だけではなく、周囲の建物による日照や通風の影響、前面道路の騒音や振動の影響など、マイナスな条件も確認する。とくに高低差がある場合は、立体感の把握が難しいため、等高線をカットしてスチレンボードや段ボールを積み上げた敷地模型を作製して検討する。

計画は敷地全体に対して行うため、建物以外の植栽や舗装、アプローチ、駐車場などの外構も計画しなければならない。また、当該敷地だけでなく、周囲の建物の窓や階段など外壁の様子も調べ、窓と窓が面と向かい合わない、中の様子が丸見えにならないなどの配慮も必要である。

6.3.2 図面を描く

(1) プレゼンテーション

頭のなかに建物のイメージが浮かんでも、言葉や文章だけでは相手に伝わらないし自分自身でも確認ができない。文学での文章や言葉、音楽での楽譜と同じように、建築では設計図面が世界共通の言語なのである。

図面にもいろいろな種類がある。施工者に正確に考えていることを伝える詳細な設計図、クライアントに（施主）設計の趣旨を説明するためのショードローイングなど、相手に何を伝えたいのかを考えることが図面を描くうえで最も重要なことである。

(2) 立体を平面で表わす

建築に携わる者は立体を平面（二次元）で表わすことができ、また二次元の図面から立体をきちんと捉えることができなければならない。建築図

図 6.3 落下荘の二点透視図（F.L. ライト）[3]

114 第6章 計画と設計の過程

面は無限遠方から、平行に眺めている平行投影であるため、手前のものが前にあるが、奥行き感は表現せずに、ある縮尺の実長で描く（図6.4）。

(3) 図面の種類

① 配置図：天からの視点であり、敷地内部や外部との関係を表現。
② 平面図：基本となる水平的つながりの図面。
③ 立面図：外観を表す図面であり、平面が決まってから考えたのでは遅い。
④ 断面図：空間の上下方向のつながりや外部との関係を示す図面（図6.5）。
⑤ 立体図：アクソノメトリック図やアイソメトリック図など、立体的な表現による図法で三面を表す。
⑥ 透視図：消点のある奥行き感を表現した、われわれの目に映るものに近い図で、1点透視図と2点透視図などがある（図6.3）。
⑦ 模型：スタディ（エスキス）模型をつくる（図6.6）。

6.3.3 展開される行為を考える

(1) 生活の中心

建物の機能や構成を検討するうえで、最も重要な中心となる室や空間を基点に考える。中心の空間を軸として他の空間をつなげていくと、空間同士のつながりや関係性が分かりやすくなる。

(2) 動線と機能

建物や各室の機能が定まると、その用途に適した空間

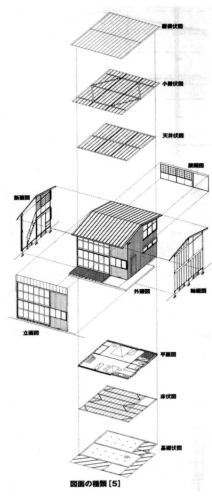

図6.4 図面の種類[1]

図6.5 空間のつながりの可視化（住宅の断面図）

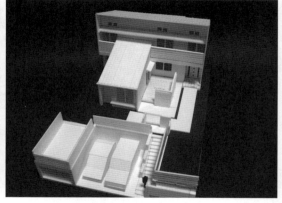

図6.6 スタディ模型

の大きさや形（プロポーション）などを検討する。人の動きを考え、そこで展開される生活を想定する。たとえば16人の会議室でも、ただ席が並んでいればよいのではなく、お互いの顔を見合わせる程度の長方形などの矩形の方が使いやすい。

(3) 図面の中を歩く

利用者の立場となって、計画した図面の中を歩いて空間を想像することは非常に重要なことである。特に廊下など共用部分にだけ、色鉛筆等で色をつけたりすることで、室のつながりや空間構成を認識しやすくなる。

6.3.4 空間をつなげる

(1) 図と地の関係

心理学でよく使われる「ルビンの杯」の白地をみると杯に見え、黒地をみると人の顔に見えるように、建物と敷地の関係、部屋と廊下の関係などもそれぞれに意味を持つように計画する（図6.7）。

単純に分けるのではなく、有機的につなげるように配慮する。

(2) 中間領域の計画

内と外が明確に分かれている空間は、少し味気ない。日本の住宅には、縁側や土間、ひさしなど外部とも内部ともとれる中間的な空間領域が存在している。

建物と人との接点も、壁一枚だけで仕切られるのではなく、ひさし、縁側、掃き出し窓、ふすまや障子など余韻のある空間でつなげたい。

(3) 上下をつなげる

建築は部屋と廊下などのつなぎ空間だけで構成されていない。雨水の浸入を防ぐため、また必要な容積を確保するために積層が行われ、段差やスロープ、階段やエレベーター、エスカレーターといった上下に移行する空間が必要となる。概して、吹抜けの階段やスロープは設計者の腕の見せどころでもあり、目の高さが連続的に移動するため、視覚的にも変化に富むつながりを計画したい。

図6.7 図と地の関係[5]

(4) 空間をつなげる手法

　空間と空間をゆるやかな連続感を持ってつなげたり、光と風は取り入れたいが外は見たくない場合には視線を遮りながら空間をつなげることで、豊かな関係性が築かれる。言い方を変えれば、空間を区切ることで連続したつながりが生じるといえる。こうした空間のつながりには、ピロティ、アルコーブ、スキップフロア、吹抜、セットバックや雁行などの計画手法がある。

6.3.5　空間を区切る

(1) 床

　普段は、天井面より床面を見て生活することの方が多く、バリアフリーやフレキシビリティを確保するためにフラットな床面にすることが多くなった。しかし、上がり框（かまち）などで靴を脱ぐ日本独自の生活様式はこれからも続くと予想される。そこで、20mm以下の段差は躓く原因にもなるため、段差をつけるならば視認性も含めて150mm程度にした方がむしろ注意喚起になる。

　床材は、耐摩擦摩耗、清掃のし易さなど機能性で選ばれることも多いが、靴を脱ぐ空間では足裏からの触覚も大変重要になり、板間、たたみ、石、タイル、フローリングなどをうまく使い分ける必要がある。

(2) 壁

　壁は空間を区画する垂直方向の仕切りで、視野のなかで占める割合が最も高い。床、天井と接しているため、接する部分には見切り材として、幅木、回り縁を入れて素材や仕上げを変える。大きな壁面には、衝突や汚れ防止のため腰壁を設けて上下で仕上げを変えることもある。また、壁の厚みを利用してニッチなどの窪みを設けることもある。

　また、壁には窓や扉があり、視線や動線を遮るだけではなく、うまく通り抜けることやつなげることを考えて計画することが必要である（写真6.1）。

(3) 天井

　床と同じか、形によってはそれ以上の表面積になることもある。天井面は天井の高さによって、広さ以上の雰囲気を構成する大きな要素となる。天井が低ければ篭もったような落ち着きのある空間となり、高い天井では開放的な印象となる。また、折上げ天井や船底天井のような立体的な造形を効果的に施すこともできる。

(4) 連続した柱

　面としては床、壁、天井があげられるが、線が連なれば面となる。縦格子や列柱などの線材が連続して並ぶと、壁のように明確ではないが、領域をゆるやかに区切ることが可能となる。古来、日本の家屋では柱はないものとして捉えられていたが、深いひさしを支える列柱はウチとソトの中間

的な領域を作り出すには効果的である。様々な活動を支えるためにも、こうした中間的な空間の計画が重要となる（写真 6.2）。

6.3.6　ひかりとあかり
(1) ひかり
日中は人工照明なしで昼光の光だけで過ごしたいが、部屋によってはどうしても照明が必要な場合もある。しかし夜は、逆に明るすぎることが多い。谷崎潤一郎の『陰翳礼讃』ではないが、闇があるからこそ光が美しいともいえる。

作業するための明るさとリラックスするための明るさとは、大きく異なる。単なる調光機能ではなく、もう少し積極的に明暗の違いを選択できるように計画し、ひかりとあかりを楽しみたい。

(2) あかり
明るい照明が、あかるい家庭ではない。適時に適光、適所であかりを計画したい。色は光で決まるため、光の演色性、色温度の特徴を理解して計画して欲しい。照度≠明るさではなく、照度×インテリアの色＝明るさとなる。

光に重さがあるわけではないが、日本家屋での光の重心は行燈のように視線よりも低い位置にある。また、影のできにくい間接光はやわらかい光に、直接光は深い影が生じるかたい光になりやすいので、うまく使い分けて計画したい。

6.3.7　街並みとの関係性
(1) 街並み
日本では**ファサード**という概念はあまりなかったが、自分たちが生活している建物の外観が、外部空間の壁を構成していることを深く自覚するべきである。両隣、街区、地域、社会に対して、一つの建物が街並みや景観を形成していることに意識を向けるべきである。

『陰翳礼讃』
谷崎潤一郎の随筆で、まだ電灯がなかった時代の今日と違った美の感覚を論じたもの。西洋では可能な限り部屋明るくし、陰翳を消す事に執着したが、日本ではむしろ陰翳を認め、それを利用する事で陰翳の中でこそ生える芸術を作り上げ、日本古来の芸術の特徴だと主張する。多岐にわたって陰翳の考察がなされている。

ファサード
大通りや広場を構成する建物の正面性。

写真 6.1　床・壁・天井・柱（坂本竜馬記念館、高橋晶子）　　**写真 6.2**　列柱（ストックホルム市庁舎）

(2) 借景

古来、日本の庭園では小さな敷地でも遠近感を重視した、立体的な造園づくりがなされてきた。奥行き感などの演出のために遠景の景色を利用しながら計画されている。その景色を最もよく見えるように、フレームで切り取ったものをピクチャーウィンドウ（額縁効果）とよぶ（写真6.3）。

また、自分のところからの視点が主であるが、逆に自分たちの建物も周囲の借景となることに注意したい。特に、分棟案で計画した際には、敷地内で街並みが形成されるため、魅力的でシークエンシャルな景観を作り出すよう配置計画に注意する。

(3) 調和と対比

敷地がどのような環境にあるのかを十分に整理し、周辺環境とのバランスをどのようにとるのかを考えなければならない。

計画する建物と周辺環境とは建設年が異なる場合が多い。周囲との関係として、「調和」か「対比」をどのように考えるか十分に検討してほしい（写真6.4）。

6.4 設計を支援する知見

6.4.1 形を決める
(1) 室に要求されている機能から
計画する空間に求められる機能から、室の大きさが決められる場合があ

①竜安寺石庭（京都）

②東山魁夷館（谷口吉生）

写真6.3 借　景

①ポンピドーセンター（レンゾ・ピアノ他）

②レッティのろうそく店（ハンス・ホライン）

写真6.4　歴史的街並みとの関係性

る。たとえば、体育館にはバスケットボールやバレーボールができるコートの広さや天井高さが必要であり、バスケットボールコートが何面取れるかが、その体育館の機能を表すことがある。また、劇場やホールは、残響時間などから規模に応じて必要な気積（空間容量）が求められ、形が決められることがある。求められる機能を満たさないと室として成立しないことがあるので、基本的な水準を満たすように計画しなければならない。

(2) 空間のつながりから

昨今、間仕切りのないワンルームの空間が多くなっているが、たとえ単一の空間でさえも求められる機能や領域は複雑に重なり合っている。建築は個の集合体と考えると、それらをどうつなげていくのか、どう関係付けるのかが重要である。

(3) 分割の手法と連結の手法

建築の設計においてプランニングを進める手法として、分割の手法と連結の手法がある。分割の手法は、外枠を決めてその内部を間仕切るように分割していくため、すっきりとするがやや単調なプランニングとなる。連結の手法は、大きさの異なる単位空間を外枠は決めずにつなげていくため、単調さはなくなるが不整形で壁量が増える。

設計を進めていくにあたっては、どちらか一方だけで行うというものではなく、どちらの手法も使って案をまとめていくことが必要である。

6.4.2 寸法を決める

(1) 人体寸法と動作寸法

建築における人に関する寸法としては、人体寸法と動作寸法がある。人体寸法は、背の高さやリーチなど長さや高さなどの平均的な寸法であり、動作寸法は、手や足など体が動いたときの可動範囲を指し示すものである。

こうした人の持つ寸法を基本に計画を行う場合もあり、ル・コルビュジエが提唱したモデュロールは有名である。

球技の種類とコートの大きさ (単位：m)

競技名称	コートの広さ（縦×横）	コート外の余地	高さ
バスケットボール	28.0 × 15.0	2.0～	7.0～
バレーボール	18.0 × 9.0 (6人制)	縦 6.5～ 横 5.0～	国内 7.0～ 国際 12.5～
バドミントン	13.4 × 6.1	2.0～	12.0～
ハンドボール	40.0 × 20.0	縦 2.0～ 横 1.0～	7.0～

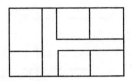

分割の手法

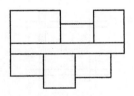

連結の手法

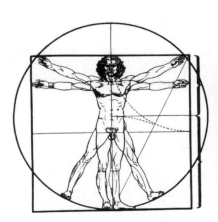

図 6.8　ダ・ヴィンチの人体比例論[1]

図 6.9　コルビュジエのモデュロール[1]

(2) 法で定められている寸法

建築基準法やバリアフリー法では、廊下幅員（表6.1）や階段（表6.2）について必要最小限な寸法が定義されている。法規で定められている寸法を遵守するだけではなく、階段における蹴上（けあげ）R、踏面（ふみづら）Tの登りやすい関係として、$2R+T=63〜65cm$（歩幅）がよく用いられるように、使いやすい寸法を覚えることが重要である。たとえば、一般的な階段では$R=18cm$、$T=27cm$など。

(3) モデュール

建築に使う建材の寸法が、それぞれ異なると端材も多く出てコストも割高となるために、JIS規格など部材寸法の統一化を図っている。

タタミのように、素材自身の大きさがモデュールとなる場合もある。

(4) グリッド

基本となる寸法をもとにグリッド（格子状）を設定して、計画することもある。柱間の寸法でグリッドを考えることが多いが、柱中心間を基準とする場合はシングルグリッドとなり、江戸間（1間1757mm）とよばれる。

一方、柱の内法を基準とする場合は、柱位置がダブルグリッドで設定され京間（1間1909mm）とよばれる。

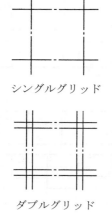

シングルグリッド

ダブルグリッド

表6.1 廊下の幅員規制（建築基準法施行令）

廊下の用途	両側に居室がある廊下における場合（単位：m）	その他の廊下における場合（単位：m）
小学校、中学校、義務教育学校、高等学校又は中等教育学校における児童用又は生徒用のもの	2.3	1.8
病院における患者用のもの、共同住宅の住戸若しくは住室の床面積の合計が100㎡を超える階における共用のもの又は3室以下の専用のものを除き居室の床面積の合計が200㎡（地階にあつては、100㎡）を超える階におけるもの	1.6	1.2

表6.2 階段の寸法（建築基準法施行令）

	階段の種類	階段及びその踊場の幅(cm)	けあげの寸法(cm)	踏面の寸法(cm)	踊り場を設けなくてもよい高さ(cm)
(1)	小学校における児童用のもの	140以上	16以下	26以上	300以下
(2)	○中学校、高等学校若しくは中等教育学校における生徒用のもの ○物品販売業を営む店舗で床面積の合計が1,500㎡を超えるもの ○劇場、映画館、演芸場、観覧場、公会堂若しくは集会場における客用のもの	140以上	18以下	26以上	300以下
(3)	○直上階の居室の床面積の合計が200㎡をこえる地上階のもの ○居室の床面積の合計が100㎡をこえる地階若しくは地下工作物内におけるもの	120以上	20以下	24以上	400以下
(4)	(1)から(3)までに掲げる階段以外のもの	75以上	22以下	21以上	400以下

※(1)と(2)の直階段の踊場の踏幅に、1.2m以上としなければならない。
※住宅の階段（共同住宅の共用の階段を除く）の蹴上げは23cm以下、踏面は15cm以上とすることができる。

6.4.3 構造を考える

建築の構造は規模、空間の性能、地盤、コスト、工事期間など様々な条件を考慮して総合的に判断される。どの構造材料や架構形式がふさわしいのかを判断するためにも、それぞれの特徴を理解しておく必要がある。

(1) 構造材料
① 木造：軽量で強度があり、工期、コストは良好である。耐火性に劣り、圧縮力に対して座屈を起こしやすい。
② 鉄筋コンクリート（RC）造：耐火性、耐久性、可塑性に優れる。自重が大きいので高層化に向かず、工期も長くなる。
③ 鉄骨（S）造：大スパン、高層建築が可能。強度、じん性が大きく、RC造より工期が短い。錆びやすく耐火性に劣り、圧縮力に対して座屈を起こしやすい。
④ 鉄骨鉄筋コンクリート（SRC）造：S造の弱点である座屈を補い、鉄骨の粘り強さを生かした構造で、大スパン、高層建築も可能である。工期も長く、コストがかかる。

(2) 構造形式
① 壁式構造：耐力壁によって地震力に抵抗する。鉄筋コンクリート壁構造、木造ツーバイフォー工法、コンクリートブロック造、れんが造などがある。
② 軸組構造：柱・はり（梁）などの骨組によって地震力に抵抗する。鉄筋コンクリートラーメン構造、鉄骨造、鉄骨鉄筋コンクリート造、木造在来工法などがある。

(3) 立体構造
① 吊り構造：ワイヤーロープやケーブルにより、構造物の主要な部分（床や屋根）を吊り上げて架構を構成する構造形式。
② アーチ：大スパンを半円形や楕円形の曲線に沿った形で荷重を支える構造形式。放物線やカテナリー曲線が最も強いとされている。
③ シェル：薄い板の曲面で大スパンの空間を支える構造形式。
④ トラス：トラスとは三角形を基本とし、節点はピン接合で組み立てたもので、木造や鉄骨造で使われる。体育館のような大スパンの無柱空間の場合には、XYの両方向とも立体的なトラスを組んで大屋根を構成する。

(4) 構造部位
木造の場合、鉛直荷重は屋根の垂木、母屋を通じて、はりやけた（桁）に伝わる。その後、柱から土台、基礎、大地へと伝わっていく。力の流れを理解することが必要である。

(5) 基礎
フーチング基礎、布基礎やべた基礎のような「直接基礎」と、地中深く

支持層へ直接打ち込む「くい基礎」とがある。

木造やRC造の壁式構造の場合、建物外周や主な間仕切りの基礎は布基礎が一般的で、地盤の状態が悪ければ耐圧板のあるべた基礎やくい基礎となる。大規模なS・RC・SRC造のラーメン構造では一般的にくい基礎となる。

6.4.4 力の流れと構造形式

(1) RC造

壁構造は、耐力壁の剛性で地震に対抗する。壁厚は180mm、はりで囲まれたスラブは30㎡以下、はりせいは450〜600程度、階高3m以下、4〜5階建、構造壁を12〜15cm/㎡でバランスよく配置する（図6.10）。

ラーメン構造は、柱とはりのフレームで床を支えて地震に対抗する。6〜7mスパンを基準として、柱の大きさはスパンの1/15以上で450×450以上、はりせいはスパンの1/8〜1/10で断面寸法は400×700程度となる。

最後に壁式ラーメンは、扁平した壁柱を採用し、柱形が室内に出っ張らないためすっきりとした空間となる。

(2) 木造

在来軸組工法は、基本的にはピン接合であるが、筋かいを入れた耐力壁をバランスよく配置する。柱は105×105、通し柱・隅柱は120×120、3階建は135×135、はりは240×180、けたは180×120程度。壁は柱の見えない大壁、柱の見える真壁がある（図6.11）。

枠組壁工法は、2″×4″（ツー・バイ・フォー：2インチ×4インチ）とよばれる38mm×89mmの柱に構造用合板を釘止めし、この耐力壁をバランスよく配置して地震力に対抗する。

6.4.5 人と環境にやさしい技術

(1) 人にやさしいデザイン

バリアフリー新法をはじめ、日本でも様々な法律が制定され、多くの自治体で福祉施策が実践されている。床の段差解消、手すりの設置、スロープや勾配の緩い階段、レバー型把手、引戸の採用、明るい照明や非常事態通知用ブザーの設置などの物理的なバリアの除去は進んでいる。バリアのない社会の実現には、一人ひとりの意識の改革が必要であり、「共に生きる」という考え方が必須である。

アクセシビリティとは、"近づきやすさ"の意味だが、アクセシブル・デザインは、バリアフリーデザインと同義に用いられる。ここではもう少し丁寧に、「親しみを持ってやさしく近づけること」と捉えたい。**ユニバーサルデザイン**の歴史はまだ浅いが、すべての人が利用しやすいためには、どの部位を設計するにしても常に「アクセシビリティ」を忘れず、「やさしく近づける」デザインに取り組むべきであろう。

ユニバーサルデザイン

原則1：公平な利用

原則2：使用における柔軟性

原則3：単純で直感的な利用

原則4：認知できる情報

原則5：失敗に対する寛大さ

原則6：少ない身体的な努力

原則7：接近や利用のためのサイズと空間

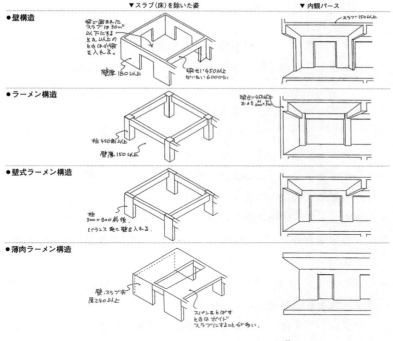

図 6.10　ＲＣ造を理解するために[7]

図 6.11　木造の壁

(2) 環境にやさしいデザイン

持続可能な地域社会を実現するためにも、省エネルギーに配慮した長寿命な建築の計画が求められる。

環境省が取り組む ZEB[10]（Net Zero Energy Building）「ゼブ」と呼ばれる快適な室内環境を実現しながら、建物で消費する年間の一次エネルギー収支をゼロにする建物を目指す動きも進んでいる。

① アクティブソーラー：機械を用いた省エネルギー手法で、太陽光発電、風力発電、蓄電池などがある。

② パッシブソーラー：機械を用いずに自然エネルギーだけを利用した省エネルギー手法で、Low-E ペアガラスや屋上緑化による断熱効果、落葉樹による夏季の日射遮へいと冬季の採光、ルーバーによる日射コントロールなどがある。

③ 建築的解決：日射のコントロールや通風換気などを促す建築的な仕組みとして、高床、ひさし、ブリーズ・ソレイユ（建築化された日除け）、トップライト（天窓）・ハイサイドライト（高窓）からの煙突効果、氷室やクールチューブ（地下ピットの冷たい空気

利用）などがある。

【引用・参考文献】

1）日本建築学会編『第 3 版コンパクト建築設計資料集成』丸善、2005 年
2）日経アーキテクチュア 2010 年 7 月 26 日号
3）フランク・ロイド・ライト回顧展実行委員会編『フランク・ロイド・ライト回顧展カタログ』毎日新聞社、1991 年
4）日本建築学会編『建築設計資料集成　総合編』丸善、2001 年
5）芦原義信『街並みの美学』岩波現代文庫、2001 年
6）谷崎潤一郎『陰翳礼讃』中公文庫、1975 年
7）宮脇塾講師室編『眼を養い　手を練れ　宮脇檀住宅設計塾』彰国社、2003 年
8）岡田光正、柏原士郎、森田孝夫、鈴木克彦『現代建築学　（新版）建築計画 1』鹿島出版会、2002 年
9）フランシス・DK・チン著『建築製図の基本と描き方』彰国社、1993 年
10）環境省『ZEB PORTAL』
https://www.env.go.jp/earth/zeb/
11）一般社団法人日本コンストラクション・マネジメント協会：CM ガイドブック第 3 版、2018 年
12）一般社団法人建設プロジェクト運営方式協議会：発注方式選択フロー、2023 年
13）富士市：第三次富士市都市計画マスタープラン、第 5 章都市づくりの推進に向けて、2024 年
14）内閣府：「新しい公共」宣言、第 8 回「新しい公共」円卓会議資料、2010 年

第7章　計画と設計

―――――――――― **本章で学ぶ内容** ――――――――――

　建築の全体計画として、施設の規模計画や配置計画の基本的な考え方、規模や配置計画のための予測モデルを学ぶ。次に外部空間計画について学び、さらに建築の設計・計画として、第6章2節と3節を補充するかたちで平面計画、動線計画、断面計画など空間創造のための基本的な方法論や技術を学ぶ。建築の色彩計画に関して、その考え方、色彩の効果について学ぶ。

7.1　全体計画

7.1.1　規模計画・配置計画

　建築では何を、どこに、どのくらいの規模で造るかが最初に決定される。

(1) 規模の考え方

　規模には長さの「寸法」、広さの「面積」、数の「個数」、体積の「容量」、収容数の「人数」、運搬やストックの「物量」などがある。

　規模の決定には、商店のように小さすぎると集積の効果がなく客が来ないといった下限を定める最小規模と、

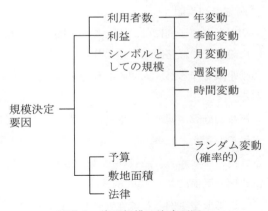

図7.1　施設規模の決定要因

これより大きくなると、経済的にも技術的にも経営が成立しないといった上限を定める最大規模がある。さらに大き過ぎも小さ過ぎもしない丁度良い適正規模がある。この適正規模には、運営内容によって段階的に異なるような段階的適正規模がある。

　これらの規模の算定には、小規模なものではトイレなどの設備の所要数の算出がある。設備数に設備ブースの広さをかけることにより所用室の面積が算出される。大規模なものでは、地域施設に対する利用要求や利用者数を予測して施設規模を算定する場合がある。

　図7.1は、施設規模の決定要因を示している。施設の利用者数、利益、シンボルとしての規模などにより規模を決定することが重要であるが、現実には予算、敷地面積、各種法律などが足枷となる。

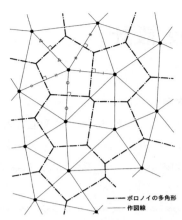

施設間の同距離位置を垂直2等分線で求め、それらを重ねることによりボロノイの多角形が得られる。

図7.2　ボロノイの多角形

地形条件や道路の条件により完全とはいえないが、星印の小学校位置を結んで垂直二等分線を引いたボロノイの多角形に近い小学校区の形となっている。

図7.3　小学校区の例

(2) 利用者数の予測

a) 施設利用圏

利用者数の予測には、施設の利用圏域の把握が必要である。この圏域には施設までの経路距離（道のり）と直線距離によるものがある。道のりは移動距離となるが、人間の心理面を考えると施設までの直線距離も重要である。

複数の施設が競合する場合に、サービスが同じなら最も近い施設が利用されると考えられる。しかし、サービスが優る施設は、少々遠くても利用される。すなわち、施設利用は利用者との距離に反比例し、サービス量とは比例の関係になっている。

ここで典型事例として施設のサービスや質が均一な場合を考える。施設利用は最短距離にある施設の利用が最も期待される。距離を直線距離で考えると、この場合の利用圏は、地図上でボロノイの多角形（図7.2）といわれる形状になる。実際には、道のりも考慮されるためにこの形は変形するが、小中学校の学校区や緊急避難所などはこの形に近い利用圏となる（図7.3）。

b) 地区人口の予測

一般に利用圏内の居住人口が、少なければ施設利用数は少なく、多ければ施設利用数は多くなる。そこで施設を計画する場合に、現時点での人口と、将来の人口動態を予測して、その適正規模を定めることが基本となる。

地区人口の予測のために、以下の方法がある。

① トレンド法

過去のデータに基づき、その変化傾向を直線あるいは曲線で数学的に回

表7.1 マトリックス法

P_{ij}：世帯分類iの単位時間当たりの世帯分類jへの遷移確率
n：世帯分類数，i：世帯分類，j：単位時間後の世帯分類
$\sum_{j=1}^{n} P_{ij} = 1$
$W_i(t)$：t時点での世帯分類iの世帯数
$W_j(t+1)$：$t+1$時点での世帯分類jの世帯数
$W_j(t+1) = P_{ij} W_i(t)$

帰し、将来予測や欠損データを補完する方法である。回帰には直線の単項式や多項式、曲線の**指数曲線**、**ロジスティック曲線**など、様々な回帰式が用いられる。この方式は、とくに人口の出入りがある程度安定した広域での人口予測などに有効である。

② マトリックス法

現在の地区人口を家族構成などの階層に分けると、その階層は単位年後に確率的に次の階層に遷移する。そのため、単位年後の階層別の遷移や地区人口の推計が可能である。具体的には、階層ごとの遷移確率行列を求め、それを階層別人口行列にかけるということになる。確率行列をn回かけるとn単位年後の人口が推計される。この世帯を構成の基本単位としたモデルは、総世帯数が比較的一定なニュータウンなどの計画住宅地において有効で、幼稚園や学校などの施設計画に応用される。

③ ローリーモデル

施設の立地が新たな人口増を生み出す。この人口増はさらに新たな施設を立地させ、その施設に伴って人口が増加する。このように、一つの施設の立地がきっかけになり、新たな人口増が段階的に起こる。そこでこの地区の人口の遷移を、最初の立地における推計から、最初の施設の影響により新たに立地する施設や様々な状況の変化のたびに修正していくと、最後には収束状態になり均衡状態での人口が推計される。

c) 施設利用の変動と施設規模

事務所建築のエレベータでは、出勤時間に利用者が集中し待ち行列が発生する。しかし、勤務時間内は移動は少なく、エレベータの利用者は減少する。退社時刻になると、今度は下りのエレベータが混雑する。この現象を利用者の時刻変動、利用者の集中の度合いを**集中率**という。エレベータ以外にも、トイレや駅の切符売り場なども、利用者数に時間変

表7.2 ローリーモデルの基本式

N：人口
E：総従業員数
α：一定とみなす
$E = \alpha \cdot N$
E_c：地域産業cの従業員数
$c = 1, \ldots, m$　m：地域産業数
β_c：地域産業別の定数
$E_c = \beta_c \cdot N$
E_b：基幹産業従業者数
$E = E_b + \sum_{c=1}^{m} E_c$

指数曲線

x、yを変数としたとき、xy平面上で$y = ab^x$の式で表されるグラフのこと。対数をとることにより
$\log y = x \log b + \log a$となり、直線化することが可能となる。

ロジスティック曲線

x、yを変数としたときxy平面上で、
$y = \dfrac{K}{1 + be^{-\alpha x}}$の式で表されるグラフのこと。$x$の変動に伴い$y$は$0 < y < K$の範囲内で増加する。

生物が一定の増加率で増加すると、その個体数は指数関数的に爆発的に増加する。しかし実際の自然界では個体数は制限を受けてある数値以内にとどまる。このことを関数化して表わすとロジスティック曲線的になる。

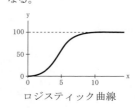

ロジスティック曲線

集中率

時間当たり集中率＝ピーク時の単位時間当たりの利用者数／1日の利用者総数

月変動、季節変動

通勤時間にその利用が集中するオフィスビルのエレベータなどは日変動・時間変動、デパートなど商業施設の利用は土、日に集中すると週変動、会社の給料日に集中する施設は月変動ということになる。

ポアソン分布

次の式で与えられる。

$$P_x = e^{-m} \frac{m^x}{x!}$$

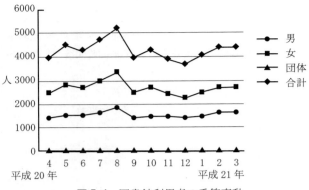

図 7.4　図書館利用者の季節変動

動が見られる。

　利用者数の変動には、曜日により利用者数が変化する週変動、月や季節により変化する**月変動、季節変動**などがある。また、タクシー利用客は雨の日で多く、晴れの日は少ないといった天候変動や、お祭り、行事などによるイベント変動など様々である（図 7.1、図 7.4）。

　利用者数の変動に対して、施設の規模（収容力）をどのレベルにするかは、客へのサービス量と施設利用率との兼ね合いで決定される。施設規模を利用者数が最大となる時点に合わせると、客は待つことなく施設を利用でき、サービス面ではよいが、客が少ない時点には施設の利用率が小さく利用の効率が悪くなる。逆に客数が最も少ない時点に施設規模を合わせると、客は常時満員で経営上はよいが、客へのサービスは低下し結果的に将来の客離れを招く。施設規模は、利用者数が最大と最小の中間の適切なところで定める必要がある。

　利用者数の変動に関しては、施設の有効利用のためにその幅をできるだけ小さくすべく、閑散期における客を呼び込むのための施設内容や運営面での改革が必要となる。

　d）施設利用待ちの確率

　駅の切符売り場や、トイレ使用割合は**ポアソン分布**で近似される。たとえばトイレの同時利用人数 x を横軸に取り、トイレの平均利用人数を m としたときの事象の発生確率 P_x が、縦軸に求められる（図 7.5）。待ちの確率は、それぞれの m と x に対してトイレブースの数を n とすると $x > n$ 以上の部分の面積（グラフを積分した値）に相当する。平均利用人数 m よりブースの数 n を待ちの確率を考慮して決定する必要がある。

（3）利用者の予測モデル

　利用者数は施設規模が大きくなると増大し、その利用圏は拡大する。また、施設までの距離が大きくなると人々の利用確率は減少する。この施設規模を施設のサービス量と読み替えることもできる。

　施設の適地を決定するために、利用者数の予測モデルが考案されている。

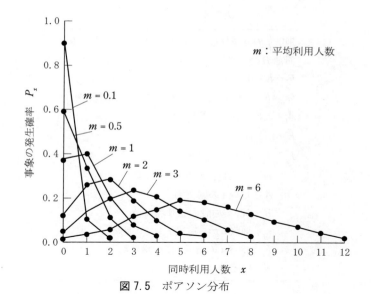

図 7.5 ポアソン分布

代表的なモデルを以下に述べる。

① 重力モデル（グラビティモデル）

利用率 P が距離 r の二乗に反比例、施設規模 m_1 と、**利用者単位規模** m_2 に比例するとし、万有引力の法則と同様の式を当てはめる。発案者のライリーとコンバースの名前にちなみライリー・コンバースの重力モデルとよばれている（表 7.3）。

② ハフのモデル

重力モデルをもとに米国の経済学者デヴッド・ハフ博士が、商圏を求めるために考案したモデルである。

たとえば、地区 i の商業施設 j に対する購買額 F_{ij} を、地区 i の購買力 A_i と商業施設の売り場面積 B_j、地区 i から施設 j までの距離 r_{ij} との関係で算出することができる（表 7.4）。

(4) 利用者数と建物規模

上記の重力モデルやハフのモデルは、建物全体規模や施設配置のためのモデルとして有用であるが、建物全体規模や部屋の大きさ、装置の数やその容量の決定には、利用者数の予測と施設のサービス量を決定する必要がある。

規模計画では、建設候補地の現状や想定される影響要因を把握し、類似施設における実情

利用者単位規模
ある世帯が 4 名家族であり、もうひとつの世帯が 8 名家族であれば、8 名家族は 4 名家族の 2 倍の購買力があると考えられるので、世帯の人数が利用者単位規模に相当する。これを集合住宅で考えると、施設と集合住宅との距離が r となり利用者単位規模 m_2 は集合住宅の住人数となる。

表7.3 重力モデル

対象地区の家族 i の施設 j を利用する確率 P_{ij} は、

$P_{ij} = K \cdot m_i \cdot m_j / r_{ij}^2$

（$P_{ij} = K \cdot m_i \cdot m_j r_{ij}^{-\alpha}$：二乗の項を一般化した場合）

m_i：家族 i の家族人数
m_j：施設 j の規模
r_{ij}：家族 i の j 施設までの距離
K：定数

施設 j の利用者数 N_j は

$N_j = \sum_{i=1}^{l} P_{ij} \cdot m_i$ となる。 l：家族数

表7.4 ハフのモデル

地区 i の商業施設 j での購買額 F_{ij} を、売り場面積 B_j との関係で、算出するモデル。

$F_{ij} = K \cdot A_i \cdot B_j / r_{ij}^2$
($F_{ij} = K \cdot A_i \cdot B_j \cdot r_{ij}^{-\alpha}$：二乗の項を一般化した場合)
$A_i = \sum_{j=1}^{n} F_{ij} = K \cdot A_i \sum_{j=1}^{n} B_j \cdot r_{ij}^{-\alpha}$
$K = 1 / \sum_{j=1}^{n} B_j \cdot r_{ij}^{-\alpha}$
$F_{ij} = A_i \cdot B_j \cdot r_{ij}^{-\alpha} / \sum_{j=1}^{n} B_j \cdot r_{ij}^{-\alpha}$

m：地区数、n：商業施設数
A_i：地区 i の購買力
B_j：j 商業施設の売り場面積
r_{ij}：地区 i から施設 j までの距離
F_{ij}：地区 i の施設 j での購買額
K：は定数

をもとに、問題点や課題を把握することも必要である。現存建物の各種規模とその利用者数の関係の調査、利用密度から、利用者1人あたりの規模推定など、様々な課題が利用者数予測には存在する。

7.1.2 外部空間計画
(1) アプローチ

住宅にいたるアプローチ道路は、幹線道路から副幹線道路などを経た、通過交通のない閑静な住区街路が望ましい（図7.6）。歩者分離を重視する場合には、**クルドサック**を用いたラドバーン方式がある。この方式は、平面的に自動車道と歩道とを分けて住宅にアプローチするもので、アメリカの**ラドバーン**で採用された（図7.7）。

住宅内のアプローチ空間は、公と私の空間を結ぶ部分である。外出時に季節感を感じさせ、気分を高め、帰宅時には家のぬくもりや安堵感をもたらす。郵便物や新聞の受け取り、立ち話の場ともなる。来客には住宅の顔として、その家の第一印象を与える。

(2) 敷地計画

設計は建物本体だけでなく、敷地全体が対象となる。街路からの敷地内の動線や、建物と敷地を有効に利用するための計画が必要となる。

クルドサック(cul-de-sac)
フランス語で袋小路を意味する。住宅地計画における敷地割りにおいて、自動車が通りぬけできないようにすること。平面的な歩者分離手法のひとつとして採用されている。

ラドバーン
アメリカのニュージャージー州に1920年代に建設されたニュータウンで、歩車分離を平面的に実現させた。

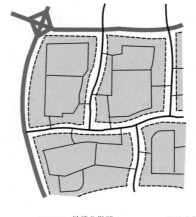

図7.6 道路の段階構成[9]

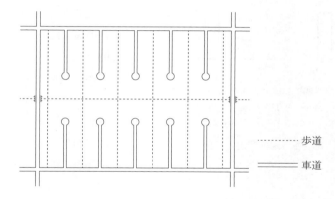

図7.7 ラドバーンシステムの模式図

　敷地計画には、気象条件としての日照、風向、雨量、積雪、土地条件としての地質、水はけ、勾配、方位、道路面との段差、周辺条件として電柱の位置、通行量、近隣の建物、近隣施設、周辺樹木、上下水道、ガスの取入れ場所などがある。

　上記の条件の下に、敷地内の入口、アプローチ空間、サービスヤード、車庫、庭、建物、植栽などを決定する。建物修理、庭木の手入れなどの敷地内管理のスペース確保も忘れてはならない。

(3) 日照・方位

　日照は冬至のときを基本にするとわかりやすい。洗濯物や布団を干すこと、部屋を自然光で暖房することなど、清潔で省エネルギーである。東京や名古屋、大阪の緯度では、東西に長い形の集合住宅の隣棟間隔をD/H=2

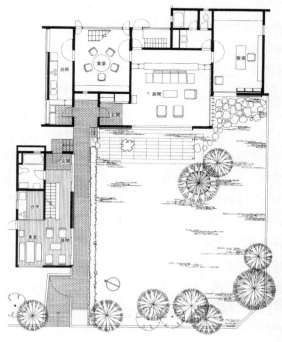

図7.8　アプローチ空間の例（東ヶ丘の家＋続東ヶ丘の家：清家清設計）[10]

かつて多く建設された5階建の住棟で、高さが14mから15m、D/H＝2とすると建物間隔は28〜30mとなる。

図7.9　隣棟間隔と日照

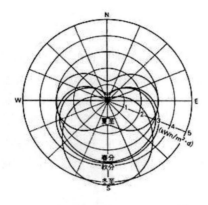

図7.10　各季節の日射量[11]

ほどにすると前の建物の影が後の建物にとどかない（図7.9）。

東西に長い形の建物が平行に並んだ中層集合住宅地において、日照確保のための隣棟間隔が重要であった。隣棟間隔（D）／建物高さ（H）＝2.0にすると、冬至の太陽は南中時に北緯40度49分の青森市で前の建物が後ろの建物の足元に影を投じる。この場合には、1階の住宅において、日照時間はかなり限られることになる。北緯34度から36度の東京、名古屋、大阪ではほぼD/H＝1.6程度で後方の建物の足元に影を投ずることになるため、D/H＝2.0にすると日照において余裕ができる。図7.9はD/H＝2.0の場合の隣棟間隔を示している。建物高さが15mとすると隣棟間隔は30mであり前の建物の人の表情がわかりにくくなる。プライバシーの保持に有効になり、1階の人の前の建物の見上げ角（仰角）が30度程度以下になるために前の建物に視野全体を蔽われることがなくなる。

日射による熱効率の最も良い部屋は南向きで、ついで北向きである。東向き、西向きは太陽高度が低いために部屋の奥まで光が差し込んでくる（図7.10）。これを空調効率から考えると、日光が直接差し込んでくる部屋より、ほとんど差し込まない北向きの部屋の方が、均質な熱や光の環境を保つためには有利である。近年、日本の大都市では、大気汚染の関係、花粉の問題などの影響で、干すという行為が以前ほど重要ではなくなり、住宅からの景観の方が重視されてきている。窓からの眺望がよいとして、北向きの部屋が好まれる傾向も出てきている。西向きは午後の日差しが強いことと、日本では北西風が強いために開口部は少なくなる。東向きは朝早く明るくなるために目覚めが早くなることもある。

室内に光をもたらす窓には、ひさしが必要である。適切なひさしは夏の日差しを避け、冬の日差しを取り込むことになる。雨やキリよけにもなる。ひさしは室内空間と外部をつなげる効果があり、内部空間を広く感じさせる。ブラインドや、カーテンによる日照調整もある。葦簀（よしず）や、簾（すだれ）、よろい

戸は、昔からの日照調整装置である。エネルギー消費を少なくする工夫が重要である。

(4) 囲障

囲障とは塀、垣根など敷地を囲むものである。日本では、敷地を垣根や塀で囲う場合が多い。米国では、塀や垣根を設けず芝生の庭が外の歩道に連続している住宅が多くみられる。空間が広々して景観上も好ましい。これを防犯面から考えたとき、建物の入口まで街路から見通せるため、泥棒が建物に入りにくくなる。囲障は街路から住宅への視線を遮るため、住宅のプライバシーを守るが、時として建物への侵入を容易にしてしまう場合もある。住宅の建物自体が開放的な場合では、街路からの視線や他人が勝手に敷地に入ってくるなどの問題が生じる。この場合にはほどほどの閉鎖性が必要である。

生け垣は季節感や、街並みにうるおいを与える。ほどよい通風も可能である。しかし、毎年刈り込むなど、管理が必要である。板塀は土台が腐りやすく、長持ちさせるための維持管理が必要である。ブロック塀やコンクリート万代塀などは、通風の確保が大事である。火災に強い反面、地震時に倒壊しないよう十分な強度が要求されるとともに、景観に調和するような配慮も必要である。

(5) 植栽

植栽は、香り、色彩変化、涼風をもたらすなど人間の五感に作用して、豊かな環境を提供する。目に優しく、住宅を美しくし、心を癒す。冷熱効果、酸素補給、温熱環境的効果ももたらす。植物を育てる楽しみ、季節感、プライバシー確保の機能も重要である。

緑が成長すると剪定(せんてい)が必要となる。成長した植物は日照を減じ、手入れも難しくなる。大量の落ち葉、強風による倒木、枝による交通障害など、よいことばかりではない。鳥の糞害、害虫の増加等々、逆効果も招くことがある。立派な緑を保つための住民意識の向上と、管理を容易にする植栽計画が必要となる。特に高齢になると、樹木などの剪定作業は難しくなる。

(6) プライバシー

他人の視線や音などは個人のプライバシーを侵害する。住宅を例とすると、庭や部屋の中が前の家から覗かれたり、互いの窓が面と向かっていて開けずらくなるということがよくある。住宅が近接している場合には、北面の窓からの視線は何らかの目隠しをするなど、隣家どうしの調整が必要となる。

歩道の左の住宅を見ると囲いがないことがわかる。

写真 7.1 塀のない住宅地
（アメリカ・カルフォルニア州）

歩道が芝生となっており、住民が協力して手入れをしている。

写真 7.2 緑豊かな住宅街
（可児市皐ヶ丘）

緑が成長し建物の高さを超えている。窓辺の花も美しい。

写真 7.3 緑におおわれた住宅
（ドイツ・ミュンヘン）

東西方向についても、互いの距離が小さい場合、気詰まりを生じることが多い。設計の段階で窓の位置を調整しなければならない。

集合住宅などでは、建物間の距離がおよそ45m以内になるとプライバシーの侵害率が高まるとの研究結果がある。音については、話し声や、歩く音、ものを落とす音、楽器の音など様々である。音のうちとくに低音や振動音は遠くまで伝わる。建築的な配慮や、住む人の間での心遣いが重要である。

7.2 平面計画

7.2.1 エスキス

エスキス（esquisse）
（6.2 p113参照）

エスキスは、フランス語でスケッチや素描のことである。アイデアや考え方をすばやくエスキスとして記録し、それをもとに、さらに深く設計計画を繰り返し練っていくことができる。代替案を自由にいくつもつくることも容易である。図面を定規で起す前の、建築の思想を決定する段階でも

写真7.4 オタニエミ工科大学メインビルディング

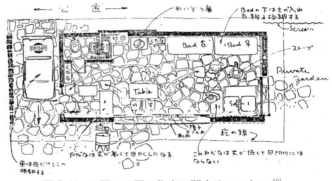

図7.11 2間×5間の住宅に関するエスキス[10]

写真7.5 ソーク生物科学研究所

写真7.6 サヴォア邸
（東美緒氏撮影）

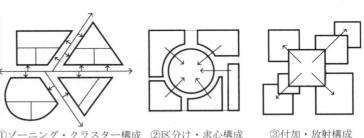

①ゾーニング・クラスター構成　②区分け・求心構成　③付加・放射構成

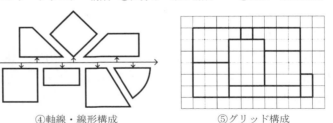

④軸線・線形構成　　　　⑤グリッド構成

図7.12 平面の構成手法

ある。寸法が入るまでエスキスを練ると、図面作成を他の人に委ねることができる。

写真7.4〜写真7.6は、それぞれアルヴァ・アールト、ルイス・カーン、ル・コルビュジエによってエスキスが綿密になされた後に設計され、建築されている。図7.11は、建築家、清家清の広さ2間×5間の住宅に関するエスキスである。物資が乏しかった第2次世界大戦の時代ならではの主張が読みとれる。

表7.5 地域地区

都市計画法第8条には
①用途地域（12種類）
②特別用途地区
③特定用途制限地域
④高層住居誘導地区
⑤高度地区または高度利用地区
⑥特定地区
⑦防火地域または準防火地域
⑧美観地区
⑨風致地区
⑩駐車場法による駐車場整備地区
⑪臨港地区
⑫etc. の規程有り

7.2.2 平面の構成手法

平面構成の手法は設計者により様々であるが、フランシスD.K.チンはその著書『建築のかたちと空間をデザインする』において、求心状、線状、放射状、房状、格子状の五つの手法をあげている。ここでは、ゾーニング・クラスター構成、区分け・求心構成、付加・放射構成、軸線・線形構成、グリッド構成、ユニット構成に分けて言及する（図7.12）。

(1) ゾーニング・クラスター構成

類似機能を集めてクラスター化し、それらの関係性に配慮して適切な配置を行うことをゾーニングという。機能が多様で、複雑な施設設計には欠かせない手法である。①機能間の干渉防止 ②動線の明確化 ③設備の有効利用といった効用がある。

a）都市計画における地域地区

土地利用を規制する地域地区（表7.5）を定めることもゾーニングといわれている。適正かつ合理的な土地利用をめざすもので、規制・誘導により空間利用の効率

図7.13 劇場のゾーニング

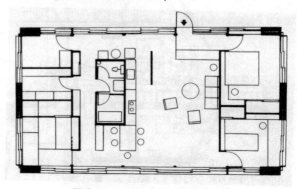

図7.14 H邸（増沢洵設計）[17]

136　第7章　計画と設計

を高めること、環境衛生上の配慮、防災上の配慮などがなされる。

　b）敷地内計画

　日あたり、通風、土地の勾配、樹木の有無などの土地条件や、周辺地区の施設環境を把握することにより、敷地の入口、出口の位置や庭、建物の配置が決定される。住宅を例にあげると、庭には通路のほかにカーポート、駐輪場、樹木や花の植込み、芝生、屋外作業場、上下水道、ガスの位置などがある。

上層の入り組んだ形は、空間を自由に付加したり削ったした結果ともみえる。

写真 7.7　ローマの複合ビル
（バッサレルリ設計）

ルイス・カーン
ゾーニングとして、サーブドスペースとサーバントスペースを提唱している。

　c）建物内

　建物では出入口、接客、団らん、就寝、読書、作業、勉強、料理、食事、トイレ、更衣、化粧、洗面、入浴、収納などが考えられる。これらの機能を、休息をとる空間、水を使う空間、教養を高める空間、作業を行う空間という具合に集めて、建物内外との関係にも配慮して機能配置を行う。

　空間機能のゾーニングには、利用者によるクラスターとして、たとえば大人・子供、女・男、客・亭主、集団・個人、雇用者・雇用人といったものから、機能によるクラスターとして、食事・団らん・接客・就寝・衛生といったものがある。

(2) 区分け・求心構成

　ゾーニングのあとに各室を配置する。区分け・求心構成は、外枠部分から内側に部屋を分割していく方式である（図

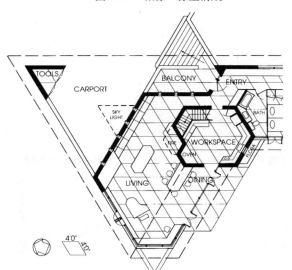

図 7.15　軸線・線型構成

図 7.16　オフェルト邸（1958） [18]
（フランク・ロイド・ライト設計）

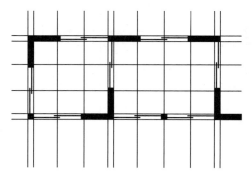

図 7.17　二重グリッド

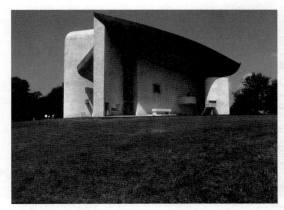

写真7.8 ロンシャン教会堂東面

7.14)。枠組みにより、内部の空間どうしで面積や形の調整を行う。限られた敷地の全体が建物となる場合にこの方法によることになる。建物の外形の大枠はこの段階で決まってくる。

(3) 付加・放射構成

空間を膨らませたりへこませたり、付加したり、削ったりして全体をまとめていく方法である（写真7.7）。中心から外側に発展する放射型の構成であるともいえる。自由な発想を許容するもので敷地にゆとりがあり、地形や周辺の特色を十分に生かして計画をする場合に有効である。比較的複雑な形態となり外壁の面積が大きくなる。

(4) 軸線・線形構成

線形計画は複雑な要求条件に対処しやすい。軸線を設定し、それにそって部屋機能を配置していく（図7.15）。増築しやすい平面計画でもある。

(5) グリッドプラン

方眼紙を用いると、建物の平面計画が比較的容易である。日本の住宅のように1間（1,818 mm）、3尺（909 mm）というモデュールが寸法の基本となっている場合にとくに有効である。この方眼がグリッドで、その方眼の寸法をモデュールとして壁や柱を配置させ平面計画を練ったものが、グリッドプランである。寸法を簡単に把握できる反面、グリッドがあることにより自由な平面計画が阻害されることがあるので注意を要する。

グリッドプランは、正方形グリッドの場合がほとんどであるが、建物の特性を考慮して、長方形グリッドを用いることもある。フランク・ロイド・ライトの設計では、正方形グリッド、長方形グリッドの他に、ひし形、六角形などを用いており、さらには円を等角度に分割したものなど、様々なグリッドが用いられている（図7.16）。日本の京間では、間仕切り幅を考慮した二重グリッドとなっている（図7.17）。

ル・コルビュジエの設計したロンシャン教会堂は、グリッドを用いたプランであるが、基本となる点を合わせた曲線平面であるためにグリッドプランとは思えない自由な平面計画となっている（写真7.8）。

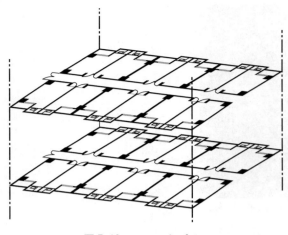

図 7.18　ユニットプラン

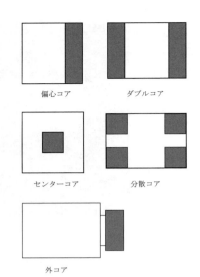

図 7.19　コアプラン

━━ コラム：日本間 ━━

　15世紀以降書院造に畳が敷きつめられるようになる。京間は、内法を統一し、6.3 尺×3.15 尺の畳を敷く。壁厚分が二重グリッドとなり、平面計画や構造計画は複雑である。田舎間は、東北、関東の間取りで、柱心を3尺の倍数とする。平面計画や構造計画は単純になるが、畳の寸法は統一できない。中京間は、京間と同じく内法を統一し6尺×3尺の畳を敷く。京間と同様に平面計画と構造計画は複雑である。我が国の木造建築では柱寸法と壁厚がほぼ同じで、壁の部分の面積は小さい。室面積と有効面積がほぼ同じなため、畳数で面積を表わすことが通例になる。また、日本人は誰でも平面を書くことができるのも、この統一されたモジュールのおかげである。

---

(6) ユニットプラン

　同一平面が水平に連なったり垂直に積み重ねられることがある。繰り返される平面を用いた計画をユニットプランという（図 7.18）。

　特徴として各ユニットに最大限のエネルギーを注ぎ、ユニットの質を高めることができる。柱間隔など架構単位を容易に決定でき構造計画が単純である。空間が繰り返しとなり設計の手間を省ける。家具や材料などを大量生産できるため、一つひとつは安価に供給できる。

　部屋自体の質が高いことが要求され、他の部屋との差別化がほとんど必要のない病院の病室、ホテル・旅館の客室、寄宿舎、寮などに有効である。

(7) コアシステム

　垂直動線を平面的にまとめてそこに耐震壁も集中させることにより、構造上有利な平面が可能になるとともに、柱の少ない大空間を実現することがで

きる。コアシステムには、小規模な建物では偏心コア、コアを中央に配置したセンターコア、両端にコアをとることにより間に大空間を可能にするダブルコア、三つ以上のコアを分散して配置する分散コアなどがある（図 7.19）。

7.2.3　各部位の計画
（1）入口（エントランス）
エントランスは来訪者にわかりやすい位置に設ける。雨天時に、来訪者が傘をたたむ時の雨よけとして、また車で来た場合においても濡れないためには庇が有効である。上部から物が落下する可能性がある場合にも庇は必須である。

風や寒気、暖気などの流入を防ぐためには、風除室を設ける。

（2）エントランスホール
エントランスホールは来訪者に第一印象を与える重要な空間である。来訪者を迎えるために十分な広さが必要である。美術館などで、エントランスホールの広さを抑えて、内部の大ホールの印象を高める場合もある。

（3）通路
廊下などの通路の先は、避難階であれば出口を設け、その他の階では、二方向非難を可能にする直通避難階段を設け、避難階へ通じるようにする。曲がりの多い複雑な通路は、基本的には望ましくないが、空間に変化や広さ、奥行を感じさせる場合には有効となる。通路は、常に明るさを確保できるようにする。

（4）各室
採光、換気、温度・湿度などの管理が必要である。隣室や上階や下階からの遮音を十分に行う。計画の段階で天井高、窓や入口などの開口の位置の決定、壁、床、天井の材料、家具などの配置を考慮する。その他にも、照明設備、空調方式や換気口、電気・ネット配線、火災報知機、消化器など設備が必要であり、特に公共的施設では、スプリンクラー、ドレンチャー、排煙設備などが必要な場合があり、専門業者と適切な計画を行う。

（5）収納、倉庫
建物の用途、部屋の利用内容などによって、ロッカーや書類、装飾品、家具、道具、機械、非常食、非常用物品・食飲料などの収納空間が必要である。住宅であればさらに衣類や寝具、履物、食器、食料、飲料など、収納するための押入れ、納戸、倉庫などが必要である。収納空間が適切に設けられると、使いやすくすっきりした建物となる。

（6）洗面・トイレ・授乳室
トイレは建物の品格を表すためにも重要な場。不特定な人の利用に供する場合には、妊婦や体の具合が悪い人、身しょう者、性的マイノリティ、小児や子どもなどの利用に供した多目的トイレを必ず設ける。洗面は身だしなみを整える場としての機能もそなえ、女性用においてはトイレブース

図書館の延べ床と閲覧室の面積

図書館の場合には面積あたりの蔵書冊数の目安が挙げられており、延べ床面積では 50 冊 / ㎡である。全体の蔵書冊数が明らかな場合はこの数値から全体の延べ床面積の目安として求めることができる。開架と閉架、移動式といった書架形式ごとに目安があり、移動式は開架の 2 倍近く収蔵できる。閲覧室は想定する座席数に応じて算出し、50 席の場合は 75 ～ 90 ㎡となる。

病院の病室面積

病院の病室は 1 床あたりの面積が医療法によって 6.4 ㎡とされており、4 床室で 25.6 ㎡が最小面積となる。ベッド間に通路幅を 1m 以上確保する場合には 8 ㎡ / 床となり、4 床室で 32 ㎡が必要となる。

など、利用人数と利用時間に即した面積と数量を確保する。適宜、乳幼児のためのオシメ替えや授乳室が必要となる。

7.2.4 規模計画

建築物の計画にあたっては、適切な規模を計画したい。規模計画の方法は建物全体の規模から個別の諸室規模を求める方法と、個別の諸室規模から建物全体の規模を求める方法に大別される。後者は用途や諸室ごとの面積の目安を参考として諸室の面積を求め、原単位として積み上げることで全体規模を求める。特に敷地が狭い場合や容積率が厳しい場合など、規模を切り詰めて計画したい場合に有効である。建築物の用途及び諸室に応じた面積の目安を表 7.6 に示す。小中学校の普通教室の場合は 1 クラスあたりの人数で 1.5 ～ 1.8 ㎡ / 人であり、1 クラス 40 人とすると 1 教室の面積は 60 ～ 72 ㎡と求めることができる。1 学年 3 クラスの中学校であれば、普通教室だけで 540 ～ 648 ㎡が必要となる。劇場やレストラン、ホテルの宴会場の客席にも 1 席あたりの目安があり、特に劇場の客席が 0.5 ～ 0.7 ㎡と最も小さい。これらについては自治体や関連省庁が基準を定めている場合もあるため、実際に計画する場合はよく確認する必要がある。

その他の目安を見ると、幼稚園は児童福祉法、病院は医療法によって定められており、これらの用途については特に確認する必要がある。幼稚園

表 7.6　建築物の用途・諸室に応じた面積の目安 [44]

用途	諸室	面積の基準	備考
小中学校	普通教室	1.5 ～ 1.8 ㎡ / 人程度	
幼稚園	乳児室	1.65 ㎡ / 人	児童福祉法（第 32 条 1 項 2 号）
	保育室・屋内遊戯室	1.98 ㎡ / 人	児童福祉法（第 32 条 1 項 6 号）
	ほふく室	3.3 ㎡ / 人	児童福祉法（第 32 条 1 項 3 号）
	屋外遊戯室	3.3 ㎡ / 人	児童福祉法（第 32 条 1 項 6 号）
図書館	延べ床面積	50 冊 / ㎡程度	
	開架書架	150 ～ 200 冊 / ㎡程度	
	閉架書架	250 冊 / ㎡程度	
	移動式	400 冊 / ㎡程度	
	閲覧室	1.5 ～ 1.8 ㎡ / 席程度	
病院	病室	6.4 ㎡ / 床	医療法
		8 ㎡ / 床（通路幅 1m 以上確保）	医療法
劇場	客席	0.5 ～ 0.7 ㎡ / 席（通路含む）	
レストラン	客席	1.0 ～ 1.5 ㎡ / 席	
ホテル	宴会場	1.5 ～ 2.5 ㎡ / 席	
事務所	会議室	2.0 ～ 3.0 ㎡ / 席	
	事務室	5 ～ 15 ㎡ / 人	
百貨店	売り場	25 ～ 30 ㎡ / 人（従業員）	

では諸室を利用する園児の人数あたりの面積で定められており、ほふく室と屋外遊戯室は共通で3.3㎡/人である。保育室・屋内遊戯室は1.98㎡/人、乳児室は1.65㎡/人であり、移動の少ない乳児は必要な面積が小さい。

一方で、これらの基準を満たしても狭いと感じられる場合もある。中学校の普通教室の場合には、2.0㎡/人を超える場合でも生徒の半数以上が持ち物を収納しきれていない事例が報告されている[45]。病室の場合には、多床室の患者が病室を狭いと感じている事例[46]や、隣接するベッドとの間隔が広いことでプライバシーを保ちやすい環境として患者が評価している[47]ことも明らかになっている。ここで示した基準は最低限満たすべき面積として捉え、その面積で計画した際に利用や運営に課題が生じないことをよく確認する必要がある。

7.3 動線計画

7.3.1 動線の種類

動線は人や物、設備、情報の流れなどの軌跡である。

人の動線には、利用者や管理者、大人と子供、男と女などの行動目的の違いや、移動速度の相違、利用機能を分離すべき場合などがある。物の動線には食料、家財、事務用品、薬、ゴミなどがある。設備動線には空調ダクト、電気、通信、上下水道、雨水、ガスなどがある。近年では情報通信の動線が多様化し、それに伴う電気配線の増加が特徴的である。

動線図は動線を線で示したものである。建物種別により動線の種類や数は異なるが、種類が多く複雑な場合には、動線を機能により色分けして示すなど、判別して示される。

7.3.2 動線計画のポイント

（1）動線計画の基本

動線計画では、動線をその種類によりまとめたり、分離する必要がある。たとえば、劇場で観客と役者の動線を分けたり、レストランで料理と残飯・ゴミの処理動線をわける。

動線は短く、単純にしてわかりやすくする。レストランの給仕は、厨房から客席までの移動が繰り返されるため、動線はできるだけ短くするのが原則である。病院の看護師の動線も、サービスステーションから病室への移動回数が多いため、また看護がいきとどくようにするために、短くかつ視認性が要求される。住宅での主婦の移動は水場を中心に繰り返されるため、台所、風呂、洗濯場、トイレの動線を無駄のない効率的なものにしなければならない。

その他に、動線の交差を少なくする、分岐、曲がり、昇降を少なくする、異なる内容の動線を交差、接触させないなどが基本となる。異種空間を通

二方向避難の必要性

大阪市北区のクリニック放火事件（2022年2月）では、4階建てビルの4階入り口付近で犯人が放火。逃げ場なく26名死亡。

東京都新宿の雑居ビル火災（2001年9月）では44名死亡。全員急性一酸化中毒。自動火災報知設備の電源が切られていた。避難器具は3階には設置されておらず4階にあったが使用できない状況だった。

雑踏事故

明石花火大会歩道橋事故（2001年7月）歩道橋上で駅からの来場者と、会場からの帰宅者が合流して群衆雪崩が発生。呼吸困難で急性呼吸窮迫症候群を起こし11名死亡。

韓国ソウルではハロウィン雑踏事故（2022年10月）が起き153名死亡。予想を上回る人出により、群衆による圧迫事故が起こった。道路は途中で幅員が狭くなっている状況があり、一方通行ではなかった。

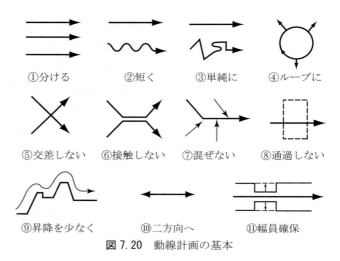

図 7.20 動線計画の基本

り抜けるといった動線も、通常はあってはならない動線である。

　防災上、どちらに避難しても安全なところに到達できるといった二方向避難は必須であり、通行量や移動速度に応じた通路幅確保が必要である。通路幅に関しては、急に通路幅が狭くなって通行のネックにならないよう配慮する必要がある。

(2) 意図的な動線計画

　移動を楽しくゆとりを感じさせるために動線を長くし、シークエンスを演出する場合がある。心の準備や気分転換を必要とする場合に、そのための空間を設けて、意図的に動線を長くすることもある。さらに動線を回遊させ、同じ通路を行き帰りで通さないことにより**豊かな空間体験**をもたらすこともある。

　商業施設では、客をできるだけ商品に触れさせて好みのものを選択できるように動線を長くする。博物館では効率的な展示のために動線を一筆書きにしたり、展示物を選択して鑑賞できるように展示内容により空間を区

豊かな空間体験
たとえば、環境建築家の仙田満がこどもの遊び空間の手法の一つに提唱している遊環構造がある。同じ動線を戻ることなく、次の空間に次々と移動できる動線計画である。遊環構造の原理として『(1) 循環機能があること (2) その循環 (道) が安全で変化にとんでいること (3) その中にシンボル性の高い空間、場があること (4) その循環に"めまい"を体験できる部分があること (5) 近道 (ショートサーキット) ができること (6) 循環に広場、小さな広場などがとりついていること (7) 全体がポーラスな空間で構成されていること』[20] をあげている。この原理は、こどもの空間だけでなく、大人にも豊かで楽しい空間体験をもたらす。

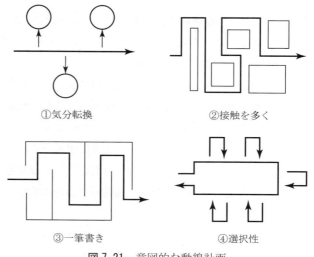

図 7.21 意図的な動線計画

切って、選択鑑賞できるといった動線計画がある。

7.4 立面・断面計画

平面計画と同様に重要なものに立面計画と断面計画がある。一般に、基本計画としての立面図は、建物内と建物外との関係を表わすとともに、外部から建物がどのように見えるのかを示す。断面図は、建物の中で特に空間的な面白さがわかる部分を示し、床面や天井面の高さ関係を表わし、空間のボリュームや広がり、上下方向の繋がり、光の入り方、空気の流れや音の響き方、人の気配などを伝える。

(1) 建物立面

街路など外部に対して表情を持たせるため、屋根形状や壁面材料、窓などの開口部のデザインが重要となる。開口部は建物内への採光・換気の機能があり、外部状況の把握、景色を眺めるなど気分転換を可能にする。建物内への直射日光や雨露の侵入を防ぐために、開口部に庇や、ベランダ、ガラリ、ブラインドなどを設け、窓面には遮熱ガラスなどを用いたりする。北側の開口においても、雨除けや夜露を防ぐための庇が必要である。防犯上、プライバシーに配慮し、外部からの侵入者を防ぐ方策が必要となる。上層階の開口部のベランダや庇のないバルコニーは、物干しや、鉢植生育だけでなく、外壁や窓ガラスの掃除を安全にでき、火災時などの退避避難に有効になる。建物によっては、火災消火のための消防隊の侵入口も必要となる。開口から物の落下が危惧される場合には、落下が予想される地点には、直接落下防止の庇を設けたり、通路や植え込み等を設けたりして人が容易に立ち入ることのないようにする。ちなみに、開口部やベランダ、バルコニーには、子どもや幼児などの落下防止のための手摺や柵の設置など、適切な落下防止策を行う必要がある。

(2) 建物断面

多層階建築では、階段やエレベータなどが設けられる。階段は上下階移動を担う他に、象徴的な空間演出が可能となる。非常時における避難階への移動を容易にするために、複数の階段はできるだけ離して分散して計画することが有効である。一般に、エレベータは利用の便をよくするために集中させ、エレベータホールの直近にも階段を設ける。車いす

写真 7.9 上方への広がり
(グッケンハイム美術館)
フランク・ロイド・ライト設計(1959)

利用者や荷物の搬入のためにスロープを設ける場合もある。スロープは公共建築では必須である。

エレベータ設置義務

建築基準法第31条によると、高さが31mを超える建物には非常用エレベータの設置が必要。火災発生時等の緊急非常事態に消防士がこのエレベータを利用して救助や消火にあたる。非常時にも電源が確保され、建物内部からの影響を受けず、外気を取り入れられる構造にする必要がある。高齢者の居住の安定確保の法律によると、原則、3階建て以上の共同住宅ではエレベータの設置が必要となる。いずれにしても、上階への大きな荷物や重いものを運搬する場合や、高齢者や体の不自由な人への配慮のためのエレベータ設置は必要となる。

部屋の天井は、面積が大きな部屋はそれなりの高さが必要となる。壁、天井、床など、防寒防暑のために適度に断熱材を施す。部屋を、上階と吹き抜けにするなど、天井を高くした場合には、階上と階下との鉛直方向に空間のつながりが得られ、伸び伸びしたダイナミックな空間となる。この場合、冬の暖房時に上部に暖気がたまり、下部への暖房効果が弱まるため、暖気を下部に循環させる装置が必要となる。床暖房は床からの放射熱であるために有効な暖房法の一つとなる。

ハイサイドライトや天窓を設ける場合、北側の上部からの採光にすると、直射日光が入ることなく日中を通して変動が緩やかで安定した明るさが得られる。

地下室は、内外の音の遮断が容易であり、比較的年間を通して室温が安定している。しかし、空気が籠り湿気が高くなりやすいため、外壁や床の防水性能を十分にし、換気設備を設けて、空気の入れ替に心がける必要がある。閉ざされた空間となるために、緊急時の避難経路の確保が必要である。

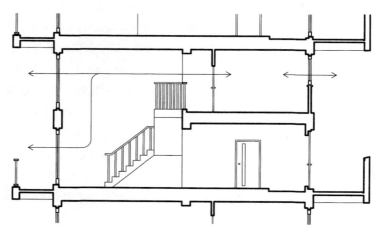

図7.22　メゾネット形式

写真7.10
住宅地に建つ赤と白のツートンカラーの外壁（まことちゃんハウス）

7.5　色彩計画

7.5.1　建築計画の中で色彩の考え方

（1）外部色彩の考え方

a）建築の色彩の一般的法則として公共施設など不特定多数の人々が利用する建築の色彩としては、多数の人々に共通に受け入れられる必要がある。また、色彩は、建築にそれらしい感じを与えること。すなわち、病院なら病院らしい感じ、銀行なら銀行らしい感じを与える色彩とする[22]。

また、建築外部の色彩に関する三つの法則。第一は、外部の色彩は、見せる効果をもつことが可能である。また、建築外部の色彩は、遠方では地ではなく図になる。建物が視野の中心的存在となること。しかし、建物の

近くでは、人や建物を引き立てる背景にならざるを得ないことに注意する必要がある。第二は、建築外部の色彩は、自然環境と調和するものであること。例として、日本は太陽高度の変化が多く、冬の青空（太平洋側）が多いので、太陽高度の変化に応じて陰の形と濃淡がはっきりわかるような、凹凸のある高明度の外装がよいと述べている。ただし、緑（自然樹木）や青（空の色）はわざとらしくなり、外部に使うべきではない。第三は、建築外部色彩は、周辺環境との関係に留意して選択する。周辺が歴史的な街並みである場合は、同化させる色彩を選ぶか、あるいは、対比させる色彩を選ぶ方法がある。伝統と対比させる場合は、中途半端に違えるとあいまいになるので、明確に違った色彩にする[22]。

一方、2004年6月に景観法が制定され、景観行政団体（地方自治体）が建築物や工作物の形態・意匠とともに建築物の色彩制限を景観計画の中で定めることになった。景観区域の中で大規模建築物を計画する場合は、外壁の色彩の規制内容を調査する必要がある。

b）素材色、風土色（地域性）

木材、石材などの自然材料は固有の色を持つ。これらを素材色とよび、西欧の古い街並では石材、レンガなどの素材色が、日本の古い街並でも焼板、しっくい、日本瓦などの素材色がそのまま街並の色彩となっている。

また、日本瓦や土壁などの建築物の材料には、それぞれ、その地域独特の素材や伝統材料がある。たとえば赤い琉球瓦と白のしっくいの組み合わせは沖縄独特の風土色である。特に歴史的な街並みの中に新しい建物を計画する場合は、素材色や風土色を考慮して色彩選定する必要がある。

c）ベーシックカラー（基調色）とアクセントカラー

ベーシックカラーは、建物の大きな面積をしめる色彩で、背景となる部分であり、建物全体の雰囲気を決める色彩である。アクセントカラーは、庇（ひさし）、ドア、窓枠などの小面積部分を強調して建物全体の印象を引き締める色彩である。

(2) 建築室内色彩の考え方

建築の色彩の一般的法則として、建物の色彩は我々の生活を包むものである。生活を空間的に包んでいるということは室内の色彩では基本であり、室内ではその存在を感じさせないのがよい。また、室内の色彩の基本は落ち着きである。乗り物と違って、室内での滞留時間が非常に長いので色彩が自己主張しない、存在を感じさせないようにするべきである[22]。しかし、ピンクや水色は、心を和ませる効果があるので子ども部屋などに使われることもある。

さらに色彩は形、材料に従属するということが重要である。すなわち、建築設計の形、材料、色彩というヒエラルキーがある。建築設計の手順として、まずは空間がイメージされ、空間を取り囲む形が決められる。次に形に適した材料を決め、ディテールが確定し、最後に形、材料に適した色

写真7.11
住宅地のなかの黄色い住宅

写真7.12
戸田川排水機場（名古屋市）
H6年度名古屋市都市景観賞[43]
上屋の外壁が青、赤、黄の3色で彩色

写真7.13
Clore Gallery増築(ロンドン)
（James Frazer Stirling設計）
山形の開口部のガラス枠は緑、外壁の柱・梁型部分を白やオレンジのパステルカラーで配色

写真7.14
オランダ科学工学博物館（アムステルダム）（レンゾピアノ設計）
建物形状は巨大な船、外壁は青いサイディング仕上げ

写真7.15
Clore Gallery増築(ﾛﾝﾄﾞﾝ)
(James Frazer Stirling設計)
通路の腰壁・手すりは赤紫、正面ドーム形の開口部は青、紫のパステルカラーで縁取り

写真7.16
South Chula Vista Library
(サンディアゴ)：リカルドレゴレッタ設計
ドーム形状の天井は濃い青で彩色

写真7.17
ボーリング場の壁面に描かれた絵

写真7.18
電気販売店の看板

彩を決めることになる[22]。一般に色彩より材料が優先し、材料より形が優先するとしている。

また、材料の表面特性の一つであるテクスチャーは色彩よりも室内の印象を左右する大きな特性を有するため色彩選定では注意が必要である。

(3) 室内の壁、天井、床の色彩の常識[21]

a) 壁；壁の色彩に天井と床に使われている色の中間ぐらいの柔らかい色彩を使うと空間が広く感じられる。室内の壁は低明度では重厚な感じにはなるが暗くなって陰鬱な雰囲気にもなり得る。したがって、明度が中程度以上で彩度の低いものがよい。

b) 天井；天井の色彩は明度を高くし、彩度を低くするのがよい。天井に壁より暗い色や暗くて強い色を使うと、見かけ上天井高さが低く見え圧迫感が高まり不安定な空間となる。天井は明度9以上の無彩色か、色相10YR～2.5Yで明度9以上の色か、彩度1～2、色相5B～2.5PB、明度9以上、彩度0.5以下の色とする。

c) 床；床の色で明るい色調の色は空間を明るくし、活動的な雰囲気を作るが、暗い色調の床は落ちついた雰囲気となる。壁の色よりも明度や彩度を低くしたほうが安定した空間になる。

7.5.2 建築色彩の心理的効果

(1) 建築色彩の心理効果

建築に関連の深い心理的効果のなかで、ここでは面積効果、対比、誘目性、視認性、可読性について解説する。これらの性質は、サイン計画で有効な手法となる。しかし、商業施設での大きな看板で彩度の高いものは目立つので配慮が必要である（写真7.17～写真7.19）。

a) 面積効果

色彩設計時。仕上げ色の選定は、色見本帳などの縦横数センチ程度の小さなサンプルで行われる。建物完成時の色彩が選定時よりも明るく派手に感じられる。これを面積効果とよんでいる。彩度が高いほど面積効果が大きく、暖色系色のほうが、寒色系色より面積効果が大きい[21]。そのため実務設計では、実際の建設現場に実物大パネルを外壁などに設置して色彩選定を行う。

b) 対比

空間的に近接している二つの色彩があるとき、単独より異なる見えが生じる。対比には3種類あり、その効果の大きい順にならべると、明度対比、色相対比、彩度対比となる。また誘導色（地色）の面積が大きいほど、また被誘導色（図色）の面積が小さいほど対比の効果が大きい。たとえば建築の壁面を背景にしたドアやカーテン、家具などでは、実際の色より強調されて見える場合がある[21]。

c) 誘目性・視認性・可読性

7.5 色彩計画

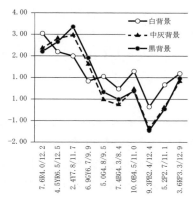

図7.23 黒と中灰と白の背景での
　　　　誘目性[22]

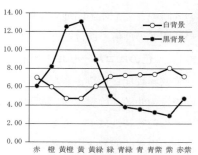

図7.24 黒と白の背景での視認性[22]

写真7.19
自動車整備工場の看板

とくに何かを見ようとする意図を持っていない人の、目のひきやすい性質を誘目性（attractiveness）とよばれている。これに対してあらかじめ出現が予想されていたものの存在が、目に認められやすい性質を視認性、また、観察している文字の読みやすさの性質を可読性とよんでいる。

ある色彩がよく見えるかどうかはその色彩だけで決まるのではなく、背景色との関係で決まる性質がある。

一般に赤（R）は誘目性が最も高いといわれているが背景の色によって異なる。図7.23に示すように背景が黒、中灰では黄（Y），橙（YR），赤（R）の順に誘目性が高い。しかし白の背景では、黄が見えにくくなるので順序はR, YR, Yの順に変わる。また図7.24には、黒と白の背景での視認性の実験結果である。背景の色によって視認性の順序は全く逆になっていることを示す。この実験結果からは、明度対比が大きい場合は視認性が高くなることがいえる。たとえば、階段の踏面の色と蹴上の色との明度差を大きくして、利用者が認識しやすいようにする。

また、標識の文字や記号の読みやすさを判断するのが可読性である。可読性の高い色彩の組み合わせは、図と地の間の明度差の大きい組み合わせで、白と黒である。有彩色と無彩色との組み合わせでは、地の色彩に有彩色を使うほうが読みすい。とくに青地に白の図は可読性が高い。交通標識に利用されているが、これは夕方暗くなっても**プルキンエ現象**（Purkinje phenomenon）によって青の感度が上り可読性の低下が少ない利点がある[22]。

7.5.3 色彩のゾーニング、ユニバーサルデザイン
(1) 色彩によるゾーニング

大規模な病院やショッピングセンター、住宅団地などでは探している場所、目標がわかりやすく遠くからでも容易に見つけやすいことが求められ

プルキンエ現象
プルキニエ現象は、チェコスロバキアの生理学者プルキンエが発見した現象。昼間映えて目立った赤い花が夕方になると黒っぽくなって目立たなくなる。逆に青い花がずっと明るく見えることがある。このように昼と夜の色の見え方の変化をプルキンエ現象という。

る。色彩はひと目でその違いを認識できる性質があり複雑な機能を有する建築のゾーニングに応用すればその効果が高められる。たとえば集合住宅の各階のドアや住宅団地の住棟外壁を異なる色で塗り分けることで居住者や訪問者の理解を助けるとともに団地の外観にも変化を与えられる。

(2) 色のユニバーサルデザイン

公共施設など不特定多数の人やはじめて訪問する人が利用する場合、案内標識やサインは視認性、誘目性に配慮する必要があるが、色の見え方は、人間の色覚特性によって変化する。特に高齢者や色覚異常と診断された人などの視覚的弱者への配慮が必要である。高齢者は加齢により色識別能力が低下し色のあざやかさも低下して見える。低彩度、低明度の色の判別が困難となるので配慮が必要である。また色覚異常のある人に対しては誤認されやすい色の組合せとして赤系と緑系はさけて、黄系と青系の色を優先して使う。特に標識やサインでは視認性・誘目性を考慮する。

7.6 照明計画

7.6.1 概要

照明には、太陽が光源である昼光照明と蛍光灯やLEDランプのような人工照明がある。

昼光を直接光として利用する場合は、太陽が直接目に入ったり、壁等からの反射光により物が見づらくなったりする場合は、ルーバー、指向性ガラスブロック、**ライトシェルフ**等で工夫する。人工照明では、ランプの器具の特性を十分に把握した上で照明計画を立てる必要がある。

> **ライトシェルフ**
> 建物の窓面の中段に設置する庇のこと。上面で太陽光を反射させて、より多くの光を室内天井部に取り入れ自然光の活用と日差しの遮へいを両立させる。

7.6.2 照度基準

室の用途や作業内容によって必要な照度は異なり、JIS（日本産業規格）で規定されている。

表7.7に建物用途ごとに定められている屋内空間の照明基準(推奨照度) (JISZ9125: 2023) の例を示す。細かい作業を行う室では高い照度が求められている。なお、住宅については、図8.6 日常活動に必要な照度（155ページ）を参照とする。

また、博物館の展示室については、3部5章5.3.3各部計画（316ページ）を参照とする。

7.6.3 輝度の重要性

輝度（cd/㎡：カンデラ/平方メートル）は、実際に対象物から人の目に到達する光を表現しており、対象物に対して人の感じる明るさを検討するのに適している。人間の視線は、床などの水平面ではなく前方の壁などの鉛直面に向けられる傾向があるので、床ではなく壁や柱を重点的に照ら

表 7.7　建物用途別の屋内空間の照明基準（推奨照度）の例

照度 (lx) \ 建物用途	事務所	教育施設	図書館	美術館・博物館
750	玄関ホール（昼間）	美術室（美術学校）		研究室
	事務室／設計室・製図室	製図室		調査室
	役員室			
500	会議室	講義室	カウンター	ホール
	集中監視、制御室	図書閲覧室	開架書庫	小集会室
		黒板	閲覧エリア	
300	受付	教室		食堂
	エレベータホール	体育館		売店
	化粧室	保育室、遊戯室		
200	書庫	講堂	書棚	ラウンジ
	更衣室	学生談話室		
	便所、洗面所	集会室		
150	階段			階段
	エスカレータ			
100	休憩室			入口ホール
	玄関ホール（夜間）			ギャラリー全般
	廊下			廊下

すことで、私たちが目にする明るい面を増やし、空間の明るさ感を向上できる。

7.6.4　照度と輝度の違い

　照明計画では一般的に照度（lx：ルクス）が使われて、オフィス空間などの机上や床面など、対象面に到達する光の量を検討するのに適している。一方、輝度（cd/㎡：カンデラ／平方メートル）は、光源や対象となる面をある方向から観測したときの単位見かけ面積あたりの光度（cd：カンデラ）を指しており、観測する人が対象となる面を見たとき、その面によってどれだけ人の目に光が到達しているかを表しており、人の感じる明るさに対応する。空間の明るさの確保に有効な指標である。

7.6.5　JIS の輝度基準

　輝度が高すぎると、不快なまぶしさ（グレア）と呼ばれる眩しさを引き起こす。また、輝度や輝度対比が低すぎても、暗く単調な空間になり、快適性を損なう。JIS 輝度基準では、暗さの不満を感じさせない最低限の明るさを考慮した輝度の推奨値が示されている。

　また、輝度を決める重要な要因のひとつに室内壁面の反射率がある。JIS 基準では、天井面は 0.6 〜 0.9、壁面は 0.3 〜 0.8 など、推奨される反射率も定められている。さらに、推奨輝度を考慮したオフィス照明の設

計は省エネにも効果的である。

【演習問題】

1．施設利用者数の変動についての具体的な例を挙げ、そのデータをそろえてグラフにしてみよう。
2．ボロノイの多角形になりそうな利用圏の例を探してみよう。
3．適正規模、最大規模、最小規模、段階的適正規模のそれぞれが考えられる施設を考えてみよう。
4．住宅のプライバシーについてその阻害要因を挙げてみよう。
5．ダブルグリッドを使って住宅の平面図を描いてみよう。
6．地域の風土色となっている建築物の材料を探してみよう。

【引用・参考文献】

1) 前田尚美、佐藤平、高橋公子、服部岑生、川添智利：改訂新版 建築計画、朝倉書店、1992年
2) 青木義次：建築計画・都市計画の数学、数理工学社、2006年
3) 吉武泰水：施設規模の算定について、日本建築学会論文集、第42号、1951年
4) 岡田光正：待合せを伴う共同施設の規模について、日本建築学会研究報告33-2、昭和30年
5) 建築計画教科書研究会編著：建築計画教科書、彰国社、1989年
6) 八木澤壮一、吉村彰、海老川文彦：東京都区部における公立小・中学校の学区形態について、日本建築学会大会学術講演梗概集、昭和56年
7) 吉武泰水：建築計画概論（上）―地域施設計画原論―、コロナ社、昭和51年
8) 近藤良夫・舟阪渡編：統計的方法、共立出版、1985年
9) 彰国社編：都市空間の計画技法 人・自然・車、彰国社、1992年
10) 別冊新建築 日本現代建築家シリーズ⑤ 清家清、新建築社、昭和57年
11) 日本建築学会編：建築設計資料集成1 環境、平成元年
12) Edited by Mia Hipeli (2008)：alvar aalto ARCHITECT VOLUME13, Alvar Aalto Foundation / Alvar Aalto Academy Archival work Alvar Aalto Museum
13) 前田忠直編訳：ルイス・カーン建築論集、鹿島出版会、1993年
14) a+u 1983年 11月臨時増刊号 ルイカ・カーン エー・アンド・ユー
15) Generally Edited by H. Allen Brooks (1984)：Villa Savoye and Other Buildings and Projects, 1929-1930 / Le corbusier, Garland

Publishing, Inc. New York and London and Fondation Le Corbusier Paris

16) フランシス D.K. チン著、太田邦夫訳：建築のかたちと空間をデザインする、彰国社、1989 年

17) 小谷喬之助、寺田秀夫、三宅敏郎編著：建築設計教室、彰国社、昭和 63 年

18) 岸田省吾監訳：フランク・ロイド・ライト全作品、丸善、平成 12 年

19) Generally Edited by H. Allen Brooks (1983) : Le Corbusier, Ronchamp, Maisons Jaoul, and Other Buildings and Projects, 1951-1952 / Garland and Publishing, Inc. New York and London and Fondation Le Corbusier Paris

20) 仙田満：こどものあそび環境、鹿島出版会、2009 年

21) 日本建築学会編、建築の色彩設計法、丸善、2005 年

22) 乾正雄、建築の色彩設計、鹿島出版会、1976 年

23) 宮後浩、渡漫康人、建築と色彩 ―インテイリアから景観まで―、学芸出版社、1999 年

24) 日本建築学会編、建築設計資料集成［環境］、丸善

25) 大山正、鷲藤美穂、色彩学入門色と感性の心理、東京大学出版会、2009 年

26) 池田光男、色彩工学の基礎、朝倉書庖、1980 年

27) 篠森敬三編、視覚 I―視覚系の構造と初期機能―（講座＜感覚・知覚の科学＞1、朝倉書居、2007 年

28) 塩入恵三編、視覚 II―視覚系の中期・高次機能―（講座＜感覚・知覚の科学＞2、朝倉書店、2007 年

29) 池田光男、視覚の心理物理学最新応用物理学シリーズ 3、森北出版、1975 年

30) 池田光男、測色と色彩心理、日本放送出版協会、1973 年

31) 南雲治嘉、色の新しい捉え方 現場で「使える」色彩論、光文社、2008 年

32) 池田先晃・芹津昌子、どうして色は見えるのか色彩の科学と色覚（平凡社ライブラリー）、平凡社、2005 年

33) 千々岩英影、人はなぜ色に左右されるのか、河出書房新社、1997 年

34) 大山正、色彩心理学入門、中央公論新社、1994 年

35) 金子隆芳、色彩の心理学、岩波書居、1990 年

36) 金子隆芳、色彩の斜学、岩波書居、1988 年

37) 日本色彩学会編、新編色彩科学ハンドブック［第 2 編］、東京大学出版会、1998 年

38) 日本建築学会編著：高層集合住宅の設計計画、彰国社、昭和 51 年

39) 屋内空間の照明基準（推奨照度）（JIS Z9125: 2023）
40) ホームページ：https://www.endo-lighting.co.jp/hikariiku/
41) 住まいとインテリアデザイン研究会編、図解 住まいとインテアデザイン、彰国社、2007
42) 建築計画 教科書、建築計画教科書研究会編著、彰国社、2008
43) 平成 6 年度名古屋市都市景観賞表彰作品：
https://www.city.nagoya.jp/jutakutoshi/page/0000039687.html
44) 原口秀昭、ゼロから始める［建築計画］入門、彰国社、2016 年 5 月 10 日
45) 森政之、普通教室の利用状況と教員による広さの評価に関する研究、日本建築学会計画系論文集 2020 年 85 巻 776 号
46) 亀谷佳保里、横山淳一、医師の意識調査から見る病院空間の実態と建築計画の課題、日本経営診断学会論集 2019 年 19 巻 22-28
47) 渡邊生恵、杉山敏子、一般病床患者と看護師による療養環境評価の特性、日本看護研究学会雑誌 2012 年 35 巻 5 号 5_117-5_128

第8章 建築空間の性能

◇◇◇◇◇◇◇◇◇◇◇◇◇◇◇◇◇◇◇◇◇ 本章で学ぶ内容 ◇◇◇◇◇◇◇◇◇◇◇◇◇◇◇◇◇◇◇◇◇
われわれは、日ごろ生活するなかで心が安らぐ場所をどれだけ持っているだろうか。また、人が居たいと思う場所はどのような空間としての性能を求められるのだろうか。ここでは年代、性別、家族構成などとともに、そのときにおかれた状況によって変わるであろう場所のあり方や、人の居場所について空間性能を通して考えてみる。

8.1 空間の機能

WHOによれば、人間が求めるものは大きく四つに分類される（図8.1）。求められるべきものはまず安全性であり、ついで健康性、利便性、快適性の順である。これらが順次満たされることによって、人間らしい生き方が成立すると考えられている。

一方、ウィトルウィウスは建築の性能として「用・強・美」をあげていることは先述した。用は利便性、強は安全性・耐久性に対応するものと考えられるが、加えて建築は美しくなければなら

WHO（世界保健機関）が1960年での会議で提案した。

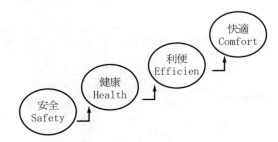

図8.1　WHOによる人間の生活環境に備えるべき条件

表8.1　建築・空間の性能

性能	内容
利便性	動作やゆとりの計画 室の大きさ（規模）やかたち 設備とその配置 動線計画
快適性	温熱環境、気温、湿度、気流、輻射熱 明るさ 騒音と振動
健康性	食寝分離、隔離就寝 シックハウス症候群、24時間換気
安全性	火災：出火、延焼防止策、排煙、避難計画 地震：緊急地震速報、耐震技術、免震構造 水害：水害対策 日常災害：転倒、転落防止など 防犯：防犯環境設計 BCP
耐久性	耐用年数 変化への対応、ライフサイクル 解体（廃棄）
経済性	建設費、維持管理費など
環境性	エコロジー、持続性

快適性

「不快がない」という消極的な快適性と、「面白い、楽しい、気持ちいい」という積極的な快適性であるプレザントネスがあると言われている。

ないとされている。

わが国の建築基準法は、国民の生命、財産を守るための建築や空間に最低限確保されるべき安全性・生産性・能率性について記述されている。

8.1.1 利便性

近代になると欧州における建築は、新しい建築技術として「鉄、コンクリート、ガラス」を使用して、従来の石材を素材とした過去の建築様式から脱却し、機能性、合理性を重視し装飾のない建築が造られた。機能性や合理性が建築的側面を捉えたものであるとすると、ここで扱う利便性は、人間側に視点を置いた建築の使いやすさを捉えたものと考えられる。

たとえば、住宅が便利で役立つためには、家事労働の軽減を図るため台所のトライアングルとよばれる、流し、レンジ、冷蔵庫の３つを結ぶ動線の長さによる分析（図8.2）や、あるいはアレクサンダー・クラインによる住宅における動線図の分析例のように、科学的にその効果を検証することが求められる。動線計画については第7章で、動作やゆとり、部屋の大きさや形などについては第4章で詳しく触れている。

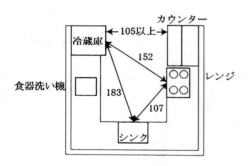

図8.2 台所における動線[1]
（単位はcm）長さは4.42m

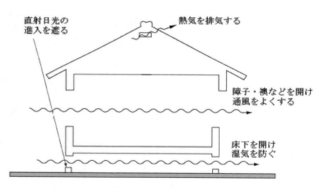

図8.3 日本家屋の通風

8.1.2 快適性

建築における**快適性**の条件は、温熱、光、音環境などを整えることである。日本の夏は高温多湿であるため、吉田兼好は"徒然草"で、住まいは冬より夏を重視すべきことを触れている。これを裏付けるように古来より日本の木造家屋は軒が深く、高床式で開放性のある夏向きの温熱環境を考えたものであった（図8.3）。パッシブデザインに基づく、室内の温熱環境調整の原理を図8.4に示す。すなわち、まず建築的な手法により室内気候を快適範囲に近づけたうえで、それでも達成できない場合にはエアコンなどの機械的な手法による調整法が求められる（図8.5）。

光環境に関するものについては、作業における目が疲れない照度や、省エネルギーの視点から自然採光の利用や照明による夜の演出効果などがあげられる。（図8.6）

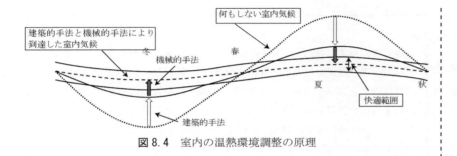

図 8.4 室内の温熱環境調整の原理

また音環境については、劇場・コンサーホールなどにおける聴き取りやすさのための室内音響設計や、オフィス空間における BGM、住宅における騒音などの防止対策などがある。

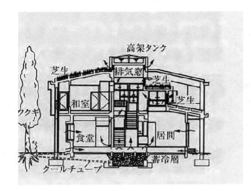

クールチューブを使用した、夏の自然換気、冬の採熱・地熱利用が行われている

図 8.5 自然環境を生かした施設[3]

図 8.6 日常活動に必要な照度[4]

8.1.3 健康性

戦後、住宅における重要な提案の一つとして、**西山夘三**による健康性（保健性）を考慮した計画があげられる。すなわち、衛生的なことや主婦の家事労働軽減のために、食寝分離や水回りの改善などが提案され、これらが日本住宅公団による標準設計として具体化された。

建築基準法をみると木造住宅の床の高さの最低限度や、建物の敷地は前面の道路より高くすることが求められている。高湿度の環境は、カビなどによる健康被害だけでなく、発汗による体温調節を妨げることから、熱中症をはじめとする人間の生命維持に影響を与える。そのため建物を計画する際には、基礎下の防湿シート等による湿度対策だけでなく、敷地の従前の土地利用や、卓越風向などの状況を見極め、通風など自然を活用した防湿対策を併用することが望まれる（写真 8.1）。

さらに、**現代の課題**としては、化学物質、カビや微生物による空気汚染による**シックハウス症候群**という新築住宅などで起きる健康障害があり、建材の規制や 24 時間換気などの対策が求められている。

西山夘三

1947 年「これからのすまい」を出版。庶民の生活実態を詳細に調査し、庶民が意図的・慣習的に住宅内で食事の場所と寝る場所を区分している生活実態を明らかにした。

写真 8.1 民家の床
（公益財団法人四国村民家博物館河野家住宅（重文））

現代の課題[5) 6)]

建物の高気密化により、化学物質や、カビやウィルスといった微生物などによる室内環境の悪化による健康被害がある。1980年代にヨーロッパで、ビルの中にいることで体調を害する事例が報告され、高気密化による換気不足が原因とされた。

国際疾病分類上の疾病名とはされていないが、アメリカでは、シックビル症候群は、不快症状があり、発症原因は不明だが、建物から離れると改善するものとしている。

現在の建築基準法では、ホルムアルデヒド、クロルピリホスの2物質の使用が制限されている。ホルムアルデヒドは、建材そのものや接着剤などに含まれており、沸点が低いことから揮発性が高く、室内環境を害しやすいため、ホルムアルデヒドを使用している建材の面積が制限され、居室を24時間換気することが義務付けられている。クロルピリホスは、防蟻剤として使用されていたが有害性が高く使用禁止となっている。

シックハウス症候群

類似のものに、住居以外の建築物で起きるシックビル症候群、新品の自動車で起きるシックカー症候群がある。化学物質過敏症、アトピー性皮膚炎、ハウスダストとは異なる疾病概念であると考えられる。

コラム：土地利用状況調査

建築物の敷地の従前の土地利用について、土壌汚染対策法により敷地の規模が一定の面積を超える場合に状況調査が義務付けられている。

現代の生活には、自然・人工を問わず様々な物質が使用されており、思いもよらない物質が建築敷地に存在していることがある。例えば、ガソリンスタンド跡地の土中には発がん性を有するベンゼン（自動車燃料に由来）や、工場跡地では、中毒を起こす鉛などが検出されることがある。また、地域によっては、地質上自然由来のヒ素などが土中に含まれている場合もある。このように健康に影響のある物質が見つかった場合、適切な措置により除去が可能な場合もあるため、建物を建てる敷地をよく知っておくことが重要である。

8.2 安全性

人がどういった災害に遭う可能性があるかどうかを調査してみると、安全性においては、疾病についで、地震や火災に遭うと考えている人が多い。現代社会においては国が守ってくれると考えるのではなく「自分の命は自分で守る」姿勢が問われている。

8.2.1 建物の安全性

(1) 建物の安全性とは

建築の安全性は図8.7に示すように、構造安全性、防火安全性、日常安全性の三つの条件が揃ってはじめて成り立つ。災害の構造については、図8.8に示すように災害のもとである誘因があり、災害に係る直接的な素因によって災害が起こる。そして災害を拡大する拡大要因や、逆に災害を抑える阻止要因があり、これらが互いに影響して災害の大きさが決まるとされている。

建築における安全計画とは、予測される異常、非常に対し工学の範囲内

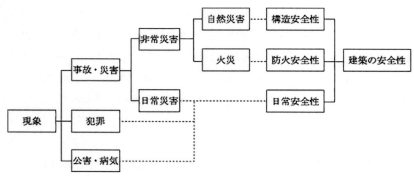

図8.7　建築の安全性各分野

で可能な措置をあらかじめ行うことであり、人間に備わる災害に対応する力「災害対応能力」を十分理解したうえで、安全対策に生かすことが求められる。

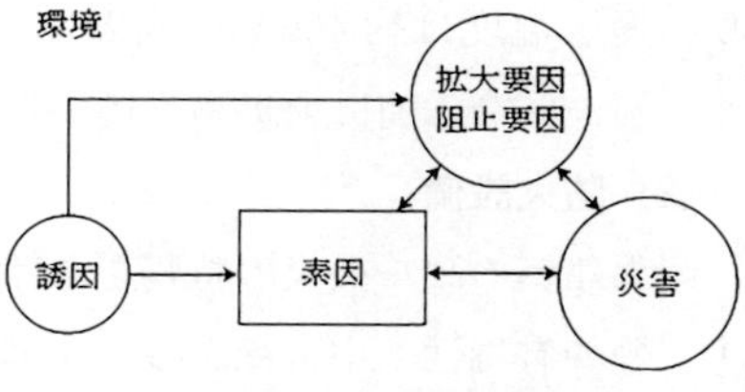

(2) 建物と疾病

建物が原因となる死亡事例や病気があり、これらへの配慮ももとめられる。特に温浴施設においては、換気設備が適切に使用されなかったため有毒ガスが充満し爆発事故が発生したケースや、レジオネラ菌による感染症が毎年報告されている。

多くの建物に関連するものとしては、石綿（アスベスト）がある。アスベストはきわめて細い繊維状の物質で、肺に突き刺さると長い期間をかけて、中皮腫や肺がんなどを発症する。昭和50年には吹き付けて使用する作業は原則禁止されたが、それ以降も断熱材、保温材、内装材、塗料など様々なところで使用されてきた。現在も、建設年代の古い建物には使用されているため、日常的な生活空間へ飛散しないよう注意する必要がある。

図8.8　災害の構造

8.2.2　火災に対する安全性

怖いものといえば、「地震、雷、火事、おやじ」といわれたことがある。今日でも「おやじ」を除けば、こうした災害が怖いことに変わりはないだろう。

火災の特徴としては、住宅では高齢者の逃げ遅れによる焼死、ビル火災では煙による中毒死が多いことである。建物火災の8割以上は住宅であり、また火災件数の2割程度が放火である。特にガソリンによる放火は一気に燃え広がることが特徴で、2019年の京都アニメーションビル火災では、36名が死亡しその多くが焼死であった。また、近年は**トラッキング火災**もよくみられる。

そのため、「火災を起こさないこと（火災予防）、建築的な対処法（防火設備）、人間側の対処法（避難計画）」について理解する必要がある。

(1) 火災の性状と予防

火災における燃焼の三要素とは、可燃物、酸素、熱エネルギーで、三つうち一つでも絶てば火災は起こらないことになる（図8.9）。火災は「出火→着火物燃焼→室内部分燃焼→フラッシュオーバー→火盛り期→燃焼拡大」という順に進行して、人間が火災を覚知して避難することになる（図8.10）。

火災が火盛り期を迎えると、温度は1000℃近くに達する。**フラッシュオーバー**とは、急激な温度上昇に伴う火災室の空気の膨張現象で、極度の不完全燃焼が起こり、この煙を吸うと人間は即死する。その条件として、一酸化炭素の多量発生、炎や黒煙の発生（可燃性ガス・炭素粒子）があ

建物火災件数

建物火災は毎年約3万件、1,000人以上の犠牲者を出している。また歴史的に見ると、江戸の大火といわれるものは、延長15町（1636m）以上のもので、100件程度発生している。

トラッキング火災

生活様式が変化し、建物内に多くの電気機械器具が設置されている。そのため近年火災原因で増加しているのがトラッキング火災である。たこ足配線やコンセントの差し込み口のほこりなどからの火災である。建物の計画時点でゆとりを持ったコンセント設備の配線計画が必要で、クライアント、意匠設計担当者、電気設備設計担当者の十分な調整が必須である。

火災温度

木材の発火点は470℃。火に強いと思われるコンクリートも、砂岩、石灰岩などが600℃前後で変質するので火炎にさらされないようにする必要がある。
単位面積当たりの可燃物量を同じ発熱量を持つ木材の重さに換算したもの（kg/㎡）を火災荷重といい、この値が大きいほど燃えやすいものが室内に多いことになる。

フラッシュオーバー

一時の一酸化炭素濃度は10％（30分安全限界濃度

は、0.1〜0.2%）で、酸素濃度は4〜5%である。これに対してバックドラフトは、火災の途中に窓ガラスが割れたりすると、酸素の供給を受けて急激に燃焼速度が増大する現象をいう。

り、煙層温度は約400℃の高温になる。したがって、人間はフラッシュオーバーになる前に火災室や煙から逃げる必要がある。

(2) 防火設備

耐火建築のビル火災の特質をあげると、

① 煙の有毒性：中毒死が多く住宅火災の焼死とは異なる。
② 煙流動拡大現象：煙の浮力が大きいため出火場所に遠いと安全であることがビル火災においては成り立たない。
③ 人間の心理行動特性：合理的な判断を失うような心理状態になる。
④ 複合用途建築物：悪いことの連鎖が起こりやすい。

ことである。

そこで火災時の人命安全性のための条件としては、煙や火炎が拡大しないような空間構成の工夫、避難誘導の方法、火炎・煙制御があげられる。

空間構成上の対策としては、燃焼を途中で断ち切るために壁や天井の不燃化を図ることや、煙の拡大防止のために防火区画、防煙区画を行うことがある。図8.11に示すように、防火区画には、床・壁・防火戸で構成する面積区画、層間区画、異種用途区画、竪穴区画があり、とくに階段、吹抜け、エレベーターなどの竪穴区画には十分な配慮が求められる。

主な防火設備には、初期消火のための**スプリンクラー**や屋内消火栓設

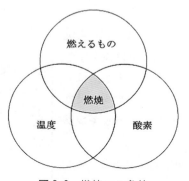

図8.9　燃焼の3条件

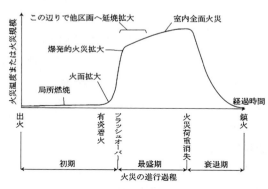

図8.10　火災の進行過程[10]

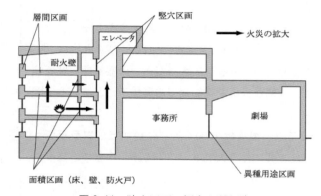

図8.11　防火区画の概念と種類[11]

備、火災を感知する**自動火災報知設備**、煙の拡大を防ぐ防煙垂れ壁、排煙設備、円滑に避難するための避難口誘導灯などがある（図8.12）。

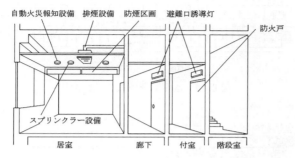

図 8.12　建築各部における主要な防火設備[1]

表8.2　非常時における人間の本能的行動特性

特　性	内　　　容
帰 巣 性	パニック時に、もと来た道を引き返そうとする傾向
指 光 性	明るい方向へ逃げる傾向
追 従 性	多くの人々と同じ方向へ逃げる傾向
向開放性	開かれた感じのする方向へ逃げる傾向
退 避 性	炎や煙など危険箇所から離れる方向へ逃げる傾向

（3）避難行動と避難計画

　火災時の避難計画を立てるためには、普段の建物の使用状況や、非常時の**人間行動特性**（指光性、追従性など）を知る必要がある（表8.2）。避難行動は火災の覚知後に、小規模火災なら「出火階と直上階」のみ避難を行うことになる。平面計画における避難上の安全性確保のためには、煙に対して火災室から廊下（第1次安全区画）、階段付室（第2次安全区画）へと順次安全性の高い空間へ移動することである。建物は2方向避難を原則として、避難階段の配置を日常動線と一致したものとし、居室の扉は外開き、階段室は避難方向の開きとする（図8.13）。

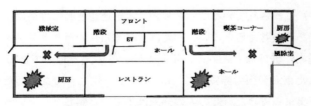

図 8.13　問題のある階段の配置例[11]

　特に不特定多数や高齢者・障害者が利用する施設では、避難行動特性を考えた計画が求められ、水平避難や一時避難場所の設置を考える（図8.14）。なお、避難安全性能の考え方は、避難時間の許容値（煙性状）に対して人間の居室からの避難行動時間（避難性状）が小さくなれば安全となる（図8.15）。

スプリンクラー
スプリンクラーを使用すると初期火災の95％以上を鎮圧できるとされている。

自動火災報知設備
住宅においては、高齢者の逃げ遅れをなくすため、消防法により住宅用火災警報器の設置が義務付けされている。

避難行動
避難行動に必要な見通し距離については、建物を熟知している場合は3〜5m、不特定多数では最低15〜20mの見通し距離が必要になる。煙の流動速度は、水平方向で0.5〜1.0m/sec、垂直方向で3.0〜5.0m/secになり、火災初期における煙層の降下の速さは、火源の面積に支配され、火源面積が大きいほど、降下の速さは速くなる。
大規模火災では全館同時避難を行う。

火災発生時の行動特性[15]

自動火災報知器の鳴動により火災を覚知する人の割合は低い。誤報であると考える人も多くいる。自動火災報知設備に加えて、煙、異臭、火災発生情報、消防車のサイレンなどにより火災を覚知する。避難行動の開始は、建物種類によって異なっている。

・事務所ビル

火災放送により火災を覚知する。すぐには避難しない傾向にある。

・共同住宅

消防車のサイレンにより火災を覚知する。住戸内に留まったり、バルコニーで様子見をする住民が多い。

・上記以外

避難誘導により火災を覚知し、すぐに避難することが多い。

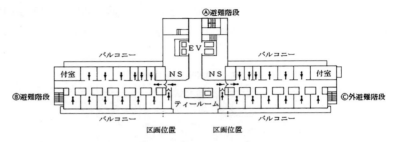

図 8.14 水平避難方式の区画例[12]

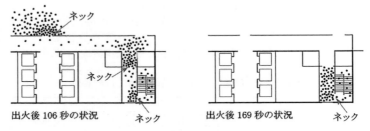

避難行動時間は、避難を開始してから避難を完了するまでの時間で、移動に要する時間とネックを通過する時間とから求められる。移動に要する時間は、歩行距離を群集の歩行速度で除すると求まる。群集歩行の速度は、歩行速度の遅い人に影響されて低下し、通路幅や歩行速度の遅い人・車椅子などの混在率が関係する。

図 8.15 ネックを通過する群集の状況[14]

8.2.3 水害

(1) 水害と関係の深い地形・構造物・地名

日本の急峻な地形と河川の扇状地に発達した都市構造は、水害の脅威から逃れることは容易ではない。水害には、降雨量が多く、排水機能が不十分な場合に起こる内水氾濫と、河川の堤防の決壊や越水による洪水がある。大河川近辺の豪農などの古い住宅には、敷地のかさ上げや、重要な建物のみを水害から守る水屋や水塚といった工夫がされている。

現在、都市型雨水排水路の整備や、小河川の暗渠化などにより、河川を気にすることも少なくなっている。しかし、水害痕跡は、古い地名（大字・小字）に残されていることが多い。水を連想させる地名は、水が集まる場所であると考えるとよい。例えば、津や沼といったサンズイのつく地名や、堤内や堤外などといった堤防と関わりのある地名である。2000年に発生した東海豪雨の際には、「元の字名が「蛇池」であったため、周囲から水が集まってきた。昔の人の知恵はすごいと感じた」という住民の証言もえられた。このような地名は、都市の面整備が実施された後は、住居表示が実施され、○○×丁目といった住所に変わっているため、古い地図などを調べると把握することができる。

(2) 建築計画での対策

近年地球温暖化の影響による気候変動により各地で集中的な豪雨（線状降雨帯発生）が発生し都市部においても河川の氾濫で建物の地下室の水没

などの被害も出ている。建築計画からは、**ハザードマップ**等では一定の降雨確率に基づいて発生させた洪水等により、どの程度浸水するかが示されており計画地の水害リスクや地形調査などを踏まえて地盤高さや、建物高さの計画に反映させるなどの水害対策が求められている。

(3) 地下室（地下空間）の浸水災害特性と対策

地下室（地下空間）からの浸水災害特性として1) 避難経路が限定される。2) 外界の状況を把握しにくいため状況判断が遅れる3) 時間の猶予が少ない4) 設備機能が停止する可能性が高い、といった地上での水害とは異なる災害特性が想定されるため地下空間への浸水防止・遅延や避難ルート、地上脱出口の確保が重要となる。

8.2.4 地震

(1) 近年の地震被害（建物、家具什器）

表8.3に過去の主な地震災害を示す。1923年の関東大震災では死者約14万であったが、その9割は火災によるものであった。一方、1995年の兵庫県南部地震では死者は約6400人であったが、そのうち約9割が建物の倒壊による窒息・圧死や落下物・転倒物などによる直撃によるものであった（写真8.2）。2000年以降も日本各地で大地震が立て続けに発生しており、大地震がいつ、どこで発生してもおかしくない状況にあるといわれている。

表8.3 過去の主な地震災害

年度	地震名	地震規模	死者数（人）	家屋損失戸数（戸・棟）
1923	関東大震災	M7.9	142,807	576,262
1943	鳥取地震	M7.2	1,083	7,736
1944	東南海地震	M7.9	998	29,189
1945	三河地震	M6.8	2,306	12,142
1946	南海地震	M8.0	1,432	15,640
1948	福井地震	M7.1	3,858	39,111
1993	日本海中部地震	M7.7	104	1,584
1993	北海道南西沖地震	M7.8	230	601
1995	兵庫県南部地震	M7.2	6,434	100,282
2011	東北地方太平洋沖地震	M9.0	15,863 注）	130,000以上
2016	熊本地震	M7.3	273	198,260
2024	能登半島地震	M7.6	241	84,976

（注）2011年の東北地方太平洋沖地震（東日本大震災）では、死因の90%以上が津波による溺死であった。

(2) 地震時の避難行動、避難場所

建築計画学の観点からは、地震時に建物内にいる人々が、安全に避難行動ができるように避難通路や避難エリアの確保などの建物の平面計画、動線計画が重要となる。高層ビルの多い大都市では、歩行者に対しては地震時にオフィスビルのガラス、看板などの落下物による危険性があるビル外壁の直下には、通路や歩行空間を計画しないよう配慮する必要がある。また、建物内では、家具・什器の転倒・落下による危険性があるため、避難

ハザードマップ

洪水や、地震、津波といった自然災害による被害の発生場所と程度を予測し、その被害範囲を地図上に表示したもの。国や地方自治体が作成してホームページに公表したり印刷物で各世帯に配布したりする。

写真8.2 兵庫県南部地震 火災現場

緊急地震速報

緊急地震速報は、地震の発生直後に、震源に近い地震計でとらえた観測データをもとに、各地での到達時刻や震度を予測し、いち早く市民に知らせる地震動の予報や警報のこと。緊急地震情報を受信端末やパソコンなどで受信して建物の館内放送等に活用することで、地震到達前により安全な避難行動が可能になる。

写真 8.3　能登半島地震
（北川啓介氏撮影）

写真 8.4　避難所への支援
（北川啓介氏撮影）

「帰心の会」[21)]
東日本大震災をうけ、建築家の伊東豊雄　山本理顕　内藤廣　隈研吾　妹島和世によって結成された団体

免震技術
建物の中に免震装置を組み込むことで固有周期を長周期化して設計した建物を免震建物と呼ぶ。免震装置は、ゴムと鉄板を交互に組み合わせた積層ゴムとダンパー（写真 8.5）が使われる。免震装置を基礎下に設けた場合に基礎免震、途中階に設けた場合を中間免震と呼んでいる。

制震技術
建物の振動性状を積極的に変化させて揺れを制御する方法。制震は、周期が長く減衰が小さい超高層建築物などの柔構造に適用され、免震と同様にダンパーが利用される。

経路は幅 2m 以上確保できるように家具・什器の配置計画を行い、家具・什器に転倒防止装置を取り付けることも重要である。また屋外へは 2 方向に分かれて避難できるよう計画する。地震対策としては、ハード面だけでなくソフト面での対応も重要である。たとえば、地震発生時には緊急避難として、まずは身近な安全な場所で身を守る体勢をとること、また屋外では高層ビルのそばから離れるなど落下物からの危険を回避することである。最近では、**緊急地震速報**を活用することで、地震到達前に緊急避難行動ができるようになった。

(3) 災害と建築家の役割

大地震の場合、発災直後の救助・避難、応急危険度判定、仮設住宅等の建設、一時避難所への移転、基盤整備、個人での生活再建あるいは災害公営住宅の建設と動いていく。

避難所での避難環境の構築に、建築家達が関わる事例もあり、紙管間仕切りを提案した建築家坂茂や段ボールを用いた北川啓介（写真 8.4）、東日本大震災の「帰心の会」による人々の居場所を提供するみんなの家など、建築家の使命として被災地での生活全般に対する提案的な取り組みが数多く行われている。

(4) 免震・制震技術

従来の耐震技術のほかに、免震技術や制震技術が近年普及しつつある。免震技術を既存の建物にも活用して建物の外観や内装をそのまま維持したままで耐震補強を行う「免震レトロフィット」とよばれているものもある。これを事務所ビルや学校、病院などばかりでなく歴史的建造物などの文化財などについても大地震に耐えられるように基礎免震で補強された事例（写真 8.6）もある。

(4) BCPへの取り組み

近年、企業活動においても地震等の災害発生時でも重要業務を中断させない、万一、事業活動が中断しても早期に再開させ、業務中断による顧客の他社への流出、マーケットシェアや企業価値の低下などから企業を守ることが企業の経営上の課題になっている。このような企業の災害発生時での経営的、社会的影響を最小限にとどめるための計画を事業継続計画（BCP: Business Continuity Plan）とよぶ。今日では銀行、病院、事務所、工場などのどのような建物でも、企業の日常活動において情報通信設備が必要不可欠で、IT（情報）系設備の対応、重要サーバーの外部移管、回線の二重化、IT 専用の非常用電源の確保など、情報系設備の耐震化も建物自体の耐震化と併せて、BCP の観点から重要である。

外部からの電力供給が遮断された場合、建物側では、直流電源装置や自家発電設備などにより、必要最低限の電力を確保する計画としている。停電時の建物の状況を、クライアントが想像することは難しく、建築技術者が BCP の策定に関わることが望ましい。例えば、停電時は電話交換設備の

電力が供給されず一部の電話機しか利用できないことや、自家発電設備があったとしてもエレベーターまで稼働させられない場合もある。特に、災害対応にあたる庁舎や病院といった建物では、インフラ途絶時にどのエリアを優先的に稼働させるかは、平面計画にも影響する。過去の災害時の状況に学び、クライアントと一緒にBCPの議論をすることは重要である。

(5) 災害に強いまちづくり

地震に強い都市づくりの課題としては、都市のインフラの整備、オープンスペースの確保、都市のあるべき姿・形（構造）があげられる。地方公共団体が策定・実施する「地域防災計画」には、施設の耐震化や防災拠点の整備、**避難路**、避難場所、**避難所**などの整備、物資備蓄などがあげられる。防災拠点となる役所、警察、消防、病院などは他の施設に比べて安全性を十分確保すべきである。首都圏での防災都市づくりの場合では「危険度マップ」の発表、**延焼しゃ断帯**によるまちづくりの計画、避難所周辺を30m幅での不燃化などが取り組まれている。

(6) 安全な水とトイレ

大規模地震の発生時、都市部では水道等のライフラインがストップすると、飲料水の確保は出来たとしても、復旧までの間、水洗トイレが使用できないため衛生環境の問題が深刻となる。防災対策として家庭、避難所での災害用トイレ（携帯用トイレ）、仮設トイレの備蓄が、またオフィスや公共施設等には備蓄スペース（倉庫）が必要となる。

8.2.5 日常災害

人の死因は性別や年齢によっても異なり、疾病、不慮の事故、自殺などに大別されるが、日常災害として取り扱うのは不慮の事故である。日常災害の犠牲者の多くは発育途上の乳幼児か、加齢による能力低下がいちじるしい高齢者であること、乳幼児は軽度な事故の多発者として、また高齢者は重度になる場合が多いことなどに注意すべきである（図8.16）。

日常災害は使う側の人間、使われる構築環境、運用上のシステムなどが

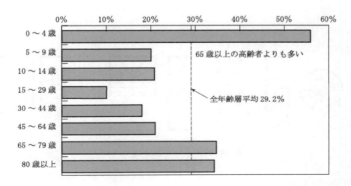

図8.16 家庭内事故の割合（不慮の事故による死亡者数）[22]

写真8.5 ダンパー

写真8.6 免震レトロフィット（愛知県庁舎）

避難路

原則として幅員20m以上の道路とし、沿道両側の建築物を不燃化する。

避難場所

避難場所には2種類ある。一時避難場所（あるいは一時集合場所）と呼ばれるもので居住地の近くの街区公園や児童公園、寺社の境内、団地の広場などが地方自治体によって指定されている。地震直後に一時的に集合する居住地近くの避難場所である。もう1つは広域避難場所（あるいは避難場所）とよばれるもので最終的な避難場所であり大規模な公園などのオープンスペースが指定されている。

避難所

災害救助法による救助の種類の一つとして位置づけられ、災害時に住宅の倒壊、焼失で生活の拠点を失った人や長期に宿泊を必要する場合には学校や体育館などの公共施設が避難所として

164　第8章　建築空間の性能

表8.4　日常災害の分類

分類	種類	主な関係部材
日常災害 落下型	墜落	手すり・窓
	転落	階段
	転倒	床仕上げ
	落下	天井・照明器具
接触型	ぶつかり	ドア・開き戸
	はさまれ	ドア・引き戸
	こすり	壁仕上げ
	鋭利物障害	ガラス
危険物型	火傷	熱源
	感電	電気設備
	中毒	ガス設備
	溺水	浴槽

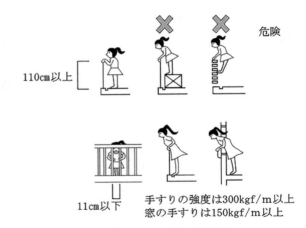

図8.17　ベランダの安全性[23]

要因となって災害が発生すると考えられる。その種類は、墜落・転落・転倒などの落下型、ぶつかり・はさまれ・こすり・すりむきなどの接触型、火傷・感電・中毒・溺水などの危険物型に大別される（表8.4）。

落下型に関わる建築的要素として、ベランダや階段などがある。

ベランダにおける手すりは、「墜落」防止のため、十分な高さ、強度、隙間が狭い、の三つの条件が満たされなければならない。このため、手すり・腰壁などの高さは1100mm以上、隙間の幅は110mm以下とする（図8.18）。

階段における「転落」は、体をぶつけながら転がり落ちることである。このため、緩やかな勾配、一定のリズム、すべり防止への仕上げ材の考慮、手すりの取り付け、踊り場の設置などに配慮する。階段の手すりはトラブルの発生防止と発生したときの転落防止に役立つ（図8.19）。

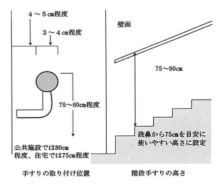

図8.18　安全確保のための手すり[22]

開設される。避難所の機能としては避難者の生活機能のほかに災害対策本部、救護・介助、ボランティア基地、救援物資の受け入れ・備蓄、広報等、被災者救援の拠点としての多様な役割を担う場合もある。

延焼しゃ断帯
火災の延焼を遮断するために構成した帯状の領域のこと。その構成は、河川、道路、鉄道、公園などの公共施設を軸として耐火建築群や空き地によって作られる。

日常災害
被害の程度別に見た実態は、死亡1に対して、重・中等傷は30～40倍、軽症は1万～1.5万倍存在するといわれている。

子どもの不慮の事故
1～4歳の場合では、①交通事故、②浴槽内溺死、③建物転落、④階段転落の順

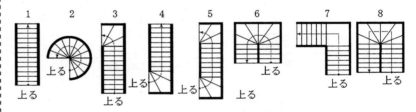

図8.19　階段の形状と安全性[25]

「転倒」は段差でつまずいたり、同一平面で体のバランスを崩して倒れ

ることである。

　すべりは、床仕上材の種類、表面状態、履き物、歩行の仕方などが影響する。そこで転倒を抑えるための設計上の配慮としては、すべりにくい床、つまづきにくい床、硬すぎない床としたい。

　接触型については、衝突・挟まれ・出会い頭のぶつかり、こすり・すりむきなどがある（図8.20）。人間の生活は動くことで成り立っていることを考えると起こりやすい災害といえる。近年、大型ガラスの採用が多いが、衝突事故を避けるため近づかない工夫として、目印を張ってガラスの存在を認識させるなどの工夫が求められる（写真8.7）。

　危険物型としては、溺水（浴槽）がなかなか減少しない日常災害としてあげられる。とくに高齢者に多くみられる。また乳幼児は体に対して頭が重いので転落しやすい。対策としては、外側から開閉しやすい鍵の活用、浴室と脱衣室の寒暖差を小さくする工夫などを考えたい。

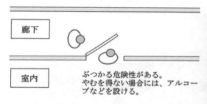

図8.20　廊下側に開く開き戸

写真8.7　ガラスのぶつかり防止策のための目印（土岐市立泉小学校）

8.2.6　防犯対策

　近年、日本でも窃盗や住宅侵入犯罪が急増し、治安が悪化する市街地や住宅地が増える傾向にある。欧米では1960年代に住宅や都市の防犯性能向上が取り組まれ始めたが、日本でも1990年代にようやく本格的に着手され、その取り組みが浸透しつつある。

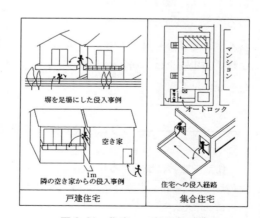

図8.21　住宅への侵入経路[27]

　住宅の侵入被害の実態をみると、侵入被害にあった独立住宅、中・高層の集合住宅にそれぞれの共通点が見出される（図8.21、図8.22）。

　防犯環境設計の原則は、領域性の確保、対象物の強化、接近の制御、自然監視性の確保の四つとされているがこれらに加えて、地域活動のサポー

である。
事故の原因・場所別件数を見ると、①住宅設備　②サービス　③玩具　④乗り物類　⑤公園・公共施設の順であり、住宅設備で起きた事故の内容を見ると、①ドア、②浴室、③階段の順である。

子どものバルコニーからの転落事故[24]
手すり高さが1,100 mmでも、手すりから600 mmの範囲内に台となるもの（プランターや、空調の室外機など）があると、多くの子どもが手すりを乗り越えられる。
足がかりは、手すり子の幅に関わらず転落の危険性を有している。

手すり
手すりの高さ1100 mm以上。
強度300 Kgf/m（1人全力、集合住宅）。

子どもの安全
危険に対しては、単に危険を避けるだけの方策に奔らず、子どもの生育にとって必要なリスクは尊重し、大怪我に至るようなハザードは無くすという対応の仕方が求められる。

166　第8章　建築空間の性能

欧米に見られるバンダリズム（Vandalism）

故意の破壊行動、破壊、落書き、放火などの形で現れ、実行者の多くは社会、個人、組織などに不満や恨みを持つ若者といわれている。ジェーン・ジェコブスは「アメリカ大都市の死と生」（1961）で、またオスカー・ニーマンは「まもりやすい住空間」（1972）で防犯環境問題を取り上げている。

防犯に強いまちづくり

放置自転車、剥がれたチラシ、落書きがあるところは荒れる街のもと。防犯に強いまちづくりのためには、地域での挨拶運動、住民の監視性の目をひろげる必要がある。

防犯環境設計（CPTED：Crime Prevention Through Environmental Design）

建物や街路の物理的環境の設計や再設計を通して、地域の安全性向上、犯罪に対する恐怖の除去、犯罪を助長する要因の除去などを図ることをいう。

自然監視システム

コミュニティによる自然監視のことで、方法としては、直接の視線や、囲み配置・門・立て札・塀などで領域を明示し、住戸の前に植木鉢、自転車、置物、掃除道具などを積極的に置くことである。

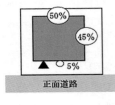
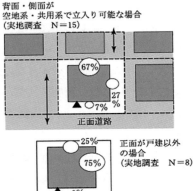
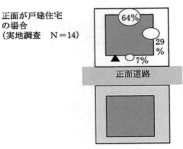

図8.22　土地利用形式別の被害開口部の位置[25]

ト、建物などの所有の明確化、環境、イメージ・メンテナンスなどに配慮される必要がある（図8.23）。

防犯安全性は、不審者の侵入、盗難、放火、破壊行為などを未然に防止できることであり、物理的に防御する方法と、心理的に接近・侵入しにくい空間や衆目による自然監視機能による防御方法がある。なお、防犯安全は、居住性とのバランスを図る必要があることを忘れてはならない。

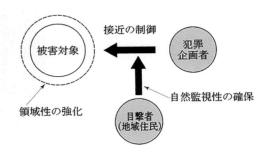

図8.23　防犯環境設計における「自然監視性」と「領域性」[25]

コラム：愛知県の犯罪発生動向

住宅や建物に侵入する侵入盗は、犯罪総数の10％程度で推移している（表8.5）。令和2年はコロナによる外出制限があったため、例年の半分程度になっている。

農山村の家屋では、道路に面して門構えがあり母屋が道路から見えにくい、日中も建具を開放しているなど、侵入盗にとって侵入しやすい条件となる。しかし、農山村においては、住民同士が顔見知りであることから地元住民以外に目が行き届きやすく、心理的な防犯効果は期待できる。プライバシーに配慮しながら死角となる場所を作らないことが大切である。

表 8.5　愛知県の犯罪発生動向[28]

罪種	平成 30 年 認知	比率%	令和元年 認知	比率%	2 年 認知	比率%
総　　　　　数	55,080		49,956		39,897	
凶　悪　犯	318	0.6%	337	0.7%	299	0.7%
粗　暴　犯	3,999	7.3%	3,750	7.5%	3,339	8.4%
窃　盗　犯	37,922	68.8%	34,295	68.7%	26,116	65.5%
侵　入　盗	4,805	8.7%	3,993	8.0%	2,648	6.6%
乗　物　盗	12,128	22.0%	11,468	23.0%	8,352	20.9%
非　侵　入　盗	20,989	38.1%	18,834	37.7%	15,116	37.9%
知　能　犯	2,249	4.1%	2,086	4.2%	2,011	5.0%
風　俗　犯	450	0.8%	449	0.9%	439	1.1%
そ　の　他	10,142	18.4%	9,039	18.1%	7,693	19.3%
盗　品	97	0.2%	87	0.2%	71	0.2%
器　物　損　壊　等	7,264	13.2%	6,301	12.6%	5,293	13.3%
住　居　侵　入	868	1.6%	759	1.5%	582	1.5%
そ　の　他	1,913	3.5%	1,892	3.8%	2,017	5.1%

心理的に接近しにくい違和感を生むデザイン[29]
トイレの計画において、廊下から完全に別々に直接男・女・多目的トイレにアプローチできれば、女子トイレ側に男性がいるだけで違和感となる。犯罪を起こさせないような、平面計画や、動線計画が重要となる。

8.3　耐久性

8.3.1　建築の耐用年数

建築の耐用年数には、物理的・機能的・経済的・社会的・法定・家賃算定のための耐用年数など様々なものがある。(表 8.6)

住宅においては、物理的な耐用年数が 60 年と長いにもかかわらず、機能的に支障があるため近年では 40 年を待たず取り壊されるものが多い。この状況は図 8.24 に示すように他国と比べても特異といえる。

表 8.6　法定耐用年数[30]

構造等	用途	耐用年数（年）
SRC 造 RC 造	事務所	50
	住宅	47
	店舗	39
	工場、倉庫	38
木造	事務所	24
	住宅、店舗	22
	工場、倉庫	15
建物付属設備	電気設備	6〜15
	給排水・衛生設備	15
	エレベータ	17
	エスカレータ	15

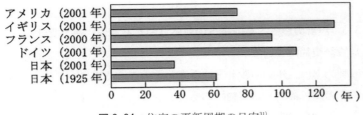

図 8.24　住宅の更新周期の目安[31]

200 年住宅
ストック社会を構築するため国が超長期住宅先導的モデル事業を提唱。

高度経済成長を経て現在では、スクラップ・アンド・ビルドから、環境負荷低減を考慮する「減築の時代」「リファインの時代」に入ったと考えられる。住宅においても 100 年、200 年の長寿命住宅を目指すものも出てきた。まず、資源を有効に活用する視点を持ち、どのような建築を計画・設計をするのかを設定し、建築の耐用年数を決定する必要がある。一方、減築の時代を迎えて、学校建築を事務所にするなどの用途変更する**コンバージョン**、新しく再生する**リファイン建築**、既存建築を改修して再活用

リファイニング建築
従来の増改築とは異なり、老朽化した建物の 80%を再利用しながら、建て替えの 60〜70%のコストで大胆な意匠の転換や用途変更、耐震補強を可能にする建物の再生技術。青木茂氏による造語。

リノベーション[33]
建築を改変する行為を指しているが、現在のところ、その定義はあいまいであり使用する人によって異なっている。

災害対応
非常時にも対応できる建築計画の意識も高まっている。

するリノベーション、スケルトンとインフィルを2段階方式で造るSI建築なども、変化に対応するものとして考慮すべきである（図8.25）。

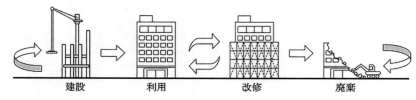

図8.25 建築のライフサイクル[32]

8.3.2 建築物の解体

廃棄物処理法、土壌汚染対策法などにより、建物の使用を中止したあとは、不要な建物等を存置させず、土地についても汚染された環境を残さないことが求められている。

新しく作る建物に注目しがちであるが、解体、廃棄をスムーズに行えるような取り組みも重要である。

解体設計では、アスベストの使用または存置の有無を調査することが必須となっている。アスベストは、吹付け材だけでなく、壁、床、天井の建材、設備配管の保温材、場合によっては外部塗装にも含まれており、検査機関に分析を依頼する場合もある。また、建設リサイクル法により分別解体が義務付けられている。建物の上部構造の解体においては、騒音と粉塵が発生するため、周辺環境に応じた養生や工法の選定が重要である。

地下躯体の解体においては、騒音、粉塵に加え振動への配慮も必要である。また、コンクリート塊は現場で小割するため、振動、騒音が発生する。さらに、試験杭やアースアンカーなど、竣工図に記載されていない構造物が出現することもあり、工事書類の適切な保管と管理が求められる。

8.3.3 設計の瑕疵・意匠権への対応（つくる責任、使う責任）

(1) 設計契約について

設計契約とは、建物の設計という業務を委託する際に、建築主と建築士事務所との間で締結する契約である。設計契約では、建築主が設計を依頼する。さらに監理契約を結び、その設計に基づいた工事の監理を委託する。設計監理契約の締結により、両当事者間に法的な権利義務関係が生じる。具体的には、設計・監理者となる建築士事務所は、設計図書を作成し、工事の監理を行う義務を負い、これに対して建築主は報酬を支払う義務を負う。設計契約書とは、設計契約の条件や内容を書面にし、証拠化した書類である。「設計業務委託契約書」とも呼ぶ。建築士法22条の3の3で「延べ面積が300㎡を超える建築物に係る契約」について書面による契約の締結が義務とされるため、一定以上の広さの設計を受託するには契約書を作成せねばならない。また、義務化された延べ面積に達しなくても、

8.3 耐久性

トラブル回避のため設計契約書は不可欠である。なお、設計を建築士事務所に依頼し、その後に施工を建設会社に依頼するケースのほか、設計と施工とを合わせて1社のハウスメーカーや工務店に依頼するケースもある。

(2) 瑕疵担保責任

建物の建設では、事後のその瑕疵（設計や施工の欠陥等のこと）が明らかになって紛争に発展するケースがある。このとき問題になるのが、瑕疵担保責任（欠陥等があったら設計者・施工者・売り主が、ただで直すこと）である。設計段階においても、瑕疵があるときにはその責任を追及されるおそれがあり、設計契約書においても瑕疵担保責任のルールを定めておく必要がある。

(3)「特定住宅の瑕疵担保責任の履行の確保等に関する法律」（履行法）について

住宅に雨漏りや地盤沈下などが発生した場合では、補修費は建てた工務店（住宅供給者）が保証する場合が多いが、資本の小さな工務店では、倒産して、建て主（消費者）が被害を受け、泣き寝入りすることもある。このような住宅トラブルから消費者を保護するために履行法ができた。工務店が「住宅瑕疵担保責任保険」への加入することで、その保険から補修費が工務店に払われて消費者（建て主）が保護される仕組みである。

(4) 民法改正による設計図書の重要性について

近年、民法が契約書の内容を重視する方向に大幅に改正された。そのため基本的には建て主と住宅供給者（工務店、建売業者等）との契約が重要となった。民法改正で、**瑕疵**が**契約不適合**に変更された（瑕疵という言葉は残っている）結果として、契約書に添付する設計図書がますます重要になった。万が一の事故（保険では不具合のことを事故と表現する）の場合に、設計図書が、「住宅瑕疵担保責任保険」で定められている「設計施工基準」に適合していないと保険がでない仕組みになっている。したがって設計者は、「設計施工基準」を十分に理解しておくことが重要である。

(5) 意匠権への対応

意匠権は、「工業上利用できる意匠」を保護対象とし、商品や製品、部品などの工業用デザインについて独占権を認める権利で、特許庁に登録が必要である。文章や画像、プログラム、音楽などの表現に独占権を認めるが、商品や製品などの量産品のデザインには著作権は認められないことが多い。意匠権取得のメリットとしては、コピー商品、類似商品など模倣品を法的な強制力をもって排除できる。また自社製品についてデザインを核としたブランド化が可能となる。発注元に発注先を変更されることについてリスク対策となる。意匠権取得に必要な条件として①工業上のデザインであること（工業上の利用）②誰でも思いつくような簡単なデザインではないこと（創作非容易性）③未発表あるいは発表後1年以内であること（新規性）④類似のデザインについて意匠権が出願されていないこと、が

「瑕疵」と「契約不適合」について

「瑕疵」：土地・建物として通常有すべき品質・性能に欠けるところがある又は当事者が表示した品質・性能が備わっていないことをいう。たとえば新築建物で雨漏りしていた場合、建物として通常有すべき品質・性能に欠ける「瑕疵」があること。

「契約不適合」：引き渡された目的物が種類、品質、数量に関して契約内容に適合していないこと。

ある。

(6) コンペティションと権利

大学などの授業・演習などで行われるデザイン活動は知的財産権が問題となることは少ないが、コンペティションのように社会に向けて発表する場合は、知的財産権に対して十分配慮して作品を制作する必要がある。一方、コンペティションの要項に、著作権に関する条項が必ず記載されている。自分自身の作品であっても、著作権の契約条項によっては、ポートフォリオに自分の作品として掲載し、第三者に見せることができなくなる場合がある。例えば、著作権の主催者への譲渡や著作者人格権が行使できない契約の場合、著作者として氏名の公表ができないことになるので、あらかじめ十分に契約（応募）条項を理解しておく必要がある。

8.4 経済性

建設する際のコストをイニシャルコスト（建設費）、それを維持していくためのコストをランニングコスト（維持管理費）という。

図 8.26 は、使用年数に伴う両者の変化を踏まえたコストの総額の最小値を見出す考え方を示したものである。

建設にあっては、これら二つのコストとともに、さらに建物の廃棄処分にかかわるコストなど、トータル・ライフサイクルコストといわれるものについても考慮して建築の経済性を考えなくてはならない（図 8.27）。

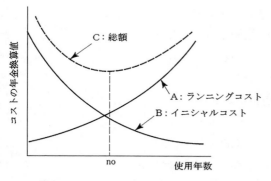

図 8.26　コスト総額の最小値の考え方

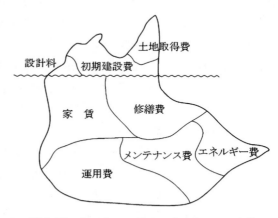

図 8.27　トータル・ライフサイクルコスト[42]

8.4.1　経済性と建築の更新

日本では、木造建築が多く、狭い国土の中で災害とともに生活してきた。また、式年遷宮のように建物を一定の年数で建替えることなど建物自体を建替えたり、畳の表替えを一定年数で行ったり、毎年障子を貼替えたり、建物や設えを更新することを日常的に行っている。メタボリズムグループは建物の部分を交換し成長を続ける提案もなされたが、このような

思想が大きく発展することなく様々な建築物が日々建て替えられている。

例えば、1949年から2000年までに日本建築学会賞を受賞した135作品のうち、21作品がすでに解体されている。そのうち存在年数が判明している16作品の平均は42年と、建築としての存在価値が高く、鉄筋コンクリート造といった恒久的な構造であっても比較的早く解体されている[43]。

防水は10年、外壁の塗装改修も10年程度、建築設備のうち機器についてもおおよそ10年を目安に更新する必要があり、また給排水配管や設備配管等も30年程度で改修する必要がある。建物の改修の多くは使いながら行うため、PSやDSといった設備スペースや、機器などの代替スペースの不足が建物の更新や改修の妨げになる場合がある（写真8.8）。

さらに使い方の変化も更新の要因となる。様々な電気製品が普及し、例えば1人1台パソコンを利用するようになったこと、全体空調では暖かさを感じにくい足元に個別に電熱器を置くといった、家電製品を利用することにより電気容量が増大し、当初の電気容量を超えてしまうといった建物の機能性の面でも使いにくさを感じることもある。

このように、元々建て替えることに意味を見出していた文化に加え、建物の価値、建物の機能性と、更新にかかる費用とを比較し、建て替えを選択することが多い現状にある。これまで、設計者は「設計」の場を中心に建物と関わってきた。現在は、竣工引き渡し時に維持管理計画を示すことが求められている。維持管理計画は、施工者の責任によるところも大きいが、一方で設計者が選定した材料や、工法によっては必要な維持管理をしてもらうことをクライアントに伝える必要があり、これまで以上に設計者はよりクライアントの立場に立った設計が求められる。加えて、建設に際して使用する資源には限りがあることから、建物の価値を高め、また継続利用を前提とした設計を行うことが重要である。

写真8.8 増設されていく設備の制御盤

─── コラム：適切な維持管理 ───

建物の長寿命化には、適切な維持管理が欠かせない。まず、建物を使用する人に対してその空間が使用に適した状態にしておくことが必要であり、建築物の日常的な維持管理の方法として、建築物衛生法に基づく建築物環境衛生管理基準が定められている。

これとは別に、建物のこまめな補修、修繕を行っていくことがとても重要である。基本的には、建築物は竣工引き渡しの後は、その所有者等が日常の維持管理を行う。そのため、雨漏り、かびなどの使用者が直接目で確認できる被害の発生が専門家への相談のきっかけになる。特に雨水の漏水は、早急に原因を突き止め補修を行わないと、躯体の不朽が進行し、構造体への影響が大きくなる。そのため、建物を作るだけでなく、使用者の立場に立って原因を突き止め早期に問題を解消していくことも大切である。また、そもそも建物の維持に、特別な知識を必要とするような納まりをな

るべく避け、維持管理にも配慮した計画が望ましい。

8.4.2 資産としての建築の管理

昭和の高度成長期、人口増加に併せて集中的に建設された既存建築物ストックは相当年数が経過しており、現在の社会的ニーズに合わせた維持管理・更新の需要が増している[34)35)]。新築建築物においては長寿命化、カーボンニュートラルの実現といった社会の持続可能性への対応が迫られている。建築物を資産として総合的に管理することが求められており、ここではそうしたマネジメントに関わるキーワードを紹介する[36)]。**アセットマネジメント**：複数の建物／土地をまとめて維持管理・運営することで全体の資産価値を向上させるという観点からのマネジメント[37)]。不動産業務の代行による資産管理。**プロパティマネジメント**：完成後の建物をいかに維持管理・運営するかという観点からのマネジメント（ビル単体のマネジメント）。ビルの一括管理。**CRE 戦略／PRE 戦略**：企業不動産／公的不動産を企業価値／公益の観点から最適に管理・運用し、不動産投資の効率向上を図る取組み。**VE（ヴァリューエンジニアリング）**：製品やサービスの「価値」を「機能」と「コスト」との関係で捉え、価値を高める手法。**PFI**：PFI 法に基づき公共施設等の建設・維持管理・運営において、民間の資金・経営能力・技術的能力を活用して行う手法のこと。事業コスト削減や質の高いサービスの提供を目的とする。PFI ではプロジェクトファイナンス（プロジェクトから生み出される収益およびキャッシュフローを返済原資とする資金調達手法）が用いられる。**SPC**：資産流動化法によって、流動化の対象となる不動産を保有・管理し、それを裏付けに資金を調達することのみを目的に設立される特定目的会社。PFI を進める上では対象プロジェクト専用の SPC が設置される。**PPP**：行政と民間がパートナーを組んで公共事業に取り組む事業化手法。官民連携。指定管理者制度、包括的民間委託、PFI などの方式がある。**BTO／BOT／BOO／RO**：PFI などにおける事業方式を指す。民間事業者が資金を調達して施設を建設する点は共通であるが、民間事業者から公共主体への所有権の移転、施設運営の開始のタイミングによって事業方式が区分される。いずれの方式にも、公共主体からのサービス提供対価によるサービス購入型、利用者からの料金収入による独立採算型の 2 つの収入モデルがある。

8.4.3 地域の産業／観光の計画

わが国は島が弓なりの形に連なる弧状列島であり、それぞれの地域には気候・風土に基づく豊かな自然と個性的な産業・歴史文化が形成されている。そうした魅力的な地域資源を有する一方で、地域間格差などの深刻な問題を抱えており、各地域の活力を向上させ、固有資源を継承・発展させ

プロパティマネジメント
ビルディングマネジメントの一例：サブリース事業 → 賃貸住宅においては、土地所有者等が建設したアパート等を管理業者が一括借上げし、入居者へ転貸（又貸し）する方式。

CRE 戦略／PRE 戦略：Corporate Real Estate/Public Real Estate

VE
Value Engineering。価値（Value）＝機能（Function）／コスト（Cost）で表される。

PFI
Private Finance Initiative

SPC
Specific Purpose Company

PPP
Public Private Partnership

BTO／BOT／BOO／RO
Build Transfer Operate＝建設・移転・運営／Build Operate Transfer＝建設・運営・移転／Build Own Operate＝建設・運営・所有／Rehabilitate Operate＝改修・運営。スキームとしては、独立採算型の BTO 方式はコンセッション方式（利用料金の徴収を行う公共施設について、施設の所有権を公共主体が有したまま、施設の運営権を民間事業

る地域振興に資するまちづくりが求められている。そして、経済効果が大きく、ゆとりある生活にも寄与する観光への期待が高まり、観光庁が2008年に発足した。

　従来のまちづくりは基盤施設整備、土地利用規制が中心であり、民間の役割は限定的であった。しかし都市の成熟に伴い、地域の活動の課題（地方創生、国際競争力、観光、福祉等）を踏まえたまちづくりが求められるようになった。そして「基盤／機能／活動」「ハード／ソフト」の関係が深化するとともに、事業性の重視、公共の役割変化により、民間の担い手（まちづくり団体等）によるまちづくりがなされるようになった。

　これからのまちづくりにはQOL(Quality of Life)の向上を目指す取組であることが求められる[38]。そのためには、やみくもに技術を行使するのではなく、まず解決すべき課題を明確にし、その解決への道筋を検討することが重要である。すなわち、各分野の改善にとどまらず、全体の最適化を目指す分野横断的思考が求められる。これを実現するためには、例えば、活動主体間の連携・協働、および、技術やデータの連携・共有、共通プラットフォームを構築し統合的に管理することが望まれる。課題設定には、利用者ニーズの把握がまず必要であり、人流解析、消費行動データ、画像解析等の技術を駆使して、医療・健康・交通・商業等のビッグデータを個々に分析するだけではなく、諸分野のデータを統合して分析するためにAIの活用が進められている。

　地域が直面する課題解決に向けて、産業／観光に対してDX化を進め、移動・輸送の効率化、省人化、高齢者や女性、若者など担い手の活躍機会の確保、働き方の多様化とった新たな付加価値・イノベーションの創出も求められる[39]。建設業においてはドローンやセンサ、AI等を活用した点検作業、BIM/CIMで作成された3Dデータの建設段階での活用、3D都市モデルを活用した防災・災害対策などの事例がみられる[40]。また、運営および維持・管理段階を見据えてBCP（事業継続計画）を事前に作成しておくことも求められる[41]。

8.5　環境性

　21世紀に入ると地球環境問題が世界的な課題となり、わが国においても循環型社会のあり様について具体的に検討されるようになった。安定的な生態系を維持するためには、適切なエネルギーの供給と物質循環が条件であることはいうまでもない。サスティナビリティ（持続可能性）を目指して、建築資源の無駄使いをやめ、リサイクル法を遵守し、建築の長寿命化、環境共生を目指した取り組みが求められている。表8.7は造成、建設、居住、改修、廃棄の建築のライフサイクルと、エコロジー配慮の設計との関係を示したものである。

業者に設定する方式。2011年PFI法改正により導入）と同等。

QOL (Quality of Life)
生活の質。1947年のWHO（国際保健機関）の健康憲章にある健康の概念が、QOLの概念に相当する。最近では公共環境等を市民のQOLの観点で評価することがある。

DX（デジタルトランスフォーメーション）
デジタル化を「手段」として、ビジネスモデルを変革していくこと。建設DXはとくに業務効率化をはかり、人材不足、生産性改善、働き方改革といった課題を克服し生活をよりよくする取組を指す。

PLATEAU by MLIT
国土交通省が2020年度にスタートした本全国の都市デジタルツイン実現プロジェクト。3D都市モデルの整備・活用・オープンデータ化を進め、まちづくりのDX化を目指している。

BCP（事業継続計画）
Business Continuity Plan。自然災害、大火災、テロ攻撃などの緊急事態に遭遇した場合に、事業資産の損害を最小限にとどめ、中核事業の継続あるいは早期復旧を可能とするために、平常時の備え、および緊急時の事業継続に向けた

方法、手段などを取り決めておく計画のこと。

ZEH・ZEB 基準

ZEBとは、ネット・ゼロ・エネルギー・ビルの略称で、先進的な建築設計によるエネルギー負荷の抑制やパッシブ技術の採用による自然エネルギーの積極的な活用、高効率な設備システムの導入等により、室内環境の質を維持しつつ大幅な省エネルギー化を実現した上で、再生可能エネルギーを導入することにより、エネルギー自立度を極力高め、年間の一次エネルギー消費量の収支をゼロとすることを目指した建築物[46]。ZEHとは、ネット・ゼロ・エネルギー・ハウスの略称で、外皮の断熱性能等を大幅に向上させるとともに、高効率な設備システムの導入により、室内環境の質を維持しつつ大幅な省エネルギーを実現した上で、再生可能エネルギーを導入することにより、年間の一次エネルギー消費量の収支がゼロとすることを目指した住宅[47]。

写真8.9　犬島精錬所美術館
設計：三分一博志
写真：阿野太一
（岡山県岡山市犬島）

表8.7　建築のライフサイクルとエコロジー配慮設計[44]

造成	【環境アセスメント、景観の保全】 地形の保存、生態系の保全、緑の保全、水系の保全、ビオトープ計画
建設	【建設エネルギーの削減】 エネルギー原単位の小さい材料の選択、リユース／リサイクル材料の使用、リユース／リサイクルを促進する構法・施工法の開発、長寿命の建築
居住	【生活関連の省エネルギー】 高効率設備システムの導入 地域環境ポテンシャルの発見とパッシブデザイン 自然親和型ライフスタイルの提案（緑化、水、ごみ処理ほか）
改修	【改修の容易な構法・施工法】 機能更新が容易な設計居住者参加／セルフメンテナンス技術の導入
廃棄	【廃棄量の削減】 リユース／リサイクルが容易な構法、廃棄物処理の容易な解体工法

8.5.1　カーボンニュートラル

IPCC（気候変動に関する政府間パネル）は、2018年にすでに地球の気温が1℃上昇しており、2016年のCOP21（パリ協定）で合意した温度上昇1.5℃に抑制する目標が達成できないため、2050年前後のCO_2排出量が正味ゼロとなることが必要との見解を示した。これを受けて、わが国の建築物のカーボンニュートラルの取り組みが始められており、2050年には**ZEH・ZEB 基準**に適合した省エネ性能が確保されることや、導入が合理的な住宅や建築物においては太陽光発電設備等の再生可能エネルギーを導入することとされた。

電力を再生可能エネルギーから確保する取り組みは、欧州では風力、太陽光、バイオマスなどが利用されている。日本では、各建築物の太陽光発電は自ら利用することを前提に設置されているものと遊休地の売電用太陽光パネルがよく見られる。欧州では、地域単位のエネルギー供給について、再生可能エネルギーへの転換が進んでいる。

再生可能エネルギーは化石燃料に比べて発電量が多くないため、私たちの生活で消費するエネルギーを低減することが重要である。空調機の利用を前提に、空調効率を高める方法だけでは、エネルギー消費に依存していることに変わりはない。エネルギー消費を減らす新しい生活像を提案し、建築計画に反映していくことが、地球の持続可能性にとって重要になる。

使用エネルギーの低減にあたっては古建築が参考となる。古い寺院の本堂に入ると、屋外と比べると涼しく感じられる。屋根面の瓦、葺土で直射光とその熱を遮り、加えて大きな小屋組空間を持っていること、西側に壁面がとられ西日が遮断されていることなどの効果であろう。一方、エネルギー消費の多い冬の対策としては、襖の間仕切りがみられるように必要な空間を小さく区切ること、熱源と居住域を近づけること、直接日射を取り込むことが考えらえる。日射量のコントロールは、深い軒の出で行っており、寒暖両方に対応している。

例えば犬島精練所美術館では、産業遺構として残された煙突を用いた文字通り煙突効果を使った建物内の環境調整が行われている。実際に館内で

気流を体感できるほどの通風が確保されている（写真 8.9）。

これらは現代の建築でも応用できるものである。人工的な環境に頼らず敷地に応じて建物配置や向きを考え、建物を計画することにより、カーボンニュートラルへの対応を進めることができる。

8.5.2 パートナーシップで目標を達成

SDGs の目標 17 の「パートナーシップで目標を達成しよう」を、建築計画の立場で検討すると、効果的に公共、官民、市民社会のパートナーシップを図っていくことが考えられる。

例えば、カーボンニュートラルの取り組みは、すぐに地球の環境を改善することにつながるわけではない。しかし、人新世とも呼ばれる今、生物である私たちが、私たちの住む環境をどのように改変するかを考えるとき、自分たちの世代のことだけを考えて決めるのではなく、子どもの世代や、地球全体のことを見据えて検討していくことが大切である。

そして、目標の実現に向けて、住んでいる地域、自国内だけでなく、国同士の連携を深めていき、世界が地球環境保全に関するパートナーシップを図りながら、持続可能な世界を作っていく必要がある。

建築計画によって得られた知見とそのプロセスは、建築を計画するすべての場所において、活かすことができるものであり、国や地域に応じて活かしてくことが望ましい。

8.6 気候の地域性

建築物は日射しや雨、雪、風などの気候から利用者を守る力がある。例えば、深い庇や軒の出は夏の強い日差しを遮り、縁側やサンルームは冬の冷気から居室を守る。このような機能は建築物に求められる基本的な性能の1つである。一方で、日本は四季がハッキリしていると言われるように異なる気候をもつ多様な地域が織り混ざっていることから、求められる性能を満たすために気候の地域性について理解しておく必要がある。

(1) 日本の気候の地域性

日本の気候には地域性があるが、夏に暑くなり冬に寒くなることはどの地域にも共通している。月別平年値の気温は那覇が最も高いが、他の地域に比べて夏と冬の寒暖差は小さい。一方で、夏と冬の寒暖差が大きい地域としては札幌、松本や新潟といった積雪寒冷地が挙げられる。地域間の寒暖差では夏よりも冬の方が大きい。

日照時間は、8月に比較的長いことは全国的に共通しており、夏の日照対策はどの地域においてもある程度効果が期待できる。一方で、冬の日照時間は地域間の差が大きい。日照時間の長い地域では冬の日射から熱を取得することも考えられるが地域によってその効果は異なるだろう。

気候に関するデータ

気候に関するデータには理科年表や気象庁など様々ある。図 8.28 ～ 8.30 は理科年表のデータから作成したグラフであるが、気温よりも日照時間、降水量の方が地域差は大きい。降水量は、福井や青森が他の地域よりも冬の降水量が多く、5月6月の降水量が少なくなりやすい。一方で他の地域では岐阜のように梅雨時期の5月から6月にかけてと、台風の多い9月にピークをもつ地域がある。

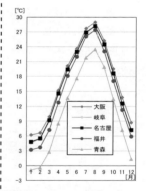

図 8.28　気温の月別平年値[49]

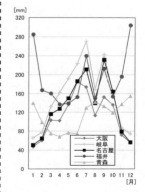

図 8.29　降水量の月別平年値[49]

176　第8章　建築空間の性能

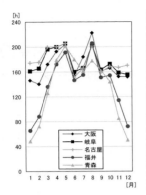

図 8.30　日照時間の月別平年値[49]

凍上と凍結深度[50] [51] [52]

凍上については地域ごとに凍結深度が定められており、一定の深さ以上に基礎底を下げる必要がある。雪深い地域では外出の機会も減少するため、凍結深度を利用した地下室として収蔵庫や趣味室を設けることで冬の蓄える生活に見合った計画とすることも有効と考える。

雪の性質と屋根形状[50] [51] [52]

雪は水分を含むと重くなる。屋根の荷重負担を考えると急勾配として積雪をさけることも考えられるが近年はフラットルーフとした無落雪屋根が普及している。特に札幌などの都市部は住宅密度が高いため、隣家に配慮した雪を落とさない屋根として用いられる。また、乾いた軽い雪は0℃未満で木材と同等の断熱性能があり、無落雪屋根は雪の断熱性を活かした屋根でもある。

このように気温と日照でみると、日本の気候の地域性では夏よりも冬の存在が大きいことがわかる。冬の特徴である降雪量について、1年間のうち1日あたり20cm以上の降雪がある日数で比べると札幌が100日、新潟が8日、松本が4日、東京が0.2日であり、地域によっては雪への対処も欠かせない。

近年では地球温暖化の影響もあり毎年のようにゲリラ豪雨が発生し気候が不安定化している。2023年7月、世界の平均気温が観測史上最高を記録したことを受けて国連事務総長が「地球温暖化の時代は終わり、地球沸騰化の時代が到来した」と述べた。これからは夏の酷暑だけでなく、予測困難な集中豪雨や豪雪、寒暖差に対して建築をいかに計画するか考える必要がある。

(2) 気候と建築

地域の気候を理解した上で、建築的な対処を考える。暑さに対しては日射の影響が大きいため庇や軒の出を深くし、日射の侵入を抑制することが有効である。他に開口部の屋外側に日除けやオーニングを設けたり、植栽により開口部に陽が当たる時間を短くする。アルミサッシが熱をもつため、屋内のブラインドやカーテンよりも屋外側の方が効果が期待できる。ガラス自体の日射遮蔽効果を高めたLow-Eガラスも有効である。

日本の家では冬にさまざまな弊害が生じやすい。具体的には冷気の発生、結露、凍上、給排水の凍結、積雪、つららなどである。冷気については縁側やサンルームを設けることで環境的にも意識的にも緩衝空間となるため主要居室の快適性を保ちやすくなる。玄関についても風除室が設けられているが、従来では冷気への対処というよりは積雪による玄関ドアの開閉障害への対処の意味合いが強かった。除排雪の道具等の物置としての利用も見られ、玄関は屋外のように扱われてきたが、玄関ドアの断熱性が向上し、暖かく利用できる空間となってきている。また、これらの弊害は屋内の暖房によって悪化することがあるため、暖房方式に合わせて壁体内の通気、断熱もよく考慮して計画する必要がある[53]。

このように気候の地域性をよく理解し、地域の気候に見合った建築を計画することが肝要であるが大局的な気候だけでなく、微小な範囲における気候にも目を向けてもらいたい。例えば、都市中心部はコンクリートの蓄熱や放熱の影響により都市全体の気温よりも高くなりやすい[54]。また、隣接した敷地であっても通風や採光の流入は異なるように、敷地がもつ微気候を捉えて自然の力を借りたパッシブデザインの計画が求められている[55]。地球沸騰化と言われる中、単に気候から利用者を守る建築ではなく、環境と共生できる建築を計画することが望ましい。

図 8.31　屋根形状と雪処理[50] [51] [52]

8.6 気候の地域性 **177**

コラム：世界の気候の地域性

　世界の気候については、気温と降水量によって分けられた表8.8のような気候区分が用いられることが多い。基本的に緯度が高い都市では気温が上がりにくく寒帯や冷帯が多くなり、緯度が低い都市では熱帯や温帯に属する都市が多い。さらに降水量によって湿潤か乾燥かで分けられ、温暖で湿潤な気候もあれば、寒暖で湿潤な気候もあり、世界の気候は実に多様である。日本の場合、大半は温暖湿潤気候に該当するが、北海道や長野県などに亜寒帯湿潤気候も有している。1つの国で複数の気候を有することは多いが、湿潤でかつ温帯と冷帯を有する気候はそう多くはない。図8.32のような気温と降水量の月別平年値をみると気候の違いがわかりやすい。日本は8月と12月の気温差が大きく、トルコも似たような気温変動をとるが、降水量でみるとトルコは1年の大半を占める3月から11月まで月100mm未満であるのに対し、日本は同じ期間に全ての月で100mmを超えており、比較的湿潤な気候であるとわかる。モンゴルはより寒気が強く、南アフリカは夏と冬が日本とは真逆の時期に訪れる。インドネシアのように年間を通じて気温の変化が小さく、日本よりも降水量が多い地域もある。日本のように過ごしやすい気温で春夏秋冬の変化がはっきりと感じられ、降水もあって植生も豊かな地域はそう多くはなく、建築物の計画にあたっては四季の変化や自然環境と向き合うこと自体が重要なテーマとなる。

台風除けの石垣

写真は沖縄県北中城村に約280年前から残る中村家住宅（国指定重要文化財）である。台風除けのために琉球石灰岩で造られた石垣で囲まれ、さらに内側には防風林として福木が植えられている。

写真8.10　中村家住宅

表8.8　気候区分と都市の例

気候区分			都市の例
樹木気候	熱帯	熱帯雨林	インドネシア（バリクパパン）、マレーシア（クアラルンプール）
		熱帯モンスーン	ミャンマー（モーラミャイン）、フィリピン（セブ）
		サバナ	インド（チェンナイ）、ガーナ（クマシ）
	温帯	地中海性	トルコ（アンカラ）、イタリア（ローマ）
		温暖冬季小雨	南アフリカ（プレトリア）、ベトナム（バクハ）
		西岸海洋性	エチオピア（アディスアベバ）、スウェーデン（ストックホルム）、ポーランド（ワルシャワ）
		温暖湿潤	中国（西安）、オーストラリア（シドニー）、日本（東京都、大阪市、名古屋市）
	冷帯	冷帯（亜寒帯）湿潤	カナダ（モントリオール）、ノルウェー（オスロ）、日本（札幌市、松本市）
		冷帯（亜寒帯）冬季小雨	モンゴル（ウランバートル）、ロシア（ウラジオストク）
無樹木気候	乾燥帯	砂漠	エジプト（カイロ）、メキシコ（トレオン）、オーストラリア（ポートヘッドランド）
		ステップ	キプロス（ラルナカ）、アメリカ（ミッドランド）
	寒帯	ツンドラ	アメリカ（バロー）
		氷雪	南極
		高山	中国（チベット）

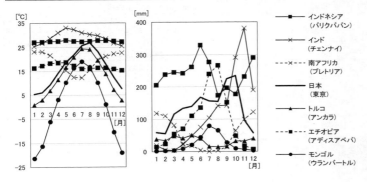

図8.32　各都市の気温（左）と降水量（右）の月別平年値[49]

8.7 建築の再生

写真8.11 倉敷アイビースクエア

岡山県倉敷市にあった紡績工場をホテルやホールを含む複合施設として再生した事例。蔦に覆われた赤レンガが特徴的で既存の連続のこぎり屋根を残し、中庭を囲む形で再生された。

これからは新しい建築物を造るだけではなく、既存建築物の再生にも取り組む必要がある。歴史ある建築物をより長く使い続けられるよう再生した事例は多くある。再生の事例（表8.9）を見ると、もともと工場や倉庫であった建築が複合施設や美術館として転用されている。倉敷アイビースクエア（岡山県倉敷市）は、のこぎり屋根をもつ平家の紡績工場を一部撤去して二つの中庭を創り出し、それらをホテルや展示などの空間が囲むように配置された複合商業施設として改修された。工場や倉庫の他にも銀行、裁判所といった公的施設や民間企業オフィスの再生事例も多い。名古屋市市政資料館（愛知県名古屋市）は1922年に名古屋控訴院地方裁判所区裁判所庁舎として建設された煉瓦造り3階建であり、1984年に重要文化財に指定された。建物を保存しつつ、公文書館として活用するため3階特別会議室と中高階段室を除いて内装を指定除外して改修されている。石巻市庁舎（宮城県石巻市）はSRC造6階建の百貨店を庁舎に転用している。1階にはスーパーマーケットが入り、2階以上が庁舎として活用されている。既存エスカレーターはそのまま縦動線として活用し、旧売り場は執務スペース、旧映画館は議場へと改修されている。

このように既存建築物に用途変更や耐震改修を施すことで、現代の利用に合った建築へと再生することができる。

写真8.12 名古屋市市政資料館

愛知県名古屋市にあった裁判所を公文書館として再生した事例。煉瓦造り3階建で1984年に重要文化財に指定された。3階特別会議室とネオバロック様式の中央階段室を除いて内装を指定から除外し既存の空間を活かして再生された。

表8.9 既存建築物の再生事例

名称	所在地	用途（再生後）	従前用途	特徴
横浜赤レンガ倉庫	神奈川県横浜市	複合施設	倉庫	工事は保存のための構造補強と外装修復工事、活用のための設備や内装工事の2段階で実施
犬島製錬所美術館	岡山県岡山市	美術館	銅製錬所	地形的特徴を活かし、自然エネルギーを積極的に利用
弘前れんが倉庫美術館	青森県弘前市	美術館	酒造工場	既存レンガ壁はそのまま残すよう耐震改修し、シードル・ゴールドのチタン材を用いて屋根を改修。
中京郵便局	京都府京都市	郵便局	郵便役所舎	煉瓦造りファサードの一部を保存し、内部は新築同様にRC造で改修。規模確保のためマンサード屋根の屋根裏部分は3階として使用。
京都文化博物館別館	京都府京都市	博物館	銀行	1906年に日本銀行京都支店として竣工した煉瓦造り2階建の建築
石巻市庁舎	宮城県石巻市	複合施設	百貨店	SRC造6階建で1階をスーパー、2階以上を庁舎として転用。既存エスカレーターはそのまま活用し、売り場を執務スペース、映画館を議場として活用

【演習問題】

1. 好まれる場所の条件を人間の求める性能から説明しなさい。
2. 建物に求められる安全性とは何か詳しく述べなさい。
3. 災害の構造の考えに基づいて、各種災害に対する安全対策について述べなさい。
4. 災害弱者と言われる人たちの安全対策の特徴を整理しなさい。
5. 落書き行為を禁止する必要があるのはどういう社会的根拠があるのか説明しなさい。
6. 自宅周辺のハザードマップを確認し、どのような種類の災害が発生する可能性があるのかをまとめなさい。
7. 建築物を長く使用していくために設計上考慮すべきことを説明しなさい。
8. 設計の瑕疵とはどういうことか。説明しなさい。
9. 著作権と意匠権の違いについて説明しなさい。
10. 建築における著作権はどのような場合に認められるか説明しなさい。

【引用・参考文献】

1) 日本建築学会編：建築設計資料集成、総合編、丸善、2001年
2) 新雅夫ほか：設備と管理―セントラルシステムと快適さ、建築技術、No.197、建築技術社、1968年
3) 浦野良美編著：住宅のパッシブクーリング、森北出版、1992年
4) 川崎寧史ほか編著：テキスト建築計画、学芸出版社、2010年
5) 東賢一：職域におけるオフィスビルの室内環境に関連する症状とそのリスク要因 いわゆるシックビルディング症候群、産業医学レビュー33巻3号、p263-278、2021.1
6) 国土交通省住宅局：建築物のアスベスト対策、https://www.mlit.go.jp/sogoseisaku/asubesuto/kenchikubutsunoasubesutotaisaku.pdf
7) 日本建築学会編：安全計画Ⅰ 安全計画の視点、彰国社、1981年
8) 総務省消防庁：消防統計（火災統計）、令和3年
9) 日経アーキテクチュア：火災避難の死角、日経アーキテクチュア、No.1225、2022-10-13号、日経BP社
10) 建設省住宅局建築指導課：日本建築主事会議監修、新・建築防災計画指針―建築物の防火・避難計画の解説書、財団法人日本建築センター出版部、1995年
11) 青木義次他：やさしい火災安全計画、学芸出版社、1999年
12) 室崎益輝著：現代建築学 建築防災・安全、鹿島出版会、1993年
13) 日本建築学会編：性能規定時代の防災・安全計画、彰国社、2001年
14) 日本建築学会編：建築設計資料集成「人間」、丸善、2003年

15) 吉野攝津子ほか：火災避難開始時間の算出方法、大林組技術研究所報 No.73、大林組、2009

16) 播磨一ほか：洪水常襲地帯に立地する集落と建築の空間構成及び水防活動に関する調査研究―利根川流域と揖斐川流域に立地する集落の比較―、日本建築学会計画系論文集、第 569 号、pp101～108、2003.7

17) 日本建築学会：提言　激甚化する水害への建築分野の取り組むべき課題―戸建て住宅を中心として、2020 年（https://www.aij.or.jp/jpn/databox/2020/20200629.pdf）

18) 国土交通省：地下空間における浸水対策ガイドライン　同解説（本編）

（https://www.mlit.go.jp/river/basic_info/jigyo_keikaku/saigai/tisiki/chika/tech.html）

19) 国土交通省：建築物における電気設備の浸水対策ガイドライン（原案）、2020 年（https://www.mlit.go.jp/jutakukentiku/build/content/001330090.pdf）

20) 原野泰典ほか：紙管を用いた避難所用間仕切りの設置　その 1　間仕切りの開発のプロセス、日本建築学会大会学術講演梗概集　都市計画、p509-510、日本建築学会、2017.8

21) 小林徹平：みんなの家、建築雑誌 Vol.130　No.1676、日本建築学会、2015.10

22) 建築計画教材研究会編：建築計画を学ぶ、理工図書、2005 年

23) インテリアデザイン教科書研究会編著：インテリアデザイン教科書、彰国社、1994 年

24) 八藤後猛ほか：幼児の手すり柵乗り越えによる墜落防止に関する実験研究と建築安全計画のための考察―乳幼児の家庭内事故防止に関する研究　その 2―、日本建築学会計画系論文集、第 572 号、p67-73、2003.10

25) 布田健監修：安全・安心な生活環境の設計手法、建築技術、NO.694、2007 年

26) 高橋義平：障害者に配慮の建築設計マニュアル、彰国社、1996 年

27) 山本俊哉：住宅侵入の被害事例とその対策、建築と社会、No.961、日本建築協会、2002 年

28) 愛知県：愛知県統計年鑑、2021 年

29) 小宮信夫：写真で分かる世界の防犯―遺跡・デザイン・まちづくり、小学館、2017 年

30) 岡田光正ほか：現代建築学（新版）建築計画 1、鹿島出版会、2004 年

31) 総務省：住宅統計調査、平成 13 年より

32) 日本建築学会編：建築分野における地球環境問題対応策研究成果―概要集、1997 年
33) 小池志保子ほか：リノベーションの教科書、学芸出版社、2018 年
34) 札幌市：市有建築物の資産管理基本方針～ 長寿命化とストックマネジメントの推進を目指して～、2006 年、2020 年改定
35) 岡崎市：岡崎市市有建築物管理保全基本方針、2011 年
36) 一般社団法人日本コンストラクション・マネジメント協会、：CM ガイドブック第 3 版、2018 年
37) 名古屋市：名古屋市公共施設等総合管理計画、2022 年
38) 吉川明守・宮崎隆穂：重度・重複障害者における QOL 評価法の検討、新潟青陵大学短期大学部研究報告、第 38 号、2008 年
39) 国土交通省：国土交通白書 2023、2023
40) 国土交通省：PLATEAU by MLIT、https://milt.go.jp/plateau/、2024 年 7 月時点
41) 経済産業省中小企業庁：中小企業 BCP 策定運用指針～緊急事態を生き抜くために～(第 2 版)、2006 年
42) Blanchard B. F. Design and Manage to Life Cycle Cost、初期投資／運用費
43) 八重尾和輝：日本建築学会賞が建物価値に与える影響に関する考察―近代建築の保存・活用に向けた建築評価の研究―、岐阜工業高等専門学校卒業研究、2023.2
44) 日本建築学会編：第 3 版コンパクト建築設計資料集成、丸善、2005 年
45) 安全・安心まちづくりハンドブック：防犯まちづくり編、ぎょうせい
46) 環境省地球環境局地球温暖化対策課、第 1 回　脱炭素社会に向けた住宅・建築物の省エネ対策等のあり方検討会環境省資料、令和 3 年 4 月 19 日
47) 経済産業省資源エネルギー庁：「ZEB ロードマップ検討委員会とりまとめ」、平成 27 年 12 月
48) 国土交通省 HP：https://www.mlit.go.jp/jutakukentiku/house/jutakukentiku_house_tk4_000153.html、2023.12.24 閲覧
49) 国立天文台編：理科年表、丸善出版、1925-2022
50) 日本建築学会：建築教材　雪と寒さと生活〈1〉 発想編、彰国社、1995 年 2 月
51) 日本建築学会：建築教材　雪と寒さと生活〈2〉 事例編、彰国社、1995 年 4 月
52) 杉浦進、松本直司ほか：克雪住宅の開発と普及研究調査報告書、住宅金融公庫北関東支所

53) 鎌田紀彦：「寒冷地住宅」という差別 ―日本の木造住宅における、省エネ・快適化の経緯と今後の方向性について―、住宅総合研究財団研究論文集 2011年37巻 pp21-32、2011年
54) 梅干野晃：都市・建築環境におけるコンクリートと緑の融合、コンクリート工学 1994年32巻11号、pp9-14、1994年11月
55) ミサワホーム：快適の、その先へ。
 (URL https://www.misawa.co.jp/kodate/kodawari/bikiko/)

2部　住まいの計画

第1章　住まいの機能と諸条件

第2章　独立住宅の計画

第3章　集合住宅の計画

第4章　住宅地の計画

第5章　現代住宅の課題

第1章　住まいの機能と諸条件

◇◇◇◇◇◇◇◇◇◇◇◇◇◇◇◇◇◇◇◇◇　本章で学ぶ内容　◇◇◇◇◇◇◇◇◇◇◇◇◇◇◇◇◇◇◇◇◇

　住まいとは、建築としての住宅を社会・地域や居住者の生活の視点からとらえたものである。本章ではまず立地する風土から、その形態や求められる機能を述べる。次に、住まいに求められる主要な機能を解説し、海外の民家や日本の歴史に登場してきた代表的な住宅を通じその理解を深める。

1.1　風土と住まい

　現代の住宅では、空気調和設備の進歩により容易に室内環境をコントロールできるようになった。しかし、住宅にはその地域に適する形態があり、特に昔からある伝統的な住宅にはこれがよく現れている。現代の住宅設計においても、それらを読みとり活かすことにより、真にすごしやすい、また地球にもやさしい住宅を実現できる。ここでは住宅の形態に影響を及ぼす諸要因を述べる。

(1) 自然条件

　気温・湿度・降雨量などの自然条件は世界各地で様々であるが、人間にとってすごしやすい環境の幅はそれらより狭い。シェルターとしての住宅にはその差異を解消する役割があり、自然条件の異なる地域に適する住宅の形態は自ずと異なってくる。たとえば、寒冷地の住宅では保温性の高い外壁が用いられ（写真1.1）、雨の多い高温多湿の地域では屋根勾配の大きい、開放的で風通しの良い住宅が多い（写真1.2）。また、日差しの強い地域では深い軒の出、湿地帯では高床式の形態がしばしば見られる。

(2) 建築材料

　住宅に頻繁に使われる材料はその地域で多く取れるものであることが多い。手軽に安く入手でき、その材料を使って住宅をつくる技術や職人が育っているためである。これらの材料はその地域の自然条件と深く関わっている。たとえば、日本のような雨の多い地域では木材、雨の少ない地域では土やこれを加工したレンガなどが多く用いられる。世界には独特の美しい街並みや景観を有する地域があるが、それらの地域では容易に入手できる材料が限られ、その結果、その材料により統一された美しい風景が形成されている場合が少なくない（写真1.3）。

写真1.1　北海道　アイヌの家（リトルワールド）

写真1.2　開放的なインドケララ州の住宅（リトルワールド）

写真1.3　統一感のあるペルージアの景観

図1.1　モンゴルのゲル[2]

写真1.4　独自の景観を有する白川郷

(3) 居住者の生活

1) 生産活動

どのような生産活動で人々の生計が成り立っているのかにより住宅の形は異なってくる。生産活動は狩猟や遊牧などの移動型と農耕などの定住型に大きく分かれる。移動型の社会に適する住宅の典型がモンゴル等で見られるゲル（図1.1）であり、速やかな設営と解体・移動が可能である。

2) 家族の形

定住型であっても家族の形は様々である。日本では、戦後は夫婦と子供からなる核家族が一般的であるが、戦前は三世代からなる家族や、地域によっては十名を超える大家族も見られた。たとえば、岐阜県白川郷は古くは焼畑と養蚕を主な生業とする地域で大家族制をとり、その住宅群は合掌造り（写真1.4）として広く知られている。

一方、夫婦の関係から見ると一夫一妻制が一般的であるが、海外では現在でも一夫多妻制が見られる国も少なくない。日本でも江戸期まで上流社会には側室制度があり、一夫多妻制の形を取っていた。この制度のもとでは、住宅は大規模で部屋の構成も固有の形態となっていた。

3) 生活様式

生活様式は、外来文化の影響などにより大きく変化するが、各地域や民俗が昔から有するものも根強く残っていることがある。たとえば、明治以降日本の住宅は和風から洋風へ、起居様式は床座から椅子座へと変化した。しかし、現代の集合住宅でも和室のある住戸は珍しくないし、洋室でこたつでくつろぐ家族も多い。

(4) 居住者の価値観

1) 社会・地域の規範

国や地域には、宗教などから来る固有の規範が存在する。たとえば、**風水思想**は古代中国で形成されたが、朝鮮や日本にも伝わり、今日においても都市や住宅の計画に影響を与えている。また儒教の教えは、長幼の序や男女の別の形で韓国の住宅に大きな影響を及ぼした。宗教とは異なるが、日本に古く見られた接客重視や「男子厨房に入るべからず」などの考え方は、近代の住宅計画の基本となっていた。

2) 嗜好

色彩・デザインや住宅形式は、地域特有の好みが存在することが多い。たとえば、海外の民家には独特の色彩や特別の意味をもつ文様に包まれているものがある（写真1.5）。また、日本で長く好まれている住宅形式は一戸建住宅の持家であり、以前は住宅取得プロセス、いわば住宅双六の「あがり」とされた。しかし近年は、このような多くの人に共通してみられる標準的なプロセスは、過去のものとなりつつある。

風水思想

中国の伝統的な自然観で、都市・住居・建物・墓などの位置の吉凶禍福を決定するために用いられてきた、気の流れを物の位置などで制御するという考え方。清家清は、現代において家相には次の3つがあるとしている。[3]

・建築計画学的、工学的あるいは居住学的に根拠のあるもの

・家に関した社会的なタブーをあらわしたもの

・科学的にまったく説明しようがないもの

写真1.5　南アフリカ・ンデベレの家（リトルワールド）

1.2　住まいの機能と計画

ル・コルビュジエは住宅を「住むための機械」と表現したが、住宅は実に多様な側面をもつ。ここでは、第1部の表8.1の主要な性能である安全性・快適性・利便性に表現性を加え、住まいに求められる機能について具体例を通じて解説する。

(1) 住まいに求められる機能

1) 安全性

人が死に至る災害の原因（図1.2）は多様であるが、住宅はこれら災害から居住者を守らなければならない。最も初歩的な災害は自然災害であり、台風による風水害やがけ崩れ、雪や地震による家屋倒壊などがある。特に日本は地震国のため、十分な構造安全性の確保は絶対条件である。

建築自体も災害の原因となりうる。床の段差によるつまずき、階段やバルコニーからの転落などが起きないよう、人体寸法や行動特性を踏まえた日常安全性の確保が必要である。また火災が起きた場合、火気を抑えるとともに安全に避難できるような火災安全性も重要である。

住宅は都市に立地する。空き巣や殺人など、住宅は第三者による犯罪が起こりにくい性能を備えていなくてはならない。海外には防犯安全性が火災よりも設計上優先されている地域も多く、近年日本でも設計の重要な要件の一つとなってきた（8.2.6参照）。

2) 快適性

住宅は、居住者に快適な室内環境を提供する必要がある。温湿度は断熱や冷暖房設備により調整され、通風や換気は窓などの開口部により確保される。光は、昼間は開口部やルーバー庇により自然採光が確保・調整され、夜間は人口照明により確保される。なお、これらの技術は近年特に進歩が著しいが、快適性の追求だけでなく、地球環境問題に配慮したエコロジーの視点で、技術の選択や生活の仕方の工夫が求められている。

音は発生源が建物外部と内部のものがあり、伝搬経路は開口部からと内部空間相互などがある。集合住宅で特に問題となる上階の騒音には後者が

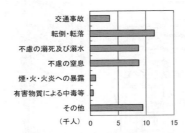

図1.2　「不慮の事故」の原因別死亡数
（厚生労働省人口動態統計2022年）

多く、床の十分な遮音性と生活上のマナーが関連する。

3）利便性

　住宅の利便性とは、住宅内での生活行為が能率良く行われることである。そのためには、人が疲れないことと作業の効率が良いことが条件となる。

　人は固有の人体寸法をもっており、その動作にも無理のない動作寸法がある。たとえば、キッチンでは作業台の天板には人の身長と腕の長さの関係で腰が痛くならない高さがあり、前方の戸棚には作業時に頭が衝突せず、かつ食器を取り出しやすい位置がある（図1.3）。また作業台では、下ごしらえ（調理台）・煮炊き（レンジ）・皿洗い（シンク）が行われるが、身体の横移動が少ないように3要素の配列が行われれば疲労感は少なくなる。

　住宅では家事のほか、団らん、来客、睡眠などの行為が行われる。それら各行為間の人の移動の軌跡は動線と呼ばれるが、その長さが短いこと、複数の動線が交錯しないことが効率の良さにつながる。

4）表現性

　表現性とは住宅の造形・素材・色彩などを意味する。これは1.1で述べた諸要因と大きく関連するが、居住者の好みなどの心理的要因が強く係わってくる。この好みには、特定の地域や時代で共有化されているものと、世帯や個人に固有のものがある。前者の例に地域固有の外観デザインや、時代に特有の建築様式がある。後者の例に居住者の好みや住まいへのこだわりがあり、この時住宅は自己表現の手段となることもある（写真1.6）。

(2) 海外の民家にみる機能

1）客家の環形土楼（中国）（写真1.7、図1.5）

　12、3世紀に黄河中流から南下した**客家**が、土着の城塞建築と漢民族の囲み型の住居を融合させ創り出した住居形態である。ここでは現在でも一族が集団で生活している。

　建物の外壁は丸石を敷き詰めた基礎の上に生土を型枠の中に突き詰めたもので、下部は腰の高さくらいまで石が混在し堅牢であり、開口部も極めて少ない。内部は外壁に接して居室群が並び、その前面に厨房や家畜の棟

写真1.6　コーポラティブ方式による集合住宅（ユーコート）

集合住宅のコーポラティブ方式は、居住者が設計前段階でグループ（建設組合）を作り、皆で話し合いながら設計・建設を行うものであり、間取りや外観などは個性的なものであることが多い。

客家

黄河中流域の中原に元来住んでいた漢民族で、4～5世紀に始まる北方騎馬民族の侵略を避けるため、現在の福建・江西・広東の省境に移住した。この時期この地域は無法地帯であり、周辺の先住民族や外敵に対し団結して防衛する必要があった。

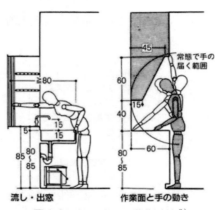

図1.3　キッチンの動作寸法[2]

1.2 住まいの機能と計画 **189**

【コラム】ダイニングキッチン（DK）と51C型の出現

DKは食事室と台所が一体となった部屋であり、公営住宅の51C型ではじめて明確に示された。コンパクトな空間の中に、戦後の住宅計画の基本となる食寝分離、椅子式の食卓、効率的な台所作業など、高度な利便性を実現した日本ならではの発明である。

その後この形態はnDK・nLDKと進化を遂げるが、近年居住者の多様性・個性化をはばむ固定的な型として見直しを余儀なくされた。

図1.4　51C型

があり、中央に一族の祖堂がある。治安の悪い地域において防犯面での「安全性」を重視した事例である。

2）砂漠周縁部の集落（イラン）（写真1.8、図1.6）

イランの沙漠には農業を営むオアシス群の集落があるが、18世紀頃これは遊牧民の格好の攻撃目標となった。また沙漠の風は熱砂を運んでおり過酷な自然環境であるが、季節により風向きはほぼ一定している。

この集落は全体が土壁で囲われ要塞化されており、住宅や共用施設が全てこの囲いの中にある。また、ある屋根には堅板のスリットをもつ通風塔が風上側に向けられており、別の屋根には孔が穿たれている。通風塔から

写真1.7　客家の環形土楼
（撮影：本間博文）

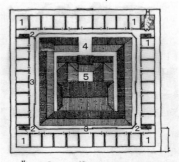

図1.5　環形土楼の2階平面図
（提供：東京大学生産技術研究所　藤井明研究室）

写真1.8　イランの砂漠周辺部の集落
（撮影：図1.5に同じ）

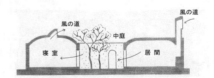

図1.6　同　断面
（提供：図1.5に同じ）

流れ込んだ風は直下の居間に導かれ、熱い日乾し煉瓦に囲まれた薄暗い空間に心地よい風をもたし、孔から外に流れ出る。

やはり治安の悪い地域での「安全性」を確保しつつ、地域の環境特性に対応し通風面での「快適性」を実現した事例である。

3）ナブダム族のコンパウンド（ガーナ）（写真1.9、図1.7）

ナブダム族
ガーナ北部のサバンナ地帯に住む少数民族。

ナブダブ族は一夫多妻制を取っており、下記は彼らの住宅の一例である。このような事例では、矩形平面部分は男の棟である場合が多く、円筒形の部分は女の棟で厨房が付随している。図1.7の事例には円筒形の住棟や厨房が中庭を囲むグループが3つあり、中心に矩形平面の棟が1つある。全体入口には家畜を囲う庭があり、人間の居住域との間には低い仕切り壁がある。

一夫多妻制という家族形態のもと、居住者の生活にとっての「利便性」から、素直に空間が構成された事例である。

4）サダン・トラジャ族の舟形住居（インドネシア）（写真1.10）

サダン・トラジャ族
インドネシアのスラウェシ島中央部や南部の山岳地帯に居住する少数民族で、境界が明確な村々に分散して住んでいる。

赤道に近いこの集落では、北を向いて住棟トコナンが並列し、線形の広場を介して米倉アランと対面する。トコナンとアランは対になり一つの家族に対応する。彼らにとって太陽が運行する北と東は聖なる方位である。

トコナンの柱に取り付けられた水牛の角は一族の富と繁栄、妻壁から突出した鶏は守護、水牛の頭は権力を意味する。幾何学的な文様に加えて色彩にも意味があり、赤は血、黄は神、黒は霊、白は骨を表す。舟形住居は高床で屋根裏・床上・床下の三層に分かれ、それぞれ天上界・地上界・地下界を表象し、精霊・人間・家畜が住むべき場所とされている。

全体配置や建物の形態・装飾に地域固有の意味が込められており、「表現性」が優先し重要な意味をもっている事例である。

写真1.9 ナブダブ族のコンパウンド（撮影：図1.5に同じ）

1. 入口　4. 住棟　7. 穀倉
2. 家畜の庭　5. 厨房棟　8. 鶏小屋
3. 中庭　6. 穀物庫　9. パーゴラ

図1.7 ナブダブ族のコンパウンド（撮影：図1.5に同じ）

写真1.10 サダントラジャの舟形住居（撮影：図1.5に同じ）

1.3 日本の住宅の歴史的系譜

現代の住宅は、過去に登場した様々な住宅の形態や考え方の蓄積の上に成り立っている。ここでは特に日本についてその歴史的経緯を述べる。

(1) 住宅の種類と流れ（図1.8）

歴史的に見ると、住宅には富裕層と庶民の2系列がある。富裕層とは各時代の支配階層であり、彼らの生活習慣や文化が住宅の形態に現れている。庶民とは農家・商家・給与所得者などであり、住宅はそれぞれの仕事が効率的に行われる形態となっている。また、富裕層の住宅ではそれまでの住宅に見られなかった畳・玄関・床の間・応接間などの新しい要素が登場し、これが庶民の住宅に伝搬し定着して来ている。

(2) 住宅の原型

原型となる住宅は、地形・季候や生産活動との関連が深い。定住型の住宅に着目すると、横穴式住居は、地形の高低差を活用し斜面に横穴を掘り居住空間を作ったものであるが、日本にはあまり見られない。竪穴式住居（図1.9）は、地面を1mほど掘り下げ、その上に木の架構を作り草等で葺いたもので、日本をはじめ世界に広く分布する。竪穴自体に保温性があるためかなり寒い地域にも見られる。平地式住居は、地面を掘り込まないで床を作ったもので、床に石等が敷きつめられる。

高床式住居（写真1.11）は、日本では弥生時代に現れ、現代の一戸建住宅もこれを踏襲している。地面からの湿気を避けるという点で高温多湿の気候に適合し、虫・動物などの危険から身を守る効果もある。

(3) 近世までの住宅

1) 寝殿造（図1.10、1.11）

寝殿造は平安時代の貴族の住宅様式である。寝殿と呼ばれる中心的な建物が南の庭に面して建てられ、東西に対屋（たいのや）と呼ばれる付属建物を配し、それらを渡殿（わたどの）でつなぎ、更に東西の対屋から渡殿を南に出してその先に釣殿が設けられる。寝殿や対屋の室内は

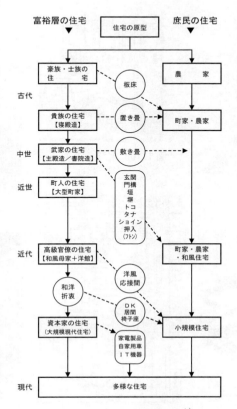

図1.8 住宅の歴史的系譜[1]

鼠返し

高床の倉などで鼠の侵入を防ぐために柱の床下部につけてある大きい厚板。高床式住居はもともと倉として作られたと推測され、鼠返しが取り付けたものも見られる。

寝室部分を除くと小室がなく、可動式の家具や逗子・棚が儀式ごとに定まった位置で用いられた。また、外部とは蔀戸（しとみど）などで仕切る開放的な形態である。なおここで「庇」という言葉が登場し、履きかえという行為も発生した。

2）書院造

床の間などのある座敷をもつ武家の住宅形式であり、寝殿造で可動式であった家具や畳などが固定化した住宅である。本来は教典を掛けた押板、文具などを飾った棚が定型化し床の間や違棚となり、読書などに用いた窓が付書院として固定化した。（写真1.12）

客殿として「会所」が設けられ、また主要な座敷が「おもて」として役職上の公事や主の間、家族向きの部屋が「おく」として位置付けられた。これらがその後の「接客本意」の構えのルーツとなった。（図1.12）

3）農家（図1.13）

農業を営む者の住宅形式であり、敷地内には母家のほかに作業小屋・倉庫・ふろ場・便所などを別棟で建てている。母家の間取りは土間と床上部分からなる。土間には農作業や炊事のための空間と、牛馬を飼育する馬屋があり、床上にはいろりのある居間・客間・寝間がある。それら床上3室の境は取り外し可能な襖で仕切られ、冠婚葬祭など大人数が集まる時はこの襖を外し大空間として利用する。床上の部屋の平面形状は「田の字型」

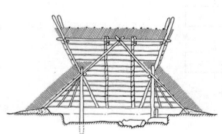

図1.9 竪穴式住居[6]

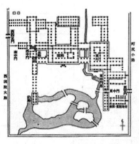

図1.10 東三条殿（寝殿造）[6]

写真1.11 日本古代の高床式住居[6]

図1.11 東三条殿（寝殿造）[6]

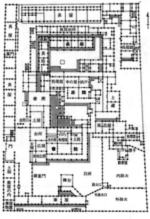

図1.12 春日局の邸宅[6]

写真1.12 名古屋城本丸御殿広間（書院造）[6]

など多様な形態が見られる。

4）町屋（図1.14）

都市にある商家や職人の住宅形式であり、道路に接した間口の狭い短冊型敷地に、隣と軒を連ねて建てられる。道路から奥まで続く土間があり、これと平行し床上部分が設けられる。道路側の部屋は店などの公共性の高い部屋であり、奥に行くほど家族の部屋となっている。

(4) 近代以降に登場した住宅

1）和洋折衷

明治初期の上流階級の大邸宅に、和風の母家に洋館を連結したものが登場した（写真1.13）。洋館は純粋に接客を目的としたものであり、居住者の生活自体は和風住宅で行われた。しかし、当初「木に竹を接いだ」ような形態をとった洋風化の流れは、その後中流の住宅に咀嚼・展開され、大正時代には和風住宅の玄関脇に、洋風の書斎兼応接室を連続させた形態が流行した（図1.15）。ちなみにこの事例は、明治後半から大正・昭和にかけて普及した「中廊下型」と呼ばれる形態で、中央の廊下は各室を独立して使用できるようにするとともに、居住部分とサービス部分を明確に分離する役割を果たしている。

図1.13　坪川家住宅[7]

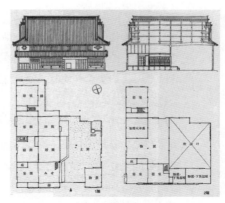

図1.14　今西家住宅[8]

写真1.13　和洋折衷の事例：旧諸戸邸
（撮影：河田克博）

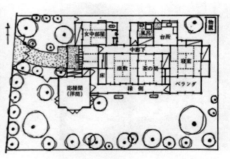

図1.15　中廊下型住宅の事例[6]

2）家族本位の家

近世以降のこれまでの住宅は「接客重視」と言えるが、明治以降の資本主義の発展により新しく登場した給料生活者向けに打ち出された考え方が「家族本位」であった。ここで住宅は「憩いの場」「自ら生活を楽しむ場」であった（写真1.14）。

これに係わる象徴的なできごとが1922年開催の平和記念東京博覧会での14棟の「文化住宅」（図1.16）の建設である。そこでは椅子式のリビングルーム、近代化・合理化された台所や浴室が示された。特に台所はこの頃から主婦の立場から、その負担の大きさが問題にされるようになった。

3）アパート

RC造の積層型の賃貸集合住宅（アパート）としては、初期には長崎県の海上炭坑住宅である軍艦島（1933）や、ホテルに近い形態のお茶の水文化アパート（1925）があるが、本格的に建設されたのは**同潤会**によるアパートである。同潤会は1923年の関東大震災の震災罹災者向けの住宅建設を目的に設立されたが、その事業の一つとして約2500戸のアパートを建設した。たとえば江戸川アパートは、住戸は畳・押入れや低い腰窓などの和風の要素を取り入れながら、配置計画は欧米に学び、共用施設として共同浴場や浴場・洗濯室以外に社交室なども設けるなど、居住者のコミュニティを強く意識した設計となっていた。

同潤会の住宅の家賃は高額であったため、主な居住者は高所得の知識層であった。その後同潤会は住宅営団に改組されたが、ここで試みられた設計はその後の集合住宅に大きな影響を及ぼした。

4）マンション

1950年代の後半、民間デベロッパーが新しいビジネスとして、RC造の積層型の分譲集合住宅（マンション）の供給を開始した。マンションは景気の動向や法律の整備と連動し、何度かブーム（表1.1）を迎えた。最初のブームは1963年の東京オリンピック前後であり、この時期のマンションは、住戸面積の大きな、冷暖房設備やインターホンなどの設備の揃った高額所得者向けの住宅であった（図1.17）。その後のマンションブームを経

同潤会[12]

関東大震災後、1924年に国策により設立された財団法人で、建設した住宅は次の通りである。
- 仮設住宅：2,160戸
- 普通住宅：3,760戸
- アパートメント：2,508戸
- 共同住宅：807戸
- 勤人向分譲住宅：507戸
- 職人向分譲住宅：1,122戸
- 受託住宅：1,121戸
- 計　11,985戸

アパートメントは16事例が建設されたが、2013年に上野下アパートを最後に全て取り壊された。

写真1.14 家族本位のイメージを伝える風景[9]

図1.16 家族本位の住宅の事例[10]

る中で、民間デベロッパーが産業として成長するとともに居住者は一般需要者に拡大し、マンションは都市の住宅として定着していった。

なお、1990年以降は景気の変動により小さなマンションブームとも言える時期もあったが、都市の住宅として確実に定着した。

表1.1　5つのマンションブームの特徴[11]

ブーム 項目	第一次	第二次	第三次	第四次	第五次
時期	1963〜1964年	1967〜1969年	1972〜1973年	1976〜1979年	1987〜1990年
社会の背景	オリンピック景気	いざなぎ景気	日本列島改造論	(景気回復)	バブル景気
立地の特徴	首都圏都心	首都圏	郊外	やや都心	多様化
需要者の典型	会社役員	会社管理職	会社社員	ベビーブーム世代	多様化

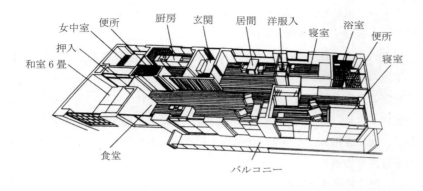

図1.17　三田小山町アパートメンツ[11]

【コラム】東日本大震災の住宅取得に及ぼした影響

未曾有の被害をもたらした東日本大震災は、住宅取得者の意識にも大きな影響を与えた。震災後に、住宅取得時に重視する割合が大きく変化した項目は「耐震性能」と「立地（災害などに対する安全性）」である。後者は津波災害に加え、首都圏でも大きな被害をもたらした地盤の液状化の影響であろう。震災後、多少瞬間風速的な側面もあるが、確実に住宅需要者の志向は変わった。

住まいは、居住者の変化、技術の革新、経済状況の変化、そして今回のような社会規模のできごとの中で進化を遂げている。

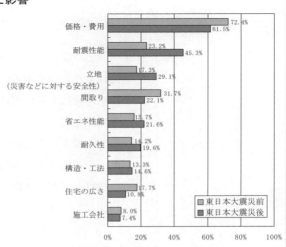

図1.18　住宅取得時に特に重視するもの[14]
（3つまで選択可能：全18項目のうち上位9項目のみ表示、N＝892）

1.4 これからの住まい

本章で述べた住まいと諸条件との関係の視点から、これからの住まいを展望する。

(1) 風土と住まい

古くから各地に存在する住まいの形態を説明する要素として風土を取りあげた。近代以降は、人類が生み出した技術によってこれとは乖離した住まいが実現されてきたが、昨今社会問題となっている地球規模の環境問題はこのことと必ずしも無関係ではない。これからは、風土との適合性の高い、環境負荷の少ない住まい、そしてそれを可能とする生活様式や価値観が求められる。

(2) 住宅の機能と計画

住まいに求められる安全性・快適性・利便性・表現性の4つの機能は、居住者・地域・社会の3つからの捉え方がある。居住者には住戸に住む単一世帯、住棟や住宅地全体に住む複数世帯の2つの意味がある。地域とは住宅地の近隣、社会とはより広域の範囲や国全体である。

一定の居住水準が満たされた今日では、地域や社会に関わる機能がより今後強く求められるであろう。たとえば、景観は表現性に関わるものであるが、居住者個人にとっての快適性・利便性をある程度抑制しても地域への適合性を追求していくべき機能と考えられる。

(3) 歴史的系譜と計画

住まいの歴史は、社会の変遷と大きく連動していた。今後どのような方向に社会が向かうのかを見定め、これからの住まいの姿を追求していく必要がある。

【演習問題】

1）リトルワールドにある住宅について、住宅の形態に影響を及ぼしたそれぞれの国や地域の要因や、重視されている機能を考えよう。
2）明治村にある住宅について、それぞれの時代背景と、重視されている機能を考えよう。
3）昔の城下町や宿場町などで歴史的な集落・町並みが残っている地域は、伝統的建造物群保存地区として指定・保存されている。この地域を訪れ、町屋の空間を体感してみよう。
4）現代の住宅について、近年重視されてきた機能を考えよう。

【引用・参考文献】

1）岡田光正、藤本尚久、曽根陽子：住宅の計画学入門－住まい設計の

基本を知る、鹿島出版会、2006 年
 2 ）日本建築学会編：第 2 版　コンパクト建築設計資料集成［住居］、丸善、2004 年
 3 ）清家清：家相の科学　21 世紀版──一戸建て・マンションの選び方　住まい方　知恵の森文庫、光文社、2000 年
 4 ）藤井明著、建築思潮研究所編：建築ライブラリー〈9〉集落探訪、建築資料研究社、2000 年
 5 ）藤井明：風の造形－イランの砂漠周縁部の集落、すまいろん 1988 年夏号、財団法人住宅総合研究財団、1988 年
 6 ）住宅史研究会：日本住宅史図集、理工図書、1970 年
 7 ）重要文化財坪川家住宅修理編集委員会：重要文化財：坪川家住宅修理報告書、1969 年
 8 ）奈良県重要文化財保存事務所：重要文化財今西家住宅修理工事報告書、1962 年
 9 ）芳賀徹・小木新造編：明治・大正図誌 3　東京 3、筑摩書房、1978 年
10）住環境の計画編集委員会編：住環境の計画 1　住まいを考える、彰国社、1992 年
11）高田光雄編：日本における集合住宅計画の変遷、放送大学教育振興会、1998 年
12）大月敏雄：集合住宅の時間、王国社、2006 年
13）高層住宅史研究会編：マンション 60 年史－同潤会アパートから超高層へ、住宅新報社、1989 年
14）（独）住宅金融支援機構：2011 年度　民間住宅ローン利用者の実態調査＜民間住宅ローン利用予定者編＞（第 1 回）

第2章　独立住宅の計画

◇◇◇◇◇◇◇◇◇◇◇◇◇◇◇◇◇◇◇◇◇◇　**本章で学ぶ内容**　◇◇◇◇◇◇◇◇◇◇◇◇◇◇◇◇◇◇◇◇◇◇

本章では今後の章も含め、住宅を計画する上での基礎的な事項を学ぶとともに、独立住宅を中心に計画の基本的な考え方、およびそのテーマの変遷について各作品の時代背景を交えながら解説する。

2.1　住宅の種類と計画条件

(1) 住宅の種類

住宅は、住戸の集合と土地利用の形態により何種類かに分けることができる（図2.1）。2戸建住宅と連続住宅は、複数の住戸が横に連続し一つの建物を構成し、前者は英国で、後者は日本の初期のニュータウンに多く見られる。共同住宅は異なった住戸が縦にも積層し、かつ敷地の利用者が物理的に区分されていないことが特徴である。

これら住宅形態はその立地によりある程度決まる。郊外の低密度の住宅地では独立住宅や連続住宅が多く見られるが、都市地域では土地代が高くかつ高密度な高層建築が可能であるため、独立住宅では極めて高額なものとなり、一般的には共同住宅となる。

(2) 住宅計画の諸条件

1) 基本条件

設計者は居住者の家族構成や好みを十分理解し、希望の予算や竣工時期の範囲内で、適用可能な技術を踏まえ的確な設計を行う必要がある。この際、単に居住者の要求に応えるだけでなく、家族の将来見通しや住宅の社会性を考慮し、専門家としての大所高所からの提案も求められる。

2) 家族

以前は核家族（夫婦＋子ども）が主であったが、近年家族構成は多様化した（図2.2）。家族の住要求はそのライフステージにより変化する。住要求は主に初期段階では子供の年齢、後期段階では親世帯の年齢に大きく関係する。また、家族の好みは直接要望として示されることも多いが、自ら認識していないが生活の様子に感じ取ることがある。このような居住者の考え方や生活の特徴を住居観や**ライフスタイル**と呼ぶことがある。居住者が未確定の状態で設計を行う建売住宅や分譲集合住宅では、このライフスタイルをパターンとして捉え、設計の手がかりにすることもある。

> **ライフスタイル**
> 身分的な同質性をもった集団の生活形態を説明する概念。古くから社会学で用いられ、現代では主にマーケティング分野において「多様な価値観をもつ集団を細分化する手段」として用いられている[1]。

200　第2章　独立住宅の計画

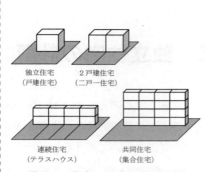

図 2.1　集合の形式による分類

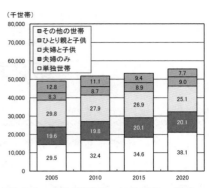

図 2.2　家族類型別一般世帯数の推移
（総務省「国勢調査」より作成）

3）地域と住宅

前章で世界の住宅を参考に風土と住まいの関係を概観したが、日本国内でもこの地域性は様々な形で現れる（図2.3）。たとえば、雨戸の設置率は台風との関係が大きいが、その昼夜の開閉の習慣も地域で異なる。二間続きの和室は自宅で冠婚葬祭を行う時代に適した形態であったが、現在でも形態として残る地域もある。これら地域特性に適した計画が望まれる。

一方、近年景観法が施行され景観が重要な評価尺度として定着した。しかし、住宅は景観のみならず、非常時の対応や高齢社会の中で共助などを念頭に、日頃から地域の人々と良好な関係が形成できるよう、過度なプライバシー重視に陥らないような計画上の配慮が必要である。

4）技術

日本の在来木造建築は**木割法**（図2.4）によって設計と生産が一元化され、基本的に部品部材はこの規格に沿って生産され市場に流通している。しかし近年では住宅部品・設備の工業化が進展し、ほとんどの住宅はこれらを活用し設計されている[注1]。また近年のIT技術の進展も日進月歩であり、これへの対応も不可欠なものとなっている。

5）維持管理

住宅は寿命の異なった部品部材で構成されている。それぞれの部品部材ができるだけ長持ちするよう、日頃の手入れ・点検や修理を怠らないと共

木割法
我が国の伝統的な建築において、各部の比例と大きさを決定するシステムまたは原理。設計者である大工はこの寸法に沿って住宅を設計し、市場に流通する部材を購入し加工・建設した。

注1）工業部品は安価で品質が安定しているのがメリットであるが、これに頼りすぎると画一的な住宅となる。これらと特注品をバランスよく組み合わせ、ローコストで独自性のある住宅設計を心がけることが肝要である。

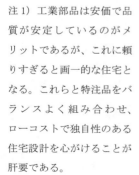

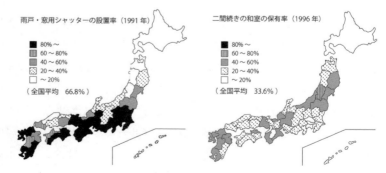

図 2.3　住宅の地域性[2]
（住宅金融支援機構「住宅・建築主要データ調査」より作成）

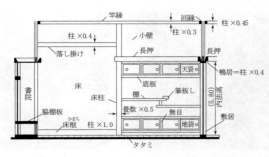

図 2.4 木割法による名称と寸法[3]

に、寿命が尽きた場合に他の部品部材を壊さなくても取り替え可能なように設計しておく必要がある。また、修繕や取り替え時には工事用の足場などが必要になるが、同じ時に寿命の近いものを併せて取り替えると、結果的に費用は安くなる。

2.2 住まいの計画

(1) 住要求をとらえる

1) 家族像と間取り

どのような家族が住み、その家族のライフスタイルや価値観を知ることが最も重要なことである。まず、どのような家がいいのか、矛盾する点があってもよいので、すべて話してもらい、また書き出してもらうことからはじめる。特に現代では、住宅に関する本や雑誌がたくさん出版されており、インターネットも合わせると得られる情報は大量だが、そうした要望から何が必要なのかを見極めていくことが、設計上の重要な手掛かりとなる。

また、住宅は何十年、何世代も住み続けるため、持続可能な地域社会を形成する上でも、家族の成長（ライフステージ）に応じて変化する住まいへの要望に応えるべく、将来を見据えた計画としなければならない。

2) 住宅と周辺環境

a) 周辺環境との調和

敷地内の生垣の緑、あるいは建物の外壁は、内と外を区切るなど屋内を包み込むバリアの壁であると同時に、街並みや景観を構成する要素でもある。また、緑は最も優れた仕上げ材ともいわれ、新興住宅地などでは緑が十分に育っていないこともあるが、成熟した住宅地では緑が十分に育ち、落ち着いた雰囲気を醸し出す効果もある。街並みや地域の景観を考える上でも、緑を長期的な視点から設計することも必要である（写真 2.1）。

b) 方位、アプローチ

四季の変化に富むわが国では、日照や方位に特別な思い入れが強い。冬至には高さに対して約 1.8〜2 倍の影ができるので、隣地の建物の影響も十分に見込む必要がある。また、前面道路からどのように建物内にアクセ

【コラム】
悪徳リフォーム業者問題

2000 年代半ばに社会問題化した、主に訪問販売業者による実態の乏しいリフォーム工事に、高齢者が高額な工事額を請求されるトラブル。リフォーム工事への企業の参入障壁の低さと玉石混合の企業群特性、および工事の質と価格の判断が難しい単身の高齢者世帯の増加などが背景にあり発生した。

緑豊かな成熟した住宅地

分譲間もない若い住宅地

写真 2.1　周辺環境との調和

スするのか、その道筋であるアプローチの計画も重要となる。アプローチ空間や窓から四季の移ろいを感じさせる効果的な木の緑の配置など、建築と緑は一緒に考えることが必要である。

(2) 行為から考える住まい

1) いつも居るところ

a) リビングルーム

居間、リビングルームは、家族の形が多様化しようとも、住宅の中で最も重要な空間であることは変わりない。家族が集まってテレビを見たり、ゲームをするなど何らかのコミュニケーションをとったりする。また、一人で音楽を聴いたり、ソファでゴロゴロしたり、勉強をすることだってある。つまり、リビングルームには、家族の自由な行為を受け入れてくれるだけの広さや高さなどのゆとりが欲しい。客間が無くなりつつあり、リビングに客を招き入れることが多くなった。家族の生活の中心であると共に、接客の場として家の「顔」ともなるため、庭の緑が見える日当たりのよい位置に計画したい。

b) ウッドデッキ・テラス

リビングルームから屋外へ延長してつながる位置に、ウッドデッキやテラスを計画し、休日には友人家族を招いてバーベキューを行うことも多くなった。エントランスホールやダイニングルームとつなげることもあり、屋外空間ではあるが、屋内の行為が連続して展開できる場となる。

2) 食べるところ

a) ダイニング

食べるところは、キッチンやリビングルームとも密接に関連するため、このLDKは連続的につなげて計画したい。家族団らん、コミュニケーションの基本は食事である。家族みんなでの食事は夕食の方が長いかもしれないが、時間は短くても朝食でも顔を合わせて取ることが多い。朝食のときに光が入るような、気持ちのよい空間[20]として計画したい。

b) キッチン

調理の仕方や食事の取り方などは、家族の習慣や考え方によって大きく

異なる。キッチンでどのように調理して、食卓へ料理を運ぶのか、食器棚の位置とキッチンの向きも十分に検討するべきである。対面式、アイランド型、L型やI型のキッチンを家族のライフスタイルに合わせて計画する。

3）寝るところ

a）夫婦寝室

夫婦寝室は最もプライバシーが要求される部屋である。子ども室と壁一枚で仕切るのではなく、なるべく離して計画するか、収納スペースを挟み込んで計画する。欧米では、夫婦寝室に専用バスルームなどの緩衝空間を配置してプライバシーを確保している。また、子育て中は子ども中心となるが、子どもが独立すると夫婦のみの時間も長くなる。今後は、子育て中ばかりではなく、夫婦のみの時も想定して計画するべきである。

b）子ども部屋

子どものプライバシーについては、与えすぎると引きこもりや家庭内での傷害事件などの心配もある。子どもが小さいときは勉強もリビングルームやダイニングで行っているが、中学校へ通いはじめると自室で勉強するようになる。過度なプライバシーを与えるのではなく、最低限のスペースとして計画し、リビングルームなどの諸室で補完しながら生活できるようにしたい。

c）老人室

超高齢化社会に突入しており、高齢者の居住環境を見越して計画する必要が出てきた。二世帯住宅などの場合は、ライフスタイルに合わせて独立と共用を組み合わせればよいが、在宅介護まで考えると配慮すべき点がいくつかある。

バリアフリーやユニバーサルデザインにより、物理的な障壁は除去されつつあるが、奥の暗い部屋に閉じ込めるのではなく、明るく日の当たる家族がいるところに近い位置がよい。自立した生活を送るためにも、寝室近くに便所を設け、部屋の大きさは介護がしやすいよう8帖程度の広さで計画したい。

4）収納するところ

収納は多いに越したことはないが、限られたスペースの中で全体のバランスを見ながら計画する。そもそも日本は、他国に比べて荷物が多い。各室に小さいながらも収納を設けて分散させるか、何箇所かに集中させるか、ライフスタイルに合わせて計画したい。

5）水まわり

a）浴室

欧米ではバスルームは体を洗うことに重点が置かれているが、日本では湯船につかって体を温めたり、疲れを癒してリラックスする要素の方が強い。浴室からの眺望や素材にこだわりを持つ人も多い。

b）便所・洗面

洗面は脱衣所と兼ねることも多いが、洗濯機や洗面台などを置くと狭くなることがあるので、十分に注意したい。便所は水洗が当たり前となり、どこにでもレイアウトできるようになった。水回りはコア部分として壁で囲われることが多いが、浴室や洗面とあわせて便所も一体的にガラス張りの空間として計画された事例もある。

(3) 空間のつながりで考える住まい

1) 内部と外部のつながり

a) 視覚的なつながり

日本の家屋は伝統的に障子や襖などの可動間仕切りで仕切られており、基本的には軸組工法により外部に開いた開放的な空間構成となっている。一般的には廊下は部屋と部屋とをつないでいるが、この部屋を仕切る壁を取り払い、内部空間をワンルーム型とする例や、水回り諸室を壁で囲ってコアを設けて外壁をガラス張りとして、内部と外部を視覚的につなげる事例もある（写真2.2）。

b) 通風と採光

通風と採光を確保するために、コートハウスのような坪庭や中庭を設けることが多い。高気密、高断熱化が進んでいるが、中間期には自然採光や自然通風を取り入れる方が快適なことも多い。また温度差換気やドラフト（煙突）効果により、ハイサイドやトップライトなどの高い位置から空気を排出することも計画される（写真2.2）。

c) 靴を脱ぐ生活様式

日本では未だに大勢の人々が、靴を脱いで生活を送っている。バリアフリーの観点からいえば、段差をなくして計画することが優先されるが、靴の履き替えが必要なこともあり、分かりやすい境界（閾）の可視化が必要となる。また日本では靴を脱ぐことで、足裏から床の素材感を感じ取っているともいえる。

2) 中間領域でつなぐ

a) 半屋外空間

建物を上に持ち上げたピロティ空間は、建物の両側を視線でつなげ、庇

コートハウス（ウィークエンドハウス、西沢立衛、1998）

コア型（エアーハウス、三分一博志、2001）

写真2.2 内部と外部のつながりに特徴のある建築作品[15]

や土間空間は屋内を屋外化することで連続的なつながりを持たせている。屋内と屋外の間に半屋外空間を挟みこむと、全体的に緩やかな空間のヒエラルキー（階層性）が生じ、新しい行為や活動も誘発される（写真2.3）。

b) 建物と建物の間

一戸の住宅でも諸機能に分けて空間化すると、分棟型のレイアウトとなり、棟と棟の間にある関係性が生じる。棟と棟の間にウッドデッキを設けてつなげることで、新しい活動の場が展開される（写真2.3）。

c) 屋上庭園

屋上庭園は中間領域というものではないかもしれないが、屋内化された外部空間であり、屋根は床に次ぐ第三の地面でもある。屋上の場合は水平方向だけのつながりではなく、空ともつながる。

3）上下のつながり

a) 吹き抜け空間

吹き抜けを設けると、上下の空間が直接つながり、各階での活動を見たり感じることができ、視認性もあがる。トップライトなどと組み合わせると、最下階まで光が届いて明るくなる。吹き抜けは上下をつなぐため、建物の芯や背骨のような秩序を空間に与える。

b) 積み上げる

狭隘な敷地では、諸室を横につなげて広げることができないため、諸室をたてに積み上げて計画する。このような場合、階段室を明るく計画して諸室へも光が届くようにするとか、幅がせまいと圧迫感もあるため天井高さを高く取るなどの工夫が必要となる（写真2.4）。

c) スキップフロア

敷地に高低差がある場合など、階段やスロープの踊場の高さに中二階などを置き、高さ方向にズレを生じさせながら、一体的な空間を計画することができる。階段やスロープ部分に中庭などを配置して、縦の動線の視点高さの移動に変化を与え、建物全体の中心として計画することもできる

分棟型（軽井沢の仕事場、磯崎新、1993）

庇と土間（屋久島の家、堀部安嗣、2000）

写真2.3 中間領域でつないだ特徴のある建築作品[15]

積み上げる（日本橋の家、岸和郎、1992）　　　　スキップフロア（阿品の家、村上徹、1990）

写真 2.4　上下のつながりに特徴のある建築作品 [15]

（写真 2.4）。

（4）プランニングの手法

1）連結と分割の手法

連結の手法とは、要求される諸室や機能に面積を与えて、それらを関連の度合いに応じてつなぎ合わせていきながら全体をまとめていく方法である。一方、分割の手法は、枠（フレーム）を決めて、その内部をいくつかに分割して必要な空間を仕切っていく方法である。連結の手法と分割の手法は、どちらか一方だけでプランニングが行われるのではなく、常に両方を適宜組み合わせて進められるべきである。

2）切り取りの手法

全体の枠を決めて、必要なスペースを切り取っていく手法である。平面的に切り取られた部分は中庭となって、コートハウスのようになる。立体的に切り取られると、光庭やピロティ、屋上庭園になる（写真 2.5）。

3）ゾーンプランニング

諸室や機能をグルーピングしてまとめ、そのグループを分けてゾーンを形成してプランニングを行う方法である。たとえば、プライベートなゾーンとパブリックなゾーンに分け、その間を中庭などで挟み込む手法である。

4）グリッドプランニング

一定のモデュールを基準寸法とする平面的なグリッドを下書きにして、各室をプランニングしていく手法である。基準寸法を柱間（スパン）割に用いることが多い。日本では畳を基準寸法とするグリッドが一般的である（写真 2.5）。

5）彫塑的なプランニング

グリッドなど整形な形ではなく、粘土などで塑像をつくるようにデザインしていく手法である。造形力がかなり問われる手法であり、諸室の空間

切り取りの手法（黒の家、写真提供：千葉学事務所、2001）

グリッドプラン（箱の家、難波和彦、1995）[15]

写真2.5　プランニングの手法に特徴のある建築作品

的な成り立ちやつながりの把握が難しい。

2.3　計画のテーマと作品

　時代背景と共に進化してきた住宅計画のテーマを、時代を画した具体的な作品を通して解説する。

(1) 設計者のタイプとテーマ
1) 設計者のタイプ

　住宅には大きく、生活の場、作品、商品の3つの側面（表2.1）がある。この3側面の重視の程度やバランスで、設計者はいくつかのタイプに分けることができる[3]。「生活重視型」は、居住者のライフスタイルや要求を丁寧にくみ取り、住みやすい住宅を実現するタイプで、特定の地域で活動する小規模な設計事務所に多く見られる。「芸術家型」は、住宅の作品性や芸術性を重視し、新しいアイデアや手法に挑戦することを大切にするタイプである。必ずしも住みやすい住宅とはならないこともあるが、住まいに対する強いこだわりや芸術志向をもつ居住者に受け入れられている。「規格設計型」は、ハウスメーカーの設計者に見られるタイプで、一定の設計規準に沿って敷地特性と居住者（購入者）の要望を踏まえ設計を行う。設計規準に沿うことは安定した品質と低コストを実現するが、居住者の特別なニーズに応えるには限界がある。

　実際の設計者は、おおむねこれらの中間的存在であるが、志向の異なる多様な居住者に対してそれぞれ役割を担っている。

2) 芸術家型に見る計画のテーマ

　ここでは、この芸術家型の設計者によって提案されてきた住宅の足跡を、テーマという側面から紹介する。彼らの追求してきたテーマは、単なる芸術性に係わるものばかりではなく、各時代における社会問題の解決、居住者のライフスタイルや価値観の変化への対応、新しく登場した技術・素材の活用など、日本の住宅計画の発展に直結する考え方や計画手法を先取りしたものであることが少なくない。実際、これらの作品は他の設計者

建築設計三会
建築設計事務所で構成される業界団体であり、次の3つがある。
・日本建築士会（連合会）
・日本建築士事務所協会（連合会）
・日本建築家協会

多くの事務所はこれらのいずれか、または複数に入会している。設計事務所を捜す場合、各団体のホームページの会員欄が役立つ。

注2）時代の流れに沿い著名な住宅作品を紹介した書籍に、たとえば次がある。これらの多くには以下紹介する作品の解説がある。

・宮脇檀：日本の住宅設計、彰国社、1976年
・黒沢隆：近代＝時代のなかの住居―近代建築をもたらした46件の住宅、メディアファクトリー、1993年
・布野修司編：日本の住宅戦後50年、彰国社、1995年
・尾上亮介、他：図解ニッポン住宅建築、学芸出版社、2008年

に大いなる刺激と影響を与え、広く世の中に定着したものが多い[注2]。

なお、現在大規模建築の設計で著名な建築家の多くは、最初は自邸などの住宅設計を手がけていることが多く、彼らの作品は住宅のみならず建築全体の発展につながっていると言っても過言ではない。

表 2.1 住宅の3つの側面

	生活の場	作品	商品
考え方（極論）	「住み心地が良い」	「建築雑誌に載る」「設計者の個性を表す」「社会に問題提起する」	「売れなければ意味がない」
特に重視する主体	居住者	建築家	住宅供給者
評価すべき点	・居住者の生活・志向の特性に適合	・設計手法・デザインへの挑戦・建築素材利用法の開拓	・需要者を十分研究（居住者ではない）
疑問点	・それだけでよいか	・誰のため、何のための住宅か	・需要者の目を引く設備・仕上げを過度に重視

(2) 計画のテーマの変遷と作品

1) 最小限住宅

戦後復興時の乏しい経済力や限られた建築資材の中で、いかに豊かな生活空間を実現するかが追求された。

①私の家（清家清：1954、図2.5・写真2.6）

南北に長い敷地の北端に住宅を配置し、壁で視線を遮りながらも扉をなくしたワンルーム型のコンパクトな住空間とし、南側の庭に対し開放性を持たせた。住宅内の床と庭を同じ仕上材（石）とし、屋内の畳ユニットが庭に移動できるなど、内部と外部の連続性を意識している。住宅だけではなく敷地全体で広く住むことにより、豊かな生活空間を実現している。

②増沢洵自邸（増沢洵：1952、図2.6・写真2.7）

限られた敷地と予算を念頭に置いた一般解を目指し、平面・立面・断面や構造・設備・材料・構法などが一体となった、吹抜けをもつ総二階の住宅である。単なる合理性の追求にとどまらず、吹抜けを介しての内部空間の一体感、モダンな中に日本の伝統的表現が追求された。

2) メタボリズム（新陳代謝）

戦後復興の見通しが立ち、新たな建築設計の理念が模索されていた時、建築ストックの将来的な対応を視野に入れ、生物学に見られる「代謝」の概念を建築に応用したものである。この理念は住宅以外にも展開された。

①スカイハウス（菊竹清訓：1958、図2.7・写真2.8）

斜面の住宅地に立地し、正方形の1層の住宅が4つの壁柱により空中に

最小限住宅（住居）

1929年のCIAMのテーマとなった住宅設計の考え方であり、合理主義・機能主義的立場から住宅の平面計画を再検討し、生活に必要な最小限要素を抽出し設計された住宅を指す。左記の作品では、この考え方が戦後という時代背景の中で現実的なテーマとして取り組まれた。

メタボリズム

1959年に黒川紀章や菊竹清訓ら当時の日本の若手建築家・都市計画家グループが開始した建築運動。メタボリズムとは「代謝」を意味する生物学上用語であり有機体が細胞レベルでは常に生まれ変わり再生しているように、都市も構成要素の更新による可変性を備えるべきとの考えをもつ[9]。

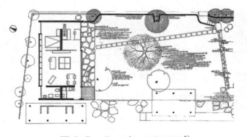

図 2.5 私の家 平面図[5]

写真 2.6 室内から移動できる畳ユニット[6]

2.3 計画のテーマと作品

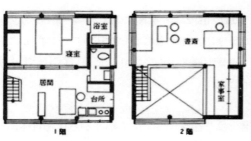

図 2.6 増沢洵自邸 平面図[7]

写真 2.7 増沢洵自邸 外観[7]

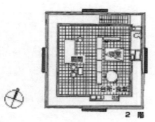

図 2.7 スカイハウス 平面図・断面図[9]

写真 2.8 スカイハウス 外観[7]

持ち上げられた。屋内空間は構造体のないワンルーム空間で、キッチン・浴室・収納の3つの「ムーブネット」がこの空間の横に取り付けられ、内部空間とは独立した取り替え可能な形態となっている。竣工後、床下は子供室が「ムーブネット」として吊り下げられたり、サンルームや居間などに利用されたりするなど変化してきた。計画と構造の明確な分離、空間構成要素の部品的扱いにより、家族の変化に対応できる明快な新陳代謝の手法が提案され、継続的に実践されている。

②中銀カプセルタワー（黒川紀章：1972、写真2.9）

大都市に立地し、構造体・エレベータ・階段を変わらざるものとして中心に据え、工業化部品で構成された住戸ユニットを取り替え可能な要素としてその周囲に取り付ける形態である。新陳代謝の考え方が明快な空間構成・構工法に展開され、それがデザインの斬新さともなっていた。しかし老朽化により、住戸ユニットの取り替えが行われることなく建物全体が解体された。

写真 2.9 中銀カプセルタワー外観

3）都市居住

高度経済成長の中で日本の都市や住宅地は高密度化し、徐々に従来の住宅形式では良好な住環境を確保するのが難しくなってきた。その中でこれまでの住宅には見られなかった新しい住宅の「型」が提案された。

①正面のない家（西沢文隆：1960、図2.8・写真2.10）

敷地の四周を塀で囲み外部からの視線を遮り、その内側に多く庭（コート）を設け、庭に接する部屋を開放的にする形態となっている。周辺へのプライバシーと部屋の開放感を両立した、高密度な低層住宅地に適する型

【コラム】
日本のプレハブ住宅の原点
「3時間で建つ勉強部屋」をキャッチフレーズに1959年に発売された。

ミゼットハウス[7]

であり、一般的にコートハウスと呼ばれる。

②塔の家（東孝光：1967、図2.9・写真2.11）

都心のわずか6坪の敷地に、部屋を積層し吹抜けで一体的した立体的ワンルーム空間である。建築形態の工夫により、都市に住宅を実現することが可能であることを示した。

4）工業化・部品化

住宅の生産技術の進化は、徐々に住宅構成部品から住宅自体に対象を拡大した。この流れの中で従来の延長線上にはない形態の工業化住宅が追求

図2.8 正面のない家 平面図[5]

写真2.10 正面のない家 中庭[5]

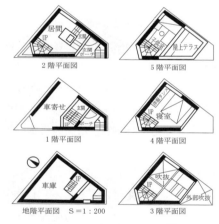

図2.9 塔の家 平面図[10]

写真2.11 塔の家 外観

【コラム】ハウスメーカーと型式認定工法

ハウスメーカーとは、日本の高度成長期の旺盛な住宅需要を背景に急速に成長した建設業である。独立住宅や低層集合住宅の売上に占める割合が大きく、企画・設計・施工・販売・アフターサービスを自社内で行う企業が多い。また、工業化・部品化に基づいた設計、工場での部品製造と敷地での効率的工事という生産システムを基本としている。一方、型式認定工法とはこのような住宅を念頭に、個別の住宅設計の前段階に、共通する材料・設備・工法などを国土交通省から認定を受ける工法である。ハウスメーカーはこの仕組みを活用し、住宅設計をできるだけ標準化し、その型式について予め国土交通省の認定を取っておくことにより、部品性能検査や建築確認を簡略化している。なおこの方式は、設計の自由度は小さいが安定した品質を実現するというハウスメーカーの特徴につながっている。

された。

①セキスイハイムM1（大野勝彦：1971、写真2.12）

工場内で100%組み上げた複数の空間ユニットをトラックで運び、現地で一体化することにより完成する住宅である。多くの工業化部品の採用を可能とすると共に、工業化住宅らしい素直で潔いデザインを実現した。

5) 家族の変化

「社会・地域－家族－個人」の関係の強さは時代と共に変化し、家族のあり方や住宅の考え方はそれに対応し変化してきた。

①岡山の家（山本理顕：1993、図2.10）

コートハウスの形態を応用し、個室・厨房・浴室を別棟とし中庭を囲んで分散配置した。個人－社会の関係がより強固になってきた現代家族の特性を、住宅の形態として具体化した。なおこの考え方を集合住宅に展開したのが熊本県営保田窪第一団地（1991）である。

6) 敷地への対応

住宅地の環境は多様であり、住宅はその場に相応しい、その環境を活かした生活空間の実現が求められる。

①森の中の家（吉村順三：1963、図2.11・写真2.13）

別荘地に立地する。主要な部屋を2階に配し、小さくした1階には屋外

写真2.12 セキスイハイムM1
（提供：セキスイハイム）

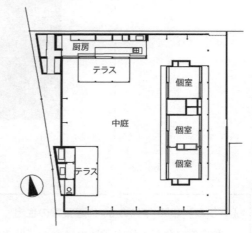

図2.10 岡山の家 平面図
（設計：山本理顕）

図2.11 森の中の家 平面図 [11]

写真2.13 森の中の家 外観
（撮影：松隈洋）

空間として活用するテラスを設けた。居間の引き込みの大きなガラス戸を開放すると、まさに空中に浮かび住まう感覚が得られる。

②ブルーボックス（宮脇檀：1971）

急勾配の斜面地に建つ箱形の住宅である。敷地に生える竹をそのまま建築形態に活かすなど、敷地のもつ固有の特性を重視した。また宮脇は様々な作品で外部をボックス型の箱で受けとめ、内部では家族のあり方を追求した。

③住吉の長屋（安藤忠雄：1976）

三軒長屋の中央の1戸を切り取り挿入された、コンクリート打放しの中庭をもつ箱状の住宅である。大阪の長屋のもつ空間構成を抽象化・形態化し、雨の日に傘を差さないとトイレに行けないなどの居住性の問題を超越した緊張感のある空間を実現している。

④屋根の家（手塚貴晴＋手塚由比：2001、写真2.14）

視界の拡がる丘に立地する平屋の住宅である。屋根全体を広大なテラスとし、敷地からの眺望を堪能できる場として生活空間領域の拡大を図った。

写真2.14　屋根の家　屋上写真[13]

【コラム】1990年代の30代建築家の住宅

　本節で紹介した住宅作品のほとんどは1980年代までのものであり、各作品は各時代において住宅が直面する課題への回答を強い形態をもって示し、ここではそれらを計画のテーマという形で整理した。しかし、その後登場する作品にはこれらに匹敵する共通するテーマはあまり見られない。

　すまいろん2001年秋号[15]では、近年の複数の若手建築家が形成するユニット派に着目した特集が組まれた。その中で五十嵐太郎は、21世紀型の組織のあり方としては、従来の強いヒエラルキーの組織ではなく横のつながりの強いネットワークが重要であるとし、設計者の考え方自体が与条件の多いコンピューターのモデルと似ており強い形が出てきにくいとしている。また五十嵐はデザインのこれら作品に見られる共通のキーワードとして、無表情、チューブ（状）、ミニマル／ストライプ、開く（周囲との関係性からつくる）、狭小、などを示している。

7) 素材と空間

建築素材の新たな使い方や、新しく開発された材料の利用は、住空間の可能性を拡大する。

①から傘の家（篠原一男：1962、図2.12）

天井のない正方形の平屋に、傘のような架構の方形の屋根を載せた。木の架構素材が、住空間の一体感を生み出している。

②シルバーハット（伊東豊雄：1984、図2.13）

部屋ごとにヴォールト屋根をかけた空間単位が、半屋外の中庭を取り囲む。中庭は、スライド式のテントで覆われた鉄骨フレーム屋根、アルミパンチングメタルや格子などの透けて見える素材で囲まれ、透明性の高い住空間が実現されている。

8) 記憶の継承と地域への開放

住宅ストックの時代になり、住宅設計も既存住宅の単純なリフォームのほか、以前の住宅の風景や居住者の思い出などの記憶の継承が重要なテーマとなってきた。設計上の制約は大きいが、居住者や地域にとっての価値が実現される。

①母の家（藤村龍至／RFA：2022、図2.14、写真2.15）

郊外ニュータウンの一角にある住宅を改修し、一部を外部開放できる形態とした作品である。構造壁を移動し、中心ラインより手前を公的領域、鍵付きの引戸で奥側を居住者の私的領域とした。リビングには大きなテーブルを設置、玄関脇の部屋には喫茶店の営業許可を取得できるキッチンとトイレを新設し、近隣住民の交流や職住近接の支援に使えるようにした。

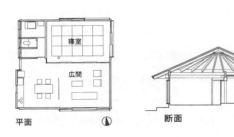

図2.12 から傘の家 平面図・断面図 [14]

図2.13 シルバーハット アクソメ [12]

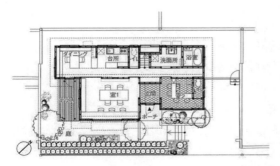

図2.14 母の家 1階平面図（提供：藤村龍至）

写真2.15 同 1階アプローチ（撮影：永井杏奈）

【コラム】阿下喜地区のリノベーション

近年では、個人や小さな事業主体による建物単体のリノベーションが、同じエリアで同時多発的に起こり、それぞれの点が面としてつながることで、エリア全体を変えていく「エリアリノベーション」と呼ばれる動きが、全国各地で展開している。

三重県いなべ市阿下喜地区では、ここ数年でライフシフトしてきた移住者（Uターン・Iターン）によるエリアリノベーションが展開している。はじまりは、移住してきた2人の若者が立ち上げた企業が、2016年に廃業した旅館をリノベーションして食堂を開業した。その後、いなべ市のバックアップもあり、別の移住者も含めて、飲食店やアートギャラリー、パン屋、カフェ、アパートなど、また廃校になった小学校を筆談カフェにリノベーションされている。旅館、商店、民家、学校など、さまざまな既存の建物が活用され、ユニークな地域の景観が形成されている[19]。

写真 2.16　リノベ物件①食堂

写真 2.17　リノベ物件②アートギャラリー

2.4　独立住宅の計画への取り組み方

建築を志す学生にとって、独立住宅の計画は入り口部分であり各種建築を学ぶ上での礎となる。その取り組み方のポイントを述べる。

(1) 住宅の種類と計画条件

住宅計画の諸条件は恐らく不変であろう。自宅や周辺地域の住宅を十分観察すること、立地や環境の異なる住宅を訪れる機会を設け、空間や生活者の思いなどを肌で実感することを勧めたい。

(2) 独立住宅の設計

住要求や空間のとらえ方には基本があり、空間づくりにはこれまでつちかわれてきた着眼点や設計作法がある。これらを学び自分のものとし、更に発展させることを目指したい。

(3) 計画のテーマと作品

これからも多くの挑戦的な住宅作品が登場する。その時に大切なのは作品に込められたテーマである。どのような社会の流れに着目し、どのような設計手法やアイデアで住まいの価値を創造しているかを読み解きたい。

2.5 住宅を作るプロセス

巻末資料は住宅をつくるプロセスを5段階に分け、一般的に行われる手順を表現したものである。

このように、建築主と建築家が中心となり、官庁や施行業者などが相互に考えていることや大切にしていることなどを理解・協力しながら住宅は作られていく。

【演習問題】

1) 興味をもった建築家の設計作品に共通する特徴を研究してみよう。また、各作品のその立地する場所の特性との関係を見てみよう。
2) 建築家が著した書籍を読み、その作品との関係を見てみよう。
3) 住宅展示場に行き、自分が気に入った住宅とそれ以外の住宅の違いを考えてみよう。

【引用・参考文献】

1) 巽和夫編：現代ハウジング用語事典、彰国社、1993年
2) 住宅・建築主要データ調査、（独）住宅金融支援機構ホームページ
3) 岡田光正、藤本尚久、曽根陽子：住宅の計画学入門―住まい設計の基本を知る、鹿島出版会、2006年
4) 宮脇檀：日本の住宅設計、彰国社、1976年
5) 別冊新建築　日本現代建築家シリーズ⑤清家清、新建築社、1982年
6) 住宅史研究会：日本住宅史図集、理工図書、1970年
7) 矢代眞己、他：マトリクスで読む20世紀の空間デザイン、彰国社、2003年
8) 建築計画教材研究会編：建築計画を学ぶ、理工図書、2005年
9) 布野修司編：日本の住宅戦後50年、彰国社、1995年
10) 吉村順三：小さな森の家―軽井沢別荘物語、建築資料研究社、1996年
11) 日本建築学会編：第2版　コンパクト建築設計資料集成［住居］、丸善、2006年
12) 手塚貴晴／手塚由比：手塚貴晴＋手塚由比建築カタログ、TOTO出版、2006年
13) 篠原一男：篠原一男、TOTO出版、1996年
14) すまいろん2001年秋号、（財）住宅総合研究財団、2001年
15) 石堂威・小巻哲監修、ギャラリー間企画、日本の現代住宅1985-2005、TOTO出版、2005年

16) 松村秀一、佐藤考一、森田芳朗、江口亨、権藤智之編著：箱の産業—プレハブ住宅技術者たちの証言、彰国社、2013 年
17) 馬場正尊『エリアリノベーション』学芸出版社、2016.5
18) 饗庭伸編著『都市を学ぶ人のためのキーワード事典—これからを見通すテーマ 24』学芸出版社、2023.9
19) 中井孝幸、近藤早映、益尾孝祐：建築がつなぐ都市、地域、まちの記憶（第 7 回）『建築と社会』日本建築協会、Vol. 105、No. 1224、pp. 73-78、2024.3
20) 宮脇塾講師室編『眼を養い手を練れ　宮脇檀住宅設計塾』彰国社、2003 年

第3章　集合住宅の計画

◇◇◇◇◇◇◇◇◇◇◇◇◇◇◇◇◇◇◇◇◇◇◇◇◇◇◇◇　本章で学ぶ内容　◇◇◇◇◇◇◇◇◇◇◇◇◇◇◇◇◇◇◇◇◇◇◇◇◇◇◇◇

　本章では、前章の住宅計画に関する基礎的事項の理解のもと、集合住宅で新たに登場する概念や計画の原理、およびそのテーマの変遷について、時代区分ごとに代表的な作品を交えながら解説する。

　集合住宅は独立住宅と異なり、一つの事例（計画単位）に含まれる住戸数が多く、かつ日本では新しい住宅形式であったため、その特徴は事業者や設計者の考えや各時代で求められるニーズが明確に反映されたものとなる傾向が強い。[注1]

◇◇

3.1　建設のフローと住宅の種類

(1) 建設のフロー

　集合住宅の建設はいくつかの段階に分けることができる（図3.1）。集合住宅は、その大規模性や求められる技術が高度であることなどにより、多様な主体の分業・連携により建設される。また、建築主と入居者が同一でなく、かつ入居者が未確定の状態で計画が行われるため、企画・基本計画段階での需要者想定やそれに基づく創造的計画・設計が重要となる。一方、多世帯による共同生活が行われるため竣工後の計画的管理が必要で、この良否は居住性のみならず、住宅の寿命自体に大きな影響を及ぼす。

注1) 以下に紹介するものは集合住宅計画の基本である。この中には現在の計画では使われなくなったものもある。しかしこれらの手法により建設された事例は現在も多く存在し、我々は今後それらの再生に立ち向かっていかなくてはならない。そのための基礎的知識として十分理解する必要がある。

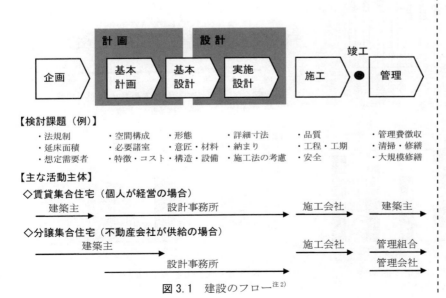

図3.1　建設のフロー[注2]

注2) この図では表現し切れていないが、建築主は全ての段階に責任をもち、設計事務所や施工会社は建築主からの委任で業務を行う。設計事務所は、設計内容が的確に施工されているかのチェック（施工監理）も施工会社に対して行う。また分譲集合住宅の管理会社は管理組合の委託を受けて業務を行う。

（2）供給・所有・管理の主体と集合住宅の種類

集合住宅には様々な種類があるが、この理解には、建設フロー（図 3.1）の供給（建築主の役割）と管理に、所有（土地と建物）の概念を加え、その具体的主体の関係を示す必要がある（図 3.2）。供給主体には大きく公共と民間があるが、竣工後の所有者との関係により、住宅は 4 つの〈種類〉に統計上分けられている[注3]。

（3）住宅建設の動向

独立住宅も含め、これまで日本で建設されてきた住宅の状況を概観する。現存する住宅のストック数（図 3.3）は、戦後の住宅建設により増大しており、特に集合住宅（共同建て）の占める割合が大きくなっている。

新しく建設される住宅を上述の〈種類〉から変遷を見ると、着工戸数

注3）「持家」は建築主が自ら居住する目的で建築するもの、「貸家」は建築主が賃貸する目的で建築するもの、「給与住宅」は会社・官公庁・学校等がその社員・職員・教員等を居住させる目的で建築するものである。「分譲住宅」は建設後販売または分譲の目的で建築するもので、建て売り住宅や分譲マンションがこれにあたる。

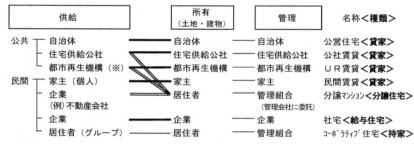

図 3.2　供給・所有・管理の主体と集合住宅の種類

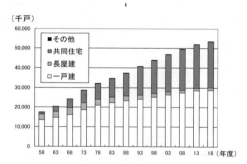

図 3.3　建て方別住宅ストック数の推移
（「住宅・土地統計調査」より作成）

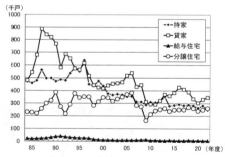

図 3.4　新設住宅の着工戸数の推移
（「住宅・土地統計調査」より作成）

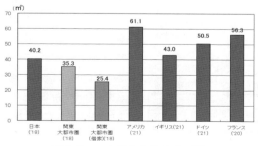

図 3.5　一人当たり住宅床面積
（壁芯換算値）[1]

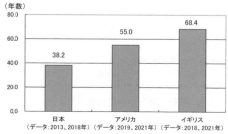

図 3.6　滅失住宅の平均築年数
（国土交通省調べ）

（図 3.4）は給与住宅以外は近年いずれも 40〜50 万戸程度であること、持家と分譲住宅の差異がなくなってきたこと、貸家は時期により大きな変化が見られること[注4]などの特徴が見られる。

戸当たり床面積は戦後から 2000 年頃まで拡大してきたが、一人当たり床面積（図 3.5）は未だ欧米先進国よりも低い水準に留まっている。またその寿命（図 3.6）も極めて見劣りする状態であり、サステナブル社会に向けての課題は多い。

注4）たとえば 1980 年代後半に貸家が多いのは、戦後多く建設された木造賃貸住宅がワンルームマンションに建て替えられたためである。

3.2 集合住宅の計画

(1) 住戸計画

住戸平面には多様な情報が含まれている。図 3.7[注5]を例にとると、居住性に係わるものとして、住戸専有面積、間取りタイプ（nLDK）、開口部の大きさ（通風・採光・開放感）などがある。また火災時の避難ルートや、階段室からのプライバシー確保の状況も理解できる。更に方位や階の表示があれば、日当たりや眺望はある程度推測できるし、断面形状タイプ（図 3.8）はバリアフリーや住戸内空間の質に大きく係わる。住戸設計はこれらの要素の集合体として行う必要があるが、大切なのは限られた住戸専有面積の中での各室面積や諸要素の適切なバランスと、生活空間として大切にしたい点の明確化である。

注5）1980 年代半ばに一世を風靡した住戸設計であるが、現代では設計されない部分も見られる。どのような点か考えてみよう。

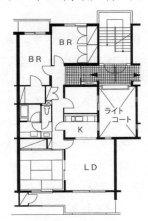

図 3.7 住戸平面の例 (100 ㎡)[2]

(2) 住棟計画

住戸を縦に積み重ねたものが住棟であり、地上から住戸に至るまでの階段・エレベータの配置によりいくつかのタイプに分けることができる（表 3.1）。基本は階段室型と片廊下型であり、この両者を組み合わせたものがスキップフロア型[注6]である。これら 3 タイプは板状の形態で、住棟両側に窓が確保でき風通しも良い。しかしこの形態では、地震時の建物転倒や日影時間の関係で住棟の高層化が難しく、この対応策として搭状のタイプがある。搭状の 4 タイプのうちツインコリダー型とボイド型は、中央に吹き抜けがありここからの自然換気が容易で

注6）エレベータの停止階を少なくすることにより運行効率を高めること、および住戸前を人が通らないプライバシーの高い住戸を多く取ることがメリットである。

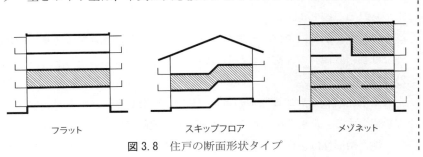

フラット　　　スキップフロア　　　メゾネット

図 3.8 住戸の断面形状タイプ

表3.1 住棟のアクセス方式タイプ（基準階平面）

板状：階段室型、スキップフロア型、片廊下型
搭状：中廊下型、センターコア型、ツインコリダー型、ボイド型

表3.2 住棟の階数タイプ

	階数	容積率(%)	アクセス方式
低層住宅	1～3階	～50	階段室型、片廊下型
中層住宅	4～5階	40～80	〃、〃（階段室型の限界）
高層住宅	5～19階	60～250	スキップフロア型、片廊下型
超高層住宅	20階～	200～	地震耐力の関係で表3.1の塔状の形態のみで可能

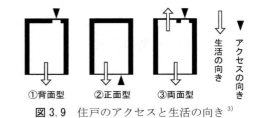

①背面型　②正面型　③両面型
図3.9　住戸のアクセスと生活の向き[3]

視覚的開放感も大きいが、井戸のような縦空間との否定的意見もある。

住棟の階数タイプ（表3.2）は4つに分類できる。階数が高くなるほど、耐震性や火災安全性等への対応で建設コストは割高になるが、高容積率が実現できるため、高地価の立地では高層住宅や超高層住宅が採用される。住戸の出入口・窓が、廊下や外部とどう向き合うかにも3タイプ（図3.9）ある[注7]。プライバシー確保と日当りの点で背面型が多くなっているが、近隣とのコミュニティ形成や住戸近傍の防犯性確保の点では、正面型や両面型が優れている。

(3) 配置計画

1) 基礎的条件

第一は「住戸の良好な環境確保」であり、隣の棟からのプライバシーと**日照時間**の確保がある。前者は人間の視力から35m隣の棟から離れることが目安であるが、これが困難な場合は植栽などで視線を遮ることもある。日照時間は敷地の緯度とも関係し（図3.10）、複数棟ある集合住宅地の場合は4時間[注8]が目安とされている。

第二は「敷地周辺への影響低減」であり、敷地周辺への日影時間がある。これは一日8時間から上記の日照時間を引いた時間数であり、用途地域により敷地境界の外側に長時間にわたる日影を落とさないような配慮が求められる（図3.11）。

そのほか、敷地内ではオープンスペースの日照時間や建物の景観、敷地外では都市景観への配慮などがある。

2) 計画手法

大量供給時代の大規模団地の事例（表3.3）をもとに、配置計画の考え方を紹介する。最も典型的な手法は**南面平行配置**である。この手法のもつ平等性と南面性は、住宅ストックが不足する時代において、設計の規格化や

注7) 外部から住戸玄関に至る方向が「アクセスの向き」、居間などの日常家族がすごす部屋から外部を眺める向きが「生活の向き」であり、後者では日当たりや眺望などが重要となる。

日照時間
最も条件の悪い（太陽高度の低い）冬至を想定し、主な居室に、朝8時から夕方16時までの間に何時間直射日光が当たるかを意味する。

注8) 旧・住宅金融公庫の融資対象住宅の条件の一つで、用途地域によって条件が異なり、第一種低層住居専用地域、第二種低層住居専用地域、第一種中高層住居専用地域、第二種中高層住居専用地域では4時間以上、それ以外の住居系地域では2時間以上、商業系や工業系の地域では日照が重視されていない。また公営住宅や旧公団住宅ではこの4時間日照が設計規準となっていた。

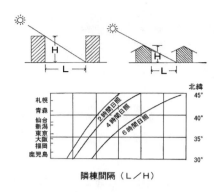

図3.10 緯度・隣棟係数と日照時間[4]

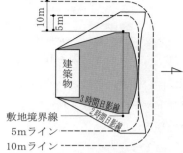

図3.11 日影規制時間の例[5]

南面平行配置
1924年にドイツで初めて提案され、W. グロピウスやL. ヒルベルザイマーにより理論化された。それまでの集合住宅は建物で中庭を囲んだ形態が多かったが、南面平行配置の手法は健康的な住環境の実現という面が評価され、1960年頃までに世界中で受け入れられた。

生産効率の点で極めて合理的であった。しかし、住棟間の外部空間は画一的な単なる隙間にすぎなかった。この隙間を生活の場としてまとまった空間としたのが、直交囲み配置・半囲み配置・囲み配置であり、平等性や南面性を一部放棄している。また、敷地は平坦な場所だけではない。混合型の事例は敷地面の傾斜の状況により住棟タイプを使い分けており、半囲み配置の事例も斜面を巧みに囲み空間に取り込んでいるケースが多い。

3）住居群の配置の考え方

多くの住戸・住棟で構成される住宅地も、ある程度空間的変化がないと息苦しいものになる。その対策の第一は住棟のグルーピングである。これは「住宅地空間を構成するための最小の単位空間として、数棟から数十棟を何らかの原理によってひとかたまりとして計画する手法」[6]であり、このグループが外観デザインやコミュニティなどの単位にもなる。

第二は上記グループの構成原理となる空間領域（性）である。これは「人間が何らかの意味によって、空間のある一定の範囲を区別して認識する」[6]ことであり、年齢層ごとの身体能力に係わる行動的空間領域と、空間認識能力に係わる心理的空間領域がある。後者は人間の成長や生活の期

表3.3 大規模団地の住棟配置の例

	南面平行配置	直交囲み配置	半囲み配置	囲み配置	混合型
事例	上野台団地(1965)	市川中山団地(1967)	新千里東町地区(1970)	奈良北団地(1969)	高根台団地(1963)
平等性	◎	◎全て南に対し45°	△	△	○斜面地に搭状棟
南面性	◎	○	○	○	○
オープンスペース環境	△狭くかつ画一的	○	◎	◎	○

222　第 3 章　集合住宅の計画

空間の段階構成手法

住宅地の計画について、集団生活の便宜上、生活環境の維持・管理などから有意な住宅集合に数段階あるとし、この段階を空間的に表現しようとするもの。集合の核として教育施設、公園施設、購買施設群を想定することが多く、道路の性格（幅員や交通量など）を段階づけて扱うことも多い。

表出とあふれだし

共に住戸内に本来置かれているものが、玄関まわりなどの外部に出された状態を指す。その中で表出とは、鉢植えや置物などが外に向けて飾り付けられ、居住者の趣味や個性を表すもの。あふれだしとは、収納の不足などから、居住者に演出の意図がなく物が置かれている状態を意味する。空間計画では表出が積極的に行われるような配慮が望まれ、表出は居住者の立ち話などを誘発しコミュニティ形成にもつながる。

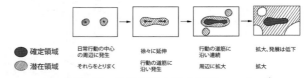

図 3.12　生活領域の形成過程のモデル[7]

間に伴い徐々に形成されるが（図 3.12）、この形成が速やかに進むようなランドマークが用意されていると、居住者は早くその住宅地に馴染むことができる。

このような考え方に沿って計画された空間の単位を、地域として段階的に拡げ、またその規模に応じて必要となる施設等を加え、配置計画の骨格を形づくるのが**空間の段階構成手法**である。

(4) 共用空間・施設計画

1) 住棟内共用空間／広場

住棟には機能上不可欠な共用空間として、玄関まわり・廊下・階段・エレベータがある。玄関まわりは空間的ゆとりをもたせれば居住者の**表出**の場に、廊下の滞留可能な空間は居住者相互のコミュニケーションの場となりうる（図 3.13）。一方、居住者の共同生活に係わる共用空間・施設も住棟内に必要である。この原点は、自治会や管理組合の会合のための集会室や多目的室であるが、1980 年代後半から居住者間のサークルや外部の友人を招き利用する部屋などが積極的に計画されるようになった（図 3.14）。また超高層住宅では、失われる接地性を補う手段として、あるいは高層階の眺望を楽しむ場として、以前は小さなオープンスペースが中間階にしばしば計画されたが、1990 年頃からは屋内型の空間に置き換わってきた（図 3.15）。

住棟間のオープンスペースも重要な計画要素である。プレイロットや子供の遊び場、緑地や東屋などが一般的計画要素であるが、居住者の年齢構成の経年変化に柔軟な対応できる計画とすることが望まれる。

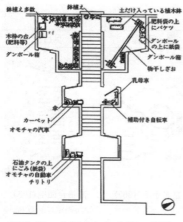

図 3.13　玄関まわり空間の利用の事例[8]

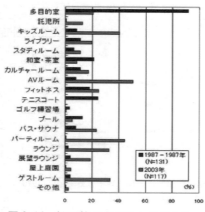

図 3.14　総戸数 200 戸以上の集合住宅の共用空間・施設[9]

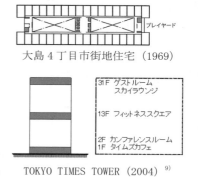

図 3.15　超高層住宅の共用空間・施設の事例

3.3 住宅管理・更新/建替え

表 3.4 生活利便施設の例

```
<利用者不特定>
・スーパー、コンビニ
・喫茶店
・クリニック
・ホテル
・博物館
<利用者特定>
・キッズルーム
・デイケアセンター
・会員制スポーツクラブ
```

表 3.5 住宅管理の概要

項目	内容	必要知識等
維持管理（メンテナンス）	共用部分の日常清掃、設備点検、日常修繕・大規模修繕。	建設・設備的技術
生活管理（コミュニティライフ）	共同生活のルール作り、啓蒙活動。違法駐車、近隣間の生活音、ペット飼育がトラブルの上位。	人的管理、合意形成
運営管理（マネジメント）	建物メンテナンスや共同生活上の資金集め、運営、会合など。	経営・運営

【コラム】集合住宅でのペット飼育
以前は小動物を除き原則禁止のルールをもつ集合住宅が一般的であったが、近年ペット飼育可とする事例が激増した。たとえば首都圏の新規分譲集合住宅では、ペット飼育可の分譲集合住宅は、1998年1％、2003年47％、2007年86％である（不動産経済研究所調べ）。これは、一人暮らしの高齢者の増加が背景にあるが、このように生活のルールも社会動向との関連が大きい。

表 3.6 管理組合の議決のルールの概略（区分所有法）

議決内容	総会での決議方法（※）	備考
一般の集会の議事	区分所有者数及び議決権数のそれぞれ過半数	通常総会は、少なくとも毎年1回以上開催
規約の改正・廃止、共用部分の変更	上記2つのそれぞれ4分の3以上	多額の費用を要しない、改良を目的とした変更は除く
建て替え、建物敷地売却、一棟リノベーション、一棟売却	上記2つのそれぞれ4分の3以上	

（※）所在等不明区分所有者、および集会に参加せず賛否も明らかにしない区分所有者は算出の母数から除害される

これらは、住棟の総戸数が大きいほどスケールメリットが働き設置しやすくなるが、その維持には費用がかかり居住者のニーズも変化する。住宅竣工後も利用価値が保つことができるよう、末永く利用される計画とともに、運営管理の仕組み、施設を経営する発想、地域との連係などが重要となる。

2）生活利便施設

大規模な集合住宅では、周辺住民も利用可能な施設も併せて計画される場合が少なくない。これらは居住者だけでは事業の成立が難しいものや、周辺地域で未整備のものが多い（表3.4）。選定条件の第一は事業成立性であるが、用途面では集合住宅との相乗効果が期待できること、設計面では両者の空間領域が明確に分けられていることが重要である。

3.3 住宅管理・更新/建替え

(1) 住宅管理とは

集合住宅の管理の内容は大きく3つからなる（表3.5）。賃貸と分譲は建築面では大きく異ならないが、生活面はそれぞれ借地借家法と区分所有法により規定されている。具体的に分譲では、各住戸の所有者（区分所有者）により**管理組合**が組織され管理が行われるが、生活や建物利用などのルールが明文化され、議事の重要度に応じ議決のルールが決められている（表3.6）。住宅管理の実務は、管理会社に委託されることが多い。また、区分所有集合住宅の普及に伴い、その存在が社会の資産として認識され、**マンション管理適正化法**などの公的制度が整備されてきた。

自治会と管理組合

自治会は市町村内の各地域で自発的に組織される町内会（参加は任意）であり、管理組合は区分所有建物などの所有者で構成される団体（参加は必須）である。分譲マンションではこの両者が存在することが多く、自治会は居住者間の親睦や周辺自治会と連携した活動を行い、管理組合は共有財産である共有部分の管理に関わる意思決定を行う。

マンション管理適正化法

2001年に管理業者の不正・不祥事の発生を背景に施行され、マンション管理業の登録制度創設とマンション管理士の国家資格化が行われた。更に2022年に、不適切な管理の防止を目的に改正法が施行され、管理組合が作成した管理計画（運営・規約・経理・長期修繕

計画など）が一定の基準を満たす場合に地方公共団体の認定が受けられ、売買時の市場での評価、各マンションの管理状況の共有、公的融資等での優遇などのメリットが生まれた。

注9）総戸数により、24時間常駐、日勤、および巡回（一人の管理員が複数の集合住宅を巡回し担当）の3つの形態がある。また、日勤や巡回でも管理員が不在の時間帯の緊急連絡を警備会社と連携し対応するケースもある。

快適な共同生活実現には、日頃から居住者間で良好なコミュケーションが形成され、管理組合などの組織が十分機能している必要がある。

(2) 部材の寿命と修繕計画

住宅は寿命の異なった部材の集合体であり、特に集合住宅の修繕は工事用足場などが不可欠のため、類似の工事周期の部材をまとめて修繕を行うと費用的に安くつく。また修繕には多大な費用が伴うため、日常管理向けの管理費とは別に修繕積立金を毎月徴収し、長期修繕計画に沿って修繕が行われる。適切な修繕の実行は、建物自体の寿命を延ばすことにつながる（図3.16）。

(3) 生活サービス

分譲集合住宅では、管理組合に委託された管理会社は表3.5の代行業務を行うが、現地に管理員を派遣[注9]し対居住者の窓口業務も行う。また、共用部分のフロンにホテルに類似した窓口を設け、一般的な管理業務を超えた生活サービス（表3.7）を行うこともある。これは共用施設も含め集合住宅のもつ共同のメリットの一つである。

(4) 更新／建て替え

1) 経年変化

集合住宅に限らず、建物は経年劣化によりいずれは建て替えの時期が来る。また、物理的寿命が残されている場合でも、将来かかる修繕費用（修繕・改修）と余剰容積率を活用した資産価値向上（建て替え）を比べた場合、建て替えの方が経済的メリットが大きい場合がある。また新築と大きく異なるのは既に居住者がいることであり、彼らの生活を守りながら良好な住環境を形成する必要がある。またたとえば分譲集合住宅には高齢者やローンを組み住宅取得間もない世帯など多様な居住者がおり、建て替えの住民合意は容易ではない。

2) 賃貸集合住宅の建て替え

古い公的賃貸住宅には現行の容積率を下回っている事例が多い。この大規模団地の建て替えでは、敷地の更なる有効利用と、居住者の団地内での

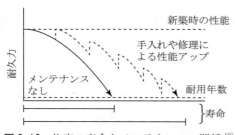

図3.16 住宅の寿命とメンテナンスの関係[10]

表3.7 生活サービスの例（総戸数262戸：2005年）

セクレタリー	メッセージ クローク、カート 館内施設の予約・案内	インフォメーション コピー・FAX メモリアル、スナップ撮影
取次ぎ	クリーニング 宅配便、DPE はがき印刷	
紹 介	ルームクリーニング ルームリニューアル エンジニアリング フィルター清掃 グリーンレンタル グリーン購入紹介 フラワーデリバリー	レンタカー レンタルトランク ケータリング、宅配食業者 食材宅配業者 健康相談（医療機関紹介） 介護派遣、布団丸洗い 保険、布団乾燥、引越し

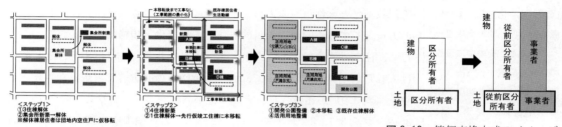

図 3.17　賃貸集合住宅団地の建て替えイメージ
（提供：市浦ハウジング＆プランニング）

図 3.18　等価交換方式のイメージ

継続居住を目標に、より高層高密度な住棟に順次置き換えつつ、余剰の土地に福祉施設が誘致されたり、土地が売却されたりする。（図 3.17）

3) 分譲集合住宅の更新／建て替え

分譲集合住宅では不動産としての資産価値の維持を念頭に等価交換方式（図 3.18）で行われるが、この法整備は時代と共に行われてきた。阪神・淡路大震災では多くの集合住宅が被災したが、その復旧に向けて法的問題（建て替えの判断規準、円滑な合意形成）や技術的問題（住宅の機能的・経済的寿命が物理的寿命より短い設計）が顕在化した。これを契機に、区分所有法の改正や「マンションの建替えの円滑化等に関する法律」の創設、建て替えや意思決定に係わるマニュアルの整備、および長寿命住宅に関する技術開発が行われた。そして 2024 年には、表 3.6 の建て替え等の選択肢の追加、および決議要件の緩和により、更新／建て替えのハードルが下げられ、更なる集合住宅老朽化と居住者高齢化へ対策が打たれた。

3.4　集合住宅のテーマの変遷と事例

1.3 では、新しい住まいの形として、戦前の同潤会によるアパート、戦後の分譲形式によるマンションの登場を述べた。ここでは特に戦後の集合住宅計画のテーマに着目し、歴史的変遷と事例を紹介する。

(1) 時代区分

戦後から今日に至る時代は大きく 3 つに区分できる（表 3.8）。1973 年の**第一次オイルショック**は我が国の高度経済成長の終焉をもたらしたが、その年に住宅ストック戸数は世帯数を上回った。住宅供給の目標もこの時を境に、住宅不足を解消する「量の時代」から、質の高い住宅を追求する「質の時代」に転換した。そして 1980 年以降は、居住者の個別のニーズや多様な建築形態を受け入れる「多様性の時代」に移行した。この各時代では住宅計画における価値基準が大きく変化し、住宅計画の特性も異なっていることに着目したい。

(2) 量の時代（1945 〜 1973）

1) ニュータウン／団地

戦後復興期から高度経済成長期まで、我が国の住宅供給は、絶対的な住

第一次オイルショック
1973 年の第 4 次中東戦争勃発を契機に原油価格が大幅に高騰したことを指す。これは中東の石油に依存してきた先進工業国の経済を直撃し、日本では列島改造ブームによる地価急騰で発生していたインフレーションが、企業の便乗値上げで加速され経済混乱に陥った。この結果、それまでの経済成長優先・効率性重視の考え方が大きく見直され、住宅計画にも大きな影響を及ぼした。
なお 1980 年以降のこのようなできごととしては、1990 年代前半のバブル経済崩壊、2000 年代後半の世界経済の失速があるが、まだ住宅計画の根本を変えるには至っていない。

住宅の標準化・規格化
P. 210 のコラムで型式認定工法を解説したが、この型式という考え方は団地の設計・生産にも適用された。住戸計画では、モデュールやグリッドを統一かつその種類を少なく（標準化・規格化）することにより、住戸・住棟・団地間で部材や

宅戸数不足と大都市への人口集中に対応すべく「量の供給」に追われ、その方策として効率的建設を目的に住宅の**標準化・規格化**が行われた。このため、住宅は画一的であったが、量的不足を背景にこれは平等性として受け入れられた。またこの中で、大都市近傍に公共主導で大規模なニュータウン（表3.9）が建設され、その一つが高蔵寺ニュータウン（表3.10、図3.19、写真3.1、3.2）であった。これは、名古屋市中心部から北東17kmの丘陵地[注10]に、計画人口81,000人の名古屋市のベッドタウンとして開

図面を共有化した。また配置計画では、団地全体を一つの敷地としその中に複数の住棟を配置する方法（一団地の総合的設計制度：建築基準法第86条第1項）とした。これらにより、設計と生産・建設の効率化を行った。

注10）広大な用地が必要であったニュータウンは、それまで既存集落がなく開発が容易な丘陵地に計画されたものが多い。そのため、ニュータウン内には○○台、○○丘といった地名が多く見られる。

表3.8 住宅計画の時代区分と各時代で新たに登場した特性

	量の時代（1945～1973）	質の時代（1974～）	多様性の時代（1980～）
時代背景・価値基準	量の重視 効率的建設 平等	質の重視 人間性回復 地域性重視	多様性の重視 差別化 都心居住への対応（※） 都市景観への配慮（※）
住戸計画	画一性、効率性	接地性	多様性
階数タイプ	中層、高層	低層	中層～超高層（混合）
住棟計画	板状（階段室、片廊下型） 塔状（中廊下、ツインコリダー型）	板状 （階段室型：低層）	板状（スキップフロア型） 塔状（センターコア、ボイド型）
配置計画	南面並行配置 →半囲み型、囲み型	囲み型（低層）	混合型（中層～超高層） 囲み型／沿道型（※）

（※）特に1985年以降に見られた特徴

表3.9 ニュータウンの概要

名称	開発面積(ha)	計画人口(万人)	所在地	事業主体(施行者)	整備開始
多摩NT	3,020	31.3	東京都	公団、東京都、都住宅供給公社	1966
千葉NT	2,913	34.0	千葉県	千葉県、公団	1970
西神NT	1,844	12.3	兵庫県	神戸市	1972
泉北NT	1,520	18.0	大阪府	大阪府	1966
港北NT	1,317	22.0	神奈川県	公団	1974
千里NT	1,160	15.0	大阪府	大阪府	1974
泉NT	1,030	5.0	宮城県	三菱地所	1969
高蔵寺NT	702	8.1	愛知県	公団	1966
桃花台NT	322	4.0	愛知県	愛知県	1968
大山田NT	194	2.3	三重県	公団	1972

表3.10 高蔵寺NTの土地利用計画

所在地	愛知県春日井市
開発規模	702ha
整備主体	住宅公団、宅地開発公団（当時）
事業手法	土地区画整理事業
整備開始	1966年（起工式）
整備終了	1981年
計画人口	81,000人
現在の人口	約47,000人（2010年）

写真3.1 高蔵寺NT 鳥瞰

写真3.2 高蔵寺NTの歩車分離

図3.19 高蔵寺ニュータウン 配置図[18]

3.4 集合住宅のテーマの変遷と事例　**227**

図3.20　芦屋浜シーサイドタウン
　　　　高層住区　配置計画

写真3.3　芦屋浜　外観

写真3.4　芦屋浜　空中公園

発された。他のニュータンと比べ、区域内に鉄道駅がないこと、商業施設などが集積するセンター地区が1つであることが特徴である。

　竣工後30年を経たこれらニュータウンでは、サブセンターの商業集積の陳腐化や、高齢化と丘陵地であることの住みにくさが問題となっており、ニュータウン全体の経営的な視点に立った施設の用途変更や組織作り（居住者、UR）が取り組まれつつある。

2）工業化工法による住宅地計画

　効率的建設の実現方策の一つとして追求されたのが住宅の工業化と高層化である。芦屋浜シーサイドタウン高層住区（図3.20、写真3.3）は、量の時代の最後に計画された総戸数3381戸の大規模集合住宅であり、1972年に実施された。当時の建設省・通産省等が主催の工業化・高層化を主たるテーマとした提案競技による事例である。計画の特徴は、配置計画では異なる供給主体による住棟の混合配置とその間のオープンスペース、住棟計画では4層ごとに設けられた空中公園（写真3.4）である。

(3)　質の時代（1974～）

1）タウンハウス

　第一次オイルショックを契機に我が国の住宅供給の目標は「量の時代」から「質の時代」へと移行した。またこの時期、公害や日照権など高度成長に伴う社会的矛盾が顕在化し、集合住宅計画においても「質の時代」にふさわしい新しい計画手法が探索された。その突破口となったのが、人間性重視の考えに基づいた低層集合住宅・**タウンハウス**である。

　六番池団地はその代表的事例であり、90戸、3階建ての公営住宅である。各階の異なった住戸平面、専用庭・セットバックテラス・路地風階段により実現される接地性、住棟で囲まれたオープンスペース、地域性を重視した勾配屋根など、新しい設計手法が試みられた。（図3.21、写真3.5）

タウンハウス
小林秀樹氏は設計された多くの事例を通して、タウンハウスを『①伝統的住居を学んだデザイン、②郊外型の中層団地に近い密度、③共用の外部空間をもつ、④土地を共有する、⑤全戸接地した「長屋型」や、上下に別住戸が重なるが広いテラスやアプローチ階段を工夫して生活面での接地性を高めた「準接地型」などの住宅形式をとる』[11]と定義している。

228　第3章　集合住宅の計画

図 3.21　六番池団地 配置図
（提供：現代計画研究所）

写真 3.5　六番池団地 外観
（撮影：小林秀樹）

HOPE 計画

旧建設省が 1983 年に発足した、市町村等による地域に根差した住まい・まちづくりを推進する事業制度。国主導の全国一律の公営住宅供給への打開策として出発したが、現在は地域性を反映した住宅作品・まちづくりや活動の表彰にも発展している。

図 3.22　高幡鹿島台ガーデン 54 配置図 [13]

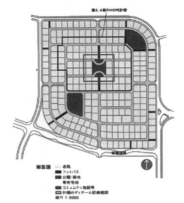

図 3.23　桜ヶ丘ハイツ皐ケ丘 配置図 [13]

マスターアーキテクト方式

新しく開発する市街地、住宅地及び地域・地区を全体として良好な環境や景観を備えたものとするため、各ブロックの計画・設計等について、高度の専門性と経験・判断力を有する一人の建築家（マスターアーキテクト）が、それぞれのブロックアーキテクトの個性や良さを生かしつつ相互調整を行う方式。各設計者は、全体のマスタープランとデザインコードをもとに設計を行う。

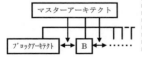

2）戸建て集合団地

タウンハウスで試みられた人間性重視の取り組みは、それまで画一的に設計されていた戸建て住宅地の計画にも大きな影響を及ぼした。

高幡鹿島台ガーデン（1984）（図 3.22）はその先駆的事例であり、道路を生活の場とする考え方を導入し、公共用地と個別の宅地の区別を越えた開発を実現した。また岐阜県可児市の桜ヶ丘ハイツ（1990）（図 3.23）はHOPE 計画の第 1 号モデル事業であり、無電柱化、道路沿いの緑地、外構デザインの統一により高質な街なみを実現している。

(4) 多様性の時代（1980 ～）

1）マスターアーキテクト方式

低層集合住宅は住宅の質の追求に大きな役割を果たしたが、その適用対象は郊外立地の中規模以下の住宅地に限られ、かつ明確な型をもっていた。1980 年代になると質の理解は、多様な形態の住宅が存在しそれを需要者が選択できることに転換した。また、オイルショックを脱した日本には引き続き大規模な住宅地開発も存在した。**マスターアーキテクト方式**は、大規模な住宅地開発において、いかに多様な住宅を実現するかを、設計者の組織体制に主眼を置き考案された。

3.4 集合住宅のテーマの変遷と事例　229

図 3.24　ベルコリーヌ南大沢配置図[14]

写真 3.6　ベルコリーヌ南大沢外観[14]

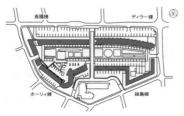

図 3.25　ハイタウン北方 配置図[15]

図 3.26　妹島棟 住戸平面[15]

図 3.27　高橋棟 住戸平面[15]

　ベルコリーヌ南大沢（図 3.24、写真 3.6）は最初にこの方式が試みられた事例である。多摩丘陵に「南欧の山岳都市」をモチーフに、マスターアーキテクトと 7 設計者が連携・調整しながら、一体感ある住宅群を実現した。また、街路からの景観を強く意識した住棟配置もこの計画の柱であった。

【コラム】時代の中で変化する超高層住宅の意味

　「量の時代」に「効率的建設の手段」として機能した超高層住宅は、1980年代以降「多様な住宅形式の選択肢の一つ」として再び市民権を得た。この時期は高強度コンクリート等の技術開発が進み、コストダウンが図られると共に更なる高層化が可能となった。またこの時代の後半では、都心への人口回帰推進を背景に、高容積率の立地で成立可能な住宅形式である特性が生かされ、「都心居住実現のための手段」として機能した。そして2000年以降、低経済成長社会および超高層住宅（分譲）の販売状況が比較的良好な中で、「土地処分が容易な建築形式」として役割を果たしている。

　こうして見ると、超高層住宅は眺望の良さなどで実需要に支えながらも、住まいとは直接関係のない論理によりその存在が意味づけられる歴史をたどってきた。

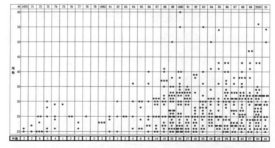

図 3.28　超高層集合住宅の計画動向（分譲＋賃貸）
（（財）日本建築センターのビルディングレターより作成）

図3.29 エルザタワー断面図（提供：竹中工務店）

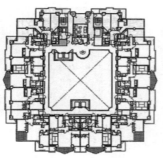

図3.30 エルザタワー基準階平面図（図3.29に同じ）

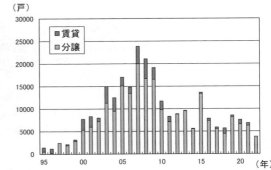

図3.31 超高層集合住宅の竣工戸数（首都圏・20階建て以上：不動産経済研究所調べ）

写真3.7 幕張ベイタウン（提供：市浦ハウジング＆プランニング）

ハイタウン北方（図3.25）も、女性建築家4名をブロックアーキテクトとするこの方式による事例である。従来型nLDKと設計の男性原理からの脱却をテーマとし、挑戦的な住戸平面（図3.26、図3.27）も試みられた。

2）囲み型／沿道型

マスターアーキテクト方式と街路からの景観重視の考え方は、幕張ベイタウン（写真3.7）で更に展開された。この事例は埋立て地の新市街地にグリッド状に計画された街路に沿って住棟を配置し、街路への都市景観と、住棟に囲まれた中庭という2つの顔をもつ住宅を実現している。

3）超高層住宅

多様であることは住宅の階数においても受容された。タウンハウスの時代は住宅の高層化自体が否定されたが、その後超高層住宅は復権を遂げ、技術開発の進展、都心への人口回帰、眺望の魅力などを背景に、1980年代以降は都心・市街地・リゾート地へと立地も拡大・多様化した。

エルザタワー（図3.29、図3.30）は市街地に立地する事例であり、住棟を単なる住戸の積層ではなく縦の街と捉え、多種類の共用空間・施設を高さ方向に分散配置し、その後の超高層住宅の一つの型を示した。

2000年以降は地価の下落などを背景に、超高層住宅は都心において、一般人にも手が届く住宅として加速度的に増加してきた（図3.31）。しかし、事業論理に偏重した計画も散見され、また将来の大規模修繕や建て替えを考えた場合、果たしてその大規模な居住者集団の意思決定がまとまるのかを不安視する声も聞かれる。超高層住宅は常に先進的な技術を生み出してきたが、サステナブルな視点に立った管理や居住者の意思決定にも係わるソフト面の研究開発や法制度の整備も今後求められる。

3.5 海外の集合住宅

世界で共通して見られる高層集合住宅に着目し、各国の自然環境・国土特性・社会背景・生活と住宅計画の関係を解説する。

(1) 香港

1997年まで英国の植民地であった香港は、可住面積の少ない地域に高層建築が林立する。住宅系の容積率は800%が基本で、30階建以上の住宅が無数に存在する[注11]。基準階平面は図面では方位が特定できない形状であり、水周りにも自然換気・採光を確保するため凹凸の多い外壁面となっている（図3.32）。住戸平面は防犯性確保からバルコニーはなく、玄関扉や窓には鉄格子が入っている[注12]。住棟2～3階には風通し確保のためのボイドデッキが設けられ（写真3.8）、多くの居住者が涼をとっている。高温多湿・高密度・防犯性重視の視点から合理的な建築形態が実現されている。

(2) シンガポール

1965年にマレーシア連邦から分離独立した都市国家であり、住宅ストックの8割以上が公的主体[注13]により、郊外ニュータウンを中心に計画的に住宅供給が行われている。住戸・住棟計画は香港と共通

表3.11 面積等の比較

国／地域	面積 (km²)	人口 (万人)	人口密度 (人/km²)
香港（2022）	1,108	747	6,745
シンガポール（2021）	718	545	7,485
台北（2018）	272	267	9,831
東京都区部（2023）	628	979	15,609

注11) 住棟形態は歴史的には中低層から出発し、都市の高密化と共に、高層住宅・超高層住宅へ移行して来た。さらに近年では空港の郊外移転による高さ制限の撤廃、および1997年の中国への返還後の中国本土からの人口流入により、高層高密化が進んだ。

注12) 図3.30の基準階平面や、玄関扉・窓の鉄格子は中国でも多く見ることができる。

注13) HDBでありHOUSING & DEVELOPMENT BOARDの略。近年は居住水準向上のため住宅ストックの改修や建て替えが行われている。

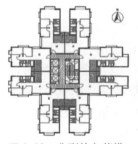

図3.32 典型的な基準階平面[17]

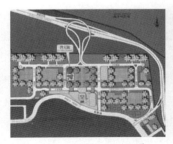

図3.33 配置計画の例[17]

写真3.8 ボイドデッキの例（3階）

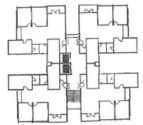

図3.34 基準階平面・住戸平面の例[17]

写真3.9 ボイドデッキの例（1階）

232　第3章　集合住宅の計画

図 3.35　基準階平面・住戸平面の例[17]

写真 3.10　手が加えられたバルコニー

写真 3.11　屋上に増築された部屋

注14）民族融合政策として、居住者を中国系、マレー系、インド系とその他という3種類に分け、一定割合で住宅に居住させる方法も取られている。

注15）バルコニーの改変は中国や韓国でも広く見られるが、屋上の増築等は台湾以外ではあまり見られない。屋上の増築等は直下の住戸が利用するとの暗黙の了解があり、事務所など他用途でも広く見られる。

注16）上海などでは戦前里弄住宅という都市型の高密低層住宅が建設され、現在も多く残っている。

注17）商品化住宅は大都市に見られる形態であり、農村部ではレンガ造の低層住宅が現在も見られる。

点が多い（図3.34）が、容積率は住宅系で200%程度で、住宅の高層化によりオープンスペースを生み出している。中華系77%、マレー系15%、インド系7%、その他1%からなる多民族国家であり、必要最小限のしつらえの住戸を各民族の好みに応じ内装が施される。住棟1階は公的施設や小規模店舗・飲食店もあるがボイドデッキ（写真3.9）の場合が多く、そこは民族の生活習慣に応じて冠婚葬祭の場としても利用される[注14]。高温多湿・多民族国家の特性が建築形態とうまく適合している。

(3) 台湾（台北）

住戸・住棟計画は香港と共通点が多いが、住宅系の容積率は400%である。ただ当初集合住宅として建設された建物も、住戸単位で他用途に変更される場合が少なくない。また住戸のバルコニーや屋上は各居住者が思い思いに手を加えあまり原型を留めない（写真3.10、写真3.11）[注15]。自由な民族気質や居住者のもつエネルギーが空間利用や外観に現れている。

(4) 中国

配置計画は、北半分は南面志向（写真3.12、図3.36）が見られるが、南半分では香港に近いものが多い。建国後、旧ソビエト連邦の工業化住宅の技術により住宅供給が行われたが[注16]、その後独自の発展を遂げ、1994年から生産単位による社宅制度から商品化住宅（個人所有・民間供給）の時代に移行した[注17]。集合住宅団地は塀で囲まれ限られた出入口には警備室がある。社宅制度時代は、この部屋は行政関係者が常駐し政情安定に寄与したが、近年は高齢居住者や警備会社スタッフが不信者のチェックを行っている。配置計画は大都市では中層住宅と超高層住宅の混合配置がみられ、住棟間には水景が設けられ、都市公園と共に散歩する居住者が多く

写真 3.12　南面平行配置の例（上海）

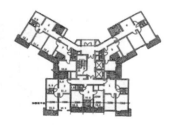

図 3.36　南面志向の基準階平面（上海）[17]

写真 3.13　中層と超高層混在（瀋陽）

写真 3.14　中庭の水景（瀋陽）

写真 3.15　賑わう集会室（瀋陽）

図 3.37　間口の大きな住戸平面[17]

写真 3.16　二戸一タイプの住棟

写真 3.17　地下階の避難所

見られる（写真 3.13、写真 3.14）。また集会室や公園の木陰には会話を楽しみながら麻雀やゲームに興じる姿も多い（写真 3.15）。中央集権的国家体制と大都市の自由主義経済の中で建築形態が激変しながらも、健康志向と居住者間のコミュニケーションに応える住宅計画が行われている。

(5) 韓国（ソウル）

2000 年までは更地における住宅建設が主体であり、一般市街地やニュータウンでの容積率は 200～400% で、南面性重視の板状住棟が多く、間口の大きい二戸一型の形態が多かった（図 3.37、写真 3.16）。2000 年頃以降はそれらの建て替えが積極的に推進され、棟状の超高層住宅が激増してきたが、間口の大きい住戸形態は維持されている。住棟の共用エントランスには警備員が常駐しており、地下階には有事の際の居住者の避難所（写真 3.17）が設けられる[注18]。経済合理性の追求を強く指向しながらも、住戸の開放性などの価値基準を堅持し独自の住宅形態をとっている。

(6) 米国（ニューヨーク）

大きな国土と車社会を背景に戸建て住宅を主体とした国であるが、大都市には職住近接の実現のための超高層住宅（写真 3.18）が見られる。ニューヨーク（写真 3.19）では、容積率は最大 1500% で、用途の立体化[注19]、ドアマンやエレベーターボーイによる有人監視、アスレチックやプールなどの共用施設の標準的設置などの特徴が見られる。貴重な時間を効率的かつ安全に生活する器として集合住宅が計画されている。

(7) 英国

産業革命以降の都市環境悪化の歴史の中で強い田園指向が形成された。

注 18) 中国でも同様の発想が見られるが、日常は駐車場や自転車置き場に利用されていることが多い。

注 19) 容積率の割り増しを受けるため、非住宅に合わせ住宅が計画される。高層階に住宅が計画される場合が多い。

量の時代には超高層住宅も建設されたが、1968年のロウナンポイントの超高層住宅のガス爆発以降、高層居住の居住者に与える影響の報告と相まって超高層住宅は建設されなくなった。現在主流なのは低層の二戸一住宅であろう。居住者の各住戸の個別性重視の考え方も強く、近年の集合住宅にもその志向を読み取ることができる（写真3.20）。成熟した保守的な社会の中で安定した住宅形態が形成されている。

(8) 地域特性と建築形態

本節では高層集合住宅を対象とし、多様な国・地域における建築形態を見た。それらは多様ではあるが、下記の諸要素との関連が深いことを感じ取ってもらうことができたであろう。海外の集合住宅や建築は、単に設計手法のみを捉えるのではなく、このような地域の諸特性との関係に着目し理解することが不可欠である。

- 自然環境…気候（湿度・気温）、可住面積、地震国
- 人的特性…民族性、伝統・文化に根ざした生活習慣
- 社会事情…治安、有事への配慮
- 住宅事情…大量供給／多様性／都心居住のステージ、需要者ニーズ

一方、上記4要素にも「変わるもの」と「変わらざるもの」がある。前者の最大要素は住宅事情や政策目標であり、経済発展や住宅ストックの充実により時間経過と共に改善され、建築形態は進化する。この進化の中で、他の自然環境・人的特性・社会事情の中で、特に大切にされているも

写真3.19 空から見たニューヨーク

写真3.18 Trump Tower

写真3.20 個別性重視の外観の例

写真3.21 高層化した香港の住棟

写真3.22 Pinacle@Doxton

写真3.23 興隆D2公宅

のが建築形態に堅持されることになる。

たとえば、香港では高密度な住環境克服の手段として、住棟の高層化と都市の立体化が促進されてきた（写真3.21）。シンガポールでは住環境向上の手段として都市緑化が展開され、高層階の共用空間も都市の一部として計画されてきた（写真3.22）。また、台北では社会住宅建設への方針転換と共に、高齢者向けの施設やサービスの整備が行われてきた（写真3.23）[20]。

日本は既に多様性・都心居住の時代に移行し、高層高密化の道を歩んでいる。しかし、大切にされているもの、大切にすべきものは一体何であろうか。この節の事例をヒントに、これからの方向を思い巡らせてほしい。

3.6 集合住宅計画への取り組み方

集合住宅の独立住宅との大きな違いは、住戸が集合し積層していること、および建物が大規模であることである。これらの居住者にとってのメリットの最大化とデメリットの最小化が重要である。

(1) 集合住宅の計画

住戸の集合・積層は住環境の高密度化と建物の高層化につながる。この特性に対し、住戸計画・住棟計画・配置計画を総合的に捉え、居住者にとっての良好な生活環境の実現のみならず、周辺地域との調和や係わりを大切にした、地域にも喜ばれる計画としたい。また大規模であることの特性を活かし、共用空間・施設の計画により楽しみの多い生活と良好なコミュニティを実現したい。

(2) 住宅管理

集合住宅の居住者は、所有や生活の面でいわば運命共同体である。適正な管理により、物的な生活環境の安定と、共に住まう喜びを実現したい。

(3) 計画のテーマ

これまでの計画では、各時代のニーズに応えながら新たな計画手法や仕組みが考案されてきた。今後の計画においても、社会や技術の動向を読みとり、次代のテーマを探る中で新たな生活価値の創造を目指したい。

(4) 海外の集合住宅

住宅と自然・社会・生活の関係を感じ取る機会でもある。海外を訪れる際には著名建築とともに、ぜひ地域の普通の街を訪れ、生活の様子を観察しこれらの関係を感じ取ってほしい。

【演習問題】

1) 自分や知人の住む集合住宅について、設計の特徴を調べ、竣工した時代との関係を考えてみよう。
2) 不動産広告や住宅情報誌に掲載されている分譲マンションのモデル

ルームに行き、どのような技術が用いられているかを調べてみよう。

3）海外旅行に行った時、普通の人が住んでいる住宅や生活の様子を見てみよう。

【引用・参考文献】

1）国土交通省：令和5年度住宅経済関連データ、2024年
https://www.mlit.go.jp/statistics/details/t-jutaku-2_tk_000002.html

2）日本建築学会編：第2版　コンパクト建築設計資料集成、丸善、1995年

3）鈴木成文、ほか：SD選書190「いえ」と「まち」、鹿島出版会、1984年

4）石堂正三郎、楢崎正也：住宅環境学、化学同人、1979年

5）日本建築学会編：第2版　コンパクト建築設計資料集成［住居］、丸善、2006年

6）新建築学大系編集委員会：新建築学大系20　住宅地計画、彰国社、1985年

7）ケヴィン・リンチ著、丹下健三・富田玲子訳：都市のイメージ・新装版、岩波書店、2007年

8）住宅建築研究所報、No.4、新築住宅普及会、1977年

9）髙井宏之：超高層マンションの共用施設とサービス、マンション学 No.20、2004年

10）中根芳一：目でみる私たちの住まいと暮らし、科学同人、1990年

11）特集　戸建て住宅に勝つ低層集合住宅―タウンハウスブームは再来するか？、日経アーキテクチュア、1999年7月12日号

12）住宅金融公庫監修、猪狩達夫・高山登編著：戸建と集合住宅による街づくり手法、彰国社、1990年

13）住宅生産振興財団編、中井検裕監修：住まいのまちなみを創る―工夫された住宅地・設計事例集、建築資料研究社、2010年

14）住環境の計画編集委員会編：住環境の計画〈3〉集住体を設計する、彰国社、1995年

15）ハイタウン北方パンフレット（岐阜県）

16）近代建築1998年9月号

17）分譲パンフレット

18）住宅・都市整備公団中部支社：区画整備の歩み1988-1995

19）齊藤広子、浅見泰司編著：タワーマンションは大丈夫か？！、プログレス、2020

20）髙井宏之、髙田光雄、鈴木雅之：超高層住宅の未来絵図―アジア4都市からみた日本、技報堂出版、2023年

第4章　住宅地の計画

> **本書で学ぶ内容**
> 住宅計画も団地やニュータウンの規模になると、都市計画レベルの施設要素や道路が登場する。詳しくは都市計画の書籍を参照されたいが、本章では具体的にどのような施設や空間が生活ために必要になるのか、道路の種類としては何があるのかの概要を学ぶ。

4.1　土地利用と生活関連施設

(1) 土地利用の種類と求められる面積

郊外の大規模な住宅地開発においては、住宅以外に道路・公園や団地内の生活を支える公益的施設も団地内に計画する必要である。それらの敷地面積の割合は、表4.1のように40％を超えた大規模なものである。

表4.1　高蔵寺ニュータウンの土地利用計画（計画段階）[1]

	土地利用	面積(ha)	構成比(%)		土地利用	面積(ha)	構成比(%)
公共用地	道路	133.0	18.9	公益的施設用地	教育施設	39.8	5.7
	公園	41.0	5.8		センター地区（商業・サービス等）	18.3	2.6
	緑地	18.3	2.6				
	河川・水路	1.8	0.3		誘致施設	30.0	4.3
	小計	194.1	27.6		水道施設	4.2	0.6
住宅用地	集合住宅	114.3	16.3		愛知用水	4.5	0.6
	独立住宅	279.9	39.9		サービス施設	17.0	2.4
	小計	364.2	56.2		小計	113.8	16.2
					合計	702.1	100.0

(2) 求められる施設の種類

上記でいう公益的施設には、公共公益施設と生活利便施設がある（表4.2）。大規模な住宅地団地の計画では、敷地周辺にこのような施設が存在しない場合、団地内に計画する必要がある。ただ、時間経過とともに居住者特性は変化し、必要とされる施設も変わる。また、計画段階にはなかった施設やサービスが登場することもある。このような変化に対して柔軟に対応できるような土地利用計画や建築設計となっていることが望まれる[注1]。

注1) たとえばコンビニや郊外立地の大規模商業施設は、1980年代に普及した。宅配便は1980年代後半、インターネットは1990年代に一般社会に普及した。住宅地の寿命に比べこれらの普及スピードは格段に早い。住宅地や建築にはこれらの変化を受け止める冗長性、そして設計者にはことが起きた時の構想力が求められる。

238　第4章　住宅地の計画

注2）これを機能別に整理したものが、P.395の表12.1である。

表4.2　住宅地の公益的施設[注2]

種類		具体的内容[1] （高蔵寺ニュータウン　20,200世帯：2020年）
公共公益施設	学校・児童福祉施設	幼稚園5、保育園6、小学校9、中学校4、高等学校1、子どもの家（学童保育）6、子育て支援センター1
	公民館・集会室	公民館1（市役所出張所、図書室、ホール、集会室等）、地域集会施設
	病院・社会福祉施設	医者村、老人ホーム等2、デイサービス7（近くに総合病院2、地域包括センター、高齢者・障がい者社会福祉施設等）
生活利便施設	商業施設	大規模小売店舗1、スーパー2、ドラッグストア3、コンビニ9
	生活利便サービス施設	飲食店40、理美容院・クリーニング等のサービス店舗57、郵便局5、銀行2、小規模事務所

4.2　道路の種類と計画

緑道
都市公園法が規定する幅10〜20mの帯状の緑地であり、歩行者専用で災害時の避難路としての機能も持つ。ただ、この条件に満たない帯状の緑地も計画されることがある。

遊歩道
散歩・自然観察・野鳥観察などを楽しみながら歩く道を指す。

ボンエルフ道路
歩行速度程度の自転車や低速自動車の通行を可能にした歩車融合型の道路。通行部分の蛇行やハンプ（路上の凹凸）を設置している。P.228の図3.22もこの道路を用いた事例である。

一般に建築は、建築基準法第42条で定義される道路（原則幅員4m以上）に2m以上接する土地が「敷地」として認めら、建設が可能である。しかし、大規模な住宅地団地では、その規模からこの道路を設計者が団地内に計画する必要がある。またこの道路は車道を意味するが、これ以外に

写真4.1　高幡鹿島台ガーデン54
（撮影：深井祐紘）

歩道、**遊歩道**、**ボンエルフ道路**などがある。これらはいずれも居住者の生活動線であり、住宅地の地形の特性を活かし歩車分離や歩車融合とするかなど、安全・便利・快適の視点から住環境として計画する必要がある。なお、この計画はP.130の外部空間計画と密接に関連している。

【引用・参考文献】

1）春日井市：高蔵寺リ・ニュータウン計画2021-2030、2021年3月

第5章　現代の住宅計画の課題

◇◇◇◇◇◇◇◇◇◇◇◇◇◇◇◇◇◇◇◇◇◇　本章で学ぶ内容　◇◇◇◇◇◇◇◇◇◇◇◇◇◇◇◇◇◇◇◇◇◇

本章では、現代の住宅計画やその将来像を考える上で、常に念頭に置かなければならない社会動向や課題を解説する。

◇◇

5.1　居住者の変化への対応

(1) 人口動態

我が国の年齢別の人口分布（図5.1）には大きな偏りがある。これは、終戦後のベビーブームや、その後の少子化・晩婚化・未婚化による出生率の低下（図5.2）、平均寿命の長期化などが影響している。この分布の偏りは、まずは各時代に求められる住宅供給量に影響し、その後バリアフリー設計、高齢者住宅・福祉施設や介護サービスの整備につながった。近年では総人口の縮小に伴う郊外団地の空き家問題や、居住者間の共助促進のための地域コミュニティ再生が課題となりつつある。

(2) 個人－家族－社会の関係

農村社会から近代・現代社会への移行に伴い、個人－家族－社会の関係は大きく変わった（図5.3）。近代では家族の絆が強く、個人－家族をベー

合計特殊出生率
女性が出産可能な年齢を15歳から49歳までとし、それぞれの出生率を合計し、一人の女性が一生に産む子供の数の平均を求めたもの。

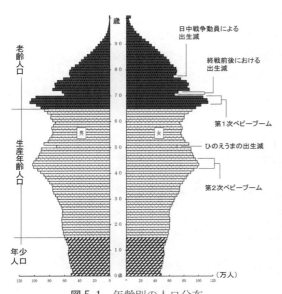

図5.1　年齢別の人口分布
（2016年10月1日現在：総務省人口推計）

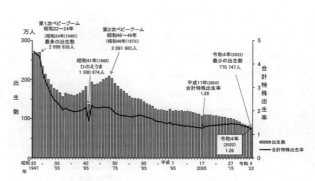

図5.2　日本の**合計特殊出生率**と出生数
（2022年：厚生労働省推計）

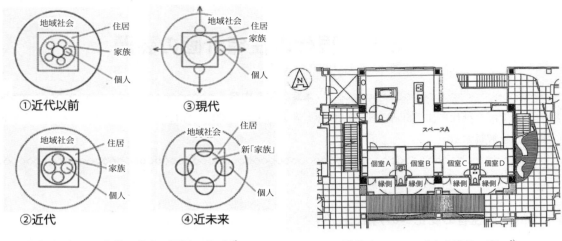

図5.3 個人・家族・社会の関係の変遷[2]

図5.4 NEXT21「自立家族の家」[3]

NEXT21（大阪市）
大阪ガスによる1993年竣工の実験集合住宅。省エネルギー・設備機器・緑化・廃棄物処理・内装システムなどの技術開発、実際に居住しての評価などの居住実験などが、継続的に実験が行われ公開されている。

コーポラティブ住宅
欧州で、生活に苦しむ人々が集まりお互いを助け合う手段として生まれた住宅の建設・所有の方法で、居住者の入退居管理が重視されている。日本では、居住者が予めグループ（組合）を作り、専門家の力を借りながら共同して土地取得から建設・居住まで行う形が多く、多様な間取りの実現と建設プロセスを通じてのコミュニティ形成が評価されている。

オープンハウジング（SARシステム）
N.J.ハブラーケンにより提唱された、戦後の画一的

スに住宅は計画されてきた。しかしその後、個人のライフスタイルや人口動態の変化の中で、個人－社会の関係を意識した試行が取り組まれている。その具体例が「岡山の家」（図2.10）や、NEXT21の「自立家族の家」（図5.4）である。これらが提案するように、これからは自立した個人が基本となるが、一方で少子化を背景に親離れ・子離れが悪くなりつつある。これからの個人－家族－社会の関係は注意深く見守る必要がある。

（3）居住者のニーズ・ライフスタイル

1）居住者ニーズへの対応

居住者ニーズへの対応は住宅計画の基本である。このための手法として居住者参加型住宅が考案されてきた（表5.1）。これらには、住宅をスケルトン（躯体）とインフィル（内装・間仕切り）に分けて考えることを基本に、前者の家族構成やニーズへの的確な対応、後者のもつ社会性の重視、住宅づくりのプロセス重視などの考え方が込められている。ただ、目的・ねらいは各方式が考案された時代で異なり進化してきた。

表5.1 居住者参加型住宅の種類

種類	地域	着手時期	目的・ねらい
コーポラティブ住宅	欧米	200年前	生活苦の人々の助け合い
オープンハウジング	欧米	1960年代	住宅供給の民主化
コーポラティブ住宅	日本	1960年代	実費で自由な住戸設計、良好なコミュニティ形成
順応型住宅	日本	1970年代	居住者の家族構成・ニーズの変化への対応
二段階供給方式	日本	1970年代	住宅社会資本の形成、多様な住要求への対応
ＳＩ住宅	日本	1990年代	長寿命化

2）家族の様態・就業形態への対応

居住者の状況も時代と共に変化している。家族の様態は、離婚率の増大や未婚化・高齢化を背景に、食堂などの共用部分を充実させ、居住者らが助け合いながら共同生活を行う**コレクティブハウス**、更に住戸の専有部分の浴室やトイレも共有する**シェアハウス**が定着してきた。また、男女共同参画社会やIT技術の進展を背景に、自宅でも仕事のできる**SOHO**（Small Office Home Office）も定着してきた。特に2020年に起きたコロナ禍は、多くの勤労者や学生に自宅での勤務・学習を余儀なくさせたが、これをきっかけに情報インフラの高性能化、利用者のweb会議ツールの習熟が進み、住宅のSOHO化が飛躍的に進んだ。

3）ライフスタイルへの対応

nLDKという住宅の型は、本来住戸平面をLDKのタイプと個室数で表現する記号であり広く定着している。しかし、平面の形態自体もこの言葉の域を抜けない個性の乏しい時代が長く続いてきた。十人十色と言われるよ

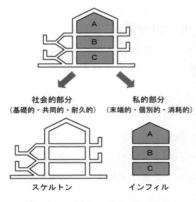

図5.5　二段階供給方式の考え方

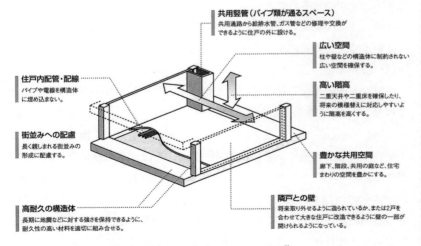

図5.6　SI住宅のイメージ図[5]

なマスハウジング（大量住宅供給）の問題点を、住宅部品の工業化も考慮し解決する住宅の生産システム。

順応型住宅
入居時の計画の自由度と、入居後の生活の変化に伴う模様替えなどを容易にするため、住戸内部の一部の家具を間仕切りや可動式パネルを用いた住宅。

二段階供給方式（図5.5）
住宅の計画・建設・管理について、社会性の高いスケルトンを公的主体、私的性格の強いインフィルを民間市場や自己建設に委ねるという考え方で、後者は居住者の多様なニーズに対応することを目指した。

SI住宅（図5.6）
二段階供給方式の中で、特にスケルトンの長期耐久性に力点が置かれ技術が進化した住宅。

コレクティブハウス（図5.7）
北欧で生まれた集住の形態。独立した住戸以外に、共同で食事や団欒ができる空間を有する。我が国では阪神大震災を契機に、主に高齢者を対象に定着した。

SOHO
小さな事務所や自宅を仕事場とし情報通信ネットワークを駆使しながら事業を起こした個人事業者。

シェアハウス
一つの住戸に複数人が共同で暮らす住宅で、個室以外を共有する、賃貸形式の場合が多い。

写真5.1 世田谷深沢環境共生住宅

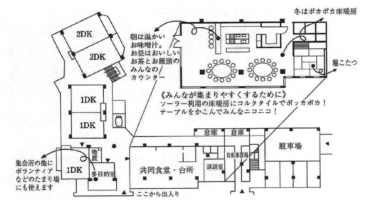

図5.7 コレクティブ住宅の例－真野ふれあい住宅[4]

環境共生住宅

1990年の公的研究会発足以降、住宅の認定制度や自治体による支援制度などができ、現代の住宅設計の基本的要素の一つとなった。ハード面のみならず、住宅と周辺地域との関係、住環境づくりへの居住者の主体的な係わりなどソフト面も盛り込まれていることが着目に値する。

健康住宅

1990年代半ばの健康被害の報告に端を発し、原因の究明、計測技術の開発を経て、2003年にこの対策が建築基準法に盛り込まれた。住宅の換気という生活の仕方、内装材への化学物質の採用、省エネルギーという要素が複合的に関係し顕在化した問題が、住宅設計のあり方を変えたケースである。

CHS

長期間（100年）快適に住み続けられる住宅を提供するための設計・生産・維持管理のシステムで、1980年着手の国土交通省のプロジェクトで開発された。順応型住宅やSI住宅と共通点もあるが、建物の部品・部材に耐用年数のランクをつけ、将来の交換・更新を

うに、現代の居住者のライフスタイルは、上記の就業形態以外にも、インテリアの好みや生活様式も多様であり、キャッチフレーズとして「脱nLDK」という言葉が用いられることがある。その個々の家族の特性に対応した住戸の設計が基本である。

5.2 社会の変化への対応

(1) 環境への配慮

1992年にリオデジャネイロで開催された地球環境サミットを契機に、地球温暖化防止などの地球環境保全に対する関心が全世界的に高まった。エネルギー・資源・廃棄物などへの配慮に加え、周辺の自然環境との調和、地域コミュニティの活性化を目的とした**環境共生住宅**が制度化され定着した。一方、住宅の自然換気の不足、内装材への化学物質の採用、省エネルギーを目的とした高断熱・高気密化が原因で、居住者の健康被害（シックハウス症候群）も起き、対応策として**健康住宅**が提唱され、建築基準法上も規準化された。

このような環境面の問題は、経済・技術の発展の負の部分として現れることが多く、その対応策は住宅の基本的要件となっていく。

(2) 長寿命化

住宅は寿命の異なる部品・部材で構成され、それぞれの寿命が尽きた時に容易に交換可能な設計であれば、住宅は長寿命となる。**CHS**（Century Housing System）は、部品・部材のモジュールに着目し交換やメンテナンスを容易にした技術である。**SI住宅**（図5.6）は、その後開発が進んだ長寿命な部品・部材、スケルトンや共用部分の設計も含め、居住者の多様なニーズへの対応も考慮した技術である。2009年に制度化された**200年住宅**（長期優良住宅先導事業）は、これに劣化対策・耐震性・維持保全計画なども加えた技術であり、これからの住宅の基本性能になるあろう。

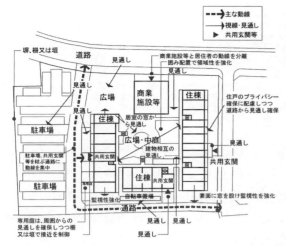
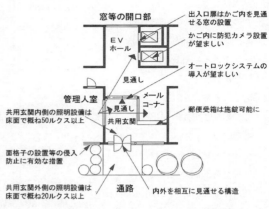

図5.8 敷地内の配置計画・動線計画の防犯の配慮点[6]　　**図5.9** 集合住宅の共用玄関まわりの防犯の配慮点[6]

(3) 防犯性能

8.2.5では建築の防犯対策について述べた。住宅は他の用途に比べ、建物内や周辺の人口密度が低く、また夜間就寝している人も多く、特段の配慮が必要である。このため、住宅は古くから防犯研究の主対象として取り組まれてきたが、近年のプライバシー重視の傾向や地域コミュニティの希薄化により、より一層の配慮が必要な状況となってきた。

基本的な対策は防犯環境設計の原則の応用であるが、特に空間計画面では「領域性の確保」「自然監視性の確保」が重要である（図5.8、5.9）。

(4) 大規模災害対応力

生活の都市化を背景に近年日本人はプライバシー指向が強くなっており、一方高齢化の中でどうしても居住者は孤立化に向かう傾向がある。しかし日本は大規模災害の多い国であり、この時に力を発揮するのが近隣の「共助」である。この実現を促すのが良好な居住者コミュニティである。集合住宅で開催される活動には、年1〜2回の防災訓練、年数度の季節イベント、そして日常のサークル活動の3つある。これらは本来の目的以外に、それぞれ居住者の状態確認、活動人材の発掘、居住満足度の向上という役割がある。またこの活動には共用空間・施設が必要である。この活動や運営というソフト、受け皿としてのハードがあってこそ良好な居住者コミュニティが形成され、大規模災害時の対応力が実現される。

(5) 空き家対策

少子高齢化に端を発する空き家問題は、いまや日本の喫緊の重要課題であり、この対策は表5.2に示す3つに分類される。当初は行政の取り組みから出発したが、近年低家賃の空き家を活用した民間ビジネスモデル、まちづくりと関連づけた分散型ホテルなどの取り組みが一般化した。

(6) 多文化共生

2006年以降法制度が整備され[注1]、外国人が働く姿を身近に見るように

容易にし住宅を長持ちさせるという技術的発想が独自のものである。

200年住宅
2006年施行の住生活基本法を受け、「いいものをつくってきちんと手入れして長く大切に使う」というストック社会の住宅のあり方として具体化された。認定基準は次の9項目。

・劣化対策
・耐震性
・更新の容易性
・可変性
・バリアフリー性
・省エネルギー性
・居住環境
・住戸面積
・維持保全計画

なお、2012年度以降は「長期優良住宅」設定制度として引き継がれた。

情報の非対称性
市場取引において、買い手と売り手が保有する情報が不均衡であることを指す。一般的に、売り手は買い手よりも商品の品質等の情報

244　第4章　現代の住宅計画の課題

表5.2　空き家対策の例

目的	具体例
空き家の発生防止	行政の相談窓口、解体費の公的補助、空き家の住宅優遇税制の廃止
空き家の流通	空き家バンク、マッチングシステム、移住促進
空き家の活用	コミュニティ施設／福祉用途／宿泊施設への転用、空き家活用サブスクリプション、空家等活用促進区域制度（2023年度空き家法改正）

について詳しく把握しており、取引で売り手が優位な立場に立つことができる。この結果、買い手は知らぬ間に過品質の商品を購入するなどの不利益を被ることになる。

注1）2006年に総務省が「地域における多文化共生推進プラン」を策定し多文化共生を定義づけ、自治体に指針や計画の整備を求めた。また2018年には「出入国管理及び難民認定法及び法務省設置法の一部を改正する法律」が成立し、「特定技能の在留資格に係る制度」が創設された。

品質確保促進法
2000年施行の、住宅の強度や耐久性を高め、欠陥住宅を解消しようとする法律。次の10項目からなる。近年適用対象も、既存住宅（中古住宅）へ拡大された。
・構造の安定
・火災時の安全

なった。言葉や生活習慣が日本人と異なる外国人にとって日本での生活はハードルが高いため、特定の団地に集まり住む傾向がある。この対策として、その団地のある自治体・UR都市機構や関連NPO等は、外国人向けの「コミュニケーション支援」「生活支援」「地域づくり」などの取り組みを行い生活環境の整備を行っている。

(7) 需要者と供給者の関係

住宅需要者と供給者の間には**情報の非対称性**がある。このため、一般に需要者にとって、自らのニーズに対応する必要十分な性能の情報を得て判断し、住宅を取得することは難しい。この対策として設けられたのが**住宅の品質確保促進法**である。これは、共通の基準に基づく住宅性能に情報の開示、住宅紛争処理体制の整備、瑕疵担保責任の特例設置により、住宅の品質確保の促進や住宅購入者などの利益の保護などを実現している。

ただこの法律によるまでもなく、住宅需要者に住宅の性能や生活する上での価値をわかりやすく伝えることは、設計者や住宅供給者にとっての務めであり、そのような能力と努力が求められる。

【コラム】空き家の現状と課題

1983年から2018年までで空き家数は2.5倍以上に増加した。空き家にも種類があり、賃貸・売却用、別荘等の2次的住宅、その他の住宅に分けられ、特に市場に流通していないその他の住宅の増加が問題視されている。中には、ガラスが割れたまま放置される危険な空き家や、樹木の越境など近隣に悪影響を及ぼすものも少なくない。2015年より「空き家等対策の推進に関する特別措置法」が施行されるなど具体的な対策も講じられている。（西尾洸毅）

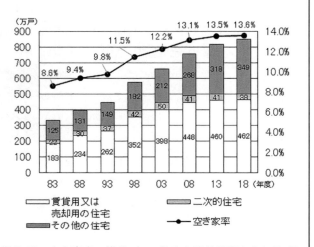

図5.10　空き家率の推移（H30住宅土地統計調査より作成）

5.3 日本らしい空間・意匠

(1) 日本らしさとは何か

P.191 の図 1.8 にあるように、日本の住宅は時代と共に変化してきた。その流れは、富裕層の住宅のもつ要素が庶民の住宅に伝播する形であるが、特に明治維新以降の洋風建築の伝来、戦後の家族制度の変化や核家族の増大を契機に大きく変化してきた。日本らしい空間・意匠の代表格は**和室**であろうが、近年和室を持つ住宅は減少しつつある（図 5.11）。しかし、和室のもつ特徴はいくつかに分解でき、これら特徴は和室でなくとも生き残っているものも少なからず存在し、以下の 4 項目に整理することができる。我々が現代の住宅を設計する際にこのことを認識することは、日本人の感性に適合する空間や住宅の実現につながるであろう。

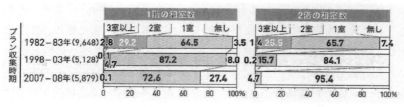

図 5.11　和室の数の変化（作成：梅本舞子）[9]

(2) 気持ちの切り替え：玄関と床の間

玄関は住宅に入った時に靴を脱いだり履き替え[注2]たりする場であるが、通過者の気持ちを内なる空間や人に向かせる役割を果たす。また床の間は招き入れた来客をもてなす、あるいは居住者が季節感や装飾を楽しむ役割を果たす。共にその時の気持ちの切り替えを行う日本的な装置である。

(3) 空間の連続性・可変性：建具

日本の住宅は木造軸組み構法が基本であり、一部耐震壁はあるものの、木の架構に建具（雨戸、引き戸、障子、襖）を取り付ける形で居住空間が構成される。またこれらの建具の多くは可動式であり、雨戸や引き戸を開いた状態とし屋内外を一体的な空間とすることができる（写真 5.2）。

写真 5.2　屋内外が一体化した縁側空間・慈光院書院
（撮影：上西明）

・劣化の軽減
・維持管理・更新への配慮
・温熱環境
・光・視環境
・空気環境
・音環境
・高齢者等への配慮
・防犯

和室
和室では実に多様な行為が行われる。文献 8 では、約 40 の「ふりまい」から和室の空間としての特質が解説されている。

注2）そもそも靴の履き替えは屋外で履いた靴によって住宅内を汚したくないという思いから来ており、日本以外の国でも住宅内で靴を脱ぐ国は少なくない。ただ、日本のような玄関や内と外で段差のある形態はあまり見られない。

この時、縁側は外を眺めたり人々の交流のための居場所となる。一方内部空間については、障子や襖を開いた状態にすると冠婚葬祭利用が可能な大空間や、大人数が集まった時の雑魚寝の寝室にもなり得る。このように、可動式の建具は、様々な空間形態や行為の実現を可能とする日本的な装置である。

（4）気候への対応：風通し、深い軒の出

徒然草の「家のつくりやうは、夏をむねとすべし」の言葉にもあるように、また第1部8.5にある環境性の視点からも、日本の気候では住宅は冬の保温性確保と共に夏の暑さ対策が重要である。このためには風の通り道の確保による良好な風通し実現、そして夏の強い日差しを遮るための深い軒の出が有効であり、これらは開口部の計画とファサードのデザインに大きく影響する。

（5）起居様式と床仕上材

日本人の生活は、古代の板床と中世から近世までの敷き畳、共に床に直接座る「ユカ（床）座」が基本であった。しかし近代以降、洋風建築の登場と共に家具を用いた「イス（椅子）座」が普及した。また戦後、住宅の床仕上の材料は畳からカーペット、そしてフローリングへと移行し徐々に、和室数も減少してきた。しかし、このような生活環境の激変の中、ユカ座かイス座の**起居様式**の様相は、住宅の規模や職業、家族構成・ライフステージ、部屋ごとで実に多様である。

起居様式

住生活における基本姿勢による住み方の様式を意味し、大きくイス座とユカ座に分かれる。前者はイス・ソファーとベッド、後者は座布団・こたつと布団の生活が代表例である。沢田は、戦後は和室のイス座化、洋室のユカ座化を経て、昭和50年代以降はユカ座回帰現象が起きたと分析している[10]。

> **【コラム】切り捨ての美学**
>
> 日本の屏風絵・掛幅・浮世絵などに見られる美意識であり、目に見えているものでも大胆な切り捨てを行い重要なモチーフだけを提示するという、日本絵画の特質の一つである。よく知られる例として、豊臣秀吉が千利休宅に庭一面の珍種の美しい朝顔を見に来た時、朝顔は全て摘み取られ茶室の床の間に一輪だけ活けられていたというエピソードがある[11]。この美意識を住空間に当てはめた場合、日本人は装飾を好む場面がある一方で、要素をそぎ落とした緊張感ある空間を志向するケースもある。床の間や小窓を介しての風景の取り込みなどの空間づくりはこれに通じるところがあるかもしれない。

【演習問題】

1）いびつな年齢別の人口分布が、今後の住宅計画や建築全体にもたらす影響を考えてみよう。
2）住宅設計の課題において、居住者のニーズ・ライフスタイルへの変化に対応できる具体的な方法を考えてみよう。
3）現在販売されている住宅やマンションについて、住宅性能表示の適用や、表示されている住宅性能を調べてみよう。

【引用・参考文献】

1）厚生労働省：令和4年人口動態統計月報年計（概数）の概況、2023年
2）伊藤康子：現代家族と住居のゆくえ―住様式の脱近代化（ポスト・モダンリビング）に関する一考察、都市住宅学第6号、1994年
3）日経アーキテクチュア、1994年1月3日号
4）高田光雄編：日本における集合住宅計画の変遷、放送大学教育振興会、1998年
5）国土交通省：スケルトン住宅って何？― 長持ちする集合住宅づくりを考える、2000年
6）ベターリビング、住宅リフォーム・紛争処理支援センター：共同住宅の防犯設計ガイドブック―防犯に配慮した共同住宅に係る設計指針・解説、創樹社、2001年
7）蕭閎偉、城所哲夫、瀬田史彦、佐藤遼、李度潤：外国人集住都市における多文化共生のまちづくりの現状と課題に関する一考察―愛知県豊橋市の南米系外国人市民向けの行政と市民団体による多文化共生事業を中心に、都市計画論文集 52巻、1号、2017
8）松村秀一、稲葉信子、上西明、内田青蔵、桐浴邦夫、藤田盟児編、日本建築和室の世界遺産的価値研究会著：和室礼讃―「ふるまい」の空間学、晶文社、2022
9）住総研「受け継がれる住まい」調査研究委員会編著：受け継がれる住まい―住居の保存と再生法 住総研住まい読本、pp.94、柏書房、2016
10）沢田知子：ユカ坐・イス坐―起居様式にみる日本住宅のインテリア史 住まい学大系、住まいの図書館出版局、1995
11）高階秀爾：日本人にとって美しさとは何か、筑摩書房、pp.92、2015

3部　施設の計画

第1章　子どもの育ち・あそぶ（子ども施設）

第2章　成長する・見守る（保育施設）

第3章　学ぶ・教える（学校）

第4章　調べる・揃える（図書館）

第5章　鑑賞する・展示する（博物館）

第6章　観劇する・演ずる（ホール）

第7章　買う・売る（商業施設）

第8章　泊まる・もてなす（宿泊施設）

第9章　執務する・ビジネスをする（業務施設）

第10章　癒す・治療する（医療施設）

第11章　自立する・支援する（福祉施設）

第12章　集まる・交流する（コミュニティ施設）

第13章　まちづくりと建築

第1章　子どもの育ち・あそぶ（子ども施設）

―――――――――― 本章で学ぶ内容 ――――――――――

　本章では、児童館などの子ども施設を取り上げ、その計画について論じる。多様な内容が含まれる子ども施設の計画であるが、第12章で論じるコミュニティのあり方の視点とともに重要な3つの視点について、まず概説する。1）子どもの育ちのための環境（成育環境）の視点、2）子どもにやさしいまちをつくる建築・都市の視点、3）子どもの特性をふまえた子どもにふさわしい環境づくりの視点である。次に、子どものあそび環境の変容と子ども施設、子ども施設の種類、子ども施設の特徴を整理した上で、子ども施設の計画について説明する。最後にあそび場や公園緑地を事例とし、その空間的な価値の評価とそれを踏まえた戦略的整備の方策、そして面積、ゾーン、遊具、植栽空間等の役割を考えることにより、建築をとりまく環境のなかに子ども施設の計画を適切に位置づけられるようにする。

―――――――――――――――――――――――――――

1.1　子どもの育ちと建築計画

　子ども施設の計画、とりわけそのあり方について理解するために欠かせない視点は3つある。第1が子どもの育ちのための環境（成育環境）としての子ども施設、第2が子どもにやさしいまちをつくる建築・都市のひとつの要素としての子ども施設、第3が行動、身体、生理、認知、意識、能力など子どもの特性をふまえた子ども施設の視点である。まず、子どもの育ちのための環境としての子ども施設について考えてみよう。

　子どもは今、危機的状況にあると指摘されている[1]。体力や運動能力の低下、肥満や糖尿病などの生活習慣病の増加、学力の低下、そして意欲の低下、不登校や引きこもりの増加、いじめや自殺など、子どもの危機とも呼ぶべき状況は、幼児から青少年まですべての段階において見られるというのである。こうしたなか、子どもの生活の身近なところに、居場所、あそび場、広場、自然体験の場など多様な体験ができる空間を、もっと増やしていく必要がある。児童館などの子ども施設は、その中心的役割を果たすものである。

　ところで、子どもの成育環境は、空間、時間、方法、コミュニティ（人・社会）の4つの要素からなる総合的なものであるとされる[2]。そのため、空間の整備は、時間的、方法的、人的・社会的条件が整わなければ機能するあそびや活動の場とはならず、これらの条件との関係の中で総合的にとらえられる必要がある。施設整備とあわせて、運営、管理などのプロ

グラムを充実させ、管理者、プレーワーカー、プレーリーダーなどの人的資源を確保することが大切である。

1.2　子どもにやさしいまちをつくる建築・都市の条件

　第2の視点として、子ども施設は子どもの育ちを支える施設であるから、その計画にあたっては、子どもにやさしいまちをつくる建築・都市を計画していると意識することが重要である。子ども施設はまちをつくる建築・都市のひとつの要素であるとともに、それ自体も小さなまちとなることができる。「子どもにやさしいまちをつくる」とは、子どもが、教育、医療、保健などの基本的サービスを受けられ、文化的、社会的行事やまちづくりに参加でき、あそびをはじめとする豊かな体験をしながら成長することのできる「まち」（都市）をつくるまちづくりのことである[3]。このような「まち」（都市）を「子どもにやさしいまち」と言い換え、建築・都市のあり方を「子どもにやさしいまちをつくる」と形容する。これはまちのあり方として子どもにやさしい状態の実現をめざすまちを意味する一般的な表現として書かれた言い換えである。

　子どもにやさしいまちをつくる建築・都市の条件を考えるとき、児童館などの子どものための施設や子どもが利用するまちの空間に限ることなく、子どもと関わる、あるいは子どもをとりまくすべての施設や空間を視野に入れ、その充実を図ることが大切である。もう少し具体的に見れば、表1.1のような領域が広がっており、より総合的な建築・都市の計画が期待される。

1.3　子どもの特性をふまえた子どもにふさわしい環境づくり

　第3の視点として、子ども施設には、子どもの特性をふまえた子どもにふさわしい環境づくりが求められているということがある。子どもの育ちのための環境（成育環境）をつくるという視点、子どもにやさしいまちをつくる建築・都市を広げるという視点、そして第12章で論じるコミュニティのあり方の視点とも深く関わる。ふまえるべき子どもの特性は、身体寸法、生理、認知、意識、行動、能力など広い内容を含み、**年齢・発達段階**に応じた整理も必要である。そこで、以下、いくつかの留意点を概説する。

（1）身体寸法の大きな変化
　子どもの身体寸法は年齢・成長段階とともに大きく変化する。たとえば、身長は、2歳から19歳ぐらいまでに約2倍にもなり、体のバランスと関わる重心位置、水平面・垂直面で手の届く距離などが大きく変わるため、使いやすさや安全上の配慮をする[4) 5)]。これにあわせた家具の寸法、

年齢・発達段階

子どもオーケストラでは10歳前後は分数バイオリン（3/4など）を使用し、寸法が大きいビオラのパートは編曲してバイオリンで演奏するなどは、イメージしやすいであろう。椅子や机を例にとれば、年少さん（4月2日の時点で3歳の子）には小さなものが必要であり、年中、年長と進むにつれ適合寸法が変わる。しかしながら、参考図書などの情報は必ずしも十分ではない。たとえば、福祉住環境学のテキスト類では、年齢・発達段階別にみた子どもの環境の要求条件などのまとまった記載はない。

1.3 子どもの特性をふまえた子どもにふさわしい環境づくり

活動スペースの大きさなどの計画が求められるのである（写真1.1）。また、年齢・成長段階の異なる子どものための空間を分けるゾーニングなども必要となる（幼児コーナー、幼児室の設置など）。利用年齢層がまとま

表1.1 子どもにやさしいまちをつくる建築・都市の施策の条件[3]

大分類	中分類	小分類・施策（施策項目）
A 制度的なしくみ・子育て支援・子どものための施設整備等	〔1〕制度的なしくみ等	1　制度的な位置づけとしくみ・組織 子どもにやさしいまちづくりを制度的に位置づけ、それを支える制度的しくみや組織をつくる。 　制度的な位置づけ 　　子どもにやさしいまちづくりの制度的位置づけ 　制度的しくみや組織 　　子どもにやさしいまちづくりを支える制度的しくみや組織
	〔2〕子育て支援等	2　子育て支援全般等 子育て支援を全般にわたり進め、子どもの貧困対策等の特別の配慮をする。 　子育て支援（全般） 　　子育て支援全般 　貧困対策等特別配慮* 　　子どもの貧困対策等の特別の配慮
		3　楽しい学びのための方策 楽しく、より充実した学びがなされるための方策を講じる。
		4　親子の交流の場の整備、安全安心のまちづくり等 乳幼児を中心とする親子のための交流やふれあいの場の整備等の子育て支援をし、不登校児支援やいじめ対策などの特別なニーズへの対応、生活道路の安全をはじめとする交通安全の対策やまちの防犯、防災等の安全点検など安全・安心のまちづくりへの取り組みを進める。 　親子の交流の場の整備 　　乳幼児を中心とする親子のための交流やふれあいの場の整備等 　特別なニーズへの対応* 　　不登校児支援、いじめ対策、障害児放課後対策、病児緊急預かり等の特別なニーズへの対応 　安全安心のまちづくり* 　　安全・安心のまちづくり
		5　子育て応援のための方策* 子育て応援のための各種方策を講じる。
	〔3〕子どものための施設整備・体験活動・相談員の配置等	6　子どものための施設整備・体験活動等 子どもが利用できる施設、子どものための施設などを整備し、あるいは体験活動等ができるようにする。また、子ども文化、芸術、まちの歴史、伝統行事、まつりなどにふれ、あるいは体験できる活動やあそびながらまちや建築、自然、環境などの仕組みを体験できる活動が市内でなされ、子どもたちが参加できるようにする。 　子どものための施設整備・体験活動等* 　　子どもが利用できる施設、子どものための施設等の整備あるいは体験活動等 　体験活動（子ども文化等）* 　　子ども文化、芸術、まちの歴史、伝統行事、まつりなどにふれ、あるいは体験できる活動と子どもたちの参加 　体験活動（まち・自然等）* 　　あそびながらまちや建築、自然、環境などのしくみを体験できる活動と子どもたちの参加
		7　相談員の配置等 相談員の配置、訪問員による相談、電話相談、専門職員による相談等を進める。
		8　職業体験・社会体験* 子どもたちが職業体験や社会体験ができる活動が市内でなされるようにする。
B あそび・参加・自然体験等	〔4〕あそび・参加・自然体験等	9　児童館・あそび施設の整備、子ども参加のまちづくり等 児童館やあそび施設を整備し、あるいはあそび体験の機会を提供し、子どもが利用できるまちや子育てをする家族にやさしい住環境をつくる事業等を進める。また、子ども参加のまちづくりやワークショップの機会が市内で提供されるようにする。 　児童館・あそび施設の整備* 　　児童館やあそび施設の整備あるいはあそび体験の機会の提供 　まちの空間をつくる事業等* 　　子どもが利用できるまちや子育てをする家族にやさしい住環境をつくる事業等 　子ども参加のまちづくり* 　　子ども参加のまちづくりやワークショップの機会の提供
		10　子どもと家庭のための総合的支援、子どもの活動の支援等 子どもと家庭のための総合的支援、そして、子どもの活動や子どものための市民活動への支援をする。また、宿泊自然体験ができる機会が提供されるようにする（できればそれは一週間程度の長期であるとよい）。 　子どもの活動等の支援 　　子どもの活動や子どものための市民活動への支援（拠点提供、人材確保、助成など） 　子どもと家庭総合的支援 　　子どもと家庭のための総合的支援 　宿泊自然体験* 　　宿泊自然体験の機会の提供（できれば一週間程度の長期）

注＊　市行政が行うもの以外に、市民が利用できる施設、市民活動、企業活動、都道府県事業等も含む。

254　第1章　子どもの育ち・あそぶ（子ども施設）

写真1.1　子どもの寸法が体験できる椅子（ヘルシンキ科学館〈ホーリカ〉の参加体験型展示）

写真1.2　運動の場・創作活動の場となる廊下（野中保育園の「プロムナード」設計：仙田満＋環境デザイン研究所）[7]

れば階段の蹴上げ・踏面や手すりの高さなどの寸法が調整しやすい。

(2) 子どもの目線

　まず、目の高さ、視野などの視覚特性の理解が重要であるが、「目線」にはさらに見方の意味もあり、これもあわせて考慮したい。たとえば、目の高さから見える自分の足まわりの空間を円錐状の空間とするとき、その面積は、3歳の子どもでは大人の1/3程度であり、これにより子どものスケール感が生まれてくる。また、視野のなかの床面の割合が子どもと大人では違い、子どもでは床面の素材、色彩などがより重要となる。向こうが見える腰壁と目隠しとなる壁は、年齢層により寸法が違うため、大人には見え、子どもは隠れることができる空間なども計画できる（図1.1）。子どもの視野は狭いため、交通安全指導の重要性が指摘されるが、建築空間のデザインにおいても配慮が必要である。廊下の曲がり角での衝突事故防止のため、見通し確保のための曲がり角の腰壁化、隅切り、円弧による計画なども提案されている[6]。

図1.1　子どもは隠れることができる空間（腰壁・壁の役割）

(3) あそびながら活動する

子どもはあそぶもの、あそんでしまうものである。学ぶときも、移動するときも、集まるときも、あそびは自然に発生し、それが成長につながっている。そのため、子ども施設の計画では、機能限定的空間と考えられがちな廊下などを少し広げ、あそび、会話、展示などができる多目的な空間とすることができれば、行動・活動の連続性（あそびながらする活動を許容する空間）がつくり出せる（写真1.2）。

(4) 多様な体験機能

子どもは、育ちの過程のなかで多様な体験をし、驚き、発見、悲しみ、喜び、不安、達成感などを経験することにより、豊かな個性が育まれていく。こうした育ちの連続性を保障する上で多様な体験機能をもつ環境を整える必要がある[8)2)]。子ども施設はそのなかの一要素ではあるが、それ自体も多様な体験ができるものであるとよい。たとえば、運動、自然、あそびの3要素が体験できる室内空間・屋外空間、季節の変化や行事へのふれあい、異年齢・異世代を含む交流の場などが望まれる。

(5) 子どもの能力をつちかう空間づくり

子どもはあそびを通していくつかの能力を獲得するとされる[9)]。身体性（運動能力、体力など）、社会性、感性、創造性、そしてあそぶなかで生まれる意欲と挑戦性である。子ども施設は、子どもの環境としてあそびをうながし、体が動かせる、交流ができる、自然やさまざまな素材とふれあえる、創造的な活動ができるなど、こうした能力を豊かに開発できる場としたい。

(6) 交流をうながす空間づくり

コミュニティ施設の中心機能とした交流（第12章）は、子ども施設の計画ではとりわけ重要とされるべきである。子どもは、交流するなかであそびを広げ、仲間をふやし、役割分担をし、友情を知り、社会性が育まれるからである。とりわけ、子どもの孤立化と集団の小規模化、同年齢化が進む今日、異年齢、異世代の交流をうながす空間づくりと機会提供が期待される。建築空間の構成においても、広い歩道、広場、路地のある街並み、中庭、テラス、庇下、緑陰などの人が集まり交流する空間づくりのしかけは、遊環構造（後述）とともに参考にできるであろう。

(7) 安全安心

子どもの環境においては、子どもの挑戦をうながし成長につながるリスク（ケガなどが生じる可能性）を残しながら、子どもの目には見えにくいハザード（自分の意志では選びようがない危険）を取り除く必要があるとされる。リスクの評価は年齢や発達段階によるが、総じて、低年齢では許容されるリスクの危険度は低く押さえる必要がある（転倒、衝突時の危険を避けられる角のないディテールや滑りにくく、吸音・衝撃吸収効果のある床材〔コルク系床材など〕の選択、ドアや窓による指挟み、裸足の足切

写真1.3 子どもと大人の距離（渋谷区散策路 旧多摩川上水ルート 設計：仙田満＋環境デザイン研究所）[7]。

写真1.4 見守る空間（愛知県児童総合センターの幼児コーナー 設計：仙田満＋環境デザイン研究所、藤川・原設計）

りへの対策、遊具の安全対策など）[10) 11)]。廊下の曲がり角では子どもは走り、ぶつかるものと考えることが重要であるが[6)]、さらに、子どもはすべり、転び、どこにでも手を伸ばすものである。

（8）見守る空間

自立（子どもだけで活動する）のみでなく、保護（大人に見守られて活動する）のみでなく、自立と保護がバランスよく確保される必要があるといえる。低年齢児では保護の比重が高まる。施設のスタッフが子どもの安全を確認しやすい室配置や動線の構成、親が子どもとの距離をとりながら見守る空間の確保などは、活動的なあそびの場、工作室、流れのある水場などではとりわけ重視されなければならない（写真1.3、1.4）。

最後に、一点、注意を述べておこう。「子どもの特性をふまえる」も、「子どもにふさわしい」も、定型的な指針に従うだけでは、よい計画にはならないであろう。たとえば、子ども病院病室の色彩はパステル調の中間色がよいとされがちであるが、計画事例を見ると、必ずしもそうとはいえない。子どもだから、子どものためだから、と安易に済ますことはできず、調査をし、確認しながら計画できるようにする必要がある。

1.4 子ども施設の計画とあそび・交流

児童館などは数百m²と、比較的小規模であるが、子どものあそび環境のなかの一つの拠点としてその役割は重要である。ここではこうした児童施設を中心としながら、子どもを元気にする都市・地区の拠点的施設としてのあり方が同様に重要な各種の子ども施設について概説する。これらの施設の機能は広い意味での「あそび」が基本であり、あそびながら学ぶ、体験する、育つなど、子どもの成長発達との関わりは広範である。また、子どもの成育環境としてのコミュニティのあり方の検討は、子ども施設の計画には欠かせない。あわせて、子どものための建築・都市のあり方についても理解を深めておきたい（図1.2）[8)]。

図1.2 子どものための建築・都市12ヶ条
子どもと家族のための建築・都市環境づくりのあり方を、本物の多様な体験、自然とのふれあい、豊かなあそび空間、交流性に富む大地への住宅の近接など12ヶ条のガイドラインとして提起している[8)]。

1.4.1 子どものあそび環境の変容と子ども施設

子どものあそび環境は、あそび時間、あそび集団（仲間）、あそび方法、あそび空間（あそび場）の4要素により総合的に理解することができる。しばしばいわれる「サンマ」（三間）では、時間、空間、仲間はあるが、あそび方法が抜け落ちる。

子どものあそび環境は、1955年頃から1975年頃にかけての20年間で、外あそび時間が減少して内あそび時間を下回るようになる、あそび空間量（子ども1人あたりのあそび場の総面積）が1/10近くに減少するなど、大きく悪化した（第一の変化）。これには都市開発、少子化、テレビの普及、塾や習い事の長時間化などいろいろな要因がからむが、時間、集団、方法、空間それぞれの劣化が相互に影響しあい、悪循環のサイクルを構成していることが大きい。あそびたくてもあそび時間がなく、あそび場もない。また、あそび友だちがおらず、あそび方もわからないのである。

このような変化は、1995年頃にかけての次の20年間でもさらに続き、都市部でも地方部でも、子どもはバスケットボール・コートでいえば数面程度の小さなあそび空間のなかに閉じ込められたようになってしまっている（第二の変化）。こうしたなか、児童施設には、子どものあそび環境のなかの拠点としての役割、とりわけ、失われてしまったあそび集団形成のための基地としての機能が期待されるのである。

1.4.2 子ども施設の種類

建築計画学としては「子ども施設」の一般的な定義は定まっておらず、本書では、子どものための施設、子どもの利用が利用全体のなかで重要な部分を占める施設などを子ども施設とする。児童館、青少年図書館、学区こどもの家（岡崎市）などは前者、科学館（利用者のほぼ半数を子どもが占める）などは後者にあたる。子ども～館、児童～館、青少年～館などとされる施設の事例も、子ども図書館、子ども美術博物館、児童文学館、青少年会館など、さまざまである。なお、保育所、幼稚園、子ども園（第2章）、学校（第3章）なども子ども施設であろうが、本書では他章で扱う。これに対して、市民の利用のための施設として整備される市民館、地区センター、図書館などは、子どもも利用する施設であるが、子ども施設とはしにくい。

児童館は、児童福祉法（1947年）が定める児童福祉施設の一種としての児童厚生施設であり、「児童に健全な遊びを与えて、その健康を増進し、又は情操をゆたかにすることを目的とする施設」（同法第40条）とされる。児童館には小型児童館、児童センター（図1.3）、大型児童館（図1.4）、その他の児童館の種別があり、その機能、規模、必要諸室などは厚生労働省令「児童福祉施設最低基準」（1948年）、厚生事務次官通知「児童館の設置運営について」（1990年）などに定められている[13]。社会福祉

258　第1章　子どもの育ち・あそぶ（子ども施設）

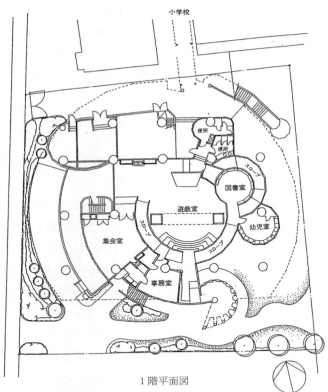

1階平面図

（神奈川県相模原市、1993、仙田満＋環境デザイン研究所）
既設の小規模児童館にかわる、機能を充実させた児童センターを整備するためのモデルとして計画された。用地確保の必要より小学校プールを屋上にのせ、下部に、プレイルーム（遊戯室）をぐるりととりまくスロープでつながれた子どもの自由な活動の場を配置する。

図1.3　相模原市星ケ丘こどもセンター[12]

施設等調査（厚生労働省）によれば、2007年度の全国の児童館は4,700館あるとされる。その内訳は小型児童館2,836館、児童センター1,738館、大型児童館23館（A型、B型、C型）、その他の児童館103館である。

　近年の傾向としては、児童館の重要性が再認識され、小型児童館の統廃合、大型化・複合化が進んでいる。また、その機能も児童育成サービスや学童クラブ事業といった、従来の児童健全育成事業から拡大し、相談事業、子育てグループの育成や活動支援、中・高校生への対応、児童の権利に関する条約の普及活動などがさまざまに展開されるようになっている[14]。また、地域子育て支援拠点事業では児童館型を位置づけ、民営の児童館内で一定時間、つどいの場を設け、子育て支援活動従事者による地域の子育て支援のための取組を実施する。アメリカで普及する**チルドレンズ・ミュージアム**を日本でもつくろうという運動も広がりつつある[15]。

1.4.3　子ども施設の課題と計画条件

　子ども施設は、一般的な定義が定まっておらず多様な内容を含む施設で

チルドレンズ・ミュージアム

アメリカで広く普及し、300～350館があるといわれる。参加体験型を特徴とする子どものための博物館であるが、児童館に近いあそびの拠点としての機能も担う。最も古いとされるボストン・チルドレンズ・ミュージアムは1913年設立。

1.4 子ども施設の計画とあそび・交流

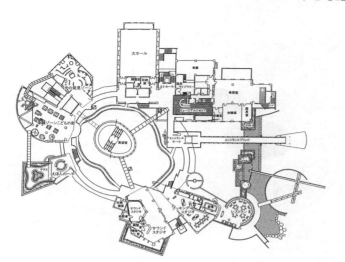

2階平面図

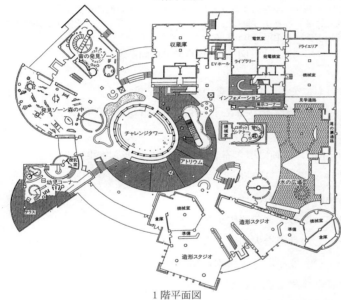

1階平面図

(愛知県長久手市、1996、愛知県建築部・仙田満＋環境デザイン研究所・藤川原設計)
大型児童館の事例。多彩な創造的あそびの体験機能と県下の児童館をサポートするセンター機能を有し、複合性と多様性を特徴とする建築・環境をつくり出す。3層吹抜けのアトリウムを建築的な回廊と遊具的な回廊が取り巻き、プレイブリッジがさまざまなレベルを連結する。日本建築学会賞（1997）受賞。

図 1.4　愛知県児童総合センター[12]

あるから、その課題と計画条件は大きく広がらざるを得ない。そこで、まず、基本的なくくりとして次のようにまとめておこう。

〈子ども施設の課題〉
1) 設置目的等があるものはこれをふまえる（児童館であれば児童福祉法、厚生労働省令「児童福祉施設最低基準」等）。
2) 子どもの育ちのための環境（成育環境）を豊かにする（1.1 参照）。

あそびの発展段階

第1段階はすべり台を滑るなどの空間の基本的機能をそのまま体験する段階（機能的段階）、第2段階はスリルなどを求めて技術的向上を楽しむ段階（技術的段階）、第3段階は空間を媒介として、競争、追跡、格闘、ものまねなどのゲームが社会的あそびとしてなされ、交流が発生する段階（社会的段階）である[9]。

遊環構造

あそびと交流をうながす環境の構造的条件をいい、以下の7項目よりなる。
①循環機能がある
②その循環（道）が安全で変化に富んでいる
③その中にシンボル性の高い空間や場がある
④その循環に"めまい"を体験できる部分がある
⑤近道（ショートサーキット）ができる
⑥循環に広場等がとりつく
⑦全体がポーラスな空間で構成されている

子どものあそびの活性化には、プレーリーダーやプレーワーカー、集団あそびのプログラムなど、時間や集団、方法といった空間以外の要素が大きく影響する。しかし、これらが作用するためには、いわば舞台となる空間が存在しなければならず、あそびを構造づけ、活性化するそのあり方が問われるのである。遊環構造とは、そのための仕掛

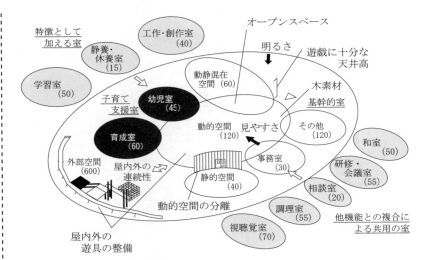

括弧内の数字は面積（m²）。専用の外部空間を設けられない場合には、大型遊具を設けられるよう動的空間を拡げる（＋30～50 m²）などの面積補正をするとよい。静的空間を独立させられるよう拡げる（＋5～10 m²）、玄関ホールや廊下を活動の場として有効利用する（＋10～30 m²）なども考えられるであろう。

図1.5　児童館の計画指針[12]

3) 子どもにやさしいまちをつくる（1.2参照）。
4) 子どもの特性をふまえ子どもにふさわしい環境づくりをする（1.3参照）。

以下、建築の計画に引き寄せて、各種の子ども施設に共通といえそうな計画条件を示そう。1.3に則した書き出しである。

〈子ども施設の計画条件〉
1) 身体寸法の大きな変化を考慮する。
2) 子どもの目線を大切にする。
3) あそびをうながし、活動のなかのあそびを支える。
4) 多様な体験機能をとりこむ。
5) 子どもの能力をつちかう空間をつくる。
6) 交流をうながす空間をつくる。
7) 安全安心を確保しつつ、子どもが挑戦できる空間をつくる。
8) 見守る空間をさりげなく配置する。

1.4.4　子ども施設の計画

　子ども施設、なかでも児童館などの児童施設の計画では、子どものあそび、とりわけ集団あそびと交流を活性化する空間をどのように構成するかが重要となる。子どもの環境としての遊具、建築、公園などは、**あそびの発展段階**として機能的段階、技術的段階、社会的段階という3段階のあそびを支えるとされるが、集団あそび、そして交流が発生する社会的段階のあそびをどれだけ発生させられるかということである。それには空間が一定の構造的条件を持つことが有効である。これを**遊環構造**といい、その特

徴は循環機能があることなどの七つの条件として整理される。けであり方法論である[9]。

子どもの環境は子ども自身とともに総合的なものであるし、また、そうでなければならない。したがって、児童館などの児童施設の計画上の留意点もさまざまであるが、以下のようなものが代表的としてよいであろう（図1.5）[14]。

○施設内容は、児童の活動の場として基本的な動的空間（遊戯室あるいはプレイルームなど）、静的空間（図書室など）、動静混在空間（集会室など）とする。さらに子育て支援のための幼児室、学童保育のための育成室なども積極的に導入するとよい。

○面積的な余裕があれば、工作・創作室、学習室、静養・休養室など、施設ごとに特徴ある諸室を検討する。

○施設を複合化できれば、活動内容の拡大、世代間交流、地域活動の促進などが図れるであろう。複合化にあたっては、児童施設にふさわしい複合機能の選択（多目的ホール、研修・会議室、調理室、視聴覚室など）、複合のメリットを生かす交流空間の創出、共用によるトラブルの防止（動線計画、防音等）などに配慮する必要がある。

○利用者と運営者の各々の要求に応じた計画とする。利用者には魅力ある遊具の整備、子どものあそびを見守る大人のための空間の確保など、運営者には子どもの動きの見やすさを考慮したオープンスペース化、動的空間と静的空間の分離（安全確保とトラブル防止）等が重要である。

1.5 子どもの環境の計画と空間の価値

1.5.1 小さなあそび空間

都市空間のなかで子どもがあそぶ空間は面積 3,400 m² 前後であり、最小の地区では約 1,400 m² と、バスケットボール・コート 2 面程度にすぎない。子どもは、限られた小さなあそび空間のなかに閉じ込められているといってよい。さらに道路は、交通事故の危険よりあまりあそべない空間となってしまった。あそびながら移動できないから、あそび空間の孤立化も進む。

子どもの健全な発達を支えるうえで、都市空間の中の子どもの世界をもっと広げられるようにすること、そのためにあそび空間を量的に確保することが大切であることは明らかであろう。土地利用上の空間のあそび空間としての価値を、それがあそび空間を発生させる程度により評価し、価値の高い空間を計画的に整備できるようにするとよい[16]。

1.5.2 あそべる空間と公園緑地

土地利用上の空間の構成比を地区単位でみると、建ぺい地、専用施設・

非公開施設、主要道路の車道部などのあそべない空間は20％前後、学校外部空間、公園緑地などのあそべる空間は80％前後である。あそべる空間のなかでも公共的空間の代表といえる公園緑地は、4.5％前後であるから、決して多いとはいえない。

しかし、子どもが実際にあそび場として利用する空間（あそび空間）の面積を調査してみると、公園緑地は約33％を占める。35％の学校外部空間と合わせれば地区のあそび空間全体の7割程度を占めることになり、あそび場の中心を占める重要な空間となっている。コミュニティ施設として位置づけられるにふさわしいといえる[16]。

1.5.3 あそび空間としての都市空間の価値

空間には土地利用上の用途種別によって異なる「あそび空間の発生しやすさ」が備わっており、それにより発生するあそび空間量の大小がつくり出されると考えられる。これがあそび空間発生性（単位面積あたりのあそび空間発生量）である。面積的にみたあそび場の利用率にあたるものであるから、あそび空間としての空間の価値を評価する基礎的な指標となる。

さて、あそび空間発生性には、べき乗の法則性が認められる。小学校外部空間は10％前後であり、これを1とする指数（面積利用率指数）でみると、**都市公園**のなかの街区公園や近隣公園は1、小公園や地区公園は1/10、道路や駐車場は1/100、田畑・果樹園、社寺境内、墓地などは1/1,000前後となる。したがって、整備効果については単純な加算の法則が成立せず、あそび空間量を増やすには、あそび空間発生性の高い空間の戦略的整備が必要となる。公園緑地の価値と整備効果については、さらにいくつかの理解が得られている[16) 17)]。

○近隣公園や街区公園の整備は、比較的限られた面積でも地区のあそび空間発生量の2、3割が担保できるので、その意義は大きいが、とりわけ近隣公園の評価は高く、その価値は街区公園の2倍近い（単位整備面積あたりのあそび空間発生量増加）。

○整備計画では、さらに単位整備面積あたりのあそび空間発生量増加を評価するとよい。これは整備面積により社会的なコストを考慮できる指標である。この指標による評価は、近隣公園（整備面積を20,000㎡とした場合13.7％）、街区公園（2,500㎡とした場合7.1％）、地区公園以上の公園（40,000㎡とした場合1.3％）の順となる。

○公園緑地の配置も重要で、公園配置が偏在すれば公園整備が有効に生かせない。地区のなかで公園から250m以内の面積比率（想定利用圏面積比率）が低い場合、たとえば60％であれば公園面積は6割しかないに等しいと試算されるからである。

○公園緑地の質の評価という視点からは整備内容も重要で、たとえば、大人の公園は、あそび空間量確保への寄与よりみるとき、面積にして

都市公園

公園緑地は、小規模の小公園（幼児公園、プレイロットなど）および都市公園のなかで住区基幹公園とされる街区公園、近隣公園、地区公園が中心であり、コミュニティ施設とされ多目的な利用がなされているが、子ども施設といってよいであろう。児童福祉施設として設けられる児童遊園は小公園規模のものである。かつて、子どものあそび場として重要な位置を占めていた原っぱや空き地、社寺境内地などの緑地は、近年では失われ、あるいは犯罪等の危険性により、あそばれることがほとんどない空間となっている。

一般的な公園の7～8割相当と評価される。
　子ども施設をとりまく環境は、このように、子どもの成育環境としてのコミュニティのあり方と深く関わり、その戦略的整備は欠かせない視点といえる。

1.5.4　面積、ゾーン、遊具、植栽空間等の役割

　建築をとりまく環境の理解を深める上で、あそび場や公園緑地の空間的な価値とともに、面積やゾーン、そして建築内外の空間の構成要素となる遊具、植栽等の役割を知ることも、建築をとりまく環境のなかに子ども施設の計画を適切に位置づける上で重要であろう。そこで、子どもによる満足度評価（公園の総合的よさの評価）が高い街区公園はどのようなものか、見てみよう。

　要因分析（重回帰分析）をしてみると、子どもの満足度評価は、空間計画の条件（空間構成の条件、面積の条件、遊具の条件）、周辺環境の条件（周辺土地利用、学校施設等近接）、調査日の条件（周辺イベント、夏休み平日）により非常に高い精度（説明力100.0％）で説明可能であった。空間計画の条件としては、ゾーン数の確保、増加要因となる空間の面積拡大（入れる斜面緑地面積、入れない斜面緑地面積、有効面積等）と減少要因となる空間の面積抑制（グラウンド面積）、遊具の数の増加と遊具構成の調整（満足度を下げる種別の遊具は抑える）などの計画的操作が提案される。やや具体的には以下のとおりである[18]。

○空間構成としてのゾーン数（0～4）は、満足度を高める上で、最も重要な空間計画の変数であった。増加要因であるから、ゾーン数は多い方がよい。

○満足度を高めるための面積変数の操作では、オープンスペースの面積（有効面積）よりは緑地の面積を優先するのがよい。緑地のなかでは、入れない斜面緑地より、入れる斜面緑地面積を優先するのがよい。

○遊具には、その種別により、満足度を下げるものがある。影響（低下）の程度を係数で示せば、コンクリート・マウンドの遊具である石山は4.1、ターザンロープは2.7、規模の大きい複合遊具は1.5であるが、一般的な砂場は0.0であるから満足度を下げることはない。コンクリートの斜面をつくるウォールスライダーは−0.5（増加）であるから、これは満足度を上げる遊具である。活発なあそびがみられる人気の遊具には、このように減少要因となるものがあるが、その計画にあたっては、増加要因となる遊具の優先的選択やその他の要因の操作による満足度評価減少効果の補完が必要となる。

○周辺イベントは、空間計画の条件というより、調査日などと同様に代替案を比較するときに同条件とする必要がある変数であるが、満足度への影響度が最大であり、特に重要である。しかも、これは通常、満

足度評価を改善する上で計画的操作が難しいため、いわば常設の改善である空間計画による満足度評価底上げへの期待は高いといえる。

総じて、空間計画は満足度評価と深く関わり、空間構成の条件、面積の条件、遊具の条件の操作により街区公園、そしてあそびが重要な機能である建築をとりまく他の空間においても、子どもの満足度評価は高められると考えられる。

【演習問題】

1．集会室群を中心とする延床面積約250m²、2階建の公民館を児童館として再整備する話が持ち上がったとしよう。この施設を児童館とするにはどのような課題（問題点）が考えられるか書き出してみよう。
2．マンション建設にあたり、250m²程度の公園・広場の設置が望ましいと行政指導されたとしよう。このような公園・広場は公園緑地体系のなかで、どのように位置づけられるであろうか。また、その計画にあたってはどのような配慮が期待されるであろうか。調べてみよう。
3．子どもが集まり、あそぶ空間の条件について、墨田区わんぱく天国、横浜市こどもログハウス、藤沢市地域子どもの家、リーダーハウスのある羽根木プレーパークなどの事例を参考にしながら、考えてみよう。建築と外部の広場や公園との関係、建築内部の空間構成、遊具の種類と配置、プレーリーダーやプレーワーカーの役割などについて、どのようなことが言えるであろうか。
4．子ども施設を事例として、児童館と公園など、異なる施設や空間の複合ないし総合的計画にはどのようなタイプがあるか、そのメリットはどのようなものか、少し詳しく調べてみよう。また、それぞれのタイプについて、モデル的な事例を探してその特徴を整理してみよう。

【学習を深める参考図書】

1．仙田満：あそび環境のデザイン、鹿島出版会、1987年
2．仙田満・中山豊：児童館・児童文化活動施設（建築設計資料76、建築思潮研究所編）、建築資料研究社、2000年
3．仙田満：遊環構造デザイン—円い空間が未来をひらく（放送大学叢書053）、左右社、2021年

【引用・参考文献】

1）日本学術会議子どもを元気にする環境づくり戦略・政策検討委員会：我が国の子どもを元気にする環境づくりのための国家的戦略の確立に向けて（対外報告）、2007年
2）日本学術会議心理学・教育学委員会・臨床医学委員会・健康・生活科学委員会・環境学委員会・土木工学・建築学委員会合同　子どもの

成育環境分科会：我が国の子どもの成育環境の改善にむけて―成育空間の課題と提言、日本学術会議、2008年

3）高木清江・矢田努・仙田満：こどもにやさしいまちをつくる都市の施策の実施状況に関する研究―施策実施の有無、施策実施数、成果の有無の総合的分析、こども環境学研究、第18巻 第2号、2022年、表2をもとに表1.1を作成

4）八藤後猛：子どもの発達と住宅内安全計画、バイオメカニズム学会誌、第33巻第1号、2009年

5）総務省統計局・独立行政法人統計センター：政府統計の総合窓口―身長・体重の平均値及び標準偏差、URL: https://www.e-stat.go.jp

6）仙田満・矢田努・冨田昌志・原博：歩行線形による通路空間の形状に関する研究―小学校廊下の実態調査および実物大模型による歩行実験にもとづく曲がり角隅切処理の提案、日本建築学会計画系論文集、第455号、1994年

7）藤塚光政撮影

8）子どもと高齢者に向けた学会行動計画推進特別委員会：子どものための建築・都市12ヶ条―子どもと家族のための建築・都市環境づくりガイドライン、建築雑誌、2001年

9）仙田満：あそび環境のデザイン、鹿島出版会、1987年

10）浦添綾子・仙田満・矢田努：幼児の活動空間における安全性について、保育学研究、第35巻第2号、1997年

11）桑原淳司・仙田満・矢田努：幼児施設の園庭遊具における事故とその安全性について、ランドスケープ研究、第60巻第5号、1997年

12）環境デザイン研究所提供

13）財団法人児童健全育成推進財団編：児童館―理論と実践、同財団、2007年

14）仙田満・中山豊：児童館・児童文化活動施設（建築設計資料76、建築思潮研究所編）、建築資料研究社、2000年

15）目黒実：チルドレンズ・ミュージアムをつくろう、ブロンズ新社、1996年

16）三輪律江・仙田満・矢田努：こどものあそび空間発生性に関する研究―大都市市街地におけるこどものあそび環境実態調査データにもとづく分析、日本建築学会計画系論文集、第539号、2001年

17）三輪律江・仙田満・矢田努：市街地におけるこどものあそび空間発生量の予測に関する研究―こどものあそび環境実態調査データの重回帰分析より、日本建築学会計画系論文集、第543号、2001年

18）矢田努・高木清江・仙田満：こどもの意識評価よりみた街区公園の空間計画に関する研究―利用者インタビュー調査より得られる満足度評価データの要因分析より、日本建築学会計画系論文集、第783号、2021年

第2章　成長する・見守る（保育施設）

◇◇◇◇◇◇◇◇◇◇◇◇◇◇◇◇◇◇◇◇◇◇◇◇◇◇ **地域の受け皿としての保育施設** ◇◇◇◇◇◇◇◇◇◇◇◇◇◇◇◇◇◇◇◇◇◇◇◇◇◇

　わが国の保育施設には、幼稚園と保育所（保育園は俗称）の二つの系列があり、ともに就学前の施設である。保育所は託児から始まり、学校の機能を備え、家庭の愛情を補償する機能を持ち、さらには「みんなが集まる場所」へとその期待はますます拡がるように変化してきている。

　女性の社会進出を支え、少子化の抑制するためには保育施設でこどもを安心して預けられる環境が大切であり、保育施設があるからこそ家庭や社会が維持されるとも言える。近年ではこどもを預ける受け皿を増やすため、幼稚園と保育所の機能を併せ持つこども園が誕生した。制度によって施設種が違っても、豊かな環境によって、こどもが"成長する"ために保育者や地域が"見守る"、という本質的な保育施設の役割は変わらない。保育施設の計画において環境の関わりをいかに用意することが大切な視点となる。

◇◇

2.1　保育施設の歴史

2.1.1　種類（幼稚園・保育園・こども園）

　未就学児を預かる保育施設には幼稚園・保育所・こども園という種類があるが、これは明治維新から始まった教育制度を発端とする教育と保育の歴史でもある。

　幼稚園の起源は明治9年に誕生した東京女子師範学校附属幼稚園（現、御茶ノ水大学附属幼稚園）であり、幼児教育を行う欧米諸国の教育を導入する形で授業が行われていた。当時は保育者の人数や施設も限られ、高額な保育料もあって富裕層に向けた就学施設として整備されていった。

　これに対して、保育所は家庭で保育を行えない受け皿として整備されてきた背景がある。明治になり、全国の全てのこどもが学校に通えるようになったが、当時の地方ではこどもが弟妹の世話をしており、実際には学校に通うこどもは少なかった。そこで明治7年に未就学児も連れて学校に通うことが許可され、学校に付属される形で子守学校が用意されたことが保育所の起源となる。子守学校では保育者もいなく教師がこどものお世話をすることもあった。こどもの受け入れの需要が高まり、1890年（明治23年）は専任の職員がいる託児所が新潟県で誕生し、1900年（明治33年）には二葉幼稚園（後に二葉保育園に改称）が整備された。当時はこどもを預かるだけとして社会的な位置付けもななかったが、戦後になってようやく児童福祉法の公布とともに保育所が制度化された。そして昭和40年に

待機児童

近年では都市部において、公立幼稚園の廃校、母子家庭の増加、女性の社会進出などにより保育所における待機児童が増加し社会問題になっている。

今後は、少子化や女性の社会進出などが進む中で、幼稚園・保育所は、**子育て支援**等の多様なニーズ（育児相談、長時間保育、0歳児保育、夜間・休日保育、病児保育など）に対応した地域の幼児教育のセンターとしての役割が求められている。

は保育所保育指針によって保育とはこどもを預かるだけでなく教育も行うことであると示された。

もともと学校として整備された幼稚園と、子育ての必要性から整備された保育所は同じ未就学施設でありながら、130年に渡って隔たりがあった。

しかし、**待機児童**の解消や地域の多様なニーズに応えるために2006年にこども園が制度化され、ようやく幼稚園と保育所が一元化する動きとなった。こども園には子育て支援機能が付加され、地域の幼児教育の支援センターとしての役割など多くのサービスが求められている。

幼稚園と保育所は共通点が多いが、建築計画上の相違点としては、表2.1に示すように、対象園児の年齢構成、保育時間、給食施設の有無などがある。こども園の設置基準は幼稚園と保育所のどちらかの高い水準を引き継ぐ形で整備された。

2.1.2 保育施設の保育とその活動の流れ

幼児期の教育は、こどもを守り、自ら発達する力を援助するという意味で「保育」（保護育成の略）とよばれている。その保育の形態は保育者が主体的に行う**一斉保育**（設定保育）と、園児の自主的な遊びを中心とする**自由保育**に分けられる。一斉保育とは保育者がクラスの全園児を共通の活動に誘って指導する保育であり、歌う、絵本の読み聞かせ、身体表現運動（リトミック）などがある。全員で一斉の活動を行うため、まとまった広いスペースが必要である。保育室以外に遊戯室で活動することもある。自由保育はこどもが自らの意思で始めた活動を見守り発展させるために保育者が助言や参加をする保育であり、製作遊び、ままごと遊び、遊具遊び、かけっこなど多種多様な遊びが見られる。園児が自ら遊びを始めやすいように遊びのコーナーやアルコーブなどを用いて多様な保育スペースを設けた空間が良い。このように自由遊びの比重が多くなると、こどもにとって**あそび環境**が果たす役割は重要になる。すなわち、保育が行われる空間は、こどもたちの五感に強く働きかけ、感覚的な体験を育むことができる住まいのような、豊かなものとして計画されなければならない。

園児の1日は、午前中は自由遊びと一斉保育で過ごす。昼食の後、保育園では休息してさらに自由遊びをするが、幼稚園では降園の準備にとりかかり降園することになる。幼稚園でも預かり保育をしている場合には保育園と同じ流れになる（図2.1）。

2.1 保育施設の歴史

表2.1 幼稚園・保育所・こども園の計画の違い

	幼稚園	保育園	こども園
根拠法	学校教育法	児童福祉法	就学前の子どもに関する教育、保育等の総合的な提供の推進に関する法律（関連、子ども・子育て支援法）
目的	幼稚園は、義務教育及びその後の教育の基礎を培うものとして、幼児を保育し、幼児の健やかな成長のために適当な環境を与えて、その心身の発達を助長することを目的とする（22条）	日々保護者の委託を受けて保育に欠けるその乳児又は幼児を保育することを目的とする（第39条）	「幼保連携型認定こども園」とは、（略）満三歳以上の子どもに対する教育並びに保育を必要とする子どもに対する保育を一体的に行い、これらの子どもの健やかな成長が図られるよう適当な環境を与えて、その心身の発達を助長するとともに、保護者に対する子育ての支援を行うことを目的として、（略）設置される施設をいう（第2条）
年齢	3歳から小学校入学まで	0歳から小学校入学まで	0歳から小学校入学まで
保育時間	原則1日4時間、1年200日以上	原則1日8時間	教育に係る時間は4時間以上、39週以上 保育を必要とする園児は8時間
定員	定めなし	60人以上※（小規模保育所は20人以上）	全国一律の基準はなく、市町村の実情に応じて設定
給食	任意	義務	義務（ただし、幼稚園型のこども園は任意）
所要室	保育室、遊戯室、職員室、医務スペース、保健室、便所	乳児室、ほふく室、保育室、遊戯室、事務室、医務室、調理室、便所	職員室、乳児室又はほふく室、保育室、遊戯室、保健室、調理室、便所、
耐火基準	保育室が2階にある場合：耐火建築物	保育室が2階にある場合：準耐火建築物 保育室が3階以上にある場合：耐火建築物	保育室が2階にある場合：準耐火建築物 保育室が3階以上にある場合：耐火建築物

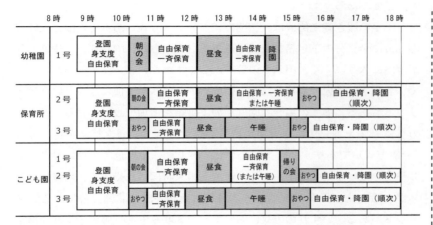

図2.1 幼稚園・保育所・こども園における保育の流れ

教育・保育給付認定

こどもの年齢や保育の必要性に応じて市町村が定める区分のこと。その区分に応じて利用できる施設が異なる。

1号認定：満3歳以上で教育を希望するこども（幼稚園・こども園）

2号認定：満3歳以上で家庭において必要な保育をうけることが困難なこども（保育所・こども園）

3号認定：3歳未満で家庭において必要な保育をうけることが困難なこども（保育所・こども園）

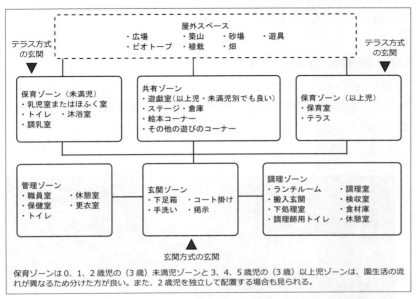

図2.2 幼保連携型認定こども園の機能図

2.2 全体計画（遊びのデザイン）

2.2.1 園舎・保育室の配置

園では様々な空間体験、遊びと学習、活動の場を用意する必要がある。こども園の機能図を図2.2に示す。

平面構成要素としては保育室と遊戯室が主要な空間となるが、小空間から大空間や屋外の空間までを組み合わせ、こどもたちが自由に様々な場所に行けることができるように**回遊性**のあるプランを考えたい。建物は保育室と屋外スペースとの関係、**防災避難**の面から平屋建が理想ではあるが、敷地状況、将来の増築の可能性を含めて計画を行う。2階建て以上の建物とする場合は、以上児と未満児のどちらを上階に持っていくかについて、両方のメリットとデメリットがあるため、現場の保育者とよく話し合うことが必要である。

上下足の履き替え位置は、玄関方式とテラス方式がある。玄関方式は玄関部分に全員分の下足箱を配置する方式（集中方式）であり、土やほこりが室内に入りにくく、出入りの管理がしやすいというメリットがある一方で、登園する園児で混雑したり、園庭へアクセスが不便になるというデメリットもある。多くの場合、園庭用の下足箱を追加で設けている。テラス方式は玄関を通らずに保育室に直接アクセスして、履き替えを行う方式（分散方式）であり、園庭へのアクセスがよく、建物全体をコンパクトにしやすいというメリットがある一方で、雨天時は汚れやすく、南側にテラスがあると主な保育活動スペースが日照条件の悪い北側部分になるデメリットがある。いずれの方式においてもデメリットを克服するような提案が必要である。なお、保護者が園児を送り迎えをする場所が玄関の場合だと玄関方式、保育室の場合だとテラス方式が選ばれやすい。

2.2.2 園庭（屋外スペース）の計画

園庭（屋外スペース）は季節を感じる、体を動かす、自然を体感する、などに必要である。園庭は園児の発達段階に合わせて起伏のある場所や遊具を配置することが望ましい（写真2.1〜2.2）。園庭には大きな木、池

写真2.1（左）　芝生のある高低差のある園庭
(KFB Kindergarten and Nursery 日比野設計＋幼児の城)
(撮影：スタジオバウハウス)

写真2.2（右）
こどもが森を駆け回る園庭（たいよう幼稚園、愛知県）

や小川、小山など自然が豊富で、より多様な活動ができるようにしたい。魅力的な園庭を作るためには、最初に好ましい園庭の形を決め、その残りに建物を建てる、くらいの考え方が必要である。管理は難しいが芝生を植えると、けがの防止につながり安全である。

園庭の広さに関する基準は幼稚園と保育園で異なる。幼稚園では、2学級以下の場合は「330+30×（学級数−1）㎡」、3学級以上の場合は「400+80×（学級数−3）㎡」とクラスの数で広さが決まり、保育園の場合は、「2歳児以上の人数×3.3 ㎡」と園児の人数で広さが決まる。こども園の場合は2歳児は保育園の基準とし、3歳以上児は幼稚園の基準としている。

2.3 各部の設計

2.3.1 保育室の機能分離

保育室は十分に日照を得られるように南や東に面するように配置する。一般的に未就学児はウィルスへの抵抗が弱いため園で集団感染することもあり得るため、感染症を予防する意味でも2面に窓を確保するなどして通風や換気には特に配慮したい。年齢別の保育室の配置について、3歳未満児と3歳以上児では活動の内容が異なるため、乳児室・ほふく室と保育室は分離することが望ましい。

乳児室や保育室で園児は1日の大半を過ごすため、自由保育や一斉保育、おやつ、食事、午睡などの様々な行為が行われる。そのため保育室は、「食べる場所、寝る場所、遊ぶ場所」の3つの場所をコーナー等で明確に分ける**保育室の機能分離**が理想的ではあるが、現状は面積的な制限もありそこまで区画されていない。保育の中では食事から午睡への移行が一

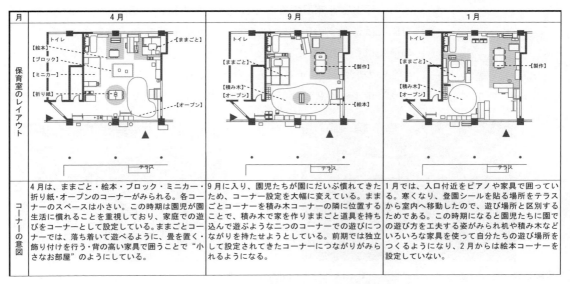

図 2.3　発達に伴う保育室のコーナー設定の変化[3]

番時間がかかるため、せめて「食べる場所」と「寝る＋遊ぶ場所」は分けて計画したい。ちなみに、保育室の面積の基準について、幼稚園では学級数による基準があるが、保育園では乳児室（1.65 ㎡／人）、ほふく室（3.30 ㎡／人）、保育室（1.98 ㎡／人）と一人当たりの面積が決められている。園児は年齢による身体寸法と行動能力の差が大きく、1 年の間でも成長するため、**遊び環境**は園児の発達に応じて変化していくものと捉えるべきである（図 2.3）。園児が自ら遊びを捜し、見つけることを促すために**移動できる家具**や**アルコーブ**を利用して、遊びのコーナーを設けることを考えたい。机やイスは園児が運べる大きさ、手荒に扱っても壊れないものとし、建具は引き戸が安全、園児でも開閉できるようにする。園児は床に接する機会が多いため、冬期は床暖房を採用すると効率的な暖房を行うことができる。

2.3.2　トイレの計画

園児用のトイレは使用頻度も高く、幼少期に排泄の習慣を身につけるための大事な空間であり、明るく立ち寄りやすい設えとしたい（写真 2.3）。乳児室や保育室の近くに配置し、年齢に応じて異なるタイプを計画することが望ましい。0 ～ 1 歳児では大便器の仕切りはなく、2 歳児ごろから大人が覗くことができる低い扉（1000 ～ 1200mm 程度）で仕切る。3 ～ 5 歳児になると小便器も設置され、その間隔は 550mm 程度とする。手洗い器の高さは 450 ～ 540mm の範囲で年齢に応じた高さとする。

2.3.3　共有空間の計画

遊戯室は保育室ではできないような運動や遊具遊びをするための空間であり、入園式・卒園式、生活発表会、リトミック、催しのための空間でもある。保育室と兼用することもできるため独立して設けなくても良く、保育園では遊戯室の広さは 1.98 ㎡／人の基準がある（ほふく室や乳児室との兼用は不可）。ただし、大人数で活動することを考えると保育室 3 室分くらいの広さ（130 ～ 150 ㎡）があると良い（写真 2.4）。

ランチルームも設置が義務付けられている機能ではないが、保育室の機

幼稚園の面積基準

学級数に応じた園舎全体の面積が決められている。

1 学級の場合　180 ㎡
2 学級の場合　320 ㎡
3 学級以上の場合　1 学級増えるごとに 100 ㎡を加算する。

320 ㎡＋100 ㎡（学級数－2）

自然素材

日本人が長い間生活してきた空間は木の柱、土の壁、草の床、紙の建具など、「軟らかい素材」でできていた。特にこどもの生活する空間は五感に訴える自然素材を使用する必要がある。自然素材から得られる多様な感覚は、こどもの脳の発達にはなくてはならないもので、その皮膚感覚はこどもの意識を落ち着かせるといわれている。

写真 2.3　明るい楽しげな幼児用トイレ（KN Kindergarten 日比野設計＋幼児の城）（撮影：スタジオバウハウス）

写真 2.4　天井が高い遊戯室（松東こども園 双星設計　北陸事務所）

能分離をするためにも全員で食べられる場所は設けた方が望ましい（写真2.5）。設ける場合は外部のつながりがあると季節感や解放感を演出できる。調理室は防火区画を考慮して独立して計画するが、食育のことも考慮すると食事を作っている様子を園児が見られるように計画することが望ましい。調理室の床仕上げは細菌の繁殖や水はねによる汚染を防止するために乾燥した状態に保つドライシステムが導入される。

その他の共有空間として、絵本コーナーや工作コーナーがある。そこでは年齢の異なる園児が交流できる場所になっている（写真2.6～2.8）。

2.3.4 管理諸室の計画

管理諸室には職員室や保健室、園長室などがある。それらの場所は出入り口や園庭を見渡せる位置に設け、保護者対応や園児のケガの対応をすぐ行えるようにする。また、こども園では地域の子育てを支援していくための機能として、子育てに関する相談ができる部屋（相談室）を設ける。

2.4 将来の保育施設像

保育施設はこどものための施設である一方で、親の就業率や景気状況や政策など大人側の需要によって整備が進められてきた。これからの保育施設を考える上で、今後の社会的な課題について整理していく必要がある。

待機児童は2025年をピークに減少していくと言われており、今後は本格的に施設がこどもの人数に対して余っていく状況が続くことになる。そ

調理ゾーンの必要諸室
調理ゾーンは調理室・配膳室・収蔵庫・検収室・事務室・休憩室・倉庫・調理用トイレから構成される。

飲料水用設備の配置
保育中には活動の合間で頻繁に園児の水分補給を行っている。その際、飲みやすいようにマイ水筒やウォータージャグを用意することが多い。そのため、飲料水用設備は、手洗い用設備や足洗い用設備とは別に設ける。

写真2.5左 ランチルームの事例、右側にはこども用の配膳カウンターがある。(OB Kindergarten and Nursery 日比野設計＋幼児の城)
（撮影：スタジオバウハウス）

写真2.6右 異年齢の交流の場となる絵本コーナー (SH Kindergarten and Nursery 日比野設計＋幼児の城)
（撮影：スタジオバウハウス）

写真2.7左 回遊性のある魅力的な遊具はこどもと保護者の共同制作：名東保育園（名古屋市）

写真2.8右 伝声管で遊ぶ：天使みつばち保育園

のため、親は保育施設を選ぶようになり、ソフト・ハードともに特徴がある園が生き残る時代へと移っていく。すでにこの現象は地方で見られていることではあるが、とうとう全国規模で展開されていくことになる。最初にその生き残りをかけた取り組みが必要になるのは幼稚園である。保育無償化や就業率の上昇に伴って0～2歳児を預けることができる保育所やこども園の需要が高まっていくであろう。そのため幼稚園として存続していくためには教育の質が改めて問われていくことになる。

　こどもを取り巻く社会的な課題は児童虐待、いじめ、自殺、貧困問題、保育士の不足、保育の質の低下が挙げられる。それらの課題を一体的に取り扱うために2023年にこども家庭庁が設立されたことはこれまで管轄省庁に分かれていた「縦割り」制度を取り除く大きな一歩であった。教育（幼稚園）だけは文部科学省の管轄として残ったが、保育所やこども園はこども家庭庁の管轄で子育ての中核施設としての役割が期待される。

【演習問題】

1．就学前のこどもの施設のうち、戦後から続く幼稚園と保育所について、それぞれの目的や空間条件等を想定している制度の違いと、その「一元化」に関わる動向を調べて整理しなさい。
2．保育所の最低基準の内容を調べて、その意義と問題点を整理しなさい。
3．保育所のブロックプラン（保育室の並び）の考え方について、モデル図を使って整理しなさい。

【引用・参考文献】

1）日比野設計：幼児の城7　笑顔がいっぱいの園舎づくり、星雲社、2016年
2）日本建築学会編：第3版コンパクト建築設計資料集成、丸善、2005年
3）西本雅人・今井正次・木下誠一：保育プログラムに伴うコーナー設定の一年間の変化　保育者による空間設定からみる保育室計画に関する研究、日本建築学会計画系論文集　No.601、pp.47-55、2006年3月
4）今井正次・桜井康宏・明石行生・中井孝幸・大月淳・吉田伸治・柳澤忠：設計力を育てる建築計画100選、共立出版、2015年

第3章　学ぶ・教える（学校）

◇◇◇◇◇◇◇◇◇◇◇◇◇◇◇◇◇◇◇◇◇　**地域の核としての学校**　◇◇◇◇◇◇◇◇◇◇◇◇◇◇

　わが国においては、明治期に西欧の教育制度を導入して以降、学習指導要領に示す教育プログラムと、学校建築の**標準設計**と補助金制度による環境整備の仕組みにより、全国一律に教育の機会均等を担保し、教育先進国としての地位を築いてきた。しかし、近年ではそのあり方が問われている。これからの学校の計画では、こどもが自ら学ぶためのフレキシブルな学習の場としての視点や、仲間と集団で遊ぶための活動の場とともに個々の**居場所づくり**という視点も求められる。

　一方、社会とのかかわりから学校を捉えると、学校と地域がともにこどもを育てる**地域に開かれた学校**が期待されている。すなわち、こどもの"しつけ"をするのは家庭、"学ぶ・教える"場として学校があり、"育てる"のは地域という考えかたである。

3.1　学校の歴史

3.1.1　種類・分類

　学校の種類は「設立目的」、「学習方式」、「運営方式」などの観点からそれぞれ分類できる。

　「設立目的」では幼稚園、小学校、中学校、高等学校など学校教育法による10種類の正規の学校と、予備校、**フリースクール**などそれを補完する学校に大別される。また、高齢社会における位置づけとしての**生涯学習**の一翼を担う学校も存在する。

　学校建築を計画するうえで、最も基本的なものは運営方式である。運営方式は**総合教室型**、**特別教室型**、**教科教室型**、**オープンシステム**、**系列別教科教室型**など、「教育」と「建築」の各要素の組み合わせで分類されるもので、学校の規模や学齢、教科内容などによって使い分けられる。

3.1.2　教育の流れと学校建築の変遷

　わが国における学校教育は、中世においては支配者階級のためのものであったが、江戸時代に入ると次第に庶民にも教育が広がり、種類の多様化が生まれる。

　明治に入ると国民教育が始まり、1895年の文部省建築掛から出された**「学校建築図説明及設計大要」**は、その後の学校建築に影響を与え、**教室南面・北廊下**が学校の原形となる。

　関東大震災後は、防火・耐震性向上と不足している学校の教室を早急に

学習方式

学習方式とは授業の進め方を指す従来の「担任制による一斉学習」の他にも、複数の教師が分担して行う**「チームティーチング学習」**、用意された教材を借りて個別に学習を進める**「プログラム学習」**などに分類される。また、児童・生徒が主体となってグループワークやディベート等を行う**「アクティブ・ラーニング」**もある。

明治時代の標準設計

教室南面北廊下、4間×5間の面積約60㎡、天井高さ3mの教室は整然と机が配列され、当時の学級定員は80人で、現在の2倍以上であった。

一文字校舎

戦後、当時の学校は、新しい教育の施行に伴って、量の確保が最大の課題であった。国は、この学校不足を補うために、義務教育諸学校施設費国庫負担法による補助制度を設け、自治体の学校づくりを促した。戦災復興時は、資材難に加えて、設計者、施工技術者の不足もあり、木造校舎の規格化やRC造校舎の標準設計など、学校建築の標準化が進められた。その結果、一斉学習を前提とした画一的な学校建築として、片廊下型の一文字校舎が全国的に展開された。

教科教室型

欧米では中学校以上で教科教室型が一般的である。日本では、ホームルーム教室確保型、ホームベース併設型、ホームベース独立型の3形式がある。ここでホームベースとは生徒の生活拠点となるスペースを言う。

生涯学習

生涯学習拠点の中核としての飛島村の「飛島学園」がある。構造改革特区制度を利用した飛島小中学校は英語教育を軸とする小中一貫プログラム校である。

生涯学習の場としての学校

イギリスのコミュニティスクールでは、地域の多様な階層が「学校」を場として利用する。学び、交流し、

補うために、日本建築学会によるRC造の**標準設計**（片側廊下型**一文字校舎**）が全国的に普及し現在に至っている。

1970年代になると、既成の知識を効率よく詰め込む画一的な教育から、個性や創造性を重視する教育への転換が重要な目標になり、空間的魅力に乏しい**一文字校舎**に対して、フレキシブルな学習に対応する**オープンシステム**による教育が試みられるようになる（図3.1）。また、**教科教室型**やワークスペース型（**チームティーチング**学習スペース）など教育内容の多様性が生まれる。表3.1はこうした教育の流れと、学校建築の変遷を示したものである。

3.2 学校における活動と場づくり

3.2.1 質の高い教育をみんなに

歴史的にみれば前述のとおり、教育方法や学校空間は時代によって変化し続けてきた。現在は「主体的・対話的な学び」が重要視されており、児童や生徒が自ら能動的に学習できる環境が整備されてきている。ICT（Information and Communication Technology：情報通信技術）設備もその環境の一つであり、電子黒板、単焦点プロジェクター、タブレット、ホワイトボードを用いて児童・生徒の考えていることを視覚化するための設備が導入されている。

教育は誰でも受けられる権利があり、小学校や中学校に夜間学校を併設して、学び直しを含むリカレント教育制度（生涯学習）を充実させる動きも見られる。

3.2.2 活動と求められる機能

学校で行われる各種活動は「聴く・見る・書く」だけでなく、「調べる・試す・まとめる」という能動的なものから、「つくる・育てる・探る」「集

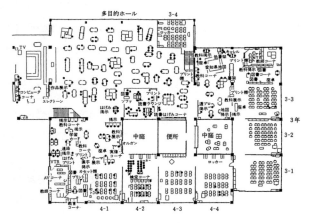

図3.1 オープンシステムによる教育学習形態（緒川小学校　田中・西野設計事務所）[9]

表 3.1 教育の流れと学校建築の変遷の関係

時代	年代	教育の流れ	学校建築	事例、海外の動向
中世		支配階級の学校		足利学校、金沢文庫
江戸		藩校、私塾、寺子屋 種類も多様化		適塾
明治	1872	学制公布、国民教育が始まる、近代教育制度の導入	寺院や民家、擬洋風建築	開智学校（近代教育モデルスクール）
	1890		「学校建築図説明及設計大要（1895）」、学校の原形、教室南面北側片廊下	
大正	1920	デモクラシーと新教育、運動、自由教育	RC造	成城小学校 自由学園明日館（自由精神）
昭和	1940 1950	戦後学校教育法、教育の大衆化、6・3・3・4制、実務教育、画一的な教育、国の補助金制度 イギリス、システムズ・ビルディング	教室の不足、木造校舎の規格化、RC造の標準設計軽量鉄骨開発、防火・耐火、学校平面の標準化、低高のゾーン分離	成蹊小学校 旧宮前小学校 西戸山小学校（生活プレールーム）
	1960	学校施設の大量建設、イギリス、インフォーマルエデュケーション	空間の豊かさ、雰囲気づくりの新しい学校建築のテーマ、階段室型、バッテリー型、クラスター型	
	1970	個性や創造性を重視する教育への変換、総合的な学習時間の実験、養護学校教育の義務化 アメリカ、オープンエデュケーション	オープンスペース(注1)、中・高校では教科教室型、ワークスペース型	七戸小学校 加藤学園暁秀初等学校（オープンスクール） 岐阜池田小学校 東浦町立緒川小学校（オープンスペース）
	1980	週5日制、ゆとり教育、質的整備への転換 アメリカ、School within School	多目的スペース、木造校舎、多様な学校建築、複合化	宮代町立小学校（1.5倍の教室） 目黒区立宮前小学校（オープンスペースとメディアスペース） 浪合村立浪合学校（小中併設複合化）
平成	1990	生涯学習、インテリジェント化、環境への考慮、中高一貫、小中一貫 アメリカ、フリースクール、チャータースクール(注2)	エコスクール、余裕教室の転用、木の学校づくり	千葉市立打瀬小学校（オープンスクール・ワンセット）、瀬戸市立品野台小学校（オープンスクール・ユーザー参加）、三春町立要田中学校（オープンスペース）
	2000	少子高齢化、廃校と再編成、情報化・国際化時代	個性的な学校環境再編成、無学年性、学習の個性化、プログラム学習方式	いなべ市立石榑小学校 福井市至民中学校（住民参加型）、名古屋市立東植田小学校（木質空間）
令和	2020〜	ICT教育、GIGAスクール構想		

注1）壁のない教室、学年共通スペース、学年を超えた多目的スペース、開放的な図書スペース、スクールストリート、カーペット敷きの床、ハイサイドライト
注2）チャータースクールとは、教師や父母、地域団体や民間企業などが特別許可を受けて開設し運営する独自の背景や教育理念をもつ公立学校。

278 第3章 学ぶ・教える（学校）

助け合うというねらいから、パブが付属するものも珍しくない。デイサービス、レジャー施設、託児所などが一体となって運営されている状況は、学校の地域化であり、これからの学校が目指すべき方向である。

ホームベース
クラスルームがない場合、児童生徒の拠点として設けられるスペースであり、ロッカーや机・いすが完備される。教科の移動の際の教材の準備や休憩、ホームルームなどに使われる。

プラトーン型
運営方式の1つ。全クラスを時間帯で普通教室を使用するクラスと特別教室を使用するクラスに二分しそれぞれを一定の時間ごとに入れ替える方式である。教室の利用率は高いが、時間割の編成が難しい。

音の伝播
オープンスペースでの音の

まる・発表する」「歌う・踊る・遊ぶ」など、学習、生活、遊びにわたって様々な活動が、様々な単位で、時間経過とともに繰り広げられる。これらの**行動場面**に合わせて、「室」が用意される必要がある。活動内容と場との関係を示したものが表3.2で、図3.2に行動場面例を示す。

このため計画・設計のアプローチの仕方は、従来から行われている標準化に基づく施設型（標準設計）とよばれるものから、現代ではこどもの学習・生活・自由な活動に対応した場としての空間の組み立てを行いながら、学校建築の計画・設計を進めるアクティビティ型の手法をとる傾向にある。

3.2.3 運営方式と教室

教育課程は学校を運営していく基本であり、児童・生徒の発達段階に応じて教育内容を選択し、その順序だてを行った全体的な教育プログラムのことである。これに対して学校の**運営方式**は、教育内容に応じた教室などの使い方をいう。代表的な運営方式には、**総合教室型、特別教室型、教科教室型**がありその特徴を表3.3に示す。所要面積、移動時間、教育の多様性、ホームルームの確保などの面で、それぞれ長所や短所があることに注意すべきである。

中学校、高校においては、**教科教室型**だと本やスライド、OHPなど、いろいろな機材がそろい教科の雰囲気のなかで授業を行えるためこれを採用する学校が増えている。人が教えるのではなく、環境の力で学ぶ意識を触発することができると考えられている。

3.2.4 オープンシステムによる運営と学習諸室

前述の運営方式以外に、こどもの興味や関心を引き出すための運営としてオープンシステムによる運営がある。これまでの固定的なクラス集団、学級担任制、一斉進路学習による画一的なクラス時間割とは異なり、学年の壁を取り払って、複数の学年やクラスの弾力的な学習集団を形成して教

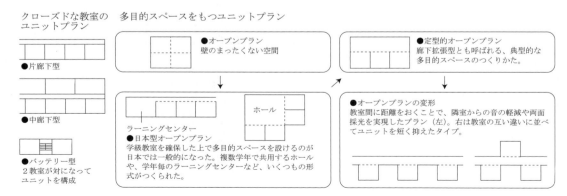

図3.3　クローズドからオープンスペースを持つユニットプランの変化[4]　作成：倉斗綾子

3.2 学校における活動と場づくり

表 3.2 活動と場

活動			場		
種類	学習	その他	家具・什器	機能	空間
聴く・見る・書く	受動的	一斉授業	黒板、ホワイトボード	座席位置の関係、視覚的環境、音環境	伝統的な教室
調べる・試す・まとめる	能動的	児童・生徒自身、グループ単位	実験・観察用テーブル、作業台、情報メディア、水道、設備	レイアウト変更可能性	他の場所との連携考慮
つくる・育てる・探る	創作、モノづくり、探求	創作活動	設備・備品の高い専門性	随時多様な創作・実験機能	図工、美術、家庭、小さな教室、中学はワークスペース
集まる・発表する	情報学習効果の共有	学年を母集団	ポスターセッション、展示設備	発表形式	場の移動、集団希望対応
歌う・踊る・演じる・遊ぶ	音を発する活動			動的・音発生想定	音楽、図工、技術
食べる		生活活動		食事、交流	ランチルーム、カフェテリア
働く		教職員の仕事		デスクワーク、打合せ、会議、かかわり	教師コーナー、準備室、研究室
遊ぶ、交流する、たたずむ、留まる		活動でない活動	レベル差、小空間	見える、交わる、距離を置く	空間的仕掛け

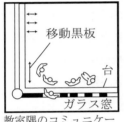

教室隅のコミュニケーション場面

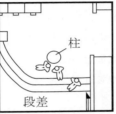

ホール中央の丸柱を利用した行動拠点

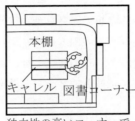

独立性の高いコーナーでプライベートな行動場面

幅広い段差が休憩、遊びの舞台となっている

図 3.2 小学校・図書館での行動場面例[2]

表 3.3 学校の運営方式の比較

方式	総合教室型	特別教室型	教科教室型
図			
方式	すべてを普通教室で行う方式。そのため、教室の大きさは広めにして、実験・工作のコーナーやロッカー・前室などの諸施設を充実させる。	普段は普通教室で授業を受け、特別な設備を要する教科は特別教室で行う方式。	すべてを専用教室で行う方式。専用教室であるため、メディアの多様化や設備の充実がしやすい。自分の教室がないのでロッカーが置かれたホームベース（ホームルーム）が必要になる。
長所	児童・生徒の移動がないため心理的に安定する	総合教室型よりも教科内容を充実できる。自分の教室があるので安心感がある。	専門内容を充実できる。教室の利用率は高く、教室を少なくできる。
短所	床面積と設備は増加する	教室数が増加し、利用率が低くなる。特別教室の使用割合が高くなると移動の負担が増える。	毎時間移動するので混乱する。クラスルームの専用化ができないので落ち着きにくい。
適用	幼稚園 小学校低学年	小学校の中学年以上 中学校、高校	中学校、高校、大学など

育を行う特徴がある（図3.3）。複数の教員によって授業の指導にあたるチームティーチングが向いており、学習・学力別の授業を編成できる。

そのための学習諸室は教室、フレキシブルな使い方ができる**オープンスペース**、学年オープンスペース、学校全体に利用できる**メディアセンター**などを整備する必要がある。ただし、オープンスペースは**音の伝搬**をいかに抑制するかという視点も考慮すべきである。

3.3 全体の計画

3.3.1 部門構成と配置

校地は一般に校舎の敷地と屋外運動場の部分によって構成され、校舎は学習諸室、生活諸室、管理諸室、通路スペースの4つに区分される。なお、小学校の低学年と高学年のゾーンは分離することが望ましい。校地は、できるだけ**自然地形の高低差や樹木**を活用する（写真3.1）とともに、人と車のアプローチは分離し、体育館、図書館、特別教室などの**地域開放ゾーン**の出入口がわかりやすい計画としたい。学校は災害時には避難所となることも想定され、避難生活が続いたとして学校機能が存続できるように地域開放ゾーンと教室や職員室などの教育ゾーンは区画する。

3.3.2 地域に開かれた学校

地域に開かれた学校には二つの考え方がある。一つは、学校が地域の公共施設でもあるため、校地を取り巻く塀がなく物理的に開かれた状態のものとする考え方である。可能な限り防犯性重視の閉鎖的な計画は避け、学校に隣接する緑地や公園、緑道と一体化する。この場合、学校のセキュリティに関しては塀や柵で囲ってこどもを守るのではなく、地域住民の監視性によってこどもたちを守る。もう一つは、学校運営に関して開かれたもので、学校施設の開放とともに、地域住民が様々な形で学校行事とかかわりを持つというものである。代表的な事例として学校が地域と協働してこどもを育てる（**コミュニティスクール**）とする**習志野市の秋津小学校**などがあげられる。

3.3.3 複合化された学校

学校はいろんな考え方をする人が集まってくる場所という機能がある。そのため、地域開放を前提に学校、図書館、公民館、デイケアセンター、児童館、温水プール、**歴史文化遺産**などが複合されて、地域と密接に結びつくものも多くなっている（写真3.2～3.4）。地域施設の問題は活用の仕方とか、仕掛けの作り方が**複合化**を成功させるカギになる（図3.4）。なお、都市部では防災拠点としての機能も期待される。また、放課後にこどもを預かる**放課後児童クラブ**や、一部の地域で行われている学校開放事

伝搬を抑制する方法として、隣接する教室相互の間に準備室を設ける。または廊下の天井の仕上げに表面をガラスクロスで覆ったグラスウールを使用するといった方法が考えられる。

学校区

公立の小・中学校では通常学校区が定められており、ひとつの学校に対してひとつの通学区域が対応している。通学距離の設定は、小学校1校に必要な住宅地の人口によって構成する**近隣住区理論**に基づいている。徒歩通学の場合、適正通学距離は、小学校0.5～1km、中学校1～2kmとされる。

自然地形の高低差や樹木

学校の敷地は、運動場以外は必ずしも平たんである必要はなく、自然地形の高低差、樹木などを活用することが望ましい。

習志野市秋津小学校

「開かれた学校」として生涯学習社会形成の基地としての役割を担いながら、地域とのパートナーシップのもとに学校と地域の学びの共同体を目指す。

写真 3.1　校内のビオトープ
（土岐市立泉小学校）

写真 3.2、3.3　戦争の記憶をとどめるメモリアルを持つ福岡市立博多小学校

写真 3.4　伝統的建造物を移築利用した名古屋市立植田東小学校

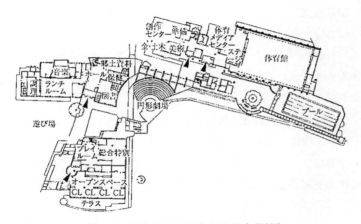

図 3.4　複合化した浪合村立浪合学校[3]

3.3　全体の計画

小中一貫教育

富山市芝園小中学校、福岡市照葉小中学校など、中1ギャップを解消し、6.3制の義務教育の一貫性を確保する小中一貫校がある。専門的指導や世代交流などが期待される。

スウェーデンの国民基礎学校では、同一の学級担任が9年間こどもと向き合う全人教育を行う。

小学校の規模計画

公立の小・中学校の標準的な規模は、**12〜18クラス**といわれているが、地域の実情（人口構成や変動）により、6〜24クラスが良いとされている。日本のほとんどの公立小・中学校は小規模校で、1学年1クラス以下の学校が40％ほど、学年2クラスまでの学校が全体で60％以上ある。
標準的なクラス規模は学習集団として40人クラスが適正であるとする文部科学省の方針があるが、30人クラスにしようとする自治体も見られるようになった。先進諸国における少人数教育は1クラスあたりの児童数を20〜25名程度に制限している。

業の一環として、空き教室などを利用する**トワイライトスクール**がある。

近年では児童数の減少や施設の老朽化、中1ギャップの解消や柔軟な教育の提供のため、**小中一貫教育**を導入する市町村も見られるようになった。9年間の系統性・連続性のある教育活動を効果的に行えるように小1から中3にあたる学年の教室を編成することが大事である。また、小中連携の活動が増えるようにメディアセンターやラーニングスペースを中心に配置する。

3.4 各部の設計

近年、教育機材の普及、生活スペースの重視から多目的なスペース、学習センターなどの学習のスペースや、食堂、コモンスペースなどの生活・交流スペースが設けられる傾向にある。

3.4.1 学習活動と諸室

(1) 教室（クラスルーム）

学習はクラス単位で一斉授業を行われることが基本であるが、それ以外にも少人数のグループ集団や個人、あるいは学年単位で、教室、オープンスペース、体育館、空き教室などを使って行われる。学習集団としては、クラス、学年合同、異学年合同などがある。

また、教室は児童・生徒の授業や学習の場であるとともに、休憩・遊び・食事などの生活の場、心のより所にもなるので、その教室を集め、空間的にまたは平面計画上のまとまった部分をつくり、配置計画を行う際のユニットとする。低学年と高学年の教室群は離して計画する。教室の広さは1.6 ㎡／人程度であり、35人学級が標準とされる。教室内の黒板が見えやすいように周辺の壁との明度対比を少なくして、採光は右利きの児童が多いことを考慮して左側から採ることが望ましく、光幕反射を防ぐために教室背面からは採光をとることは避ける。

(2) 特別教室

中学校では音楽・理科・美術・技術・家庭・コンピュータなどの特別教室があり、教科内容に合わせて教材、備品、設備などを備える関係で準備室を併設する。また教科横断や合科的活動のためオープンスペースを設ける場合もある（図3.5）。

小学校の理科教室は図工、家庭などの教科に使うことも考えて多目的に計画したり、機能のよく似た教室間を可動間仕切にする場合もある。音楽教室の位置は、外部からの騒音が入りにくい場所、および直上階などへの音の伝播で支障が起こらない場所とするため、一般教室から離して配置したい。

小中一貫校の階段寸法
階段の蹴上げ寸法は小学校の児童用は16cm、中学校の生徒用は18cmと異なっている。そのため、既存の中学校を小中一貫校として改修する場合、両側に手すり、踏面を滑りにくい材料とすることで蹴上げが18cmのままでも小学生も利用しても良い。

教室まわりの機能構成要素
一般学習スペース、ホームベース、水回りスペース、作業活動スペース、教師スペース、メディアスペース、クワイエットスペースを有機的に組み合わせて教室まわりを計画する。

小学校の特別教室は4種類で、総合特別教室にする場合がある。特別教室の広さは、普通教室の約2倍必要。小学校の理科室は2.0〜2.5㎡／人、中学校は3.0㎡／人程度。

オープンスペースの学習
オープンスペースをもつ教室では、個別学習や少人数指導でワークデスクを取り囲む形態があったり、自由着座形態ではより広く不整形な領域を形成する傾向がある。

3.4 各部の設計　**283**

写真 3.5　千葉市立美浜打瀬小学校
教室とオープンスペースの関係

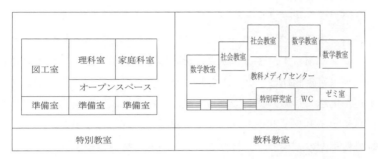

図 3.5　オープンスペースの使用例[4]

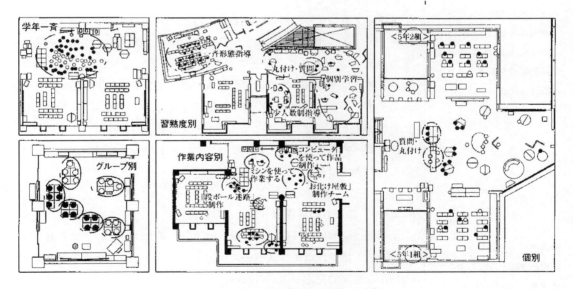

図 3.6　教室空間の様々な使われ方[3]

（3）オープンスペース

オープンスペースは、個別学習やグループ学習などの様々な**学習展開**が行われる場であり、設置される校具（机、椅子、作業台、書架、教材棚、ローパーティションなど）と、その配置については十分な検討が必要となる。図3.6に学習形態と使われ方の例を示す。教室とオープンスペースの組み合わせによる連続的で柔軟なスペースを確保し、併せて学習環境構成の手がかりとなるコーナーや、多様な**家具**を用意することが大切である。主動線を空間的に明示しないで、内部と外部を巧みに分節し組み合わせながら、面的に連続させるタイプも見られるが、このタイプは間仕切の**遮音性**が低いので、オープンスペース側の壁や天井は吸音性の高い材料で仕上げる必要がある。クラスルームとの間仕切については、家具やローパーティションに頼らず、さらに独立性を高めることができるスライディングウォール（可動間仕切）として計画されることがある（写真3.5）。

また、掲示のための壁面や流しを設け、**採光**には空間構成上の工夫として、ハイサイドライトやトップライトが採用されることが多い。

教科教室型の方式では、教科ごとに教室群と**教員コーナー**を備え、コンピュータが設置された教室やコーナーには防塵と遮光に特に配慮したい。

（4）メディアセンター（ラーニングセンター）

メディアセンターは従来の図書館の機能に加えてコンピューターなどの情報メディア、印刷物、実物・作品などの学習メディア、様々な形態の座席を備えた場所であり、**ラーニングセンター**とも言われる。総合的な学習、主体的な学習を進める上での中核の場所となり、各学年からアクセスがしやすいように校舎の中心的な位置に設けることが多い。本をただ読むための場所としてだけではなく、グループで資料の内容について話し合ったり、調べ物をまとめるための場所、それらを発表する場所として計画することが大切である（写真3.6、3.7）。

3.4.2　こどもの居場所（生活活動と諸室）

生活関連諸室には昇降口、階段、廊下、トイレ、手洗い、給食室、ランチルーム、講堂、**コモンスペース**などがあり、こどものための**居場所**となる細かな空間的配慮が求められる。

学校の昇降口は登下校時に必ず通る場所であり、その配置はグラウンドへの往き来がしやすいよう留意したい。履き替え方式には、上下足領域を明確に一線で区分し、汚れを持ち込むことが少ない**線履き替え**と、一部上下足の混在領域を認める**面履き替え**とがある（写真3.8、図3.7）。

廊下は教室についで、こどもたちが放課後を過ごすことが最も多い場所である。そのため、明るく十分な幅を確保する必要がある。その一方で、オープンスペースや廊下、こどものスケールに合わない巨大な吹抜け空間などがみられる学校もある。そこでトイレ・水飲み・更衣・移動などの生

教員コーナー
職員室とは別に教室の近くに設置される教員のためのスペース。教材の保管場所や作業場所となり、こどもとの交流機会の増加や教員の移動負担を軽減するために設けられる。

居場所
物理的空間のみならずそこに居る人の安心や安らぎ、くつろぎ、他者の受容や承認を含むものである。類似語として、**鈴木毅**の提案する、単純な行動の記述の他に、「どのように」そこに居るのかを含む「居方」がある。

3.4 各部の設計 **285**

写真 3.6 メディアセンターの調べ物学習のスペース（星の杜小学校　東畑建築事務所）

写真 3.7 メディアセンターの階段状の発表スペース（星の杜小学校　東畑建築事務所）

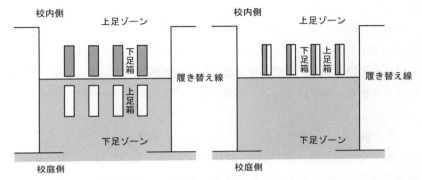

図 3.7 線履き替え（左図）と面履き替え（右図）の昇降口

線履き替え（左図）は上足ゾーンと下足ゾーンに下足箱があり、履き替えるシステムであるのに対して、面履き替えは（右図）は上足ゾーンんに下足箱があり、床面は汚れにくいが収容量が少なくなる。また、小学生（低学年）の平均身長は 110 〜 120 cmであるため、下足箱の高さは 90 cm〜 100 cmとする。

写真 3.8 面履き替えの昇降口（角鹿小中学校　東畑建築事務所）（撮影：ToLoLo studio）

写真 3.9 階段室の立ち寄りスペース（角鹿小中学校　東畑建築事務所）（撮影：ToLoLo studio）

写真 3.10、3.11　スモールスペース

小学校高学年あたりから、トイレのブースに複数のこどもが閉じこもる現象が報告されている。集団生活をする学校は様々なストレスとなり、閉じこもりは葛藤する姿の表れでもある。動線上にさりげなく置かれたアルコーブやデンは、休み時間に親密な時間を仲間と共有し、自ら振り返ることが出来るスモールスペースである。

ユーザー参加型の学校建設

福井県の至民中学校のように、授業の展開やこどもの生活の関連、地域における学校のあり方等について、教師、地域住民、設計者、さらには自治体がともに学びながら検討を重ねることができる。

シックスクール症候群

教科書などの印刷物やワックス、殺虫剤、芳香剤、塩素、化学薬品に反応。シックスクール症候群をもつこどもなども見受けられる中で、健康にも十分配慮した建築素材の選択も求められている。

活行為と関連づけて、教室と連続するホールや廊下に**階段部分**を設けたり、**スモールスペース**として**アルコーブ**（凹み）や**デン**（穴ぐら）、ロフトなどを設け、こどもの生活のより所となる設計例が多くなっている（写真3.9～3.14）。これは集合住宅団地に見られる**コモンスペース**を校舎内にも取り入れ、グループの交流場所として、あるいはこどもの隠れ場所、**居場所**とし活用されることを意図したものである。室を構成する物的要素をうまく利用して豊かな行動場面を作っていくことが求められている。

3.5 将来の学校像

これからの学校像を捉えるにあたっては、まず新しい時代に即した教育環境の構築という目標がある。従来の硬直化した学校制度の転換を図るため**構造改革特区制度、研究開発学校、自由通学区制、学校運営協議会、小中高一貫教育、無学年生**など、義務教育を弾力化する様々な試みが模索されている。

建築計画的にも、こどもたちが自分の個性・姿勢・学び方で学ぶという姿を大事にする方向に学校は移行してきている。また、**地域に開かれた、地域の特色**を生かした教育、**自然環境との共生**を図る教育、あるいは国際化・情報化時代の教育などを実現できる学校建築が求められている。

一方、少子化や市町村合併・学校の統廃合、地方経済の動向などの現実を踏まえると、新しい校舎に建て替えることができるケースと、耐震工事が終了しても、予算的な制約から既存の施設を改修して使用せざるを得ないケースに分けて考えるべきである。

前者の場合、教育プログラムに即した建築プログラムが立案されるのが本来の流れであるが、現実的には建築側からの提案を修正しながら教師側が容認するケースが多い。こうした目標像のギャップを埋めるものに、**ユーザー参加型**の学校建築づくりが挙げられる。

後者については、躯体を生かしつつ**地産の木材**などを使用した最小限の改修や、**エコで省エネルギー性能**の高い設備を備えることによって、これからの学校教育を実現できる機能と質を持った空間の創造を実現しようとするものがある（写真3.15）。現実的には大半の学校がこれに該当するものと考えられる。こうしたハード的対応とともに「おらが村の学校」という意識から、住民が密接に学校とかかわるソフト的対応がある。

【演習問題】

1．学校建築を建設する上で、設計者とユーザーの関係はどうあればいいのか述べなさい。
2．今後、学校建築はどこへ向かうのか提案してください。
3．代表的な学校建築を5つ挙げ、その特長について説明しなさい。

3.5 将来の学校像

写真 3.12 左　いなべ市立石榑小学校の中庭（撮影：木辺智子）
写真 3.13 右　観察とともに交流場所になる中庭空間

眺める庭ではなく、休み時間には遊びまわることができ、授業時間でも活用できる、空間の中心性と動線の循環性を特長とした交流を促す多目的スペース。

写真 3.14　トイレ

学校のトイレは校舎の老朽化に伴って、「臭い」「暗い」「汚い」ということで嫌いな場所の代表格であった。近年、生活実態に合うように洋式便器を増やし、室内を明るく衛生的に（入口付近には木製のベンチを設置）したところ、これまでとはうって変わってこどもたちの最も好きな場所となったことが報告されている。住まいと同様に、水回り空間を良くすると人にとって居心地のよい楽しい空間になる。

名古屋市立植田東小学校

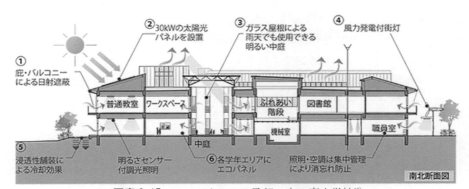

写真 3.15　エコスクールの取組：大口南小学校[13]

学校に「エコ」の要素を入れることで、校舎が環境学習のきっかけとなるようにしている。エコスクールに備える設備のその他の例として以下のものがある。
- 太陽熱を利用した床暖房
- 床スラブ下に断熱材
- 屋外プールの水を可搬式のポンプを用いてトイレの洗浄水等に利用
- カーボンニュートラル　複層強化ガラス
- ZEB　遮熱塗膜防水による日射遮蔽

4．小学校トイレの洋便器の割合はどの程度か、その理由についても述べなさい。

【引用・参考文献】

1）上野淳：未来の学校建築　教育改革をささえる空間づくり、岩波書店、1999年

2）柳澤要：小学校における児童と物理的環境相互の関連に関する考察、日本建築学会計画系論文集、第435号、1992年

3）日本建築学会編：第3版コンパクト建築設計資料集成、丸善、2005年

4）川崎寧史、山田あすか他編著、テキスト建築計画、学芸出版社、2010年

5）内藤和彦、日色真帆ほか編著、設計に活かす建築計画、学芸出版社、2008年

6）〈建築のテキスト〉編集委員会編、初めての建築計画、学芸出版社、2008年

7）上野淳ほか、多様化・多機能化する学校、新建築、第76巻14号、2001年

8）鈴木賢一ほか、こどもの遊ぶ空間、新建築、2010年

9）長澤泰編著、建築計画、市ヶ谷出版社、2005年

10）岡田光正ほか、現代建築学（新版）建築計画2、鹿島出版会、2008年

11）日本建築学会編：学校のブロックプラン、設計計画パンフレット17、彰国社、1964年

12）舟橋國男編、建築計画読本、大阪出版会、2004年

13）東畑建築事務所ホームページ「エコスクール計画」

第4章　調べる・揃える（図書館）

◇◇◇◇◇◇◇◇◇◇◇◇◇◇◇◇◇◇◇◇◇　本章で学ぶ内容　◇◇◇◇◇◇◇◇◇◇◇◇◇◇◇◇◇◇◇◇◇

　図書館の起源から歴史を振り返り、現在の公共図書館が抱える課題やこれからの図書館像について論考していく。貸出利用から滞在型利用へと利用形態も変わり、メディア媒体も紙からCD・ビデオ・DVDなどのデジタル資料が加わり多岐にわたっている。電子書籍が本格的に登場し、図書館のあり方が問われている。

◇◇◇

4.1　記憶の倉庫から知の宝庫へ

4.1.1　図書館の起源

(1) 図書館の変遷

　図書館は古代から知の集積場所として存在し、紀元前4世紀にアレクサンダー大王によって建設されたアレクサンドリア図書館は有名である。パピルスや羊皮紙などの後、中国で紙が発明され、記録媒体として紙が普及した。

　その後、知の集積場所は中世の修道院の図書館に移り、17世紀の近世になると欧州の大学図書館に引き継がれる。活版印刷技術が15世紀に発明され、18世紀には啓蒙思想の影響もあって書籍が広く普及するようになり、19世紀になると英米を中心に無料で利用できる公共図書館ができあがった。

(2) 日本の図書館

　日本でも中世には金沢文庫や足利文庫、近世には徳川将軍家の紅葉山文庫、また各藩の大名や藩校には私蔵図書の優れた文庫が存在した。しかし、日本の公共図書館の歴史は、戦後1950年図書館法の制定後から始動したといえる。戦前の図書館では、館外貸出（帯出）のために身分証明書の提示や保証金が必要であった。ユネスコ公共図書館宣言（1949）を受けて、無料を原則とした図書館法が1950年に制定されるが、当時は閉鎖的な図書館運営がまだ多く、大学受験生の勉強部屋との印象も強かった。

　1963年に日本図書館協会から「中小都市における公共図書館の運営」[1]（通称：中小レポート）、1970年に「市民の図書館」[2] が出版され、知る権利を保障し、図書館の基本的な機能を「資料提供」と位置づけ、資料の収集・整理・保存を通して地域住民に奉仕することが図書館の理念であると唱えられた。これらを受けて、「貸出重視、全域奉仕、資料第一」を掲げ

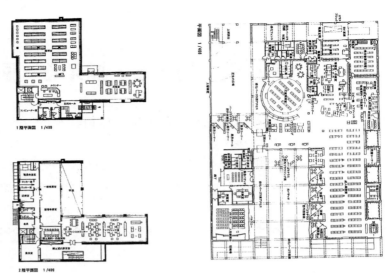
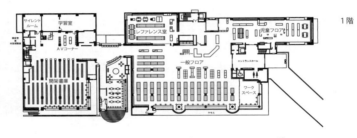

(a) 日野市立中央図書館
（設計：鬼頭梓建築設計事務所）[23]

(b) 苅田町立図書館
（設計：山手総合計画研究所）[23]

(c) 浦安市立図書館（設計：佐藤総合計画）[13]

図 4.1　図書館計画の変遷

た東京都日野市の移動図書館（1965）、図4.1（a）の日野市立中央図書館（1973）での徹底した貸出重視の活動が全国へ広がり、図書館建設が市や区を中心に進められた。

　1990年代になると「貸出型」を中心としながらも、図4.1（b）に示す屋外の読書テラスも持つ苅田町立図書館（1990）など、多様な利用者ニーズに応える館内で「滞在型」の図書館が現れ始めた。また、図4.1（c）の従来から貸出活動が活発であった浦安市立中央図書館（1983）では、1989年に開架書庫（公開書庫）が増築され、さらなる要望に対応するため全面改修を行い1年3か月休館して2020年3月にリニューアルオープンし[24]、ビジネス支援など成人への「課題解決型」のサービスにシフトして全国トップレベルの実績を挙げている。こうした各年代で話題になった図書館を参考にしながら、各地で図書館が建設されてきたといえる。

4.1.2　情報化と多様なメディア媒体

　アメリカの天文学者のカール・セーガンは、著書「COSMOS」[3]のなかで図書館を『……私たちは、ものすごい量の情報を、遺伝子でも脳でもない

4.1 記憶の倉庫から知の宝庫へ

ところに貯えることを学んだ。このように、からだの外に、社会的な"記憶"を貯える方法を発明したのは、この地上では私の知る限り人間だけである。そのような"記憶"の倉庫は、図書館と呼ばれている。……』と説明した。

住宅は人間の巣、図書館は知識の巣ともいわれる。知識の集積場所として教会や修道院の図書室は、壁は本棚で埋め尽くされ、ヴォールトにより天井が高く、天窓が発達した空間となった[4]。

図書館が扱う資料は、図書以外のメディア媒体が増えてきた。図書をはじめ、新聞、雑誌、論文、地図、CD、ビデオ、DVD、データベース、地域資料（チラシ、広告）など多岐にわたる。新聞は縮刷版やデータベース化が進んでいるが、増え続ける資料をどのように保存し、また適切に図書の廃棄を行うことも重要となる。図書館の改築理由に、書庫の容量不足、インターネットなどのデジタル化に対応できていないことが挙げられる。長く図書館を使い続けるためにも、保存年限と設備機器の更新については計画の段階から配慮が必要で、面積はもちろん二重床や天井高さのゆとりなど断面計画の検討も重要となる。

4.1.3　図書館の電子化

現在の図書館において所蔵される書籍物は、紙版ばかりではなく、DVD等のマルチメディア版、ビューワーによって閲覧する電子書籍版など多彩である。電子化とは書籍等紙媒体を電子媒体に変換することを指す。保管場所のコスト削減、紛失リスクの削減が期待される取組である。一方、デジタル化とはアナログデータをデジタルデータに変換し、ICTを活用して業務効率化、サービスの質向上を図ることである。デジタル化の一部として電子化は位置づけられる。海外ばかりではなく国内においても、国立国会図書館のデジタルコレクションなどの**電子図書館**が普及しつつある。電子図書館には、書籍の維持管理コストを大幅削減できること、アクセス権があれば24時間いつもで利用可能であること、などのメリットがある。導入コストの大きさ、電子書籍の冊数が国内においては発展途上であること、アクセスする端末不足などがデメリットとして挙げられる。

表4.1　図書館の施設機能と構成要素[7]

施設機能	構成要素
地域館 （分館）クラス	一般書、児童書、新聞雑誌コーナーなどの開架書架スペース、事務スペース
地域中心館 （中央館）クラス	調査研究利用に対応したスペース、集会・会議・展示・保存機能をもつ閉架書庫、業務諸室、BM
広域参考図書館 （都道府県立）クラス	地域中心館クラスの内容に加え、調査研究用の個別性の高い閲覧室

電子図書館
電子図書館とは大量の書籍データを有するデータベースが構築され、そのデータを貸し出す（閲覧）形態の図書館のこと。

国立国会図書館デジタルコレクション[31]
国立国会図書館では著作権の保護期間が終了した蔵書または著作権者の許諾を得たものをデジタル化してウェブサイト上で公開するサービスを行っている。2022年段階において、明治期から昭和前期までの刊行図書等が閲覧できる。また著作権法改正（2021）を受けて、絶版等の理由で入手が困難であることが確認された資料について「個人向けデジタル化資料送信サービス」を2022年より開始している。公開される情報は、本文画像データ、書誌情報のテキストデータ等である。またOCR処理によるデジタル化資料の全文検索が可能となった資料の整備が進められている。信頼性の高い学術的知見を得るには、インターネット（オンライン）が普及した現在ではオープンアクセスジャーナルを閲覧するという方法がある。伝統的な購読型の学術誌と比較して、読み手には無料で研究成果にアクセスできるというメリットがある。

4.2 図書館サービスのネットワーク

4.2.1 多様な利用を支えるネットワークづくり

　図書館はおおむね利用対象によって、公共図書館、大学図書館、学校図書館、専門図書館、国立国会図書館に分けられる。各図書館の施設内容は、サービス対象の利用特性や立地、規模などにより、収集・保存される資料も異なる。以下では公共図書館について詳述していく。

　公共図書館は「だれでも、どこでも、いつでも」を基本に、無料で、時間制限や入館制限もなく利用できる。こうしたサービスを1館で行うのではなく、地域に対して従来は、身近な地域図書館（分館）や移動図書館（ブックモビル：以下BM）、ついで地域中心館（中央館）、県立などの広域参考図書館などを段階的にかつ階層的に整備してきた（表4.1）。

　ここ数年、平成の大合併や駆け込み建設の影響で未設置地域が解消され、自治体の設置率も上がってきた。また、市区立の既存施設の建替えも多く、ここ数年は新設された図書館の約8割が複合型[26]で、開架冊数が20万冊を超える地域中心館も増えてきた。しかし、全国平均で見ると人口一人あたりの貸出冊数は約5冊/人・年程度であり、北欧の約20冊には遠く及んでおらず、まだまだ発展段階であるといえる。

　今後は、他の公共施設や分館・地域館との連携、周辺地域にある図書館同士での相互貸借、居住地で貸出制限のない広域利用などが広まることが予想される。また、学校図書館との連携、地域と大学のコンソーシアムなどのネットワーク、マイクロライブラリー[27]などによるコミュニティづくりも進むだろう。

4.2.2 図書館の利用圏域

　地域に対しどの規模の図書館をどこに配置すればよいのかを検討するた

最近の図書館整備状況

公共図書館数は2022年4月現在、都道府県立59館、市区立2600館、町村立628館で、設置率は78.0%となっている。（『図書館年鑑2023』日本図書館協会2023.7[25]）

また、2018〜2021年度の図書館施設調査によると[26]、複合施設の割合が8割を超えており、今後もこうした多機能融合型の図書館整備が全国的に進むと考えられる。

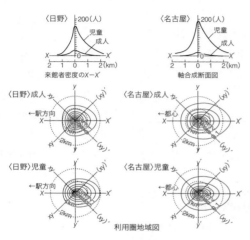

図4.2　卵型利用圏域図[5]

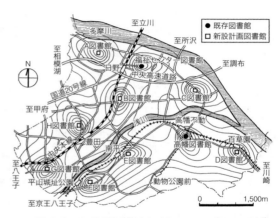

図4.3　卵型利用圏域を利用した分館網計画[5]

4.2 図書館サービスのネットワーク **293**

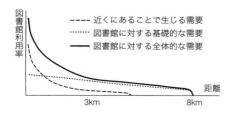

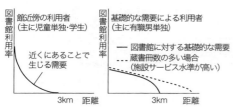

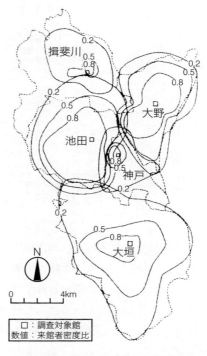

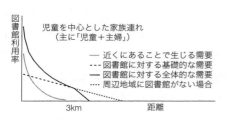

図4.4 利用圏域の二重構造[6]

図4.5 利用圏域の重なり（岐阜県西濃地区）[6]

めに、利用圏域をモデル化して計画する手法がある。東京日野市、名古屋市などの分館で調査を行い、同心円状に広がるのではなく、図書館を挟んで都心に近い側と逆側では、図書館までの距離に対する抵抗感が異なるため、都心方向とは逆側に広がる「卵型利用圏域」[5]が有名である（図4.2）。このモデルを用いた分館網計画やBMによる図書館ネットワークシステムが提案されてきたが、設定される利用圏域は1.5～2kmであった（図4.3）。

一方地方都市では、日常的な生活圏もマイカーを利用しているため広域

BM
Book Mobile の略。本などの資料と職員を載せて、図書館を利用しにくい地域のサービスポイントへ出向いて、サービスを提供する移動図書館車のこと。

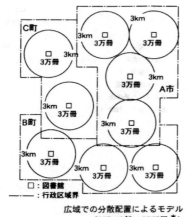
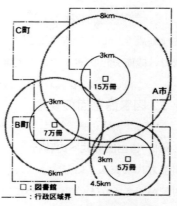

図4.6 利用圏域の二重構造を用いた地域計画[6]

表 4.2 図書館の開架方式 [20]

	平面のパターン	本の選択と貸出の手続き	書架まわりの計画
開架式	閲覧スペース	・利用者が書架まで近づき、本を自分で選び、直接書架から取り出す。 ・閲覧スペースへの持込は、そのままチェックを受けずに閲覧できる。	・図書資料を探しやすい書架レイアウト、サイン表示が必要。 ・書架間隔は、人や車いす利用者がすれ違えるようゆとりが必要。 ・返却時に資料の配列が乱れるのを防止するため返本台を置く。
半開架式	ガラススクリーン／閲覧スペース	・書架をガラス等で区切り、利用者は直接書架から本を取り出すことにできないが、本の表紙やタイトルを外から見ることができる。 ・閲覧スペースへの持ち出しは、チェックを受ける。	・地域資料や貴重な書籍、ある程度まとまったコレクションを展示するように配架するため、照明に注意が必要。 ・防犯や事故防止から、さまざまな注意喚起が必要。
閉架式	閲覧スペース	・利用者は直接書架から本を取り出すことはできないが、目録やOPACで本を選び、職員に取り出してもらう。 ・閲覧スペースへの持ち出しは、チェックを受ける。	・コンパクトにまとめるように、平面形は矩形が望ましい。 ・書庫内での職員の動線を重視して、能率のよいレイアウトとする。 ・防災や防湿など、書庫内に求められる環境保持に努める。

化している。地方都市の図書館利用圏域を調べると、近くにあることで誘引される「距離の影響を強く受ける利用」と、車利用による距離に対する抵抗感が低減されて遠方から来館する「距離の影響をあまり受けない図書館に対する基礎的な需要による利用」の大きく二つの利用者層に分けられる二重構造となっている（図 4.4）。周辺地域の図書館整備状況によっても異なるが、蔵書冊数が増えれば館近傍よりも「距離の影響を受けない」利用者層が伸び、利用圏域が広がることが整理されている[6]。

4.2.3 図書館の地域計画

利用者は周辺地域にある複数の図書館を使い分けており、利用圏域は複雑に重なり合っている（図 4.5）。利用者は施設サービスの内容をきちんと判断して、居住地にある図書館を使わない利用者も少なからずいる。距離に対する抵抗感が低減したことで、地域施設を均等に配置したり、あるいは施設規模に応じて段階的に配置する計画手法の限界が示されたといえる。

そこで、生活圏がモータリゼーションの発達で拡大化していることを前提にすれば、平均的な図書館をばらまくより、多少疎らでも各館で独自の高度な施設サービスを提供し、生活圏内に利用の選択肢を数多く用意し、地域で「機能分担」することも可能ではないかと考えられる（図 4.6）。

4.3 図書館平面の変遷

4.3.1 自由閲覧式への移行

開架方式は表 4.2 に示すように、書架の資料への近づき方と自由に資料の閲覧ができるかどうかによって方式がそれぞれ異なる。現在、多くの公共図書館では、利用者が自分で書架まで行き、そのまま閲覧できる開架式と、目録や OPAC (Online Public Access Catalog) などで資料を選び、職員に取り出してもらう閉架式が混在して運用されている。地域資料や貴重

表 4.3　図書館に対するイメージ[10]

回答数（1658）	（%）
■ 知りたいこと・調べたいことがわかる	59.5
■ 日課として来る	2.7
■ 友人・知人と出会い、交流する	2.4
■ 時間をつぶせる	11.9
■ 勉強や作業のための場所がある	18.9
■ 自分の世界に浸れる	11.0
■ 新しい興味や関心を見つけられる	34.3
■ 気分転換できる	24.7
■ 家族や友人とレジャー的に来られる	7.5
■ その他	4.4

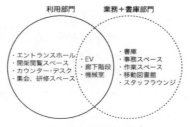

図 4.7　部門構成[7]

な資料を閲覧するときは、チェックが必要な安全開架や半開架式が採用される。また、利用率の下がった資料の収蔵率を高めて開架エリアに配架する公開書庫を計画する事例も増えている。

4.3.2　貸出中心型利用から滞在型利用、そして課題解決型へ

「市民の図書館」以降、図書館サービスを普及させるためにも貸出利用が中心に置かれ、交通弱者へのサービスとしてはBMによって図書館が地域や地区へ出向いていくことが基本であった。館内は勉強目的の高校受験や大学受験の学生の席借り利用が多くなり、閲覧席を占有するため勉強目的の閲覧席利用を厳しく指導する図書館も現れた。

　図書館の設置も進んでくると、利用者の多様化が見られる。勉強や貸し出しだけでない、家族みんなで来館するレジャー的な利用が現れ始まる。読書テラスなど館内での滞在を促すスペースも計画されるようになり、思い思いの場所でゆったりと過ごす利用者が増えた。また、アンケート調査で「図書館に対するイメージ」を聞いてみると、表 4.3 のようになる。「知りたい・調べたいことが分かる」が60%と最も多いが、「新しい興味や関心を見つけられる」35%、「気分転換できる」25%など図書館に「非日常性」を期待していることがうかがえる。

　貸出中心だった利用から、様々な日常生活の中で役に立つ図書館を目指して、成人の調べ物やレファレンスサービスに重点をおくサービスが始まる。起業をサポートするビジネス支援の窓口を設け、様々な統計資料を用意するなどの試みが行われている。

　一方、大学図書館では、教育・研究活動を積極的に図書館でサポートするために、アナログやデジタル資料、**アクティブラーニング**など利用者同士でディスカッションできるスペース、相談に乗ってくれるリサーチアシスタントなどを配備した「ラーニングコモンズ」が計画されるようになってきた。また、コロナ禍を経てGIGAスクール構想により全国の小中学校にタブレット端末が1人1台ずつ配られ、調べ学習も変化している。公共図書館も含め、知の集積をどう活かすのかに関心は移っているといえる。

能動的学修（アクティブラーニング）
能動的学修の目指すところは「正しい知識の修得ばかりではなく、正解のわからない課題に対峙し、主体的／協同的に問題解決へのアプローチ方法を思案すること」にある。

【コラム①】
大学図書館の空間設備

現在の大学には教育内容の不断の見直しが求められており、その一翼を担うのが大学図書館である。大学図書館機能の強化と革新に向けて、1）知の共有：蔵書を超えた〈知識や情報〉の共有、2）知の創出：新たな知を紡ぐ〈場〉の提供、3）知の媒介：知の交流を促す〈人材〉の構築、を国立大学図書館協会は掲げている[32]。学習面では、座学を主とする一方向的な受動的学習から自学自習を促進させる能動的学修（アクティブラーニング）へと学習の質的変化が進んでいる。具体的にはグループディスカッション、ディベート、グループワークなどが行えるアクティブラーニングスペース、ラーニングコモンズの整備がなされており、そのために必要な什器の整備／貸出、人的サポート等が計画されている[33]。ラーニングコモンズが図書館内に設置される場合、従来的な静かな閲覧席で学習する光景とタブレット等の学習ツールを駆使しながら活発に議論を交わしながら課題に取り組む学習が館内に混在することとなるため適切なゾーニング計画、利用ルールの策定が必要である。また、サービスの多様化と専門性の高まりに対応するため、大学キャンパス内の図書館以外の自習室や研究室など諸学習空間とのネットワークづくり、公共図書館と大学図書館との連携・交流が進められている。

① ゲートのある HF 帯の BDS（同朋大学附属図書館、安井建築設計事務所）　② ゲートのない UHF 帯の BDS（長浜図書館、久米設計）

写真 4.1　BDS（ブック・ディテクション・システム）一覧

4.4　図書館の部門構成

4.4.1　図書館全体の構成要素

図書館の部門構成[7]としては、大きく利用部門と書庫＋業務部門の二つに分けられる（図 4.7）。利用部門にはエントランスホールや開架閲覧室、集会・研修スペースがあり、業務部門には事務室、館長室、スタッフラウンジなどがあげられる。

4.4.2　利用者部門の計画

利用部門として、入口は 1 カ所がよく、BDS（ブック・ディテクション・システム（写真 4.1）で不正持ち出しをチェックし、開架全体を見渡せて人の出入や動きが把握できる位置にカウンターデスクを計画する。集会室利用者と閲覧室利用者との動線は、分離する方が望ましい。

利用者部門の内容については、図書館の規模や役割（表 4.1）によって、

①移動式集密書架　　　　　②貴重書庫　　　　　　　　③自動出納書庫
(新潟市立豊栄図書館、安藤忠　(奈良県立図書情報館、日本設　(奈良県立図書情報館)
雄建築研究所)　　　　　　　計)

写真4.2　書庫一覧

閉架書庫、集会室、個人研究個室など、どういった図書館サービスを行うのかを検討する必要がある。多様化する利用者のニーズに応えるためにも、地域館クラスの図書館では、人口1人あたりの基準ではなくサービス水準として、蔵書冊数5万冊、床面積800m²、職員3名以上が望ましい[8]とされている。

4.4.3　書庫、業務部門の計画

書庫は心臓部であり、書架並列配置を基本として、移動式書架による集密書架（写真4.2①）、ガス消火設備を用いた貴重書庫（写真4.2②）、出納員を必要としない自動出納書庫（写真4.2③）などがある。効率よく収納するためには、90cmの棚板や用途に合った書架間隔を考えると、矩形の平面形が望ましい。

また、書庫では温湿度の変化、直射日光、ほこりへの対策と、地下にある場合は浸水対策が必要である。積載荷重は集密書庫で1200kg/m²（11800N/m²）、一般開架室で約600kg/m²（5900N/m²）となり、一般事務所の約300kg/m²（2900N/m²）程度に比べると非常に重いため、コンバージョン（用途変更）の際には構造上の配慮が必要である。

4.4.4　自動化、デジタル化と動線

(1) ネット予約と受け取りによる利用形態

インターネットやパソコンの普及により、図書館の利用も変わりつつある。目録カード入れがOPACに代わり、リクエストや予約も自宅のインターネットから申し込みができ、受け渡しボックスのある専用の部屋が用意された予約本受付コーナー、駅前に受け渡し専用カウンターを設置するなど非来館型の利用も出てきた。

(2) ICタグの導入による蔵書管理

非常に小さい無線タグやICチップを埋め込み、電波などで識別し管理できるRFIDタグ（ICタグ）を用いる館も増え、バーコードで一つずつスキャンしなくても数冊重ねて読み取ることができ、蔵書点検もハンディスキャナーで簡単に行うことができる。まだコストが高いため、低価格にな

298　第4章　調べる・揃える（図書館）

①自動返却・仕分機
（岡崎市中央図書館、佐藤総合計画）

②自動貸出機
（さいたま市立中央図書館、アール・アイ・エー）

③アンテナ付書棚
（府中市立中央図書館、佐藤総合計画）

写真4.3　ICタグを用いたオートメーション化一覧

ればさらに普及すると思うが、各メーカーで互換性に乏しいことやICタグの耐久性が今後の課題である。

(3) オートメーション化

職員の作業効率、利用者の匿名性の確保などの点から、自動出納書庫や自動貸出機、自動返却装置、取り出した本を自動的に認識するアンテナ付の書棚などのオートメーション化（写真4.3）も進んでいる。自動貸出機での手続きは、カウンターより多い館もあり、本の返却をブックポストのみに集約した図書館もある。司書本来の職能でもある選書やレファレンスなどの利用者へのサービスに専念するためにも、こうした自動化の動きはますます活発になると思われる。

4.5　開架閲覧室の計画

4.5.1　開架閲覧室のゾーニング

従来から図書館は静謐な空間とされてきたが、家族同伴によるファミリーでの利用、学生のグループによる利用形態などが増え、騒がしい大空間のなかに静かに読める場所を設けることの方が、現実的な解決策であるように思える。

新しくできる市区立の中央館では、開架冊数が20万冊を超え、資料の探しやすさという点からも、様々な工夫がされている。利用対象者別や資料の形態別のほかに、資料の主題や内容別、よく貸出される資料と調査研究用の資料など、利用内容やテーマによって分けるなどNDC分類にこだわらないコーナーづくりや配架も実践されている。6割近い利用者が、図書を直接本棚から探していることからみても、資料の探しやすい書架レイアウトが望ましい。

4.5.2　多様な利用者への図書館サービス

図書館から少し離れていても若年世代の居住者が多い新興住宅団地は、家族同伴での利用が多く、図書館利用のきっかけとしては児童が重要であ

新鮮な蔵書（蔵書新鮮度）
蔵書冊数に対する受入冊数の割合で、0.2なら5年で、0.14なら7年で、0.1なら10年で図書が入れ替わる計算である。資料費が年々削られているが、0.1は最低でも確保したい。

NDC
日本十進分類法(Nippon Decimal Classificaion)。0総記、5技術、9文学など0類から9類で分類する。ちなみに建築計画は525である。

る。そこで、利用内容を図書館利用者のライフステージに応じて整理すると図4.8のようになる。利用者構成では子どもを中心とした家族連れが5～6割と最も多いが、子どもは成長すれば友人と来館するようになり、中学・高校生になれば図書館離れが生じ、貸出利用から勉強目的の利用となる。

　子どもが成長した後、主婦層は子どもを介した地縁的なつながりが強く、英会話やテニスといった様々な学習活動を行っているため、図書館以外の施設サービスを享受するようになる。主婦層は貸出を主目的とする利用者層であるため、子どもが成長した後も図書館を継続して利用してもらうためには、「新鮮な図書」や「雑誌の種数」を充実させることが必要である。

　成人男性層は、距離の影響をあまり受けず、単独で広範なエリア内で蔵書冊数や設備機器など施設サービスを「選択」し、滞在型の利用を行う。図書館を定期に利用する成人男性は、高齢者層がほとんど男性であることからも常連化していくと考えられる。

　学生はグループによる勉強の席借り利用が多くなるが、勉強利用を注意せず、閲覧席数に余裕を持たせて許容することも必要ではないだろうか。多少声を出してもよいグループ学習用の小部屋を設けるなど、ヤングアダルトやティーンズコーナーという資料だけでなく、空間もセットで捉えたい。

表4.4 書架間隔と書架間での行為[7]

書架間隔	適用箇所	書架間における利用者・館員の行動など
1.2m	閉架実用　最小	最下段の資料を取り出す際には膝をつく
1.35	閉架常用	最下段の資料を腰を曲げて取り出すことができる
1.5	利用者の入る閉架 開架実用　最小	接架している人の背後を通行できる
1.65	開架実用	接架している人の背後をブックトラックが通行できる
1.8	開架常用	人と車椅子がすれ違うことができる
2.1	利用者の多い開架	車椅子同士でもすれ違うことができる
2.4	利用者の多い開架	下段が突き出している書架が使用できる

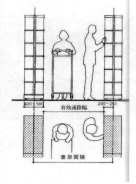

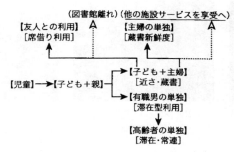

図4.8 ライフステージと図書館利用[6]

4.5.3 児童開架スペース

図書館利用のきっかけでもある児童が多く利用する児童開架スペースは、親子で利用することも多いため、家具のデザインに配慮が必要である。子どもの目線から、閲覧席が見えるように書架高さや位置を計画しなければならない。お話室は靴を脱いで利用させることも多く、段差や床仕上げを変えることでくつの履き替えをスムーズに行わせる。効果的な段差は、様々な行為を誘発し、子どもたちの利用が展開される。また、子どもたちの興味を引くように、デンなどの小さな空間を設けることも必要である。

地域中心館では、学校の社会見学などで図書館を利用する。学級訪問対応スペースを用意するなど、学校図書室との連携も積極的に図ることが必要である（写真4.4）。

4.5.4 図書館家具の計画

図書館には書架をはじめとして家具が多いため、建築空間全体との調和も含めて計画するべきである。書架は、木製とスチール製があり、木製はややコストが高くなるため、支柱はスチールで側板や天板に木材を使って質感を出した複合書架（写真4.6）もよく見受けられる。書架間隔は車椅子も楽に通れる1800mmが多く採用されており、最近は2100mmのところも見られる。一般成人が手の届く高さは1.8m程度であるため、公立図書館ではB5サイズの6段書架が多く、最下段はかがんで利用しなければならないため、少し傾けるか、空けておくことも多い。

書架の耐震化は頭つなぎ（書架の天板同士を緊結する横架材）で固定す

①親子で利用　　　　　　②デンのような小さな空間　　③壁面内の座席
（野州図書館、山下設計）　（日進市立図書館、岡田新一設計事務所）　（亀山市立図書館、東畑建築事務所）

写真4.4　児童開架スペース

①にぎわいのある都市的なスペース　②カウンター式閲覧席　　③書架付き照明
（野州図書館）　　　　　　　　　　（野州図書館）　　　　　（津島市立図書館、安井建築設計事務所）

写真4.5　図書館家具の計画

るか、床にアンカーボルトで固定する。床固定の場合は、書架自体に耐震性が求められるため、筋かいや背板などでフレームを強化する必要がある。また、照明は書架と合わせてデザインする例（写真4.5③）もあるが、最下段で500〜1000ルクス程度の明るさが必要である。

図書館の顔ともなるサービスカウンターデスクは、見通しのよい箇所に配置し、利用者との距離を考えればレファレンス、児童サービスなど分散カウンターが望ましいが、集約される傾向にある。最近では、返却専用、

①一般開架（亀山市立図書館、東畑建築事務所）

②児童開架（珠洲市民図書館、双星設計北陸事務所）

写真4.6　開架書架

【コラム②】

児童開架　児童開架での子どもの姿勢と家具配置

子どもたちの座席選択には、書架や閲覧席などの家具レイアウトが大きく影響している。A館では書架と閲覧席が並行しているため、書架間から閲覧席の様子が見えず、書架連数も最大で7連あったために回り込んで閲覧席へ行かず、その場にしゃがみこんで本を読んでいた。一方、B館は書架と閲覧席の位置関係が直交しており、書架間から閲覧席の様子が見え、書架の連数も5連と短いため、閲覧席へ移動して本を読んでいると考えた[28]。

児童開架では表紙見せ（フェイスアウト）や書架高さに関心があるが、書架全体の幅（連数）、書架の向き、閲覧席への近さや見渡せるかどうかが、子どもたちの居場所選択に影響を与えているといえる。特に、児童開架は木製書架で計画されることが多く、書架の背板で奥が見えないため、注意が必要である。

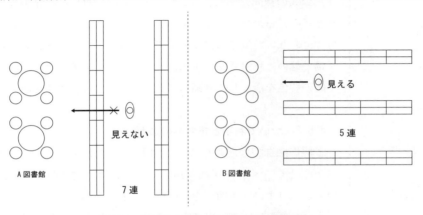

書架と閲覧席のレイアウトと座席選択

コンシェルジュなど専門カウンターも登場している。

4.6 これからの図書館像

4.6.1 異世代が交流する地域のサロンとしての図書館

　図書館という施設機能について考えてみると、基本的に入館制限が無く、無料で、時間的な制約もないため、滞在利用も必然的に生じている。同じ目的で同じ空間を共有するため、子どもからお年寄りまで異なる世代が「出会う」施設でもある。今後は、こうした利用者同士が「交流」できるきっかけとなる場として図書館のあり方が求められる。

　また、地域住民に対して様々な公共施設の利用経験や利用状況を調査すると、図書館はホールと1位2位を争うほどかなり利用されているが、地域人口に対する図書館利用者の割合は約3割であり、残り7割の住民は図書館を利用していないのが現状である[6]。これからの図書館には、利用していない人も含め、図書館への近づきやすさや親しみを感じてもらえるよう「地域のサロン」としてのあり方が求められる。

4.6.2 にぎわいをつくる装置としての図書館と音のゾーニング

　図書館内で最も人がいる場所は、新聞雑誌コーナーのソファ席であり、ソファ席の選択理由をみると「居心地（座り心地）」が高く、「人の混み具合」という理由で選んでいる人が1割程度いた。こうした利用者は、都市空間のような匿名性が確保され、大勢の人に囲まれることで安心感を得ていると考えられる。人がゆっくりと通過するなど、物が動いている様をなんとなく眺めていると落ち着くことがある。都市の中での待合場所やカフェでは、他人が全くいないと逆に緊張することもある。

　今まで、図書館は静かな空間として計画されてきたが、多様な利用を促すには、静かな空間だけではもう限界だと考えている。図書館は広く開かれた公共の空間であり、「にぎわいのある空間」と「静かな空間」をきちんと音のゾーニングして計画することで、各利用者が、空間をうまく使い分け、お互いが気持ちよく利用できるようになると考えている[29]。

　場の魅力は利用者や場所によって違うが、ある程度の規模や地域によってその特色を活かして計画していくことが、今後ますます重要になる。

4.6.3 ついで利用とまちへの広がり

　多機能融合型などの複合した図書館の整備が進むが、ついで利用は15～20%と少なく、図書館利用者は施設全体の約8割を超え、複合施設といえども「よい図書館」を計画する必要がある。

　また、新しい図書館ができると多くの利用者が来館するが、そのほとんどが、周辺地域の施設や店舗利用へ広がっていない。こうして新しくでき

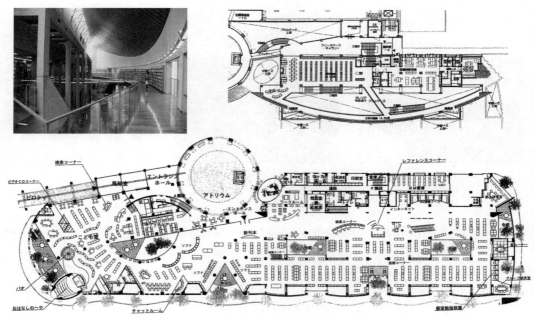

図 4.9　図書館平面の計画（田原市中央図書館）[11]

表 4.5　図書館の役割

規　模	特　徴	役　割
小	地域住民の小さな活動が行われ、利用目的が本だけではない。	コミュニケーション・出会いの場＝「地域のサロン」
中	地域の学びの拠点として位置づけられ、児童同士でも来館して活発に利用されている。	多世代の交流・学びの拠点＝「学びの広場」
大	豊富な蔵書により有職男性の利用割合が高く、様々な利用が展開されている。	にぎわい・情報収集の場＝「館内で都市的な空間を形成」

た人流をまちや地域に広げていくことが、今後の大きな課題である。

【引用・参考文献】

1）日本図書館協会編「中小都市における公共図書館の運営」、日本図書館協会、1963 年
2）日本図書館協会編「市民の図書館」、日本図書館協会、1970 年
3）カールセーガン著、木村繁訳『COSMOS（上・下）』朝日新聞社、1984 年
4）桂英史「図書館建築の図像学」INAX 出版、1994 年
5）栗原嘉一郎、篠塚宏三、中村恭三『公共図書館の地域計画』日本図書館協会、1977 年
6）中井孝幸「利用圏域の二重構造に基づく疎住地の図書館計画に関す

【コラム】③
知の集積の形

①ストックホルム市立図書館外観　　②ストックホルム市立図書館内観　　③ストックホルム市立図書館高窓

知の形

　知の集積を形で表すために、大英博物館図書館やパリ国立図書館、グンナー・アスプルンド設計のストックホルム市立図書館では、円形の平面形や球体状の屋根形状が用いられている。これは、円と球形は幾何学的に安定しており、完全体として捉えられていたからである。近年では、都市の中で力強い象徴性を表しているフランス国立図書館新館、デルフト工科大学の高さ13mの図書の壁など、圧倒的な蔵書の量をそのまま塊として形にする例が見受けられる。

【コラム】④
大学図書館の利用

　公共図書館の着座行為率（着座人数／滞在者数）はどの時間帯でも、約65％で一定であるが、大学図書館では着座行為率は85〜90％と非常に高い。これは、大学図書館では貸出利用ではなく学習目的のために本を借りるため、本を探す時間が短いことが影響している。

　また、ラーニングコモンズのある大学図書館で行った調査から、館内での過ごし方を個人利用かグループ利用かでみると、開架スペースもラーニングコモンズも、個人利用が約65％、グループ利用が約35％となった。個人利用でも、個室やキャレル席などかなり周囲から隔離された環境を選ぶ利用から、ラーニングコモンズの議論している隣で一人利用、またグループで周囲に邪魔されないようにグループ学習室で集中して議論している事例がみられた。学習環境には大きく、一人からグループ利用まで、6段階の「場」が存在しているのではないかと整理された[29]。

　　　　　　　　　る研究」学位論文、2000年
7）日本図書館協会図書館ハンドブック編集委員会編『図書館ハンドブック　第6版補訂2版』日本図書館協会、2016年
8）日本図書館協会町村図書館活動推進委員会『図書館による町村ルネサンス　Lプラン21−21世紀の町村図書館振興をめざす政策提言』日本図書館協会、2001年
9）日本建築学会編『建築資料集成　教育・図書』丸善、2003年
10）財団法人AVCC編『平成12年度文部省補助事業デジタルライブラリーの環境整備に関する調査研究事業報告書　インターネット時代の公共図書館［ハイブリッド図書館の確立に向けて］』AVCC、2001年
11）田原市中央図書館パンフレット、田原市

12) 日本図書館協会施設委員会編『第31回図書館建築研修会、来館を促す建築的魅力—非来館型利用が増える中で"場としての図書館"を考える—』日本図書館協会、2009年
13) 浦安市立図書館概要、令和5年度（2023）、浦安市立図書館
14) 内藤和彦他編著：『設計に活かす建築計画』学芸出版、2010年
15) 栗原嘉一郎、中村恭三『地域に対する公共図書館網計画』日本図書館協会、1999年
16) 中井孝幸「地域中小都市における図書館利用とモータリゼーション—利用圏域の二重構造に基づく図書館の地域計画」日本図書館協会、現代の図書館、Vol.39　No.2、2001、pp.102-110
17) 三重県津市・三重大学工学部今井研究室「津市コミュニティ施設整備計画調査研究報告書」津市、1996年
18) 日本図書館協会図書館政策特別委員会『公立図書館の任務と目標解説　増補版』日本図書館協会、1995年
19) 鈴木成文、守屋秀夫、太田俊彦編著『建築計画』実教出版、1975年
20) 長澤泰編著『建築計画』市ヶ谷出版、2005年
21) 岡田光正、柏原士郎、辻正矩、森田孝夫、吉村栄祐『現代建築学（新版）建築計画2』鹿島出版会、2003年
22) 植松貞夫、冨江伸治、柳瀬寛夫、川島宏、中井孝幸『JLA図書館実践シリーズ13 よい図書館施設をつくる』日本図書館協会、2010年
23) 図書館計画施設研究所編著『図書館建築22選』東海大学出版会、1995年
25) 日本図書館協会編『図書館年鑑2023』日本図書館協会、2023年
25) 磯井純充著『マイクロ・ライブラリー図鑑』まちライブラリー文庫、2014
26) 日本図書館協会編『第43回図書館建築研修会（2022年度）よい図書館をつくる—多機能融合型の図書館を考える』2023.2
27) 日本図書館協会編『第42回図書館建築研修会（2021年度）図書館のリニューアル』日本図書館協会、2022.2
28) 中井孝幸：「子どもたちの「場」としての図書館」『図書館雑誌』、第111巻、第10号（通巻1127号）、pp.660-663、2017.10
29) 楠川充敏，中井孝幸：大学図書館の大学図書館における利用行動と座席周辺環境からみた学習空間の階層構造—ラーニングコモンズのある大学図書館での「場」の階層性に関する研究　その1、日本建築学会計画系論文集、Vol.82　No.732、pp.341-351、2017.2）
30) 中井孝幸・川島宏・柳瀬寛夫『図書館施設論　JLA図書館情報学テキストシリーズⅢ 12』、日本図書館協会、2020
31) 国立国会図書館：国立国会図書館デジタルコレクション、https://dl.ndl.go.jp/、2024年6月時点

32）国立大学図書館協会：国立大学図書館機能の強化と革新に向けて〜国立大学図書館協会ビジョン2025〜、2021、https://www.janul.jp/ja/organization/vision2025、2024年7月時点

33）文部科学省：新しい時代の学びを実現する学校施設の在り方について（中間報告）、2021年

第5章　鑑賞する・展示する（博物館）

本書で学ぶ内容

博物館は、博物館資料（展示物や収蔵品）に応じて多様な構成や形態をとり、機能空間の構成、保存科学、光の扱いなど各種の技術的配慮も重要であるため、実際の建築の計画には高い専門性が求められる。また、地域の風土や景観に応じたデザインへの期待も高い。しかし、比較的自由な建築設計が可能であり、内外に著名な建築も多いため、大学の設計課題などではしばしば取り上げられる親しみやすい建築種別である。本章では、博物館の種類と機能、博物館建築の特徴、全体計画・各部計画の要点を基本的事項として解説した後、科学館を取り上げて施設規模、展示内容などについて理解を深める。

5.1　博物館の種類と機能

5.1.1　博物館の起源

　英語で博物館を意味する museum の語源は、古代ヘレニズム世界における**ムセイオン**に由来するといわれる。美術品などを公開展示する今日的な博物館の起源は、王侯貴族や富裕市民が収集した貴重な物品を邸内で公開するようになった、ルネッサンス期からバロック期にかけての時期にさかのぼるとされる。フィレンツェでは、コシモ・メディチがウフィツィ宮でのコレクション展示を構想し、フランチェスコ1世がこれを実現して1591年に公開するようになった。美術館として正式に開館したのは1765年であり、それまでは依頼があるときのみの公開であった。これがヨー

ムセイオン

ムセイオンとは、ギリシア文化の伝播にともない各所に設立された学堂であり、プトレマイオス朝エジプトのプトレマイオス1世が私財を投じてアレクサンドリアに設立したものが特に有名である。当時世界最大の図書館「アレクサンドリア図書館」もムセイオンの付属機関であった。

（静岡県掛川市、1978、谷口吉生・高宮眞介）
企業の文化芸術支援活動としてなされてきた美術展・工芸展出品作がコレクションの中核。円形と正方形という単純な幾何学形態の組合せによる抽象彫刻のような建築。逆転する内外の光の関係がメビウスの輪のような錯綜した空間を演出し、展示物の鑑賞に加え刺激的な視覚体験を与える。日本建築学会賞（1980）、第9回日本建築家協会25年賞（2009年度）受賞。

写真5.1　資生堂アートハウス

308 第5章 鑑賞する・展示する（博物館）

光と緑を感じる美術館

自然環境とともに生きる建築

（神奈川県足柄下郡箱根町、2002、日建設計）
自然への影響が最も少なくなるよう地上部分の高さを抑え、ヴォリュームのほとんどを地下に埋没させる。アプローチブリッヂからガラス張りのエントランスホールへと導かれ、雄大な小塚山の風景、地下2階まで吹き抜けたアトリウムロビーを一望できる。アトリウムでは館内に居ながら自然との一体感が感じられる。日本建築学会賞（2004）受賞。

写真 5.2　ポーラ美術館

ヨーロッパで最も古い博物館

アシュモレアン美術館（1683年）、ドレスデン美術館（1744年）、大英博物館（1759年）、ヴァチカン美術館（1784年）、ルーヴル美術館（1793年）などがヨーロッパ各地の最も古い博物館の事例である。

博物館の種類
主要なものは以下のように整理される（表5.1）。

表 5.1　博物館の種類

博物館の種類	A 博物館法よりみた種類	登録博物館
		博物館相当施設
		博物館類似施設
	B 設置主体よりみた種類	国立
		公立
		私立
	C 展示内容よりみた種類	総合博物館
		人文科学系博物館
		歴史系博物館
		美術館、文学館など
		自然科学系博物館
		自然史系博物館
		理工系博物館

ロッパで最も古い博物館の一つに数えられるウフィツィ美術館の始まりとされる。

5.1.2　博物館の種類

現在の博物館とは、博物館法によれば歴史、芸術、民俗、産業、自然科学などに関する資料を収集、保管、展示して教育的配慮の下に一般公衆の利用に供し、その教養、調査研究、レクリエーションなどに資するために必要な事業を行い、あわせてこれらの資料に関する調査研究をすることを目的とする機関のうち、法の規定による登録を受けたもの（登録博物館）をいう。しかし、それ以外にも、博物館に準じた法制上の扱いを受ける博物館相当施設、博物館法の適用外となる博物館類似施設が多数あり、一般に博物館といわれる施設の多くは博物館類似施設である。

博物館の種類にはそれ以外にもさまざまなものがあり、それぞれの特徴を理解して計画することが重要である。設置主体よりみれば、国立、公立、私立の別がある。公立博物館には「公立博物館の設置及び運営上の望ましい基準」（文部科学省告示第113号、2003年）が適用される。**法令上の位置づけ**としては、博物館法の適用を受けるものは社会教育施設として文部科学省を通じて国庫補助を受ける。

展示内容あるいは博物館資料の種別よりみれば、人文科学系博物館、自然科学系博物館および総合博物館（人文科学系および自然科学系の両分野にわたる資料を総合的に扱うもの）に大別される。人文科学系博物館には歴史博物館、考古学博物館、民俗博物館、民族博物館など（歴史博物館とされる）および美術館（美術博物館）、文学館などがある。自然科学系博物館には自然史博物館、動物園、植物園、水族園など（自然史系博物館とされる）および科学技術博物館、産業博物館など（理工系博物館とされ

5.1 博物館の種類と機能

(愛知県豊田市、1995、谷口建築設計研究所)
中心市街地を見下ろす城跡の高台に建つ近代・現代芸術の総合美術館。管理と搬入を一番低いレベル、来館者正面入口を中間のレベル、庭園が一番高いレベルと、敷地の高低差を利用した立体的配置である。

写真 5.3　豊田市美術館

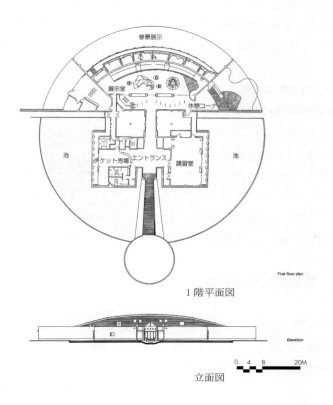

(神奈川県相模原市、1987、仙田満＋環境デザイン研究所)
相模川を科学の目でとらえた科学館。水族館要素を取り込み、落差のある円弧状の流れにより上流から下流までを再現する一体水槽で淡水魚を飼育展示する。第14回日本建築家協会25年賞（2014年度）受賞。

図 5.1　相模川ふれあい科学館[1]

る）がある。名称もいろいろで美術館、文学館（上記）とともに、科学館、水族館、記念館、歴史館なども博物館の一種である。さらに歴史的建築、民家などの屋外展示のための博物館があり、これらは野外博物館とされる。こうした**博物館の数**は全国に6,000近くあるといわれる。それ以外にも、生活様式を含めた環境を展示するエコミュージアム、博物館の枠を

法令上の位置づけ

社会教育機関以外の博物館としては、文化財保護法にもとづき文化財の保存および活用を目的として設置された東京、京都、奈良、九州の国立博物館（独立行政法人国立文化財機構）と公立の歴史民俗資料館（建設する際に文化庁を通じて国庫補助を受ける）がある。国立民俗学博物館と国立歴史民俗博物館（大学共同利用機関法人　人間文化研究機構）は文部科学省所管の大学共同利用機関である。

博物館の数

文部科学省「平成30年度社会教育調査」によれば、登録博物館が914、博物館相当施設が372、博物館類似施設が4,452、計5,738館である（2018年10月1日現在）[2]。

博物館の基本的な機能

基本的なものは4分類であるが、収蔵を保管、研究を調査研究、管理を管理運営とするなど、文献により表現や分類方法が若干異なる。また、博物館法の一部を改正する法律（2022年4月）により、地域における教育、学術・文化の振興、文化観光等の活動の推進を図り、もって地域の活力の向上に寄与するよう努めることも求められるようになった。

交流空間

エントランスホール、ロビーなどは、展示室の延長として、導入的な展示や情報提供、イベントなどに活用可能である。アトリウム、回廊、広場などの設置によりこれを充実し、展示、教育・普及、サービスなどの各部門をつなぐ交流空間として積極的に位置づければ、交流を軸とする博物館機能の拡張が可能であろう[4]。欧米の博物館では、イベントやパーティのための貸しスペース（収益部門）として、こうしたスペースの活用が進んでいる。

展示方法

展示方法は時代とともに変化してきた。見せる展示から体験、参加、さらに創造する展示・活動へと展示方法が広がり、鑑賞のための空間としての展示空間にとどまらず、体験・参加・創

国指定重要文化財（建造物）11件を含む60以上の建造物を保存・展示する野外博物館（登録博物館）。写真左の建築はフランク・ロイド・ライト設計の帝国ホテルの中央玄関（1923年竣工、1985年移築再建、登録有形文化財）。

写真5.4　博物館明治村

越えてまちを舞台にするアート・プロジェクト（越後妻有 大地の芸術祭、香川県直島・豊島と岡山県犬島を舞台とするベネッセアートサイト直島など）があり、博物館概念を大きく広げる動きとして見ることができる。

5.1.3　博物館の機能

博物館の基本的な機能は展示、教育・普及、収蔵・研究、管理に大別される。これが部門構成の基礎となる（図5.2）。利用者の快適性を高める上で重要なレストランやミュージアムショップ、アーティスト・イン・レジデンスなどのための施設は、サービス機能として位置づけることもできよう。エントランスホールなどの共用部分（その他）は、「管理・その他」として「管理」に含められることが多いが、**交流空間**としての機能拡張の可能性が考えられる。各機能の所要室などについては後述する。

5.2　博物館建築の特徴

博物館建築の特徴は、博物館にとって基本的といえる、館種によらない共通の特徴と、機能、規模、施設構成、利用特性など、館種により異なる特徴とに大別される。館種とは博物館の種類をいう。

5.2.1　共通の特徴
(1) 展示空間が重要な要素

展示は博物館の基本的機能の一つであり、現代の博物館では展示空間はその面積の主要部分を占める（総合博物館、科学博物館、歴史博物館では30%前後、植物園では50%前後、動物園では70%前後[5]）。展示空間の計画では、常設展示室、企画・特別展示室、貸しスペースとしてのギャラリーなどの展示室の配分、展示空間の構成形式（動線としてとらえられる巡回形式など）、および展示室の採光・照明計画（後述）がとりわけ重要である。また、展示空間の計画は**展示方法**と深く関わる。

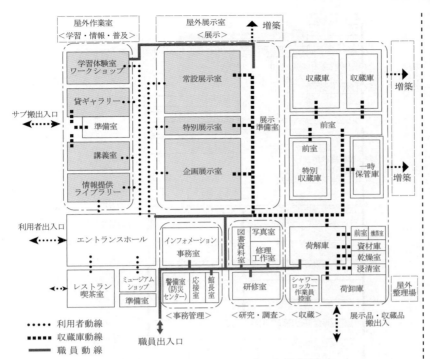

本書では、学習・情報を教育、研究・調査を研究、事務管理を管理としている。
図5.2 博物館の基本的な機能と部門構成[3]

造のための多様な空間が求められるようになってきた[6]。参加体験型展示の導入、ワークショップなど参加・創造重視の活動、アーティスト・イン・レジデンスやアートプロデュース、まちづくりへの関わり、情報発信等の活動がさまざまになされている。

(2) 保存施設としての博物館

博物館の計画では、エントランスホールやロビー、展示室など利用者の空間に重点がおかれがちであるが、博物館はまず博物館資料の保存施設であり、研究施設であることを忘れてはならない。貴重な資料を損なうことのない**保存環境**、そして資料を収集、保存、研究し、展示を企画する館員が活動しやすい研究環境をつくることが大切である。

(3) 企画の役割

建築企画は、近年その重要性が高まっていると指摘されるが[9]、ハードとソフトのシステムとして捉えられる博物館の設立にあたってはとりわけ重要な役割を果たす。まず、建築計画担当者（設計者）、展示計画担当者（設計者）、博物館スタッフの間で十分な討議がなされることがよい博物館づくりの鍵となる。そのため、博物館スタッフの早期決定（できれば基本構想策定の開始時、遅くとも建築設計の開始前）、**建築計画と展示計画のコラボレーション**を可能とする建築計画担当者、展示計画担当者の同時的決定などが望ましい条件として求められる[10]（図 5.3）。

(4) 地域の中の開かれた博物館

博物館をとりまく環境は、公立博物館における指定管理者制度の導入、市場化と博物館相互の競合激化、団体利用の減少や利用者層の変化などにみるように、近年、大きく変容している。そのため地域社会への結びつきを強め、サービスを向上させるなど、**地域の中の開かれた博物館**として利

保存環境

収蔵庫や展示室の保存環境としての性能を高めるために採用される二重屋根、二重壁構造などは、建物自体の調湿性、断熱性、気密性を確保する上で有効であり、博物館建築を特徴づけるものである。展示室も、展示物を良好な保存条件のもとに展示できなければならず、できるだけ収蔵庫に近い環境が求められる。鑑賞の条件よりみれば明るい方が見やすいので、矛盾する要求である。光とともに温・湿度、空気質が三要素とされるが、紫外線、カビ・害虫対策等の計画各論も保存技術上重要である。研究が必要な課題も多く、専門家の助言を得ながら計画を進めることが望ましい[7), 8)]。

建築計画と展示計画のコラボレーション

空間計画の要求と展示等の機能上の要求、利用者の要求と管理者の要求などさまざまな相互調整を進める上でも重要である。また、将来の展示替えに向け、展示ケース、展示台、資料取付具等の収納空間、ディテールなどの細部まで十分な配慮が必要となる。

地域の中の開かれた博物館

「開かれた博物館」には地域のさまざまな人が利用できる博物館への期待が込められ、バリアフリーやユニバーサルデザインのみでなく、体験や楽しさを重視する展示、学芸員室や資料修復現場の公開、館種や専門とする資料種別を超えた多様な資料の収集・展示など、各種の試みがなされている。

多様な展開の可能性

自然環境と対話するような展示室の構成、野外空間の利用、地域のシンボルとなるような外観の追及、増築による集客力アップ[11]などが上げられる。地域の材料や風土に根ざした構法の活用もなされている(写真5.5)。

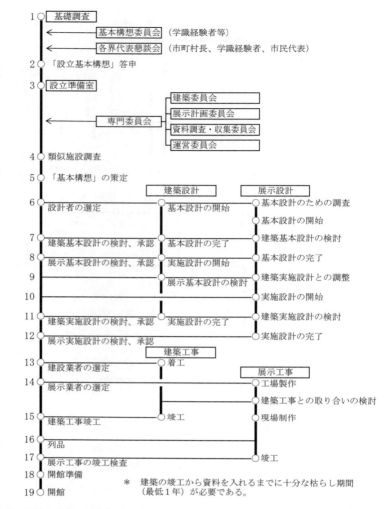

公立博物館の企画から開館までの望ましい手順を示す。

図5.3 博物館計画のプロセス[10]

用者から支持される施設づくりを進める必要性が高まっている。経営的視点の比重が増し、集客性[11]への関心も高い。建築計画においても、こうした動きに**多様な展開の可能性**を読み取ることができる。

5.2.2 館種により異なる特徴

博物館の館種は多様で、その特徴はかなり異なる。博物館の多くはものや事柄を展示するが、動物園、植物園、水族園では動植物や水族を健康な状態に保ちながら展示するので、そのための設備装置や空間が必要とされる。また、動物園、植物園、野外博物館などを除く多くの博物館では建築内部の展示空間が中心を占めるが、そうした館のなかでも科学館は、科学の原理を伝える参加体験型展示を重視し、収蔵部門の比重が小さい。展示更新サイクルも長い。また、利用者のほぼ半数を子どもが占め、子どもの博物館としての性格が強い。

これと対照的なのが美術館であり、大人の比率が9割近いものが多い。展示施設では一般的に重要とされる巡回形式も、美術館、とりわけその企画展示室では作品の見落としがないよう厳格に設定されやすいが、科学館などでは選択性の高い自由動線とすることがしばしばであり、館種をふまえた計画が求められる。さらに公立、私立の別、施設規模、設置目的などによっても特徴が変わるので、大学の設計製図課題などでは類例を押さえながら学習するとよい。

近年では、さらに、デジタル化の進展による施設、資料（展示物や収蔵品）の空間的制約から開放されたサービスの提供という大きな変化も注視する必要がある。多様なコンテンツのデジタルアーカイブ、画像検索、研究データベース、デジタルライブラリーなどの博物館サービスの領域拡大、従来の館種を越えたボーダレス化、デジタルコンテンツ中心の美術館や常設展施設の登場〔事例 森ビルデジタルアートミュージアム：エプソンチームラボボーダレス（お台場）、チームラボプラネッツ TOKYO DMM.com（豊洲）〕などが進んでいるのである。

（長野県茅野市、1991、藤森照信・内田祥士）
諏訪大社の祭祀を司ってきた神長官守矢家に伝わる歴史資料を保管・展示する。屋根には地元特産の鉄平石と天然スレートをのせ、鉄筋コンクリート壁体には特別調合の壁土を塗り、一部、さわら材手割り板をかぶせる。正面入口の庇を貫く4本の柱は地元産のイチイを使用する。

写真 5.5 神長官守矢史料館[12]

5.3 全体計画・各部計画

5.3.1 立地・敷地計画・配置計画

博物館の基本的性格を決める条件として立地は重要である。立地条件は、大別すれば、都心型、郊外型、自然地立地型などに分けられる。総じて、アクセス性が高く利用しやすい、できるだけ広い敷地面積が確保できる（搬入動線、屋外展示、ランドスケープ空間、将来の増改築のための余地などのため）などが望ましい。騒音、火災などの危険、防災への配慮より、公園緑地や広場に隣接する敷地などが確保できるとよい。

交通至便の都心型立地の場合、敷地面積の確保が容易でなく、建築中心のコンパクトな計画、他施設との複合化なども必要となる（事例：愛知県美術館）。一方、郊外型など敷地が十分確保できる場合には、建築配置、アプローチや駐車場の計画、野外空間の利用などで多様な展開の可能性がある（事例：海の博物館）。自然地立地型では、屋外のランドスケープ空間全体が学習・体験空間として活用できるであろう（事例：ミュージアムパーク茨城県自然博物館、図5.4）。いずれの場合も、敷地と周辺の風景との関係や建築と外構との関係などをよく検討し、敷地全体を有効に活用する計画とすることが大切である（開口部からの外構の見せ方や休憩室への風景の取り込み、半外部空間・外部空間の作品展示など、写真5.6）。

5.3.2 部門構成と諸室

博物館は、その機能に応じて、展示、教育・普及、収蔵・研究、管理の各部門より構成される（図5.2）。

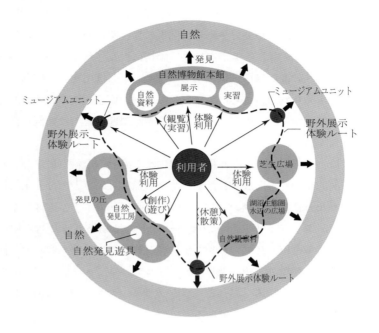

博物館の展示をきっかけとして敷地内の豊かな自然を体験し、さらに周囲の自然環境保全地域まで興味と活動を広げることをめざす連続的な体験プログラムの提案である（茨城県自然博物館の利用構想、図5.7参照）。

図5.4 敷地計画のコンセプト[1]

菅生沼を一望し、バードウォッチングが楽しめる茨城県自然博物館のカフェ。自然環境保全地域に指定され渡り鳥の飛来地としても知られる菅生沼はこの博物館の最大の展示物と考えられている。

写真5.6 建築と外構・風景との関係をつくる[13]

(1) 展示部門

　常設展示室、企画・特別展示室、そして貸しスペースとして使われるギャラリーなどを、エントランスホール（玄関ホール）を中心とする利用者の流れ（動線）を考慮し、配置する（図5.5）。展示室背後の展示準備室には展示ケース、展示台、展示パネルなどを収納できるようにする。搬入ゾーンや収蔵庫につながる搬入ルート（専用エレベーターなど）を確保する。

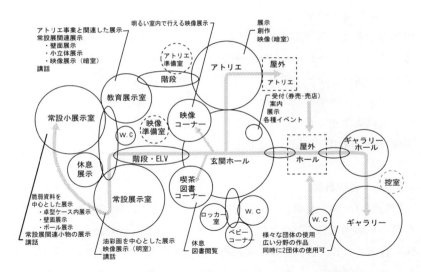

目黒区美術館の事例。図中には一部に教育・普及部門の諸室なども含まれる。
図 5.5　展示部門の諸室と利用者の流れ[7]

（2）教育・普及部門

　講義室（講座室）、情報ライブラリー、体験学習室、制作のためのアトリエなどよりなる。大規模施設では講堂も設けられる。団体到着時のガイダンス、ビデオ上映、音楽やパフォーマンス、作品制作など、施設目的や利用特性に応じた機能・規模計画をする。団体利用用に大きなスペースを確保することも多いが、近年では個人利用の比重が高まっている。また、ワークショップのような参加型の体験・学習・創造プログラムが重視されるようになり、展示室と一体のアトリエ利用、屋外での活動なども広がっている。

（3）収蔵・研究部門

　資料の搬入、整理、保存、修復などをする収蔵部門と学芸員などのスタッフが調査研究、展示企画などをする研究部門よりなる。外部には搬入車両出入りのためのスペースを確保する。収蔵部門は、荷卸室、荷解室から**収蔵庫**に至る動線上に、館種や規模に応じ、梱包資材室、整理・修復・工作室等の諸室を配置する。**燻蒸室**は文化財等の搬出入の際に燻蒸をするための施設である。行き場のない展示ケースの通路上への仮置などはしばしば見られ、利用の実態を理解したきめ細かい計画が求められる部分でもある。

　研究部門は、運営方式や規模により管理部門に入れることがあるが、本来は異なる機能である。また、展示の基礎は収蔵以上に研究にあるともいえ、研究活動にふさわしい執務空間の提供と、展示準備室や収蔵部門諸室への機能的動線の確保が望ましい。

（4）管理部門およびその他の空間

　管理運営のための諸室として事務室、館長室、応接室、会議室、警備員

収蔵庫

収蔵庫には前室を確保し、壁は二重壁とするなどの特別の配慮が必要である。保存環境の異なる資料がある場合は複数設け、展示室への移動距離が短くなるように配置する。

燻蒸室

文化庁は、国庫補助を受ける地方歴史民俗資料館への燻蒸室設置を義務づけ、その計画を詳細に指導している。中小規模の博物館では常圧燻蒸室を設置し、減圧（真空）燻蒸が必要なときは移動燻蒸車のサービスを利用するとよい。

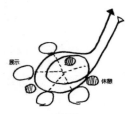

茨城県自然博物館の動線モデル図。遊環構造の条件（3部第1章参照）にもとづき、循環機能があって、変化に富み、近道もできる。

図 5.6 選択性の高い動線をもつ空間構成[1]

博物館の構成は一冊の本に似ている。「目次空間」は展示内容が一目でわかる目次の役割をする吹抜け大空間である（茨城県自然博物館）[14]。

写真 5.7 エントランスロビーにつづく目次空間[13]

巡回形式

展示室を連続させる接室巡回形式、動線空間としての廊下で各室をつなぐ廊下接続形式、中心となるホールを設けてそこから各室に入るホール接続形式などがある。展示室内でも、空間の形と大きさ、展示壁や独立展示物の配置、動線のパターンなどに応じてさまざ

室・防災センターなど、その他の空間としてエントランスホールなどの共用部分がある。管理運営諸室のゾーンには職員出入口（通用口）を設ける。インフォメーションはエントランスホールなどに設けられ、利用者の空間との接点となる。利用者の快適性や利便性を高めるうえで重要なレストラン、ミュージアムショップ、ラウンジ、託児室、ボランティア室、友の会会員室などはサービス部門として、また、エントランスホールなどは交流空間（既出）として、それぞれ充実させられるとよい。

5.3.3 各部計画

博物館は計画の課題としては専門性が高く、実際の建築を扱う場面では専門書〔参考文献 7〕など〕を参照するとともに、博物館学、展示装置、保存科学、カビ・害虫対策、収蔵庫設備など関係分野の専門家より助言を得ることが望ましい。ここでは展示室の各部計画を中心に、展示室の巡回形式、展示形式、採光・照明計画について説明しよう。

(1) 展示諸室の巡回形式

巡回形式とは、利用者が展示諸室を巡回する順路の構成方法をいう。その組み合わせにより、空間構成の骨格が決まるという点で重要であるが、館種、規模などによりその意味は異なる。特別展などでは、作品の見落としや動線交錯がないよう、連続的な動線による**分かりやすい順路**を設定しなければならない。しかし大規模施設、科学館などでは、興味のあるテーマを選びながら自由に館内を巡れるよう、順路とは異なる、選択性の高い動線による空間構成もなされている（図 5.6 〜 5.7、写真 5.7）。

(2) 展示形式

展示室は、とりわけ順路の設定も含め多様な展示が想定される場合には、展示形式の選択可能性や展示替えによる展示物、展示ケース、展示壁面などの変化を考慮し、自由度の高い計画とする必要がある。展示物の見せ方により様々な展示装置が使用され、展示形式の変化がつくり出される。展示物を見る距離と角度（**視距離・視線角度**）も重要であり、展示室規模は動線上から適切な距離と角度がとれるものでなければならない。

(3) 展示室の採光・照明計画

展示室の照明は展示物の見せ方や空間の演出のみでなく、**保存**にとっても重要な意味を持つ。照明には**自然採光と人工照明**があり、それぞれの特徴を踏まえながら組み合わせるのが一般的である。自然採光では拡散光により展示室全体に均質な照度が確保できる。人工照明ではスポットライトなどにより、展示物にふさわしい照度の確保や演出照明が可能である。展示室の室内照度は 50 lx 以下、展示照度は 150 〜 250 lx を原則とするが、光の影響を受けやすい絵画、織物、印刷物などは照度を 150 lx 以下に保つ。また、必要に応じて 800 〜 1,000 lx といった明るい照明もできるとよい。

5.4 科学館の計画と施設規模・展示内容　317

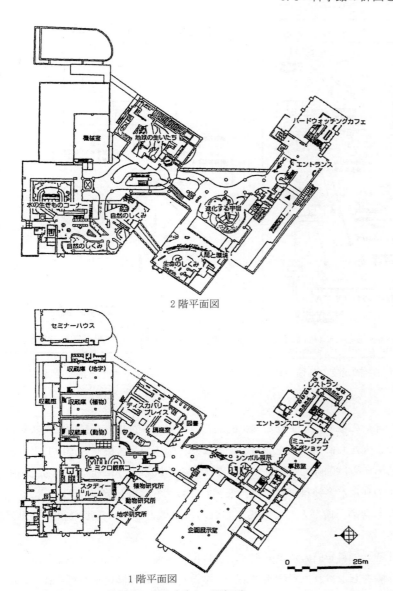

2階平面図

1階平面図

（茨城県岩井市、1994、仙田満＋環境デザイン研究所）
5つの展示テーマにより構成される分散型配置の展示室をシンボル展示のある大きな吹抜け空間（目次空間）がつなげる遊環構造である。宇宙船から恐竜、微生物まですべてが時間と空間の中で関連性をもって存在することがテーマ間を移動するたびに感じられる。日本造園学会賞（1996）、第21回JIA25年建築選登録作品（2021年度）受賞。

図 5.7　ミュージアムパーク茨城県自然博物館[1]

まな巡回形式がとられる。

分かりやすい順路

一見とらえにくいと思われる利用者の評価も、実は空間的な計画条件によりかなり影響を受けている[15]。順路の分かりやすい美術館展示室は、面積が大きく、コーナー構成が廊下接続型（廊下接続形式）である。分かりやすさはコーナー接続型（接室巡回形式）では中程度、中央ホール型（ホール接続形式）では低い。また、コーナー形変化が大であるもの、壁面にそった移動が多いものは分かりやすい（図5.8～5.9）。総合的な評価を代表する満足度についても同様である。満足度の高い展示室は、壁面長あたりのコーナー数が多く、面積は小、中央ホール接続型である。壁面にそった移動が多いことは、分かりやすさとともに満足度も高める。コーナー数にはちょうどよい規模があり、5～10が最も満足度が高い。中庭などへのつながりも、利用者の心理、とりわけ満足のような評価と深く関わり、重要な配慮といえる（同図）。

視距離・視線角度

視距離は絵画では対角線の1～1.5倍、視線角度は仰角が立位で27度まで、座位で45度までが望ましいとされる[16]。しかし、現代美術などでは、内部に入り

5.4　科学館の計画と施設規模・展示内容

　科学館（図5.10）は博物館の館種の一つであり、博物館法がいうように教育的配慮は中心的なものである。しかし、利用者の**来館目的**をみると、かなりの程度、遊びの場としてとらえられている[17]。実はレクリエー

318　第5章　鑑賞する・展示する（博物館）

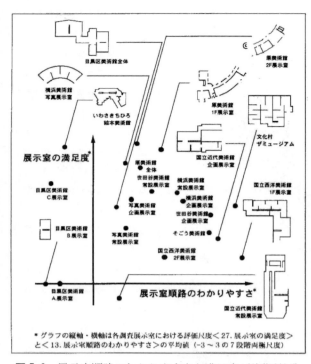

図5.8　展示室順路のわかりやすさと満足度（美術館）[15]

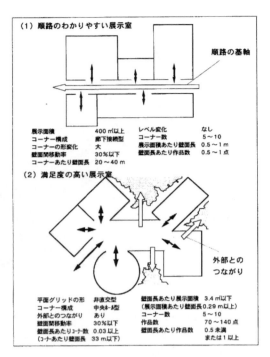

図5.9　順路のわかりやすさと満足度を高める展示室の計画条件（美術館）[15]

込むなど自由な展示形式、鑑賞形態も見られ、展示空間も大型化している。

保存（保存と照明）

資料は紫外線と熱で劣化するため、自然採光、人工照明とも、ブラインド、ルーバー、ライトシェルフ、赤

ションの概念に含まれる文化的楽しみの要素を重視し、科学に興味を持たない人たちにも門戸を開くことにより、幅広い教育機能を達成しようとする考え方は国際的な流れであり、広くみられるようになっている。小中学生の利用が多い科学館では、子どもにおける学習と遊びは区別しにくいことも含め、遊びとしてとらえられる満足はとりわけ重要な視点と思われる。

そこで科学館の建築計画では、規模が重要で、利用者はある程度の量的体験をしなければ科学館に来て、学習したという満足感が得られないので

科学展示としての建築（サプライとリターンの色分けをした露出配管のある外観）[13]

「宇宙のコーナー」を中心に周囲が見渡せるオープンな展示空間[13]

1階平面図[1]

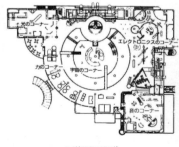

2階平面図[1]

（静岡県浜松市、1986、仙田満＋環境デザイン研究所）
科学との出会いの場という主目的とともに、地域の人々の多様な活動の場としての役割も担えるよう、ギャラリー機能をもつ開放的なエントランスロビーと多目的に利用できるホールを設け、学習部門を含め自由な出入りが可能な無料ゾーンとしている。

図5.10　浜松科学館

はないかという仮説を設定し検証を試みた。量的体験とは展示を十分見られたということであり、展示点数、展示面積などがその要因であろう。調査結果は、プラネタリウム等の特別な条件のない館では、利用者の満足度は仮説どおり展示点数、展示面積などでかなり説明できるというものであった[17]。説明変数は延床面積が説明力最大である。

表5.2 プラネタリウムなどの満足度アップ率

主要な付属施設、展示形式、展示内容、展示ソフト、立地等	満足度アップ率
プラネタリウム	20%
全天周映像（オムニマックスなど）	35%
映像シアター（収容人数100人以上）	20%
参加体験型展示*	15%
単一テーマ（電気、ガスなど）	15%
解説員（展示室内に配置）	45%
実験ショー（収容人数200人以上）	50%
立寄利用可能立地**	0%
大規模自然史系展示	-20%

注* 展示点数1/2以上を参加体験型展示ありとする。
　** 大人（21歳以上）のみの分析では30%である。

延床面積はいわば博物館の総合的な体力の指標で、それが計画上最も重要ということである。

　それではプラネタリウム等がある場合はどうであろうか。延床面積による予測結果を何倍かする係数（満足度アップ率）を試算してみると、調査館全体の説明力は飛躍的に高められ、満足度は非常によく説明できるようになった。各条件がどのような役割をするかは満足度アップ率により評価できる（表5.2）。プラネタリウムであれば20%であるから、満足度は1.20倍となる。これに**参加体験型展示**（15%）の条件を重ねれば1.20×1.15＝1.38、つまり40%近いアップ率が実現できる。

　総じて、施設の計画ではハードとソフトをどのようにバランスさせるかがとても重要である。科学館の計画では、延床面積が満足の主変数であることより、ハード、とりわけ規模の基本的重要性は明らかである。しかし、各条件をみると、プラネタリウムなどのハードの条件より解説員や実験ショー、子どもについてみた参加体験型展示の方がはるかに役割が大きい。量的体験を実現する科学館には、規模の確保が必要となるが、科学館はただのハコモノではない。プラネタリウムなどの付属施設や参加体験型などの展示形式、単一テーマなどの展示内容、実験ショーなどの展示ソフトといった**ハードとソフトの構成**の全体が満足度を高めるのである。魅力ある博物館をどうつくればよいか、ハードとソフトの知恵をしっかり出さなければならない。

【演習問題】

1．延床面積2,000〜3,000m²の博物館事例を3例ぐらい上げ、平面図を比較して、館種や展示内容により諸室や空間構成がどのように違うか考えてみよう。

2．美術館展示室の平面形態とその内部で開催される美術展における展示壁面の配置（展示コーナー等の構成）はどのような関係になっている

外線・紫外線除去フィルム、無紫外線蛍光灯の活用等の技術的工夫をする。

自然採光と人工照明

基本的な採光方式には側光形式（側窓採光）、高側光形式（ハイサイドライト、高窓採光）、頂側光形式、頂光形式（トップライト、天窓採光）があり、さまざまな工夫がなされている。人工照明では見やすく快適な展示とするため、光源が視野に入らない、展示ケース等のガラス面や展示物に光源や人影などの像が写り込まないなどの注意が必要である。光源は、展示物の色が自然に見えるよう演色性の高いものとする。LED照明は、特注品主体の段階から製品化が進めば、普及すると期待される。

来館目的

利用者アンケート調査の結果をみると、子ども（6〜17歳）では、学習関係の目的を上げる者は71%と確かに多いが、同時に、遊びに来たとする者が62%もいる。大人では学習が38%、遊びが62%であるから、遊びの比重はさらに高い[17]。

参加体験型展示

陳列型展示と対照される展示形式。五感を使って体験するもの、実験できるもの、解説員が実験を見せるもの、音声等により応答す

ハードとソフトの構成

科学館の満足を左右する延床面積を十分に確保できないとき、いくつかの条件を組み合わせれば、もっと小規模でも目標とする満足度を実現できる。たとえば、10館の中の2番目ぐらいという高いレベルの満足度を延床面積だけで得ようとすると1万㎡が必要となる。しかし、プラネタリウムとともに単一テーマ、解説員を加えると5,540㎡、さらに実験ショーも加えると4,180㎡でよいことなどが示される（図5.11）。

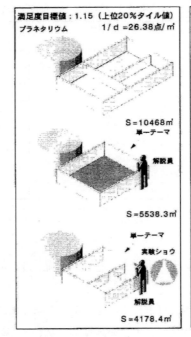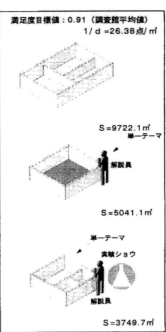

図5.11 利用者の満足度が高い科学館計画の考え方[17]

か、また、建築計画者と展示計画者の役割はそれぞれどのようなものか整理してみよう。
3．小規模の博物館の魅力はどのようにすれば高められるか、いくつかの博物館を実際に見学し、事例をあげながら考えてみよう。

【学習を深める参考図書】

1．奥平耕造ほか：図書館・博物館の設計（新建築学体系30）、彰国社、1983年
2．日本建築学会編：建築設計資料集成　総合編、丸善、2001年
3．日本建築学会編：建築設計資料集成—展示・芸能、丸善、2003年
4．日本建築学会編：第4版コンパクト建築設計資料集成、丸善、2023年
5．戸尾任宏・仙田満：美術館・博物館（S.D.S.　スペース・デザイン・シリーズ3、S.D.S.編集委員会（代表　船越徹）編）、新日本法規出版、1995年

【引用・参考文献】

1）環境デザイン研究所提供
2）社会教育調査（平成30年度統計表）、統計で見る日本（e-Stat）
　URL:https://www.e-stat.go.jp/stat-search/、（参照2023年3月24日）
3）日本建築学会編：建築設計資料集成　総合編、丸善、2001年

4）岡野眞：記念展示館の計画と設計—ミュージアムの企画・活動・組織・立地・機能について、拡張型博物館—規模と機能の拡張（建築思潮研究所編、建築設計資料88）、建築資料研究社、2002年
5）文部大臣官房調査統計企画課編：平成8年度社会教育調査報告書、大蔵省印刷局、1998年
6）日本建築学会編：建築設計資料集成—展示・芸能、丸善、2003年
7）半澤重信：博物館建築—博物館・美術館・資料館の空間計画、鹿島出版会、1991年
8）半澤重信：文化財を護る、日本ファイリング株式会社、2004年
9）日本建築学会編：マネジメント時代の建築企画、技報堂、2004年
10）戸尾任宏：地方博物館・資料館の計画と設計—その理念と方法、地方博物館・資料館（建築思潮研究所編、建築設計資料5）、建築資料研究社、1984年
11）仙田満・矢田努・池田誠・五嶋崇：歴史博物館における年間入館者数の経年変化に関する研究、日本建築学会計画系論文集、第517号、1999年
12）鈴木伸幸撮影
13）藤塚光政撮影
14）仙田満：博物館は「楽しそう」が大切（インタビュー）、日経アーキテクチュア、第510号、1995年
15）仙田満・篠直人・矢田努・鈴木裕美：美術館展示室の建築計画的研究—展示壁面の配置方法と利用者の評価について、日本建築学会計画系論文集、第517号、1999年
16）日本建築学会編：建築設計資料集成4　単位空間Ⅱ、丸善、1980年
17）中山豊・仙田満・矢田努・佐々木省悟：利用者の満足度よりみた科学博物館の建築・展示計画に関する研究、日本建築学会計画系論文集、第516号、1999年

第6章　観劇する・演ずる（ホール）

~~~
　　　　　　　　　　　　　　　本章で学ぶ内容
~~~

　観劇する場、演ずる場としてホール（本章では、劇場やコンサートホールなど含めてホールとよぶ）がある。その歴史は古く、古代ギリシャ時代の劇場にまでさかのぼり、用途や地域性なども反映されながら、現在まで多様な展開を見せてきた。とくに近年は、既存空間をホールへ転用、再生した事例なども見られる。

　複雑な形態、働きをもつようになったホールの計画では、ハード、ソフト両面からの検討が不可欠である。とくに近年のホールでは、専門化・広域連携、大規模・複合化する傾向があるとともに、人々が日常的に行き交う、街のリビングのような存在であることが望まれており、ロビーやホワイエの開放、練習室やリハーサル室の活発利用なども、そうしたニーズの表れだといえる。

　ホール環境を取り巻く大きな動きとしては、単に観劇する場、演ずる場としてだけではなく、舞台芸術に関わる様々な体験の場、市民が中心となって芸術文化活動・創作活動を推進していく場にもなることが期待されており、それらに応えられる運営組織、人材育成も不可欠な要素となっている。

6.1　ホールの歴史

6.1.1　分類

　多様な形態を持つホールを「用途」という観点から見ると、①演劇のための空間、②音楽のための空間、③伝統芸能のための空間に分類できる。また、これらを「舞台と客席の関係」という観点から見ると、演劇のための空間では、舞台が客席にむき出しになったオープンステージと、舞台が額縁のようなプロセニアムアーチで囲まれ、客席と分離されたプロセニアムステージに分けられる。音楽のための空間では、舞台と客席が長い箱型のなかに配置されたシューボックス型と、客席が舞台を段丘状に取り囲むアリーナ型に分けられる。わが国における伝統芸能のための空間では、四隅を柱で囲まれた舞台をもつ能・狂言と、土間や桟敷などで構成された客席の中を、舞台の延長として花道が伸びる歌舞伎に分けられる。

6.1.2　変遷
（1）演劇のための空間

　演劇空間は、ギリシア劇場が始まりとされ、丘陵の傾斜を利用してつくられた客席が、演技の場を取り囲んだ形式であった。その集客規模は大きく、宗教と密接に結びついたギリシア劇を大量の観客に訴えるための形態だったという（写真6.1）。一方、ローマ劇場は宗教と無関係な享楽的な

写真6.1　ギリシア・デオンソス劇場

写真 6.2 ヘロディス・アッティコス音楽堂

ギリシア・アテネにあるローマ式の屋外音楽堂・劇場

存在であり、都市内の平地に立地するなど、ギリシア劇場とは空間構成に決定的な違いがあった（写真 6.2）。ルネサンス期に入り、劇場は屋外空間から屋内空間に変わる。透視図法やプロセニアムの概念が導入され、新しい空間構成の考え方が生まれた。さらに王侯の絶対権力への強い指向と芸能の大衆化が、それまでの劇場形式をバロック劇場へと変容させることになる。近代に入ると、激変する社会情勢のなか、国民に開かれた劇場を創ろうという気運が広がる。すべての客席が舞台に正対するなど、人々が平等であるべきという思想に一致した空間構成、機能追求が目指された。

(2) 音楽のための空間

音楽空間は、音響性能が第一に考慮されるため、劇場空間とは内部空間が大きく異なる。歴史的には、優れた音響効果からシューボックス型といわれる箱型の時代が長く続く。その後、視認性能も求められるようになり、試行錯誤が重ねられた結果、舞台が客席によって取り囲まれた、視覚的一体感のあるアリーナ型が生まれる（図 6.1）。なお、この型では段丘状の壁による反射音が音響性能の低下を補っているという。

(3) 伝統芸能のための空間

わが国の伝統芸能空間は、能・狂言の舞台が始まりとされ、個性的な空間構成をしている。元来は舞台装置を使わず、社寺の拝殿や屋外の仮設舞台などから発展した（写真 6.3）。歌舞伎も客席に屋根のない仮設小屋から出発したが、江戸時代に入り独自の空間構成へと発展する（図 6.2）。

写真 6.3 農村舞台_長野県下奈良本

日本全国各地の農山漁村の神社境内などに建てられた。歌舞伎や人形芝居を上演するための舞台で、営業用のものではないもの。

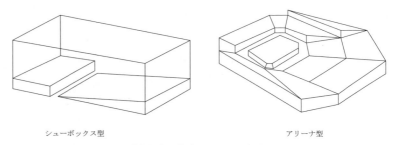

シューボックス型　　　　　　　　　　アリーナ型

図 6.1 音楽のための空間

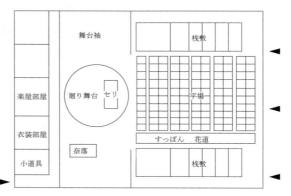

図 6.2 伝統芸能のための空間

そこには、複雑に区分された客席などから、観客の参加態度による空間形態への影響が確認できる。

(4) わが国の公共ホール

わが国の公共ホールは、貸し出し事業を主目的とした公会堂を前身とし、多目的ホールとして建設されてきた。これらが地域文化活動に果たしてきた役割は大きかったが、文化ニーズとの不一致という問題も同時に抱えていた。自治体によるホールづくりが一巡した今日、多様化する文化ニーズに応えるため、専門化、大規模・複合化したホールや、環境問題の背景から既存空間を転用、再生への可能性を積極的に模索するなど、整備方針も変化している（写真6.4）。

写真 6.4　ゆだ文化創造館
演劇主体の多目的ホールとして、伝統的な歌舞伎小屋とシェークスピア時代のコートヤード劇場のイメージを結び、畳敷きの桟敷席を採用

6.2　全体の計画

6.2.1　部門構成

図6.3は、ホール機能を部門毎に整理し、その相互関連性を示したものである。ホールの要である舞台・客席部門を中心に、そこへと至る動線を拠り所に各部門が配置される。動線は表側からと裏側からに大別され、表側にはエントランス、ロビー、ホワイエなどのパブリックスペース関連部門が、裏側には楽屋部門、制作部門、管理・サービス部門などの裏方関連部門が配置される。

表裏動線は交差させず、とくに裏側ではレベル差なく舞台まで導くことが肝要であるが、敷地周辺環境との連続や楽屋部門の居心地などを考慮して、人々が寄り付きやすく、表と裏を意識させない計画も必要である。

6.2.2　専門化・広域連携

ホールの水準を確保するためには、多目的ホールではなく、コンサートホールやオペラホールのように専門化し、高度化させることが有利となる。しかし、複数の専門ホールを設置することが難しい財政規模の小さな自治体では、周辺自治体のホール整備状況を踏まえた性格づけを行い、行

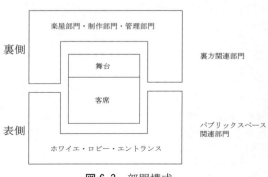

図 6.3　部門構成

政圏を越えた役割分担と相互補完が必要である。さらに個性的なホールを目指すためには、地元活動団体との協働や、他ホールとの情報交換などソフト面における連携・交流も不可欠である。

6.2.3　大規模・複合化

良質なホールを保つためには、先に触れた「専門化」とともに、視認性や居心地の観点から客席数を抑える計画が望ましい。しかし、多様化するニーズに応えるためには、オペラホール、演劇ホール、コンサートホールなど異なる用途のホールを複数設置する必要性が生まれ、結果として施設全体は大規模となる傾向にある。

一方、賑わいを発生させる場としてホールを位置づけるならば、美術館、図書館、商業施設など異なる施設や練習室、スタジオなど日常的な文化活動を支える機能と複合化させることが効果的である（写真6.5）。なお、ソフト面では連携事業等を積極的に企画し、異分野の人々との交流を促すことが大切だが、管理運営上は複雑化し支障をきたすこともあるので注意が必要である。

6.3　舞台・客席部門

6.3.1　舞台の計画

主舞台まわりには側舞台、後舞台、オーケストラピット、上部にはフライタワー、下部には奈落があり、ホールの性格に応じてこれらが組み合わされる（図6.4）。

側舞台、後舞台は、出演者の待機や舞台転換などの場所として利用されるが、とくにオペラやバレエなどでは、主舞台と同規模程度の広い舞台面積が必要とされる。主舞台前には、オペラなどで楽団に利用されるオーケストラピットがあり、床を昇降させることで、前舞台や客席などにも使える工夫が見られるピットもある。

フライタワーには、幕類、バトン類などの吊物機構やギャラリー、スノコなどが設置される。なお、フライタワーの高さは舞台開口部高さの2倍以上を求められ、その気積の巨大さからホール外観に強い印象を与えるた

写真6.5　レトレティ・アート・センター

音楽ホール、展示空間、レストラン、アメニティエリア等から成る。深さ30mの位置に掘削された地下空間に展開されている。形状の不規則性と水の流れや光の演出効果によって、素掘りのままの岩盤が醸し出す非日常的空間が、壮観な環境を作り出している。

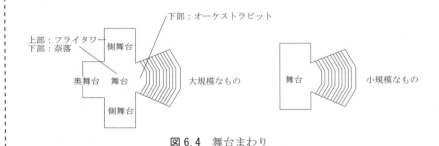

図6.4　舞台まわり

め、ホール全体における配置バランスなどにも配慮が必要となる。
　奈落は主に舞台転換や出演者の動線などとして使われ、それら用途により深さが設定される。

6.3.2　客席の計画
　よく見える客席とするためには、舞台の大部分が見える角度（見通し角度）を考慮し、演者の身振りが鑑賞できる範囲で、舞台から客席までの距離（視距離）を設定する必要がある。また、観客同士が視界の妨げとならないよう床に勾配を設けるが、客席数が多い場合は2階席やバルコニー席を設けることで、視距離に配慮しながら舞台と客席の一体感を演出する。なお、多層階ではバルコニー先端の立ち上がり高さや、舞台を見下ろす角度に注意が必要である。
　美しく聞こえる客席とするためには、適切な残響時間の確保が重要となる。とくに空間の形状により音響特性が方向づけられるため、その決定を待って仕上げ材や反射板などの音響装置を検討することになる。その場合、満席時や空席時、座る位置など状況の違いによる配慮も必要である。
　居心地のよい客席とするためには、座り続けても疲れない、人間工学的に優れた椅子を選ぶとともに、条例などで定められた座席寸法（前後間隔、縦通路の位置など）を遵守する。なお、身障者のために、補聴器が利用できる座席や出入口付近に車椅子席を設けるなどの配慮が必要である。また、乳幼児連れの観客のために、区画された親子室での鑑賞を可能とするなど幅広い観客層に対応できることが望ましい。

6.3.3　舞台と客席の関係
　近年、ホールの質を保ちながら多目的な利用を可能にする方法の一つとして、特殊な技術設備を用い、舞台と客席の関係をドラマチックに変化させる事例が増えている（図6.5）。
　たとえば、舞台床や客席を昇降あるいはスライドさせることで、舞台と客席との位置関係を変化させ、形式に捉われない自由度の高い演出を促したり、フロアー全面をフラット（平土間）にすることで、展示スペースやスポーツイベントなど幅広い用途に対応可能なホールがある。

写真6.6　名古屋市芸術創造センター

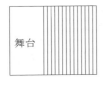
エンドステージ
（舞台が片隅による）

スラストステージ
（舞台が客席側に突出）

センターステージ
（舞台を客席が取り囲む）

図6.5　舞台と客席の関係

なお、変換に際しては床、天井のグリッド化や可動区画壁を採用するなど、舞台、客席のみならず、空間全体で合理的に変換できる計画が必要である。例えば、1983年につくられた名古屋市芸術創造センター（写真6.6）は、60度の斜交グリッドを使った平面プランが特徴的であり、舞台開口、客席、天井が開閉・移動可能である。

6.4 パブリックスペース関連部門（ホールの表側）

パブリックスペース（エントランス、ロビー、ホワイエなど）はホール全体の印象を決定付ける重要な空間である。しつらえ的には、日常の喧騒を忘れさせる華やいだ意匠や空間構成などを検討すると同時に、街のリビング的存在として人々が寄り付き、行き交う開放感も必要である。場合によっては美術館や図書館、商業施設など他用途と複合させることで、活気を生み出すことも考えられる。

パブリックスペースの規模は、延床面積に対して20%程度を占めるが、複数のホールを備えたり、他用途と複合する場合などは十分な広さを確保する。

6.4.1 ロビー・ホワイエの計画

ロビーは、来場者にホール情報を提供し、目的地へ誘導するための場となるため、巧みな動線計画が求められる。また、日常的に憩いの場とするためには、カフェやショップ、屋外広場などと連続させ、居心地のよい溜まりを創出することも大切である。

ホワイエは、開演前の期待感を盛り上げる場、幕間の休憩・交歓の場、終演後の余韻を味わう場となるため、採光の工夫、庭木の緑や水景の導入、アートの設置など五感に訴えるしつらえを心掛ける（写真6.7）。なお、開演待ちや幕間の休憩時に大勢の観客が一斉に使用するため、十分な広さが必要である。例えば、1998年に愛知県愛知郡につくられた長久手町文化の家（写真6.8）は、2つのホールと音楽室、舞踏室、美術室、食文化室、映像ホールからなる複合文化施設であり、諸室を結ぶ十字型に通されたガレリア空間では、日常的に市民が集まり、学習や憩いの場として利用されている。

6.4.2 クローク・トイレの計画

クロークは、コート、カバン類を預ける場である。ホール内でくつろいだり、客席内の音響効果向上のため、積極的に利用されることが望ましく、それを促す配置、規模などの計画が必要である。なお、省力化のためコインロッカーなどで代用する場合もある。

トイレの計画では、幕間、終演時に集中する観客を第一に考え、分かり

写真6.7 八ヶ岳高原音楽堂

山々に馴染む六角形、自然と環境に調和した木のホール。ホールに隣接するホワイエからは、大きな窓ガラスを隔て、大自然が展開。開演前の気持ちの高まりや、終了後の余韻など、都会のホールでは味わえない深い印象が残る。

写真6.8 長久手町文化の家

やすい位置に配置するとともに、その内部も明快な動線となるレイアウトが必要である。加えて、女性トイレでは条例などで定められている以上の便器数を設置したり、手洗器周辺設備の充実を図ることで、混雑時の不便さを解消させることが望ましい。

6.5 裏方関連部門（ホールの裏側）

6.5.1 練習室・リハーサル室の計画

練習室・リハーサル室は、ホール内の舞台を目安に同程度の室面積、高めの天井高（5m程度）、同仕上げの床とすることが望ましい。また音響性能への配慮も必要である。

練習室・リハーサル室の位置は、本来、楽屋近くが望ましいとされてきたが、近年、これら諸室を市民へ積極的に開放する傾向にあり、ホールの裏側から表側へ、中心機能として位置づけられる事例も多数見られる。文化芸術活動を底辺で支えるアマチュアの人々にとって、練習施設の不足は慢性的な課題だといわれており、この傾向は増々加速すると思われる。

6.5.2 楽屋・スタッフ諸室の計画

楽屋やスタッフ諸室（監督室、照明操作室、音響調整室など）は、舞台との関係が重要な要素であり、舞台へと至る動線、レベル差、通路幅員などに注意を払うとともに、舞台進行状況などを伝えるモニターなどの設備も必要である。

加えて、楽屋には快適性やフレキシビリティの高い計画が求められており、演色性の良い照明設備やシャワー・給湯設備などを設けるほか、遮音性のある可動間仕切により、大部屋を個室に変えたり、置き畳により洋室を和室形式に変える仕掛けなどを設けることが望ましい。

6.6 市民参加型のホール

街づくりの拠点として皆から慕われるホールとするためには、市民と一緒になって、施設づくりから運営までを行い、ホールへの思いを醸成させることが望ましい。ただし、優れたホール計画には専門家の存在も不可欠であり、自発的市民参加組織と専門家集団との協働が求められる。

6.6.1 計画段階における市民参加

計画段階から市民の意見や要望を聞き入れようとする姿勢は、ホール建設を市民に広く認知させるとともに、来訪者のニーズを具現化させることにもつながり、竣工後のホールでの活動や管理運営面でも有利に働く。ただし、必要諸室や空間構成などホールの基本仕様を決定する重要な局面も

写真 6.9 可児市文化創造センター

写真 6.10 知立市文化会館

含まれており、事前に専門家らによりホールの方向を検討しておく必要がある。例えば、2002年岐阜県可児市につくられた可児文化創造センター（写真6.9）では、基本構想段階から市民参加型で進められたホールである。市民参加では2年毎に段階が区切られ、計6年3つの段階を経ている。1段階目は、基本構想・計画段階であり、ワークショップで、参加者1人ひとりが意見を出し合いながら進められた。2段階目は、設計段階であり、市民参加メンバーは1段階目から一新している。ここでは設計者が新たに加わり、図面や模型などを使って議論が繰り返し行われた。3段階目は、市民による自発的組織づくりの段階であり、100名近くのメンバーからなる自立した組織が誕生し、企画・支援・情報の3つのグループに分かれて活動が展開した。

6.6.2 ホール運営への市民参加と組織づくり

活気あるホール運営を持続していくためには、その運営が市民に開かれ、支えられると同時に、そうした参加態度をフォローするホール職員の存在が不可欠である。

【コラム1】

転用

名古屋市演劇練習館「アクテノン」（写真6.11）は、1937年につくられた稲葉地配水塔を転用した建物。一時期は図書館として転用されていたが、1995年に舞台芸術関係施設として供用が始まった。リハーサル室、練習室、会議室などの機能を持ち、地域に開いたコミュニティーセンターの役割を果たしている。ホール空間は、究極的には演技する側とそれを見る側がいれば成立する。その意味では、あらゆる場所が演劇空間になりうる可能性があると言える。

写真 6.11 名古屋市演劇練習館「アクテノン」

【コラム2】

まちを劇場化する

劇場という箱から飛び出して、まち自体を舞台とするあり方も、また一つの劇場かもしれない。周辺の環境や人の流れを、舞台装置のように演出に取り込んだり、環境音なども演出効果になるだろう。こうした仕掛けを、都市だけでなく、中山間地に持ち込み、地域住民と協働で仮設舞台から運営までをマネジメントすれば、まちづくりの契機にもなるだろう。

写真 6.12 フェスの舞台づくりを契機としたまちづくり(岐阜県荘川町)

6.6 市民参加型のホール

【コラム3】

専門化と地域連携

名古屋市文化小劇場は、1991年から市内各区に1館ずつ整備が進められてきた小規模なホールである。当初はどこも同じような多目的ホールとして整備されたが、2000年頃のホールからは、専門的特色を意識する整備方針へ転換されている。例えば、2002年につくられた名古屋市千種文化小劇場（写真6.13）は、壁面全体がツタで覆われたホールであり、円形劇場の形式をもち、多様な演出を可能としている。なお、旧来の貸館利用を想定した管理中心かつ画一的な制度・体制のままでは、市民側のニーズに十分な対応はできない。市民グループによる積極的な活動の展開を促すなど、ハードとソフトのバランスが重要である。

写真6.13 名古屋市・千種文化小劇場

【コラム4】

仮想現実（VR）技術とホールの設計

仮想現実は、バーチャルリアリティ（Virtual Reality）のことでVRは略称である。今では、VRが一般的な用語として広く使われている。VRは、実際にはない仮想空間を現実のように体感させる技術のことである。VRを実現するには、人間の五感に対応するVRツールが必要である。視覚系ツールの代表的なものはヘッドマウンテドディスプレイ（HMD: Head-Mounted Display）で、小型液晶モニターをスキーのゴーグルのメガネのレンズ部分に貼り付け、映像を表示する装置である。もう一つは没入型ディスプレイ（IPD: Immersive Projection Display）とよばれ、人の周囲を複数の平面スクリーンを組み合わせた多面型スクリーンの映像で囲んでしまうことで没入感を与えるディスプレイ（p.4の写真0.6を参照）である。

ソフトウエアツールとして、ウオークスルーCG（Walk Through animation）がある。これはVRML（Virtual Reality Modeling Language）を利用する技術である。VRMLは、インターネット上での3次元グラフィックス言語で、建物の3次元データを3次元の仮想空間に表現できる。VRMLを利用したCG映像は、VRに要求される性能としての臨場感（Presence）、対話性（Interactive）、自立性（Autonomy）の3要素をすべてそなえており、観察者が自分でマウスを操作して仮想空間のなかで見たい方向、見たい位置から視点を自由に移動しながらリアルタイムに疑似体験できる。

音楽ホールのような設計・計画では、意匠デザインとともに音響性能や視認性能が重要視される。その音響効果は、ホールの形状、天井・壁・床などの材料の音響反射特性、座席・観客の吸音性能などを元に縮尺模型実験や音響シミュレーションによって求められている。それらの結果をもとに設計段階での音響効果を再現し聴覚で体感できるようになった。また、客席での配置も、座席から舞台全体がどう見えるかどうかなどの視認性も設計段階で確認が必要である。さらにはCG照明シミュレーションとHMD・VRMLなどのVRツールを利用することで、建物だけでなく音楽ホールで演奏されるコンサートの疑似体験も可能となりその結果を設計へ反映させることでより質の高い設計が実現できると思われる。

つまり、市民の側にホール運営を自ら担っていく責任感、場合によっては運営責任までが要請されるとともに、職員のプロ意識や彼らが自主的に活躍できる組織づくりが求められるということである。例えば、2000年

愛知県知立市につくられた知立市文化会館（写真6.10）では、民間から芸術総監督やプロデューサーを迎えた任意団体により運営される。地域の文化は自分たちでつくるというコンセプトのもと、鑑賞から練習へ、練習から発表へ、そして鑑賞へという循環の創出を理想に掲げ、自主的に集った市民団体メンバーが、フロント、広報、企画制作、美術、技術など役割を分担し、自主事業に無償でサポートを行っている。なお、人材育成には時間を要するため、ホールが開館する以前から極力早く始めることが望ましい。

【演習問題】

1．複雑なはたらきをもつホールでは、機能を部門毎に整理しその相互関連性も含め効果的に配置することが重要である。そこで、一般的なホールで必要とされる部門を挙げ、それらの効果的配置例を動線の観点から説明せよ。
2．ホールにとって舞台・客席は要である。中でも舞台と客席との関係においては、さまざまな舞台形式が存在する。そこで、代表的な舞台形式を列記し、それぞれについて特徴を説明せよ。

【引用・参考文献】

1）岡田光正他「建築計画2」鹿島出版会、1991年
2）清水裕之「劇場の構図」SD選書195、鹿島出版会、1980年
3）谷口汎邦他「建築計画・設計シリーズ12 公共ホール」市ヶ谷出版社、1999年
4）日本建築学会編「建築設計資料集成（総合編）」丸善、2001年
5）日本建築学会編「建築設計資料集成（展示・芸能）」丸善、2003年
6）高木俊行、清水裕之、渡邉昭彦「知立市民ホールの基本計画段階における市民参加」日本建築学会大会学術講演梗概集（関東）、pp.373-374、1997年
7）アーキテクテク編集委員「アーキテクテク東海の現代建築ガイド」企業組合建築ジャーナル、2006年
8）白井大輔、清水裕之、大月淳「名古屋市文化小劇場を通してみた地域小規模公立文化施設の管理運営の現状と課題」日本建築学会計画系論文集 第583号、pp31-37、2004年9月
9）坪池栄子「パティオ池鯉鮒しみん劇」地域創造レター No.107、2004年3月号
10）清水裕之「市民参加の意図と最終目標」新建築、pp76-79、2002年

第7章　買う・売る（商業施設）

◇◇◇◇◇◇◇◇◇◇◇◇◇◇◇◇◇◇◇◇◇◇◇◇　**本章で学ぶ内容**　◇◇◇◇◇◇◇◇◇◇◇◇◇◇◇◇◇◇◇◇◇◇◇◇

　商業施設には、百貨店、スーパーマーケットといった大規模な小売施設・商店街、ショッピングセンターといった小売施設が集合して形成される施設、コンビニエンスストア・アウトレットモールといった流通の変化や合理化から生まれた施設など多種多様な業態があり、時代とともにその主役が入れ替わってきた。とくに近年は、買い物をしなくとも楽しめる場所、時間消費をより重視した空間構成の重要度が増している。

　利益を得ることを第一に商業施設は計画されるが、なかでも規模、配置、売場、共用部、駐車場、後方施設などの計画が重要となってくる。ただし業態によって大きく異なるため、それぞれ業態別に特徴を把握しておくことが大切になる。

　時代のニーズに対応できず衰退する業態もあるなかで、これからの商業施設は、単に流通や制度の動きに合わせるのではなく、建物の再利用、周辺環境との一体化、地域住民との連携など、持続可能な振興策を考えていく必要があるだろう。

7.1　商業施設の歴史

7.1.1　分類

　多種多様な商業施設を「業態」という観点から見ると、①単独業態、②集合業態、③新業態に分類できる。単独業態とは、われわれの日々の営みを支える小売施設全般を指すが、なかでも規模の大きな小売施設として、百貨店、スーパーマーケット、ロードサイドショップなどがあげられる。集合業態とは、集客力を高める合理的手法として小売施設を集積させた施設を指し、商店街、ショッピングセンター、モールなどがあげられる。新業態とは、価値観の多様化に対応した施設ともいえ、コンビニエンスストア、アウトレットモール、パワーセンターなどがあげられる。

写真7.1　郊外の風景を変えるロードサイドショップ（国道19号沿線）

7.1.2　変遷（図7.1）

(1) 単独業態

　日本においては、大規模小売施設のはじまりは、1900年代初頭に誕生した百貨店の三越とされる。以来、百貨店は消費社会の先頭で、都心部から地方のターミナルへ立地の幅を広げながら発展した。60年代に入ると商業の先進国といわれる米国で、スーパーマーケットやロードサイドショップが発生し、日本でも新勢力として発展した。70年代になると、スーパーマーケットが百貨店のシェアを逆転、ロードサイドショップが郊

写真7.2　小売施設集積の原型である商店街（円頓寺商店街）

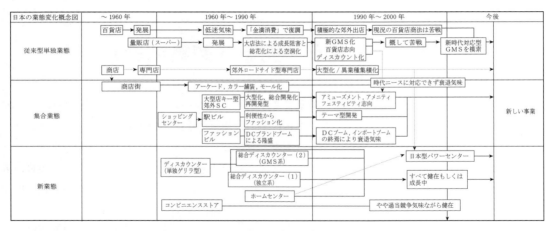

図 7.1 業態別の変遷[2]

写真 7.3 ブランド商品を安く売るアウトレットモール（土岐プレミアムアウトレット）

写真 7.4 デザイン性を重視したブランドショップ（ルイ・ヴィトン栄店）

写真 7.5 移動販売店
公園から団地まで、アウトリーチのみならず、出会いを詰め込んで走る移動販売店は、新たな業態のひとつになり得る。

外の風景や地域社会を変え始め、問題視されるようになる（写真 7.1）。

(2) 集合業態

小売施設集積の原形といえる商店街の多くは、戦後、衰退の一途をたどる（写真 7.2）。とくに 1960 年代、キーテナントを中心に複数の小売施設が集合するショッピングセンターが出現すると、その傾向は顕著となる。近年は小売施設がモールを介して結合され、エンターテイメント性やアメニティを高めたショッピングモールが隆盛となっている。つまりは、情報や楽しみといったコト消費の場、1 日中楽しめる時間消費の場が求められている。

(3) 新業態（写真 7.5）

1970 年代初頭のコンビニエンスストアの出現・成長は驚異的であり、新しいサービスを付加させながら、現在も発展を続けている。また、80 年代後半からアウトレットモールやパワーセンターとよばれるディスカウント業態が海外から輸入されるにいたり、商品を安く大量に売るための場と割り切った形態をとる商業施設も出現する（写真 7.3）。

なお、近年ブランドショップを中心とした、独立店舗のデザイン性をより重視した方向性も一方に存在する（写真 7.4）。

(4) 立地動向

ショッピングセンターに関して、その立地を最も商業機能が集積した中心地域、中心地域に隣接し適度に商業機能が集積した周辺地域、住宅地・農地などが展開されている郊外地域に大別すると、1990 年あたりを境に、郊外地域への立地が中心地域を上回るようになり、以降その差は急激に開いている。

(5) 関連法規

法規の影響を大きく受けている大型商業施設に関して概観する。日本における大型商業施設は、1974 年に施行された大規模小売店舗法（略称「大店法」）によって進出が制限されていたが、1990 年頃から始まった日米貿

易摩擦などによる外圧を受け、2000年には街づくり3法の一つとして大規模小売店舗立地法（略称「大店立地法」）が制定される。この法律では住環境保護に主眼が置かれ、店舗面積など規模を制限することがなかったため、大規模店舗の郊外出店が進み、中心市街地の衰退を加速させたといわれている。そのため2006年には、こうした流れを食い止めるため、大店立地法の指針見直しが行われ、大規模小売店舗を含む大規模集客施設の出店地域が制限されるようになっている。このように大型商業施設を巡っては、その時々の状況に合わせ順次制限が設けられているといえる。

---【コラム1】---

仮設的な屋台やマーケットがつくる都市（写真7.6、7.7）

巨大な商業施設が人を集める一方で、屋台やマーケットといった仮設的で、いわば原始的な人と物の集まりにも、復権の兆しが近年みえている。そこは、小さなものが多様に集まり、雑多に混ざり合うことで、人と人との関係が生まれ、多様な商品との体験が生まれる、楽しく、複合的で、実験的な場となっている。巨大なビルから、小さな屋台が求められる時代へ。この新しい集まり方や人の流れが、都市を動かすのかもしれない。

写真7.6 昔から続く月の決まった日にたつ参道の仮設屋台群・古くて新しい姿かもしれない（覚王山日泰寺）

7.2 商業施設の計画

7.2.1 規模・配置計画

商業施設の規模は、立地や需要予測などにより計画されるが、競合店との関係、業態の違いによる経験則からくる目安なども判断材料になりうる（表7.1）。

敷地に対する配置計画では、周辺の道路状況、交通アクセス、客・駐車場・物流・従業員などの動線の相互関係を考慮する必要がある。なかでも重要となるのが、客用の主たるエントランスの位置であり、来客者の利便性、安全性を最優先に考え、歩者分離などにも配慮する（図7.2）。

業態別でみると、とくに近年の大規模ショッピングセンターにおいては、鉄道駅との接続や客の回遊性など、状況に合わせたキーテナントと小

写真7.7 REFFEN デンマーク（2018年）

店舗は中古のコンテナを再利用してつくられていたり、廃材やリサイクル素材を多用した、全体としてエコロジカルな様相をもつマーケット

表7.1 商業施設の規模[3]

業　態	基準階床面積（m²）	全体床面積（m²）	階数
コンビニエンスストアー	100〜200	100〜200	1
スーパーマーケット	500〜3,000	3,000〜8,000	1〜3
大規模量販店	3,000〜10,000	15,000〜50,000	2〜4
集合専門店	1,000〜3,000	10,000〜30,000	3〜8
百貨店	3,000〜10,000	20,000〜100,000	5〜8
ショッピングセンター	8,000〜20,000	50,000〜150,000	2〜4

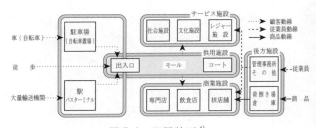

図7.2 配置計画[4]

336　第7章　買う・売る（商業施設）

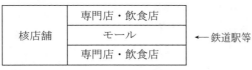

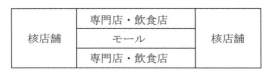

図7.3　モールのタイプ[2]

売施設の効果的組合せがタイプ化されている（図7.3）。

7.2.2　売場計画
(1) 売場構成

　大規模な小売施設の売場構成では、低層部に食料品や薬・化粧品といった生活必需品を中心とする最寄品、上層部に衣料品や装身具といった品質が重視される買回品が配置されることが一般的である。とくに客の流れを上層部から下層部へつくり、施設全体に浸透させることを「シャワー効果」というが、この効果をねらって、目的志向が高く、長いアクセス動線距離でも集客が見込める飲食・サービス系や催事場などを上層部に配置することも多い。なお、来客者の流れを下層部から上層部へつくる「噴水効果」もあり、1階にブランドショップや化粧品、地下に食品売場を配置することで、とくに女性客を引き込み、上層部へと誘導することをねらったものである。いずれにせよ、施設内で来客者を大きく回遊させる売場構成が重要となってくる（写真7.8）。

(2) 平面計画

　店構えでは、まず来客者を魅了し店内へ引き込むために、何を売るのかひと目でわかるような視認性が高く、寄り付きやすいデザインが必要であ

① A (Attention)：注目させる
② I (Interest)：興味を起こさせる
③ D (Desire)：欲求を起こさせる
④ M (Memory)：記憶させる
⑤ A (Action)：購買させる

AIDMA（アイドマ）の法則

写真7.8　上層部に位置する美術館、飲食街（松坂屋栄店）

【コラム2】

デパートを公民館のように（写真7.9）

　今や、デパートに行かないという人たちが圧倒的に多い。ネットで何でも買える時代に、デパートまで足を運んでもらうことは至難の技です。では、どうすればこの人がちが足を運んでくれるのか。コミュニティデザイナーの山崎亮氏は、鹿児島市で手がけた「マルヤガーデンズ」において、地域のコミュニティの方々が、公民館のように、デパートの中でいろいろな活動ができる場をフロアー内に同居させ、新たな客層を獲得している。

写真7.9　書店、カフェ、ワークショップ広場等、異種用途が混在する施設（名古屋市港区の大型商業施設内）

り、そのためにショーウィンドーや出入口の位置、店内外の仕切り方（閉鎖型、開放型など）に注意が必要である。

動線では、客動線と商品搬入動線を分離させることが基本となり、その上で移動のしやすさ、避難ルートのわかりやすさが必要となる。来客者の主動線は一方通行的とし、主通路幅3m以上、それ以外の通路幅は1.8m程度とする。なお、車での来客者への依存度が高い郊外の商業施設の場合は、駐車場からのエレベーターあるいはエスカレーター動線が、施設中心に配置されることが望ましいとされる。

構造では柱、ブレース、耐震壁などを可能な限り売場に設けず、見通しを確保すると同時に、レイアウトにフレキシビリティを持たせるため、柱スパンは縦・横同スパンの8～9m程度が望ましい。

設備では、まず売場模様替えに対応が図れるよう空調機容量や空調方式にフレキシビリティを持たせる。出入口部分は多数の来客者が出入りし外気進入の影響が生じるため、風除室やエアカーテンなどを設置する。売場は人・照明などの発熱が多く冬期でも冷房が必要となるため、外気を導入するなど効率的な方法を検討しておく必要がある。

(3) 陳列計画

一般的な売場では、来客者が自由に商品を見て歩く側面販売が主流であり、オープン陳列や商品ボリュームで訴えるハンガー陳列の什器を多く見かけるが、宝飾など高級品を扱う場合のようにガラスのショーケースをはさんでの対面販売もある。このように陳列計画においては、販売形態や商品の種類などによる違いを認識する必要がある。

とくに食品売場は特殊であり、通常、野菜・生鮮から始まり、惣菜・乳製品を経て会計へと至る流れを外周にまわし、中央の島の部分に購買頻度の低い調味料・菓子などを配置するなど、商品の適材適所への配置が重要となってくる（図7.4）。

また、来客者の視線を想定し陳列エリアを「来客者の目を最初に引きつ

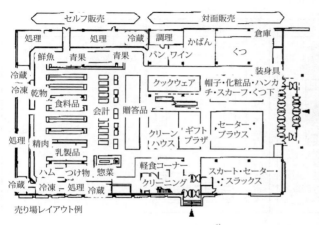

図7.4 売場レイアウト[8]

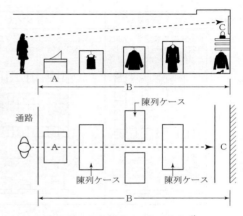

図7.5 立体的なレイアウト[3]

けるエリア」「商品の大半が陳列されているエリア」「特定の商品を強調する壁面ディスプレイ」に分け、平面的・立体的に購買意欲をかき立てる什器の配置や、来客者の流れ・諸動作を円滑にするための什器寸法などにも留意しなければならず、人間工学的視点が欠かせない。加えて商品やエリアをより効果的に見せるために、目的にあった照明計画も忘れてはいけない（図7.5）。

陳列計画では、単に「商品を展示し、販売する場」から「来客者の視線をいかに商品に引き付け、販売を促進するか」という発想が求められている。

7.2.3 アメニティ・外装計画（写真7.10）

時間消費の場を創り出すことが重要な課題となっている近年の商業施設では、直接利益を生み出さない余白部分に良質なデザインが求められている。とくに吹抜け・アトリウムといった空間は、商業施設の見せ場でもある。最も効果的な場所に配置するとともに、上下階で視線を交錯させたり、光や外部環境を積極的に取り入れるなど工夫が必要となる。また、植栽や水路を使ったランドスケープ的演出、イベントが展開可能な広場、キッズスペースなど、非日常的な雰囲気を誘う仕掛けや人を滞留させる場の計画も効果的である。なお、モールに関しては単調さを避けるため長さ400mが限界とされる。

商業施設は内に閉じる傾向があるため壁面が多くなり、必然的に立面デザインの重要度が増す。そこには経営者の姿勢、流行などが直喩的あるいは隠喩的に現れるが、大切なのは都市の一部として街並みの文脈に呼応することである。とくにロードサイドショップなどでは広告塔が遠方より目立つわけだが、サインやシンボルもデザインの一部として表現することを心掛けたい。

写真7.10 良質なデザインが求められる吹き抜け、アトリウム（ミッドランド・スクエア）

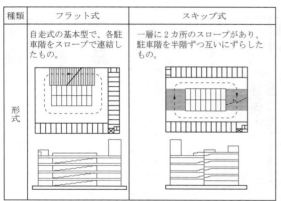
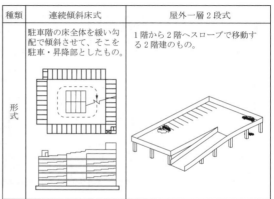

図7.6 駐車形式[4]

7.2.4 駐車場・後方施設等計画

多くの商業施設のアクセスは自動車であり、それだけに利便性の高い駐車場を備えていることが重要となる。計画に際しては主に収容台数と駐車方式の検討が必要である。とくに駐車方式には平面駐車と立体駐車があり、さらに立体駐車には自走式と機械式がある。なお、コストや安全性、維持管理面からは自走式平面駐車場が最も良いとされる（図7.6）。その他の留意点としては、出入口と道路状況、駐車待ちスペースの確保、管理方法、売場への動線、車路幅と勾配、駐車スペースなどがある（図7.7）。

後方施設には、主に商品部門、従業員厚生部門、事務管理部門の三つがある。商品部門では効率的な作業・搬入動線が重要となり、とくに食品売場では冷蔵・冷凍庫、商品加工のための厨房などをセットで配置する。従業員厚生部門では疲労した従業員を十分にリフレッシュさせるため、ゆったりとしたスペースを確保する。事務管理部門では施設全体を管理する機能を果たし、売場との面積比率は一般に7：3とされる。

化粧室のデザインは、近年重要視されている。とくに女性用にあっては、本来の機能のみならず、パウダースペースやレストスペースを設け、前項の余白部分と同様、非日常的演出が求められている。また、小さな子供を連れた人や高齢者などの利用を想定した多目的便所も必要である。なお、便器数は売場面積から来客者数を予測し、その数値に基づいて算定。男女比はおよそ4：6とされる。

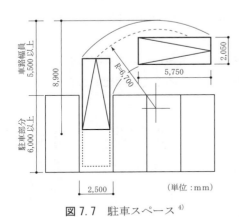

図7.7　駐車スペース[4]　　　　図7.8　コンビニエンスストア・レイアウト

7.3　コンビニエンスストアの計画

1970年頃登場したコンビニエンスストアは、日本全土にくまなく行き渡り、われわれの日常生活に欠くことのできない施設となっている。一般に100㎡程度のものが多く、商品配列や什器などに特別な工夫が施されている。見通しの良さと回遊性が重視され、レジカウンターは全体が見通せる出入口付近に、冷蔵・冷凍ケースはL型に壁を背負って配置される（図

7.8)。また、売れるものを、売れるときに、売れるだけ作って供給する、POSシステムを使った徹底した流通管理もコンビニエンスストアの特徴である。近年は情報ネットワークを活用した銀行や予約販売など、新しいサービスも生まれており、コンビニエンスストアの普及が、商業施設のハード・ソフトに多大な影響を与え続けている。なお、周辺の街並みとの関係を無視した画一的な建築が、地域社会で問題を引き起こしていることも認識しておく必要があるだろう。

7.4 飲食店の計画（写真7.11）

飲食店はサービスを行うブロックと、飲食品を調理するブロックに分けられる（図7.9）。

サービスブロックでは、店頭から客席までの動線を工夫する。たとえば、落ち着いた雰囲気をつくる場合、動線を屈折させ変化を持たせたり、大衆性の強い場合、来客者の出入りが頻繁なため、明快な直線的動線を用いる。客ブロックの所要面積は表に示すとおりだが、椅子席・座敷・個室・カウンター・立席など客席の形式なども含めて業種により異なる。

調理ブロックでは、厨房形式として、客席から見通せる開放型、パントリー（配膳室）を通してサービスを行うため客席から見通せない閉鎖型、配膳カウンターを設け厨房と客席相互の様子が適度にわかる半開放型、調理内容により厨房を使い分けることが可能な開放・閉鎖複合型などがあり、業種や営業方針により異なる。なお、厨房の面積比率は表の通りである（表7.2）。

いずれにせよ、飲食店の計画では楽しく食事ができる雰囲気をつくるとともに、スタッフが働きやすい動線を確保することが大切である。

写真7.11　TORVEHALLERNE KBH　デンマーク（2011年）

つくる・買う・食べるが一体となった多様性溢れるマーケット。商品が並ぶ陳列棚の横にはカウンターキッチンがあり、新鮮で良質な食材を、その場で味わうことができる。

表7.2　客席の所用面積・厨房の面積比[4)]

業種名	客1人に対する床面積 [m^2/人]	収容人数 [人/m^2]
喫茶店	0.8〜1.4	0.7〜1.3
計飲食店（喫茶と軽食など）	1.0〜1.3	0.8〜1.0
料理飲食店（日本料理、レストランなど）	0.8〜1.7	0.6〜1.3

業種名（構成業種）	厨房面積/店全体の床面積（%）
喫茶室	14〜18
計飲食店（喫茶と軽食など）	17〜21
料理飲食店（日本料理、レストランなど）	24〜35

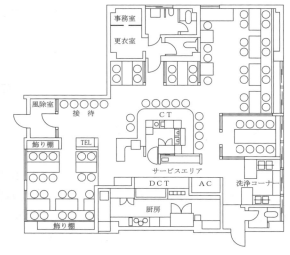

図7.9　ファミリーレストラン・レイアウト[4)]

7.5 持続可能な商業施設

7.5.1 建物の再生

商業施設における用途転換は、これまで歴史的建造物で多く行われてきた。たとえば、小規模なものであれば町家をカフェに転用したり、大規模なものであれば赤レンガ倉庫をショップやレストランに転用した事例などある。これらは歴史性を商空間に生かすことに重点がおかれているが、これからの商業施設は省資源の観点から建物を再生し、集客を図るような計画が大切になると考えられる（写真7.12）。

写真7.12 蔵をレストランに転用（四間道・蔵）

7.5.2 都市との関わり

商業施設はその性格上、内部で完結した閉鎖的な施設になりがちである。ただし、都市との関わりを考えるならば、周辺環境を積極的に取り入れたり、人のアクティビティを引き込むなどすることで、都市と施設の双方に新たな魅力を付加させることがベストである。たとえば、湾岸部ならば水辺や空の広がりを商空間と融合させる。都心部ならば街路レベルからスキップした広場や、パブリックスペースの繋がりを商空間に持ち込むなど、経済効率優先ではない姿勢、都市そのものに方向性を与えるような姿勢が大切である（写真7.13）。

写真7.13 ひとを街区内に引き込む（名古屋・栄・会所のショップ）

7.5.3 地域住民との連携

従来、日本における消費活動では、生活に密着した商店街が、食品や雑貨といった最寄り品への需要を供給してきた歴史がある。シャッター街化した商店街の風景が、地方都市ではあたり前となっている現在、商業施設を街づくりという観点で捉えなおすことが重要である。

たとえば、全国の大学研究室が地元の商店街と組んで再生を図る事例は枚挙にいとまがないし、商店街は店として使うためだけにあるという発想を止め、住民と協力して店だった空き家を改装し、地域住民が気軽に集ま

写真7.14 アーティストと商店街の連携（三重県亀山商店街）

【コラム3】

商用施設とIT化

インターネット上で簡単に物品が購入できる時代、わざわざ商業施設まで足を運ぶ機械は確実に減り、たとえ商業施設で本物を見ても、購入はインターネットでというケースも増えている。今後の商業施設は、単に商品を展示し販売する場ではなく、人を誘い、滞留させ、時間を消費させる場を創り出すことが重要な課題のひとつになるであろう。その為の良質なデザインが求められている（写真7.15）。

写真7.15 ランドスケープ的演出（星ヶ丘テラス）

【コラム4】
まちの余白を活用した商店街（写真 7.16）

　例えば、鉄道高架下は昔から都市の残余空間になりやすいが、一方で既存の都市構造にうまく組み込まれ活気に満ちた飲食店や物販店が軒を並べる事例も多くみられる。2020年、東京都下北沢にある BONUS TRACK は、鉄道沿線の再開発で生まれた商業を中心としたエリアだが、企画段階から出展者や沿線住民を巻き込み、一緒に場がつくられることで、まちとの一体感のあるエリアとなっている。また、店舗間でストリートファニチャーを共有したり、ハード面でも工夫があり、住宅地としての魅力も高めている。

写真 7.16　住宅地に伸びる鉄道高架下に店舗や保育園等、多様なテナントが入居した商店街（名古屋市北区）

れる場として再生させる事例などもある（写真 7.14）。
　いずれにせよ、地域住民を巻き込みながら活性化させていく道を模索することが大切である。

【演習問題】

1．大型商用施設は法規の影響を大きく受けてきた。主要な制限となる大規模小売店舗法、大規模小売店舗立地法をおりまぜ、大型商業施設を巡る制限の歴史を時系列で概説せよ。
2．利益を得ることが第一である商業施設にとって、売場計画は特に重要なテーマである。そこで消費者がある商品を知って購入に至るまでの段階を端的に示した「AIDMA（アイドマ）の法則」について、そこに挙げられた5つの用語を列記し概説せよ。

【引用・参考文献】

1）岡田光正他「建築計画2」鹿島出版会、2003年
2）日本建築学会編「建築設計資料集成（総合編）」丸善、2004年
3）藤江澄夫他「建築計画・設計シリーズ24 商業施設Ⅰ」市ヶ谷出版社、1995年
4）建築設計テキスト編集委員会編「建築設計テキスト　商業施設」彰国社、2008年
5）アーキテクテク編集委員会・建築ジャーナル編「アーキテクテク東海の現代建築ガイド」建築ジャーナル、2006年
6）三浦展他「商店街再生計画」洋泉社、2008年
7）山崎亮「コミュニティデザイン」学芸出版社、2011年
8）吉備友里恵、近藤哲朗「パーパスモデル」学芸出版社、2022年
9）中村航「POP URBANISM」学芸出版社、2023年

第8章　泊まる・もてなす（宿泊施設）

本章で学ぶ内容

宿泊施設は、宿泊以外に料飲・宴会・店舗などの多様な機能をもつ。また、ハレの場としての建築の代表的存在であり、時代のニーズや生活者のライフスタイルの変化を映し出す鏡でもある。利用者は不特定多数であり、建物に不案内な初めて訪れた方にも高い利便性と安全性を確保できる、わかりやすい空間構成や案内表示が不可欠である。また、ほとんどが民間建築のため、建築は経営の手段の一つであり、収益確保のための高い利便性と運営の効率性、閑散期の利用促進なども重要となる。

8.1　ホテル・旅館の特性と種類

(1) 建築の特性

ホテルと旅館の特性は立地との関係が大きい。立地により客層と目的は異なり、期待される空間・サービスや価格も異なってくる。機能面では宿泊・料飲・宴会・店舗など多様な要素をもち、それぞれに適したニーズに応える必要がある。また利用者は建築とサービスを総合的に捉えるため、両者への的確な対応が求められる。事業面では、大きな初期投資を長期で回収する形態であり、長期的視点に立った計画が必要である。支出面では人件費の割合が高いため、スタッフの働きやすさとともに作業効率への配慮も不可欠である。事業に関わる主体も多く、土地所有・建物所有・経営・運営管理の組合せにより、複数の**事業タイプ**に分けることができる。

(2) 種類

ホテルは洋式、旅館は和式が一般的であり、ともに立地・客層・機能等で更に細かく分類できる（表8.1）。また建築的には、価格と機能の2つの軸でそれらを位置付けることができる（図8.1）。これらは、利用者の宿泊施設に対する期待と対応しており、ホテルの計画においてはどの種類・位置付けに対応するものかを明確に意識する必要がある。

1) シティホテル

大都市の主要駅近くに立地し、大規模で多様な機能をもつとともに、交通アクセスの良さを活かし、遠方からの客も多い婚礼需要にも応える。飲食・宴会などの非宿泊部門が収益の柱となっている。

たとえば名古屋マリオットアソシアホテル（写真8.1）は、JR名古屋駅との複合建築の形態をとっており、新幹線利用客や東海地域の鉄道沿線客に高い利便性を提供している。

宿泊施設

旅館業法では、旅館業は施設の構造や設備により、ホテル営業・旅館営業・簡易宿所営業・下宿営業に分類されている。前三者の具体例としては、次の名称が用いられることがある。なお、2018年の改正ではホテル営業・旅館営業が一体化され、法律上の垣根がなくなった。

〈ホテル営業〉
・都市ホテル
・リゾートホテル
・ビジネスホテル

〈旅館営業〉
・政府登録旅館
・温泉旅館
・国民旅館
・モーテル
・国民宿舎
・国民休暇村
・民宿
・ペンション

〈簡易宿所営業〉
・オートキャンプ
・ユースホステル

表8.1 ホテル・旅館の主な種類

種類	立地	主な客層・価格（※1）	宿泊以外の主な機能、特徴
シティホテル	大都市の主要駅近く	宿泊：多様、15千円〜 料飲：遠方客	レストラン、宴会場・会議室、店舗（多様）。平日は管理職出張客、週末はレジャー客主体。
ビジネスホテル	多様な都市の駅より徒歩10分以下（※2）	宿泊：出張客、6〜10千円	レストラン（朝食用）。客室はシングル主体。
コミュニティホテル	郊外住宅地の駅近く	宿泊：多様、10〜15千円 料飲：地域住民・企業	シティホテルに近い構成だがやや小規模。客室はシングルとツイン半々。
リゾートホテル	観光地、保養地	宿泊：リゾート客、12千円〜 料飲：遠方客	レストラン、宴会場・会議室、店舗（土産物店）。食事付きのツイン客室が多い。
旅館	立地・グレード・機能により多様。普通旅館、観光旅館、温泉旅館、割烹旅館などがある。		普通旅館はビジネス、観光旅館はリゾートホテルに対応。食事付き和室客室が主体で、共同浴場のある場合が多い。

※1 季節・曜日／食事有無／客室形態等で変動するが、食事なし1泊1名の標準的料金を示した。ただし、リゾートホテルは一泊二食付が原則のためその価格を示した。
※2 初めての利用客でも、駅から徒歩で不安なく到達できる目安とされている。

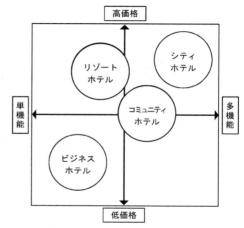

図8.1 ホテルの種類と位置付け

・カプセルホテル
・簡易宿泊所（通称「どや」）

事業タイプ

直営方式、フランチャイズ方式、運営委託方式、賃借方式の4つがある。最も多いタイプは土地・建物の所有と経営・運営管理が分離された賃借方式である。これは、前者の投資額が大きく、また後者には固有のノウハウが必要であり、それぞれを得意とする主体が異なるためである。

2) ビジネスホテル

多様な都市の駅近くに立地し、出張客の宿泊機能に特化した低価格のシングルルーム主体のホテルである。以前は土地所有者個人や地元企業による経営が多かったが、2000年頃から低価格を武器とする全国規模のホテルチェーンが店舗数を増やしている。

3) コミュニティホテル

日常生活においてホテル利用が一般化した1980年代頃から、大都市圏の郊外住宅地の駅近くに立地する、地域住民・企業やその諸活動に付随する利用を念頭においたホテルである。シティホテルに近い機能構成だが、やや小規模でよりリーズナブルな価格帯である。

たとえば千里阪急ホテル（写真8.2）は、千里ニュータウンを含む北摂地域のゲストハウス的な役割を担っており、この地域出身の著者の一人もここで結婚式を挙げた。

4) リゾートホテル

保養地などに立地し、機能構成はシティホテルに近いが、日常性から離れ、精神的・肉体的な保養や休息を目的とした滞在客を対象としている。

たとえば志摩観光ホテルは、伊勢志摩を訪れる観光客を対象とし、英虞湾の風景や鮑などの地元食材を活用した料理を特長としている。村野藤吾設計によるザ クラシック棟（写真8.3）は、リゾート地の品格のある山小屋をイメージとさせるインテリアである。

5) 旅館

和式の間取り・内装・設備を備え、都市部への出張者や修学旅行客主体のものや、リゾート地の観光や行楽客を対象とした観光旅館や温泉旅館、割烹旅館などがある。一泊二食付きや大浴場のある場合が多く、スタッフの高い密度のサービスや温泉を特長とする場合が多い。

たとえば下呂温泉の湯之島館（写真8.4）は、登録有形文化財の本館を有する老舗旅館であり、木立ちに囲まれた非日常空間を生み出している。

写真8.1　シティ：名古屋マリオット
　　　　　アソシアホテル

写真8.2　コミュニティ：千里阪急ホテル

写真8.3　リゾート：志摩観光ホテル
　　　　　ザ クラシック

写真8.4　旅館：湯之島館
　　　　　（撮影：湯々島館）

【コラム】ホテル事業の特徴

　ホテルは単独では十分な収益確保が難しい事業である。このため収益を生み出すアイデアや仕組みをもつ企業が取り組む場合が多い。その一つが他産業を親会社にもつケースである。これは利用者や経営企業にメリットをもたらすが、一方で親会社の業績が悪化した時にホテル事業が経営企業ごと売却されることがあり、事業としてやや不安定な傾向がある。

表8.2　ホテルグループの種類と特徴

種類	ホテル経営の特徴・ねらい	例
老舗ホテル	ホテル事業単独で収益確保 （老舗のブランド力）	御三家（帝国、ニューオータニ、オークラ）
ビジネスホテル	同上 （多店舗チェーンによる利便性）	
鉄道系	鉄道事業の一環 鉄道旅行客の利便性	JR各社 私鉄
エアライン系	エアラインスタッフの利用 エアライン事業との相乗効果	JAL ANA
デベロッパー系	不動産事業の一環 不動産開発でのテナント誘致	旧財閥系不動産会社 リゾート開発会社
外資系ホテル	ホテル事業単独で収益確保 （外国人旅行者の利便性）	英国系、米国系 中国系

(3) 歴史的経緯

1) ホテル軒数・客室数の推移と質的変化（図8.2）

　戦後、ホテル軒数と客室数は増加の一途と辿っており、その過程で何度かホテルブームが到来した。ホテルブームとは社会・経済動向に対応したホテル需要の質的な変化であり、主たる利用者や利用場面が変化・拡大し、新しいタイプのホテルも登場してきた。

2) 時代区分（表8.3）

　戦前も視野に入れ時代の流れを捉えると、ホテルの主たる利用者と求め

346　第8章　泊まる・もてなす（宿泊施設）

られるニーズは拡大してきた。江戸時代は、街道の旅人にとっての宿泊・飲食の基本機能の充足。明治から高度成長期以前は、特権階級や海外からの賓客にとっての、洋式の宿泊機能と宿泊以外の機能の整備。高度成長期以降は、交通網の整備やリゾートブームを背景に、増大した日本人旅行者にとっての多様な価格帯や立地。バブル経済崩壊以降は、ホテル利用の日常化や低経済成長を背景に、更なる価格帯や立地の多様化。そして2000年代以降は一層の多様化が進み、海外からの旅行者（インバウンド客）の増大を背景に、海外の高価格チェーンホテルの進出とバックパッカー向けの低価格の宿泊施設が増加し、宿泊施設の幅が拡がった。これらの積み重ねの中で、現在あるホテルの種類が形成されている。

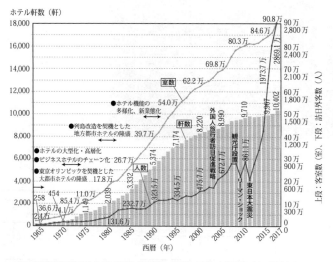

2018年の旅館業法の改正により「ホテル営業」「旅館営業」が統合し、「旅館・ホテル営業」となったためホテル営業の統計データは2017年度まで。
旅館営業は1996年に70,393軒だったものが徐々に減り、2017年には38,622軒となっている。
旅館・ホテル営業は2018年で49,502軒、2019年は51,004軒であったが、2020年で50,703軒と、新型コロナ下の営業で約300軒減少した。

図8.2　ホテルの軒数・客室数の推移[1]

表8.3　ホテルの歴史的経緯

年代	新たに登場した種類	主たる利用者	関連事項（〈　〉は社会背景）
明治維新〜	老舗ホテル	特権階級	1890 帝国ホテル開業
戦後〜	シティホテル（※）	外国からの賓客	1949 国際観光ホテル整備法〈ホテルでの婚礼・披露宴普及〉
1960〜	ビジネスホテル（※）	商用旅行者	1938 東京新橋第一ホテル開業〈宿泊施設のチェーン展開〉〈公共交通網の整備〉
1975〜	リゾートホテル（※）	観光旅行者	1977 定住圏構想　1987 リゾート法〈高速道路網の整備〉
1985〜	カプセルホテル	観光旅行者（緊急需要）	1985 つくば科学万博〈ユニット化設備の進化〉
1990〜	コミュニティホテル（※）	周辺地域住民	
1995〜	バジェットホテル（宿泊特化型）	商用旅行者　観光旅行者（若年）	1996 スーパーホテル博多開業〈価格破壊経営〉
2010〜	ゲストハウス（宿泊施設型）	バックパッカー　外国人旅行者（低価格）	〈宿泊予約のIT化〉　2018 住宅宿泊事業法
2015〜	民泊		
2018〜	分散型ホテル	観光旅行者	2018 旅館業法改正

【コラム】ホテルでの結婚・披露宴

1923年に帝国ホテルで行われたのが最初と言われている。関東大震災での日比谷大神宮の焼失を受け、同ホテル内に御祭神の御分霊が安置され、これをきっかけに同ホテル内で結婚式が行われるようになった。一方、当時同ホテルの大食堂は宴会などに利用されていたが、なかなか客席が埋まらなかった。そこでホテルスタッフが、結婚式後に大食堂で披露宴を行うことを思いついた。このアイデアは、当時の自宅から神前での結婚式の移行、披露宴の場の外部化と連動し、他のホテルに波及。現在ではシティホテルの大きな収益の柱の一つとなった。このように、ホテルでは時代の変化に対応した様々な試みが行われ進化を遂げている。

8.2 ホテルの計画

(1) 全体計画
1) 空間・機能と動線（図8.3）

ホテルは大きく宿泊、料理・飲食、サービス・管理の3部門から構成される。動線に着目すると、利用客と従業員の動線が明確に分離されている。また大規模なシティホテルになると、料理・飲食部門から宴会部門が独立し、動線的にも宿泊客や料理・飲食客と、宴会客が分離される。[注1]

2) 建築形態（図8.4）

宿泊部門とそれ以外で、求められる空間ボリュームや階高が異なり、駐車場や敷地形状の関係で形態のタイプが決まる。また宿泊部門は自然採光が必須であるが、客室内から窓清掃が簡便なようにポツ窓の形態が多い。

注1）宿泊客や料理・飲食客は、三々五々ホテルを訪れるのに対し、宴会客は同一時間帯に多数訪れ集中的にサービスを提供する必要があるためである。

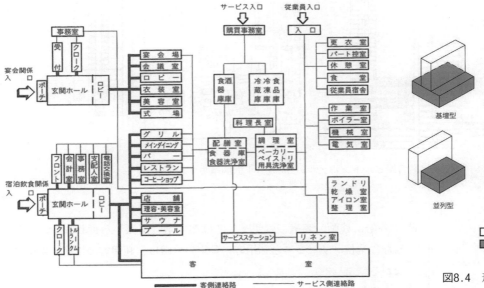

図8.3　ホテルを構成する空間・機能と動線[2]

図8.4　形態のタイプ

3) 面積構成（図8.5）

ホテル・旅館の種類により、客室部門の面積割合が大きく異なる。ビジネスホテルでは客室部門が約70%で、それ以外では50%を下回る。

4) 動線計画とサービス（図8.6）

基壇型のシティホテルを例にとり解説する。このホテルでは、全ての利用客は東側の車寄せに面するメインエントランスから入る。ロビーから見通しのきく位置に喫茶・飲食機能をもつラウンジがあり待ちあわせに良い。宿泊客と宴会客の動線はロビーで分離され、宿泊客はフロントを経由し北側のEVに乗り客室階に、宴会客は南側のEVに乗り宴会階に至る。

従業員入口や物品用荷捌きは南側にあり、従業員・物品はサービス用

分類	宿泊施設名称	延床面積 (m²)	総客室数 (室)	客室部門比 (%)
シティ	平均値(25例)	51,566.21	481	44.50
リゾート	平均値(24例)	32,358.35	265	45.13
コミュニティ	平均値(5例)	25,379.98	186	31.38
ビジネス	平均値(9例)	9,460.36	234	71.07
旅館	平均値(12例)	22,689.34	121	48.42

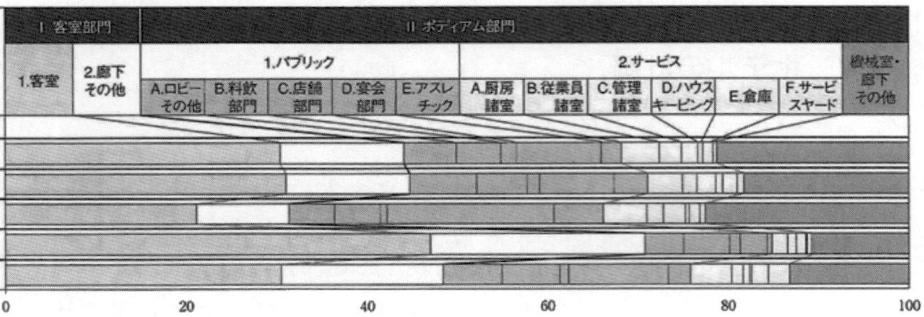

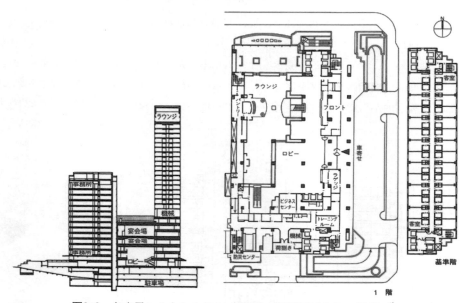

図8.5 面積構成[3)]

図8.6 名古屋ヒルトンホテル（1989）（平面図はホテル部分）[4)]

EVで各階に移動、客室へのサービスは客室階の南側から行われる。このような従業員・サービスと利用客の動線の分離は、利用客の快適性確保につながる。

(2) 客室計画（図8.7）

ライティングデスクとユニットバスがあり、客室のタイプは室内のベット数で分類される。シングルルームは12～18 m²、ツインルームは18 m²以上で、面積的にゆとりのある場合は窓側にティーテーブルが置かれる。スイートルームは来客を招き入れることが想定され、独立したリビングスペースと水回りがある。ダイニングルームがある場合は、厨房から食事を運び入れる独立した入口と、食事を温めるパントリーが設けられる。また、隣接する客室からは共用廊下を介さず直接出入りできる扉（コネクティングドア）があり、VIPのサービススタッフなどが利用する。

客室の照明は蛍光灯を用いず、フロアスタンドなどで暖色系の光で心安らぐ雰囲気とする。総じて、利用客の状態・動き・気持ちを考え、空間やサービスを計画するのが基本である。

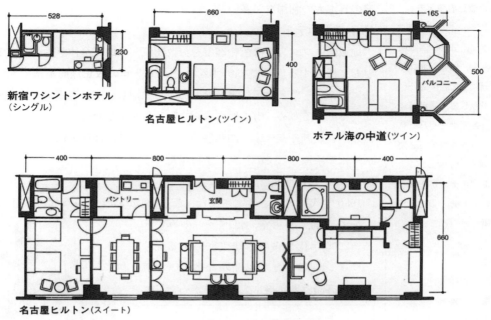

図8.7 客室の例[4]

8.3 近年の動きと課題

(1) 新業態ホテルの台頭

それまでのホテルの常識を見直し、新しい経営やサービス形態により新たな価値を生み出す新業態が時代とともに登場したきた。他産業から新規参入した企業によるケースも多く、宿泊施設の王道かとの議論もあろうが、各時代の利用者特性やニーズの変化を表している。

1) 都市型バジェットホテル

出張客を主な客層とした低価格（5000〜7000円／泊）のホテルで、従来型のビジネスホテルや小規模の和風旅館に置き換わってきた。宿泊機能に特化して設計・運営・集客面で効率化を図り、駅前の二等地やロードサイドにも立地し、簡易な朝食を無料で提供するものが多い。近年では、独自に温泉大浴場をもつものも増えた。

2) 観光地型バジェットホテル

質の高さを特長とする観光地のホテルや旅館に対し、遜色ない施設構成で低価格（8000円程度／泊）を実現したホテルであり、部屋食をバイキング方式へ、チェックイン前の布団敷き（和室）など運営面での効率化を図った。初期投資を抑えるため、既存ホテルを再生したものも多い。

3) ゲストハウス（宿泊施設型）

空き家や商店街の空き店舗を活用した小規模な形態で、素泊まり3000円程度の8ベット／室のドミトリータイプが多く、バックパッカーや一人

旅の日本人の利用者が多い。

4) 分散型ホテル

地域内にフロント機能や客室を分散配置し、地域全体が1つの宿泊施設として機能する形態であり（図8.8）、**2018年の改正旅館業法**の施行を契機に増えてきた。重伝建地区などに多く立地し、宿泊客はフロント・客室間を移動するため、町の他の施設や町並みを楽しむ形になる。これは、地域の空き店舗や空き家の問題解消、および地域の**関係人口**創出による地域活性化の手段としての役割の期待が持てる。

5) カプセルホテル

1980年代に日本で考案された、駅前立地の低料金・コンパクトな形態であり、個人専用空間はベッドのみである。2000年代から著名建築家による高いデザイン性の新たな展開がなされ（写真8.5）、客層は若年層に大きく拡がった。

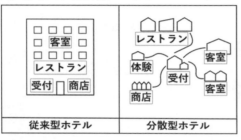

図8.8 分散型ホテルの空間構成（作成：松浦侑亮）

写真8.5 ナインアワーズ赤坂（設計：平田晃久、撮影：Nacasa & Partners Inc.）

(2) 新技術と宿泊需要の変化

2000年代に入ってインターネットが普及、その後OTA（Online Travel Agent）が登場する中で、個人が宿泊施設を介さず宿泊予約や利用料金決済を行うことが可能になった。そのため、宿泊施設側は施設と現地サービスを用意できれば、少ないスタッフで宿泊施設を実現できるようになった。上記のゲストハウス、および**民泊**もこの条件のもとに成立している。

また2007年施行の観光立国推進基本法を契機に、観光が日本の基幹産業の一つに位置付けられた。その後の円安やアジア諸国の経済発展もあり、2014年頃から海外から旅行客（インバウンド）は急激に増加した（図8.9）。なお、コロナ禍で一時期激減したが2023年以降は2019年の状態に戻りつつあり、これらを背景に宿泊施設は急速に建設が進みつつある。

(3) 既存建築ストックの有効利用

新築ホテル事業の支出に占める建築費の割合は大きく、かつ開業の判断が行われる20年間は、経営環境の変化や競合ホテルの出現など将来見通しは立ちづらい。そのため建設費を低減する手段として、既存のホテルの経営権を買い取り、あるいは土地・建物も含め買い取り、名称を変更し別

2018年の改正旅館業法

先述のホテル営業と旅館営業の一体化に併せ、玄関帳場や客室が、地域の異なる敷地に分散していても一つのホテルとして営業が可能になり、各要素をそれぞれに営業許可を取得する必要がなくなった。これにより、分散型ホテルが法律上ホテルの一形態として、正式に位置づけられた。

関係人口

移住した「定住人口」でもなく、観光に来た「交流人口」でもない、地域や地域の人々と多様に関わる人々のことを指す。

民泊

住宅を宿泊施設として利用する形態であり、先の東京オリンピックの際の宿泊施設不足を契機に増えた形態である。2018年施行された住宅宿泊事業法により、設置基準や運用方法が規定されている。

の経営者が開業するケースがある。なお、経営権を買い取りは民間ホテル、土地・建物も含め買い取りは**公的宿泊施設**で多く行われる[5]。また買い取られたあと、業態変更（例：シティホテルからビジネスホテルへ）や用途変更（例：福祉施設や賃貸集住宅へ）などが行われることもある[6]。

一方、同じ建設費低減という点で共通する空き店舗や空き家を活用したケースも増えた。上記のゲストハウスや分散型ホテルはこの例であり、実際これらに施設には新築してまで開業するだけの収益力はない。

（4）宿泊施設とまちづくり

上記の分散型ホテルは単なる宿泊施設だけではなく、まちの活性化の手段という側面ももつ。このようなまちづくりの発想で取り組むべき対象として温泉地がある（図8.10）。

温泉旅は日本人にとって昔からなじみの深いレジャーの一つであり、古くより温泉の湧き出る地域には多くの宿泊施設が集積し、バブル経済まで活況を呈していた。しかし温泉地の宿泊客は、バブル経済崩壊後の社員旅行の減少、海外旅行の大衆化、日帰り圏の拡大などにより減少した。また施設側も、老朽化や後継者問題から経営危機に直面する個人経営の旅館も少なくなかった。この状況に対し、温泉地全体の宿泊施設が力を結集し、活性化の取り組みを行っている事例が2000年代になって多く見られるようになった[8,9]。また、観光庁も施策として2015年に日本版**DMO**（Destination Management Organization）の候補法人登録制度を創設した。

たとえば下呂温泉は、江戸時代中期より湯治客で賑わい、江戸時代後期に旅館が創業された、内湯旅館が多く集積する全国屈指の温泉地である。旅館共同組合を中心とした街全体を温泉地として位置付ける取り組み（例：湯めぐり手形）や、2022年に下呂市観光交流センター・湯めぐり館の整備、下呂市内で勤務する観光関連事業従事者や下呂市民の研修受講生に「下呂温泉郷湯めぐりマイスター」の称号を付与している。

たとえば下呂温泉は、江戸時代中期より湯治客で賑わい、江戸時代後期に旅館が創業された、現在内湯旅館が多く集積する全国屈指の温泉地である。外国のホテルサービスに慣れた客層のニーズと日本旅館の接客や部屋

公的宿泊施設

高度成長期以降、庶民のための低廉な保養施設として全国に多く建設された、庶民的な価格の施設である。しかし、2000年代前半より、公的資金の非効率利用の改善や、民間施設の充実や利用者ニーズの変化を背景に、民間経営への移行、宿泊以外の用途変更、土地自体の売却などの形で急速に整理された。

DMO

地域にある観光資源に精通し、地域と協同して観光地域作りを行う法人のこと。従来からある観光協会等が自治体等からの補助金や会員費・事業収入などで運営する公益機関であるのに対し、DMOは観光資源の整備・活用やキャンペーン事業等を推進し、官民一体となって活動をおこなう法人である。

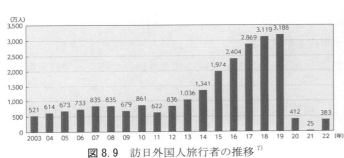

図8.9 訪日外国人旅行者の推移[7]

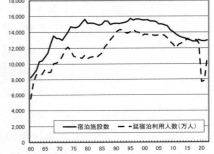

図8.10 温泉地の宿泊施設数と宿泊人数（環境省温泉利用状況より作成）

出し食事とのミスマッチや、旅館買収グループとの共存など、様々な課題に直面している。しかし、旅館共同組合を中心とした街全体を温泉地として位置付ける取り組みや、国のまちづくり交付金事業を活用しての自治体の取り組みなど、様々な積極策が講じられている。

【コラム】星野リゾートの日本旅館再生法

　経営が悪化し巨額の負債を抱えた老舗旅館を、前経営者と女将を退陣させ一度清算。残された従業員と新たに派遣された支配人のもと、採算性を重視し、運営目標を一つに選択・集中して、短期間に再生を行う手法をとる。星野リゾートの市場分析力の活用と、IT機器を活用した従業員と経営者の距離を縮めるフラットな組織作りが特長で、旅館の特性を踏まえた徹底したテーマ設定と顧客の絞り込みを行う。一般にホテルの従業員の流動性は高いが、老舗旅館では地域で生活し昔から勤める者も少なくない。経営の近代化とともに、旅館の資産である人のやる気と誇りを生かしている点が着目される。

　なお、近年ではリゾート地や温泉地全体の再生に取り組み、コロナ禍における旅のスタイル「マイクロツーリズム（自宅から1～2時間の距離の近場でおこなう旅行や観光）」も提唱した。

【演習問題】

1）あなたの住まいの近くのホテルの建築特性を比較してみよう。
2）あなたの住まいの近くのホテルを訪れ、季節や曜日での客層の違いを観察してみよう。
3）旅行で泊まったホテルを思い出し、感じたことを整理してみよう。

【引用・参考文献】

1）日本建築学会編：第4版　コンパクト建築設計資料集成、丸善、2024年
2）岡田光正、ほか：現代建築計画2［新版］、鹿島出版会、2003年
3）日本建築学会編：第3版　コンパクト建築設計資料集成、丸善、2002年
4）日本建築学会編：第2版　コンパクト建築設計資料集成、丸善、1994年
5）高井宏之：建築の長寿命化に向けた閉鎖された施設の有効利用に関する研究、名城大学理工学部研究報告、第49号、2009年
6）高井宏之、藤本秀一、ほか：公的宿泊施設の現況と所有者／経営者／運営者の意思決定の実態―公的宿泊施設の有効利用に関する研究―、地域施設計画研究論文29、日本建築学会、2011年
7）観光庁：平成5年度白書
8）久保田美穂子：温泉地再生―地域の知恵が魅力を紡ぐ、学芸出版社、2008年
9）桐山秀樹：旅館再生―老舗復活にかける人々の物語、角川書店、2008年

第9章　執務する・ビジネスをする（業務施設）

◇◇◇◇◇◇◇◇◇◇◇◇◇◇◇◇◇◇◇◇◇◇◇◇◇◇　本書で学ぶ内容　◇◇◇◇◇◇◇◇◇◇◇◇◇◇◇◇◇◇◇◇◇◇◇◇◇◇

業務施設には、事務所ビル（オフィスビル）とともに、庁舎、銀行、研究所などがある。庁舎などは、事務所を基本としながら施設の目的に応じた特徴ある機能・内容が加わるものであるから、本章では一般的な事務所ビルを中心に取り上げ、業務施設の特徴、種類、歴史的展開と動向、全体計画、各部計画などの基礎的事項について理解を深めることにする。また、発展的学習として、事務所ビルなどの魅力をつくる空間の一つであるアトリウムの公共性、満足度評価はどうすれば高められるか考える。商業施設（業務関連）、商業業務施設などとしてくくられることもあるが、百貨店、飲食店などの商業施設は第7章で扱う。

◇◇◇

9.1　業務施設とは

9.1.1　業務施設の特徴

（1）経済性重視

事務所ビルなどの業務施設の特徴としては、経済性重視がまず上げられる。執務あるいは事務作業を中心に企業などの経済活動を効果的に遂行できるようにするための施設であるからである。ここでは、業務の**効率性・生産性**や機能性とともに、ビル経営の収益性、維持管理のしやすさ、ランニングコストへの配慮などが総合的に追求される。高いレンタブル比〔9.2.2参照〕、エレベーター輸送効率、効率的な動線計画、省エネルギー性などが求められることはその典型である。近年では省エネルギーに止まらず、長寿命、自然共生、省資源・循環、魅力ある街づくりとよき建築文化の継承に取り組む地球環境時代の建築、環境負荷の少ない低炭素社会の建築への関心も高まっている[2]（写真9.1）。また、建築施設の総合的企画・管理による経営資源としての最適化と最大有効利用の実現をめざす**ファシリティマネジメント（FM）**の普及も進みつつある。

（2）人間的な環境の形成

一方で、人間的な活動としてなされる執務の快適性を高め、優秀な人材を確保する必要がある。また、日本型の業務スタイルとされる面談によるコミュニケーションも重視されるため、人間的な環境の形成、精神的緊張の緩和（リラグゼーション）なども重要な関心とされ、より豊かで多様な空間を創出するために敷地内やアトリウムの緑（9.4参照、写真9.2）、アートワーク、レストランなどの充実が図られることも多い。**創造性**も、

効率性・生産性
オフィスにおける職場環境の研究は、初期には効率性・生産性をテーマとしていたが、その後、仕事のしやすさ、快適性、創造性を支える環境の条件などへと関心を広げている[1]。

ファシリティマネジメント（FM）
土地、建物、設備等の業務用不動産を経営にとって最適な状態で保有、運営、維持するための総合的な管理手法と定義される。FMサイクル（PDCAサイクル）などの技術を適用しながら、最小のコストで最大の効果を上げることをめざす[3]。

創造性
知識社会における執務環境では、事務処理型から知識創造型へと概念を転換することの重要性が指摘されて

いる。執務者の一体感を高める動線、見渡せる空間などはそのための条件といえるであろう。アイデアを出し合える空間、思いついたらすぐ話せる空間、短時間の討議ができる環境、個人ワークとグループワークのそれぞれに対応できる環境なども重要である[5]。

ビジネスパーク

大阪ビジネスパーク（1970年代～）、横浜ビジネスパーク（1990年第1期オープン）などの事例がある。後者は、業務核都市構想の中のバックオフィスをコンセプトとする業務系複合開発である。地区計画制度の活用による質の高いインフラ整備がなされ、街全体が緑に囲まれ、彫刻を配したアートギャラリーのような空間となって、地域住民の憩いの場となっている。

コワーキングスペース

個人事業者、小規模法人等がオープンなワークスペースを共有するオフィススペースをいう。各自が仕事をするなかで自由なコミュニケーションが取れるため、情報や技術、アイデア等が共有でき、協業パートナーの発見にもつながるとされる。オープン席以外の固定席、会議室、レンタルオフィスなどの席数合計が60席程度までの小規模な施設が中心である。

（神奈川県三浦郡葉山町、2002、日建設計）
地球環境問題を研究する財団法人の本部にふさわしい研究施設となるよう環境配慮技術を集結し、実用的かつ快適な研究環境の実現をめざしている。

写真 9.1　地球環境戦略研究機関

（福岡市、1995、日本設計・竹中工務店　基本構想：日本設計・竹中工務店・エミリオ＝アンバース）都市と緑との共生を提案する三角断面の建築。階段状のセットバックと空中庭園により公園の緑と連続する憩いの公共空間をつくりだすとともに、植栽や空が見え、自然の風を取り入れるなど接地型執務環境のスケール感を各階で実現する。

写真 9.2　アクロス福岡[4]

（東京都豊島区、2015、日本設計　外観デザイン監修　隈研吾建築都市設計事務所）
店舗、事務所、共同住宅（432戸）、駐車場の入る複合建築「としまエコミューゼタウン」の1階の一部と3～9階を庁舎とする事例。1～9階を吹き抜け空間（アトリウム9.4参照）とし、1階の「としまセンタースクエア」（エントランス・区民交流ゾーン）、3～9階の「庁舎まるごとミュージアム」（廊下壁面を活用した回廊美術館）や10階の屋上庭園「豊島の森」・グリーンテラスなどにより、区民が集う憩いの場所を実現している。

写真 9.3　豊島区新庁舎[7]

ビジネスパーク、サイエンスパーク、インキュベーター施設などでは重要なテーマとされてきた。また、クリエイティブオフィス、**コワーキングスペース**などでは共創（共創空間）への関心も高まっている。

(3) 企業イメージの表現

さらに自社ビル、大規模な複合開発などでは、企業のイメージを表現できる特徴あるデザイン、先進性、話題性、質の高いインテリアなどへの関

心も高い。実際、テレビ・ニュースのイメージ映像には本社ビルなどがしばしば登場し、コーポレート・アイデンティティ（CI）の戦略、PR機能における施設デザインの有効性が確認できる。

9.1.2 事務所ビルの種類

事務所ビルには、大別すると自社ビル（専用オフィス）と貸ビル（テナント・オフィス）があり、計画条件がそれぞれ異なる。たとえば、朝のラッシュアワーにおける到着人数は時刻変動のパターンが大きく異なり、全館人口に対する5分間あたりの集中率が、自社ビルでは20～25％となるが、貸しビルでは11～15％である。そのため必要エレベーター台数も変わる（表9.1）。その他、区分所有事務所、自社ビル兼貸ビル（準専用オフィス）、特殊な事務所ビル（弁護士ビル、農協、銀行、庁舎など特定の職業専用のもの）、**オフィスマンション**、複合ビル（商業施設、公共施設などの集合ないし複合　写真9.2、9.3）などがある。ワーキングスタイルが多様化し、テレワークあるいはリモートワーク、ワーケーション、起業家育成、地方移住などが進むなかで、シェアオフィス、レンタルオフィス、コワーキングスペース、サテライトオフィス、リゾート・オフィスなどの新たなオフィス形態も広がりつつある。

9.1.3 事務所ビルの歴史的展開と動向

（1）事務所ビルの成立と発展

事務・管理業務を中心とするオフィス機能の拡大と分離独立は、18世紀末にイギリスで始まった産業革命と資本主義経済の成立がもたらした社会的変化の一つである。その後、乗用エレベーター、耐火性鉄骨骨組構造などの技術革新による大規模化・高層化が進み、20世紀に入ると事務所ビルは劇的な発展をとげた。第二次世界大戦後の工業技術の発達と建築の工業化は、さらにアールデコなどの様式建築を脱却した鉄とガラスによる斬新なファサードとビル形態を生み出し、1950年代には、合理性、経済性を重視する事務所ビルのプロトタイプ（原型）とされるレヴァー・ハウス、シーグラム・ビルなどの事例が出現する。

（2）変化し続ける事務所ビル

事務所ビルの計画は、フォード財団本部ビル、ポーラ五反田ビルなどの事例にみられるような新たな空間形式を次々と開発するとともに、情報技術の飛躍的進歩とデジタルトランスフォーメーション（DX）、経済活動のグローバル化とM&A（企業合併・買収）の進展、地球環境問題への関心の高まりと環境技術の進歩などの社会や産業の変化を映して変化し続けている。近年の動向としては、環境負荷低減などの地球環境時代の建築（**グリーンビルディング**）を目ざす動きや人間的環境の創出とともに、外壁（表皮）の技術革新と自由度達成、超高層化・大規模集積化ないし複合建

表9.1　出勤時のエレベーター交通量[6]

事務所ビル種別	集中率	
自社ビル（専用オフィス）	20～25%	
自社ビル兼貸ビル（準専用オフィス）	16～20%	*1
官公庁ビル	14～18%	
貸ビル（テナント・オフィス）	11～15%	*2

集中率（5分間輸送能力）
＝(5分間エレベーター利用人数／エレベーター利用居住人口)×100

*1　駅に近い場合は上限の値、その他の場合は下限の値をとる。官公庁ビルは準専用オフィスと同じ値を推奨する資料もある。

*2　フロア貸の場合は上限、ルーム貸の場合は下限の値をとる。

オフィスマンション

オフィスとして使われるマンション。別名SOHOマンション。SOHOはSmall Office/Home Officeの略であり、パソコンなどの情報通信機器を利用して小さなオフィスや自宅でビジネスを行う事業者をいう。大容量・高速通信回線などの通信網の確保が基本条件となる。

グリーンビルディング

グリーンは「環境保護的」の意であり、サステイナブル建築（持続可能な建築）あるいは環境建築をいう。

カーテンウォール

構造体から独立し、建築の荷重を直接負担することのない外壁。

ペリメーターゾーン

窓ガラスの放射熱などの外気の影響を受ける範囲（5～6m以内）であり、インテリアゾーン（室内ゾーン）とは熱負荷特性が異なる。

(3) 外壁（表皮）の技術

外壁（表皮）の技術は、**カーテンウォール**の誕生、**ペリメーターゾーン**の空調技術の発達と全面ガラス壁面の実現、様々な熱負荷制御技術の普及（ルーバー、特殊ガラス、**ダブルスキン**など）などにより大きく進化し、自由度の高い外壁デザインが可能となってきた。

(4) 超高層化

世界の事務所ビルは、その歴史の中でたえず高さを競い合ってきた。日本においては、1968年に霞が関ビルディング（147m）が初めて高さ100mを超え、超高層ビル時代の到来を迎えた。その後、1974年に200mを超え、耐震・制振技術の向上、建築材料の改良、施工技術の高度化などにより高さ200〜300mは技術的、経済的には困難ではなくなってきた。ただし、大都市では航空法による高さ規制がかかることが多く、横浜ランドマークタワー（1993年、296m）もこれにより現在の高さに止められている。

(5) 大規模集積化ないし複合建築化・立体集積化

超高層化とともに、**大規模集積化**ないし複合建築化、立体集積化、さらには建築の都市化ともいえる状況が急速に進んでいる。こうした集積、複合化の背景には、都市開発諸制度による容積率緩和の条件としての商業、文化、住宅施設などの整備、一定規模以上のビルにおける住宅付置義務、歴史的建築物保存のための容積率移転手法の活用などがある。これにより、ゾーニング計画、避難計画、セキュリティ計画を含め立体的で複雑な空間構成が求められるようになっている。

9.2 全体計画

事務所ビルの全体計画にかかわる基本的事項として、立地条件・敷地条件、用途構成とレンタブル比、コアシステムによる建築形態を取り上げる。

9.2.1 立地条件・敷地条件

都市や敷地の個別的条件によるが、一般的には業務中心（ビジネス・センター）や開発拠点のような業務機能が集積する利便性の高い立地、通勤者や訪問者の交通の便（都心、ターミナル駅周辺など）、車によるアクセスが容易な周辺道路環境、建築しやすい敷地条件などが重視される。大規模な計画では、周辺の魅力施設の整備状況や商業施設への集客の可能性、十分な駐車場の付置が可能な敷地規模、電波障害や**ビル風**の対策などへの配慮も必要である。2019年に発生した新型コロナウイルス感染症によるパンデミックは、社会・経済システムに大きな変化をもたらし、テレワークや在宅勤務、ローテーション勤務などの拡大のみでなく、オフィスの立

ダブルスキン
建築外装のガラス壁を二重として熱負荷を軽減する工法。遮音効果も期待できる。

超高層化（世界一高いビル）
ニューヨークやシカゴのビルが1894年に100m、1909年に200m、1931年に300m（エンパイアステートビル381m）、1973年に400m（ワールドトレードセンター417m、ウィリスタワーと改称したシアーズタワー442m）を越え、ついに2004年には500m、2010年には600mを越えるビルが出現している（台北101 509m、ブルジュ・ハリファ828m、以上すべて尖塔、アンテナなどは含めず）。

大規模集積化
総延床面積は六本木ヒルズ（2003年オープン）では約76万m²であり、その中心となる六本木ヒルズ森タワーは38万m²の賃貸オフィス、ショッピング・モール、会員制文化施設や美術館等を集積する。東京ミッドタウン（2007年オープン）では約57万m²、国内最大級の再開発プロジェクトである汐留シオサイトでは敷地面積31ha、11街区の大規模な整備がなされている。

ビル風
大規模な建物の周辺に発生する風（風害）をいう。日

地選択、規模計画、空間再編といった構造的変化の動向への注視も必要となっている。

9.2.2 用途構成とレンタブル比

事務所ビルの用途構成を貸事務所の場合でみると、全体は収益部門としての貸室部分（専用部分）と非収益部門に大別される。非収益部門はテナントの共用部分と管理・設備部分よりなる（表9.2）。経済性重視の事務所ビルの計画では、避難その他の使い勝手に支障がない限りできるだけ収益部門の比率を高められるのがよい。そこで収益部門面積／延床面積をレンタブル比（有効率、貸室面積比）とよび、これを計画の評価指標とする。レンタブル比は、建物の規模や建築年代によるが、建物全体では65〜75％、基準階についてみた基準階レンタブル比では75〜85％が一般的とされる。

表9.2 貸事務所の用途

収益部門	（貸室、テナント専用部分）	事務室、貸倉庫、貸店舗、有料駐車場など
非収益部門	テナント共用部分	交通部分：風除室、玄関ホール、廊下、階段、エレベーターなど
		サービス部分：洗面・便所、給湯室など
	管理・設備部分	管理事務室、宿直室など
		電気室、空調機械室、ダクトスペースなど

9.2.3 建築形態

事務所ビルの建築形態は基準階による断面構成と、コアシステムの採用に特徴づけられる。

(1) 基準階

事務室は各階とも、標準的な構成として積層するのが一般的である。できるだけ広い機能的な事務空間として、建築基準法にもとづく採光などの条件を確保し、共用空間、設備等を経済的に配置できるようにするためである。これを基準階という。基準階の面積比率は高く、その平面計画の決定は設計プロセスのなかで最優先の作業の一つに位置づけられる。

(2) コアシステム

コアとは階段、エレベーターなどの縦動線、洗面・便所、給湯室などの共用諸室、ダクトスペース（DS）などの設備シャフトを耐力壁とともに集約した空間であり、コアを用いる平面計画手法をコアシステム（コア方式）という。コアをコンパクトに計画すると、広く均質な執務空間が確保できレンタブル比が高められる。コアの配置方法（コア配置型）は、構造形式と深くかかわり、中央コア型（センターコア型）、両端コア型などいくつかの基準階プランタイプがつくられている（表9.3）。

コアシステムでは動線集中による避難上の難点や構造的偏心が生じないように注意する。また、共用部分の快適性向上の視点より、コアの開放も進んでいる。構造、設備技術の進歩により、コアを外部に面して配置し、窓を設けて景観や自然光を取り入れることが可能となってきたのである。

本電気本社ビル（1990年、日建設計）では、13階から15階に「ウインドアベニュー」と呼ばれる巨大な風穴（開口部）を設けて風を逃す。この空間は、低層部のアトリウムへの集光、外気取り入れによる温度調節などの役割も果たす。

インテリジェントビル

集中制御可能な空調・照明・防犯・防災設備をもち、コンピュータネットワークなどの電力・通信需要に対応する先進的なシステムとして広まった。しかし、1990年代末頃より次第に供給過剰となる。さらに、パソコンとインターネットの普及、5cm、あるいは2cm程度の厚さの中で配線空間確保が可能な低床型パネルやフリーアクセスタイルなどの床素材の開発、OA機器の消費電力低減、ネットワーク設備のダウンサイジング、モバイル化、無線LANなどの技術革新により、どのようなビルでも比較的容易にIT化・OA化に対応できるようになり、とりたててインテリジェントビルということはなくなってきた。

霞が関ビルディング

1989年～94年の第1次リニューアル（設備更新）では、20年後にも対応できるハイグレード・オフィスビルをめざし、電気容量の拡大、高度OA化への配慮（天井高80mmアップによるフリーアクセスフロア導入のためのスペース確保）、国際化・24時間執務やフレックスタイム普及などによる勤務形態多様化への対応（各階空調・可変風量方式への転換）などを内容とする大規模リニューアルがなされた。その後も、第2次（1999～2001、ロビー改修、外壁塗装）、第3次（2006～2009、広場整備、地下鉄駅アクセスの改善、低層部飲食店舗街の増改築等）とリニューアルが続けられている。

オフィスレイアウト

事務家具の配置方式として主要なものは、(a) 事務員が対面する対向式（対面式）、(b) 一方向に向かう同向式（スクール式）、(c) 左右対向式（スタック式）、(d) オフィスランドスケープ式であるが、そのほかにもさまざまな配置が可能である。部屋を壁で区画するものをクローズドオフィスというが、(d) はプライバシーとコミュニケーションの調和をめざすオープンオフィスシステムであり、ローパーティション（次項）、家具、植物等を組み

表9.3 コア配置型

集中方式		分散方式		外コア方式
中央コア（センターコア）	片コア（片寄せコア、偏心コア）	両端コア（ダブルコア）	分散コア	外コア（分離コア）

9.2.4 事務所ビルと技術革新

事務所ビルは、機能構成要素が比較的シンプルな建築種別であるが、技術革新とともに変化を続けてきた。アメリカに始まった**インテリジェントビル**は、1980年代末、日本においても急速に普及が進み、賃貸料が高くてもテナントの評価が高いことより、1990年代を通じて全国各地に建設が進められた。

しかし、パーソナルコンピューターや高速ネットワークの普及にみるようなOA機器、通信、建築施工、ビル管理などの技術革新は急速であった。近年、新築されるビルの多くは、初期のインテリジェントビルのモデルとは異なる新しい形でのインテリジェント化を実現し、設備やサービスの標準化と普及も進んでいる。

また、壊して建てるスクラップアンドビルドから、長く使うストックアンドフローへと時代は大きく転換しつつあり、古いビルのリニューアルも広がっている。超高層時代の幕開けを告げ、20世紀後半の建築を代表するモニュメントとなった**霞が関ビルディング**（1968年竣工）のリニューアルもなされている。技術革新による変化は今後も続き、それが建物の寿命よりずっと短いサイクルで起こるため、これからの建築には技術やニーズの変化に対する幅広く柔軟な対応力が求められるであろう。

9.3 各部計画

(1) 事務室

事務室の平面形は、敷地形状、構造計画、避難計画（二方向避難の確保など）、採光条件、**オフィスレイアウト**などを検討し決定する。**ローパーティション**を活用すれば、オープンな事務室でも個室的空間の確保が可能である。コアや外殻を利用する広い無柱空間は利用効率がよい。基準階床

面積200坪程度がビル経営のしやすい最小規模ともいわれるが、地域のオフィス需要により、小規模なビルは多い。業務形態、設備機器、収納方法、賃貸面積、立地などにより幅があるが、オフィス従業者一人あたり執務スペースは少なくとも$6m^2$程度（「ニューオフィスミニマム」[8]）、**オフィス従業者一人あたり床面積**は$5〜15m^2$程度が必要とされる。

　無窓の居室を避けるためには窓などの開口部を設け、**採光に有効な部分の面積**を確保する。その他、防火区画、排煙設備、非常用照明、非常用進入口などは法令の規定による。フレキシビリティ確保のため、設備ユニットを集約したシステム天井、フリーアクセスフロア（OAフロア）などが採用されることが多い。照明は天井からのアンビエント照明と作業スペースのタスク照明を併用すればレイアウト変更に対応しやすい。

(2) 特殊階

　基準階以外の階を特殊階という。1階などの出入口回りでは、人や車の動線の処理、エントランスホールの空間デザイン、セキュリティなどが重要となる。地階には設備関係諸室とともに、駐車場、レストラン街などが計画される例が多く、異なる要求条件への対応と必要階高の確認、サンクンガーデンや昇り庭、外部連絡通路などの設定可能性の検討、ドライエリアなどの地上からの機械類搬入経路の確保などが必要である。屋階の塔屋（とうや）は建築面積の1/8以内であれば12mまでは建築物の高さに算入しない。

(3) 階段、廊下など

　法令上は避難施設にあたる。廊下幅は法令では中廊下で1.6m以上であるが2.4m程度確保することが望ましい。階段はエレベーターの近くに配置し、二方向避難が可能な計画とする。5階以上は避難階段、15階以上は特別避難階段とする。特別避難階段には、バルコニーまたは外気に向かって開くことができる窓もしくは排煙設備を有する付室を設けることなど細かい規定がある。

(4) エレベーター

　台数の算定は自社ビル、貸しビルなどの事務所ビルの種類およびエレベーターの定員、速度、停止方法などによるが、事務室の有効面積$2,000m^2$に1台以上は設けるようにする。超高層ビルでは、スカイロビー（乗り換え階）、かごを2階建にするダブルデッキ・タイプ、特定の高層階に行き来するシャトル・エレベーターなど、運行システム、昇降装置などに工夫がなされる。低層階ではエレベーター・シャフトの面積比率が大きくなり、これに対応する**特徴あるビル形態**など、設計意匠上の試みも様々になされている。

(5) 洗面・便所、給湯室など

　事務室規模にもよるが、ある程度分散している方が利用しやすく、コアへの集中と分散との間で調整が必要である。パイプシャフト（PS）を上下

合わせて広く自由な事務空間を構成し、オフィス空間に大きな変化をもたらしている。マネジメント・システムとしてのフリーアドレスは働き方改革を支える一つのスタイルとして浸透、定着しつつあり、フリーアドレスオフィスも生まれている（フリーアドレスレイアウト、チームアドレスレイアウト、ハイブリッドアドレスレイアウト）。

ローパーティション

机まわりの仕切りや個室的空間、ミーティング・スペースなどに使われる高さ2m程度までの低い間仕切り。天井工事が不要であるため、レイアウト変更や移動が比較的容易である。

オフィス従業者一人あたり床面積

パソコン・ディスプレイの設置スペースとして通常のビジネスデスク（幅1m）に脇机（幅50cm）を加えれば、一人あたりが占有する空間の面積は1.5倍に増加する。オフィス移転の経験則として、日本企業で約3坪、外資系企業で約5坪ともいわれる。実態としては、$12.1m^2$（事務空間は、会議室、受付等は除きOA機器、ファイリングスペースを含めれば$6.8m^2$、オフィス事務機メーカー調査）、あるいは$10.6m^2$（1996年の東京都心3区における占有床面積平均

第9章 執務する・ビジネスをする（業務施設）

に通せるよう各階同じ位置とするのが原則である。これら設備諸室を集約すれば設備コアとなる。必要便器個数の算定はあふれ率法（α法）によりなされる。

（6）リフレッシュルーム

事務室内の仕事を続けるとストレスがたまる。そこで**リフレッシュルーム**などとよばれる休憩室を事務室の一角に設置することがある。計画上は、休憩するなかで自然に会話がはずむような空間とするとともに、独りになって休める空間への配慮もできるとよい。**健康増進法**の施行により、喫煙室を設ける場合は受動喫煙防止措置が求められる。

（7）管理諸室

管理事務室、宿直室などである。セキュリティのため、夜間の出入口は1カ所とするのが原則である。

（8）その他の諸室

設備諸室には空調機械室（地階機械室）、冷凍機室、ボイラー室、電気室などがあり、延べ面積に対して小事務所で5〜8％、大事務所で3〜5％が必要とされる。照明設備、給排水衛生設備、空調設備、情報・通信設備、各種機械設備などは設備計画にかかわる事項であるが、建築計画学としても扱われる。たとえば、10階建以上のビルで空調設備やエレベーター設備を中間階機械室に配置し、**ゴーストフロア**が発生するなどであるが、本書では詳述しない。駐車場は、駐車場法およびそれにもとづく地方自治体の条例により、一定規模以上の建築物の新築や増築にあたって付置が義務づけられる。

（9）断面計画

断面計画の基礎的な寸法としては、基準階では階高を3.5m程度（3.3〜3.7m）として、事務室天井高2.5〜2.7m以上を確保する。階高はエントランスホールのある1階では4.0m程度、梁せいの高くなる地階では3.5〜3.8mと高くするのが一般的である。設備機械室階では、設備機械の設置条件より4.0〜6.0m程度が必要となることがある。

（10）構造計画

鉄筋コンクリート造（ラーメン構造）、鉄骨造などの構造形式が用いられる。CFT（コンクリート充填鋼管構造）、免震技術、制振技術などの採用も広がっている。鉄筋コンクリート・ラーメン構造の経済スパンは一般的には5〜7mぐらいとされるが、自由度の高い事務室の確保、駐車場計画、複合化への対応などのニーズよりスパンを拡大することも多い。

9.4 アトリウムの計画

事務所ビルなどの建築の魅力をつくる空間の一つに**アトリウム**が上げられる（写真9.4）。**公開空地**にインセンティブを与える**総合設計制度**など

採光に有効な部分の面積
建築基準法の定めによる。これにより、事務室の奥行きは、片面採光では10〜14m程度、両面採光では25〜30m程度までとなる。窓などの開口部の位置は、超高層ビルなど周囲に開放的な空間がとれる場合は自由度が高いが、前面道路に面した部分に限られることが多く、注意が必要である。窓などの開口部は心理的にも重要な役割を果たす。

特徴あるビル形態
超高層ビルでは、高層階、中層階をサービスするエレベーターの通過スペースを確保しなければならず、低層階側は大きな面積が必要となる。高層階から中層階、低層階への面積増加を段階的にとれば階段ピラミッド状の形態をとっておかしくない。さらに、これをゆるやかな曲面で包み込むなどのデザインがなされている（事例　名古屋ルーセントタワー、2007年、日建設計）。

リフレッシュルーム
そこへの移動で体を動かし、大きな窓からの眺め、植物、人との会話、飲食などでリラックスできるスペースである。社内の人脈が広がる場、交流の場、情報収集の場としての隠れた

9.4 アトリウムの計画　**361**

の活用も進み、公開され、公的都市空間の一部として利用されるアトリウムの事例は近年多く見られるようになった。**アトリウムの種類**も、建築の機能や空間構成がさまざまに展開するなか、急速に多様化しつつある。

9.4.1 アトリウムの公共性を高める

オープンスペースなどの公的都市空間の不足を補うアトリウムでは、公共性評価の視点が欠かせない。それではアトリウムの公共性はどのように評価できるであろうか。その評価を高めるにはどのような計画とすればよいであろうか。

まず公共性は、空間が公開されている、滞留できる、待ち合わせできる、交流できるなどの概念の延長線上にあると考えられるものであり、滞留者数、一般利用者率、滞留者密度の3指標の組み合わせにより、総合的に評価できることが各種の利用指標の分析より示される（図9.1）[11]。利用者の行動より評価するならば、より多くの人、しかも一般の人に利用されるのが滞留空間としてよいアトリウムということである。また単位面積あたりの利用者数が多いことも整備効果を高める上で重要である。

次に滞留者数などは、商業施設、十分な滞留空間、アクセス、植栽などのアメニティ要素、建築規模等の五つの条件により、非常に高い精度で予測できることが説明要因の分析より示される。人が集まるアトリウム、つまり滞留者数の多いアトリウムは、商業施設のような集客要素があり、鉄道などによるアクセス性が高い。さらに座る場所などの滞留空間が十分提供され、植栽などのアメニティ要素があることが望ましい。建築面積は大きい方がよく、これも集客要素

機能も注目される。コーヒーのサーバー、自動販売機、雑誌などを置き、昼食のスペースとしても利用できる等が考えられる。通常は小さなスペースであるが、創造性を重視する場合など、仮眠の機能を加える等の充実が図られることもある。

健康増進法

多数の者が利用する施設の管理者は利用者の受動喫煙を防止するために必要な措置を講じなければならないとされ、事務所がこれに含まれる。喫煙室を設ける場合は非喫煙場所にたばこの煙が漏れない構造とする。喫煙スペースをガラスで区切り分煙とする、非喫煙スペースの奥に喫煙ブースを設けるといった方法を取れば、喫煙者と非喫煙者の交流が図れる。具体的な留意点などは、厚生労働省の「職場における受動喫煙防止のためのガイドライン」（2019年）および健康増進法における受動喫煙防止対策について解説するホーム

（名古屋市、1996、名古屋市建築局・大建設計・KMD・ダブルスマーケティング）
名古屋の都市生活をデザインする文化・産業・アミューズメントの情報・交流の場をテーマとする複合開発（区分所有ビル）。12階まで連続するアトリウムを施設全体の核となるよう配置し、アプローチ空間を共有させて、青少年文化センター、国際デザインセンター、商業・業務施設の一体化を図る。

写真9.4　ナディアパーク

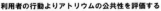
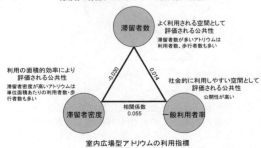

図9.1　アトリウムの公共性評価指標[11]

362　第9章　執務する・ビジネスをする（業務施設）

設備諸室

空調機械室（地階機械室）は、ゾーニングをする場合で冷房面積の6〜8％、冷凍機室はターボ形40〜50 m²、レシプロ形10〜40 m²、ボイラー室は延床面積の1.5〜2.0％が必要である。電気室は階高に注意する。小規模なビルでは屋上などにキュービクル（キャビネット状の高圧受電設備ユニット）を設置し、電気室を設けないことが多い。

ゴーストフロア

一般には利用されず、エレベーターの階数表示も示さない階。中間階機械室などであり、縁起がよくないとされる13階が多い。

アトリウム

現代建築におけるアトリウムとは、高層建築または大規模建築の内部に取り込まれた外部的雰囲気をもつ吹抜け大空間をいう。室内

ページを参照するとよい。

の集積を意味すると思われる。滞留者密度では植栽など五つ、一般利用者率では、説明がやや難しいため条件の数が増え、アクセスなど七つの条件が必要であった。人が満足するアトリウムの条件も同様であるため、その解釈は次項であわせて説明しよう。

9.4.2　人が満足するアトリウムをつくる

満足度など人の意識にもとづく評価はずっと複雑と思われるが、科学館などでは説明できている（第5章5.4参照）。アトリウムの満足度評価も同様に説明できるであろうか。

まずアトリウムの意識評価の基本指標は、満足度と入りやすさであることが分析より示される（図9.2）[12]。また、要因分析より、これら2指標は非常に高い精度で説明できることが確認される。満足度と入りやすさに共通の条件は、アトリウム環境を演出するイベント、アクセス、開放性、アトリウム規模であり、これに満足度では外部空地や植栽といったアメニティ要素、外部との関係、十分な滞留空間などを加えた九つ（図9.3）、入りやすさでは、アトリウムにある飲食店などのアメニティ要素を加えた五つが条件である。満足度は、条件数が多いことよりみて確かに複雑な評価であるが、十分説明でき、計画的操作の可能性もかなり高い。簡便な計算図表を用いれば、満足度を高める計画の条件を確認することもできる（図9.4）。入りやすさについても同様であった。

人が満足する空間の条件について、得られた理解をまとめれば以下のようになる。

○アトリウムのような空間の満足度評価には、その空間のつくり方、とりわけ植栽などのアメニティ要素、開放性、アトリウム規模（ヒューマンスケール）、座れる空間の確保が深くかかわるのは当然であるが、それだけではない。外部との関係、アトリウムにつながる外部空地の有無、駅接続や近接鉄道駅数により評価されるアクセスなども重要で

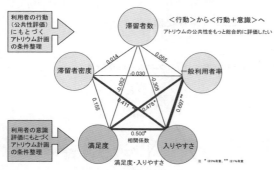

満足度と入りやすさ[12]は、公共性評価にも関わる重要な意識評価として意義がある。公共性を評価する3指標[11]に対して一部斜交し、新たな評価の視点を加えるものと位置づけられるからである。

図9.2　アトリウムの意識評価指標

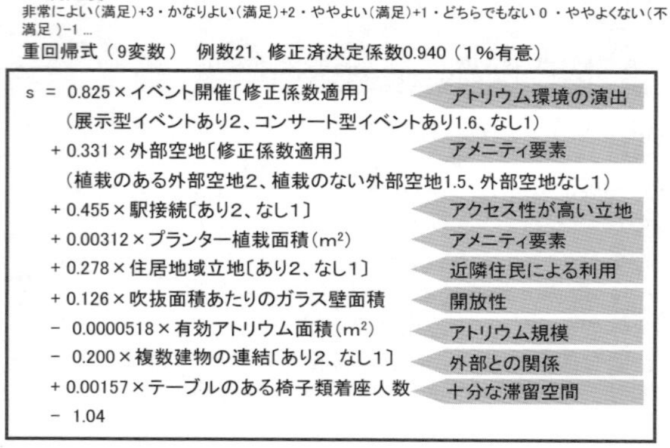

図9.3　人が満足するアトリウムの条件[12]

ある。

○満足度評価におけるイベント開催の効果は大きい。これはハードとしての建築施設のデザインに対するソフトとしての運営や維持管理の重

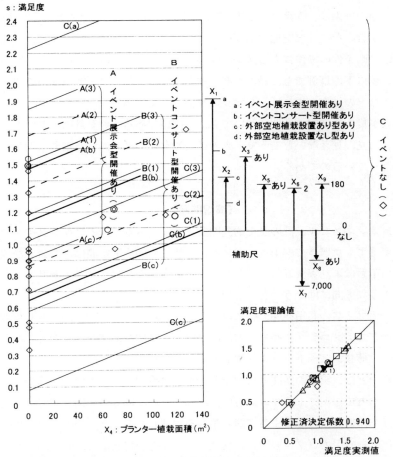

図9.4 人が満足するアトリウムの条件（計算図表）[12]

るいは一部半外部、用途を特定しない多目的な空間、複数階への動線的あるいは視覚的連続、ガラス屋根やガラス壁面による自然採光などを特徴とする。環境条件が制御された全天候型室内広場として一般に公開されるアトリウム（公開空地アトリウム）、とりわけ人が集まる空間があって歩行とともに滞留が発生する室内広場型アトリウムは、都市空間の要素として重要な役割を果たす。都市において不足しがちな公園、広場等のオープンスペースを補い、都市生活者に休憩、散策の場を提供できるからである。また、環境条件が制御され、通年利用ができるため、都市空間の利用可能性が広げられる。

総合設計制度と公開空地

総合設計制度とは、個別の建築計画において、一定規模以上の敷地を有し、かつ、一定割合以上の空地（公開空地）を有する場合に、容積率制限等の規定を緩和する制度である（建築基準法第五十九条の二）。いわゆる容積ボーナスであるが、交通上、安全上、防火上および衛生上支障がなく、かつ、建築計画について総合的な配慮がなされていることにより、市街地の環境の整備改善に資すると認められる必要があり、特定行政庁が建築審査会の同意を得て許可をする。

公開空地とは、開発プロジェクトの対象敷地に、一般に開放され自由に通行または利用できる区域として設けられた空地であり、オープンスペースの一種である。

アトリウムの種類

アトリウムは、設置主体、公開性、商業性、建物用途、滞留性などの視点より、大分類で3群、細分類で7種に分類できる（表9.4）。利用に着目すると、これらはさらに、人が滞留することのできるスペースがある室内広場型と、これがない歩行空間型に分けられる[10]。

表9.4 アトリウムの分類

基本分類（3群7種）		
A	公共施設等	
	A1	文化・市民利用施設型
	A2	庁舎型
B	業務施設等	
	B1	業務施設型
	B2	教育施設型
C	商業系施設	
	C1	商業・業務複合施設型
	C2	商業施設型
	C3	宿泊施設型

要性を示す一つの事実といえる。なお、満足度を高めるイベントの効果は、終日の展示会などの開催時を2、なしを1とすると、一時的なイベントであるコンサートなどの開催時は1.6程度と評価される。

○満足度により評価されるアトリウムの価値は、それにつながる外部空地、とりわけ外部空地の緑により高められる。満足度を高める外部空地の効果は、植栽のある外部空地を2、外部空地なしを1とするとき、植栽のない外部空地は1.5程度である。

○計画条件の操作による満足度改善の効果を試算すれば、満足度が平均値以下の事例でも、緑の外部空地を設け、プランター植栽面積を増すなどの操作をすれば、かなりの改善が可能である。

人が集まる空間の条件についてもほぼ同様である。建築計画はこのように、一見、見えないところで、人の行動や意識と深く関わる重要な役割を果たしているのである。

【演習問題】

1．オフィスビル設計の歴史的展開を、オフィス基準階のプランタイプの変遷よりたどってみよう。大スパン・無柱の機能的空間はどのような技術革新により実現されてきたか。また、今後のオフィスビル設計はどのような方向に向かうべきか構想してみよう。

2．オフィスの共用空間、特にエントランスホール、ロビー、アトリウムなどのアメニティを高める方法について、事例をあげながら考えてみよう。植栽、アートワーク、中2階、シースルー・エレベーター、人の流れなどは、実際の空間のなかでどのような役割を果たすであろうか。

3．室内広場型アトリウムあるいは屋外の広場をいくつか例として取り上げて比較し、人が集まる空間の条件を整理してみよう。その空間の特徴による吸引力（プル要因）と立地や周辺環境の特徴による外部からの圧力（プッシュ要因）はどのように作用しているであろうか。

4．OAシステムの急速な変化などにより、インテリジェントビルの評価は変わってきた。メインフレーム・コンピューター、フリーアクセスフロア、消費電力低減、設備のダウンサイジング、モバイル化、オフィスの供給過剰などのキーワードに着目しながらインテリジェント化の動向を調べてみよう。

5．霞が関ビルディングの2年後に竣工し、これを抜いて日本一高いビルとなった世界貿易センタービルディング（1970年竣工 152m）は、新たなリニューアルはせず建て替えられることとなった。立地、容積率などの条件に着目しながら、何がこれらのビルの運命を分けているか考えてみよう。

【学習を深める参考図書】

1．村尾成文ほか：事務所・複合建築の設計（新建築学体系 34、新建築学体系編集委員会編）、彰国社、1982 年
2．林昌二編著：オフィスルネサンス—インテリジェントビルを超えて、彰国社、1986 年
3．日本建築学会編：建築設計資料集成　総合編、丸善、2001 年
4．日本建築学会編：建築設計資料集成　業務・商業、丸善、2004 年
5．藤江澄夫ほか：新・事務所ビル（建築計画・設計シリーズ 37）、市ケ谷出版、2000 年
6．三栖邦博ほか：新・超高層事務所ビル（建築計画・設計シリーズ 38）、市ケ谷出版、2000 年
7．建築思潮研究所編：新しいオフィスビル（建築設計資料 21）、建築資料研究社、1988 年
8．建築思潮研究所編：アーバンスモールビル—オフィス編（建築設計資料 33）、建築資料研究社、1991 年

【引用・参考文献】

1）安永幸子：職場環境、佐古順彦・小西啓史編　環境心理学（朝倉心理学講座 12）、朝倉書店、2007 年
2）社団法人日本建築学会・社団法人日本建築士会連合会・社団法人日本建築士事務所協会連合会・社団法人日本建築家協会・社団法人建築業協会：地球環境・建築憲章　および　地球環境・建築憲章　運用指針、2000 年
3）FM 推進連絡協議会：総解説　ファシリティマネジメント、日本経済新聞社、2003 年
4）撮影：ナガノコンサルタント株式会社
5）FM 推進連絡協議会：総解説　ファシリティマネジメント　追補版、日本経済新聞社、2009 年
6）URL:www.otis.com/site/.../交通量計算（Otis.com 版）全頁.pdf（日本オーチス・エレベータ㈱ホームページ）をもとに作成
7）撮影：SRIA（https://commons.wikimedia.org/w/index.php?curid=40661470 による）
8）（社）ニューオフィス推進協議会 & オフィス基準・制度研究委員会：ニューオフィスミニマム、1994 年
9）坪本裕之：バブル経済期とその崩壊後の東京都心におけるオフィス従業者一人当たり床面積の変化（フォーラム論文　特集「都市とオフィス」）、都市研究（8）、2008 年
10）李知映・仙田満・矢田努：現代建築におけるアトリウムの類型と評価に関する研究—管理者・利用者アンケート調査および歩行・滞留者

数観察調査にもとづく分析、日本建築学会計画系論文集、第 572 号、2003 年

11) 李知映・仙田満・矢田努：室内広場型アトリウムの公共性評価に関する研究―滞留者数・滞留者密度・一般利用者率による滞留空間としての利用の評価、日本建築学会計画系論文集、第 574 号、2003 年

12) 李知映・仙田満・矢田努：利用者の意識評価よりみた室内広場型アトリウムの計画に関する研究―滞留者アンケート調査にもとづく満足度と入りやすさの要因分析より、日本建築学会計画系論文集、第 581 号、2004 年

第10章　癒す・治療する（医療施設）

◇◇◇◇◇◇◇◇◇◇◇◇◇◇◇◇◇◇◇◇◇◇◇　本章で学ぶ内容　◇◇◇◇◇◇◇◇◇◇◇◇◇◇◇◇◇◇◇◇◇◇◇

　医療施設は、医療水準の発展に伴い、変化と成長を繰り返す施設である。治療するだけではなく、療養環境ではあるが日常の生活を行う場でもある。医療施設は、大病院のみならず、クリニックでも機能が複雑で非常に絡み合っている。規模や動線計画、部門構成から読み解き、成長と変化に対応する医療施設を考えていきたい。

10.1　地域包括医療

1）診療所から高度医療病院まで

　英国では「揺りかごから墓場まで」と言われるように、医療施設は我々の日常生活と密接に結びついている。地域におけるベッド数は県や市町村単位によって決められているが、過剰な地域と不足の地域があるなど問題点も多い。

　日本では国民皆保険制度により、低い自己負担で高度な医療サービスを享受することが可能である。医療機関が市町村や健康組合などに請求するレセプト（診療報酬等の明細書）から、どの疾患でどこの病院を利用したのかを捉え、地域の中でどのように医療サービスを段階的に整備すべきかの研究も進んでいる。

　かかりつけの診療所から、ベッド数も多い公的病院、県内に点在する高

最近の医療施設の状況

地域病院の新増設は85年の医療法改正で、都道府県が定める「地域医療計画」により規制されるようになった。地域の人口構成などから基準ベッド数を定め、「過剰」とされた地域では病院の新設や拡充が事実上できない。2025年から第8次医療計画がスタートし、5疾病（がん、脳卒中、心血管疾患、糖尿病、精神疾患）・6事業（救急医療、災害時における医療、新興感染症発生・まん延時における医療、へき地の医療、周産期医療、小児医療）及び在宅医療について、地域の実情に応じて計画を定める。

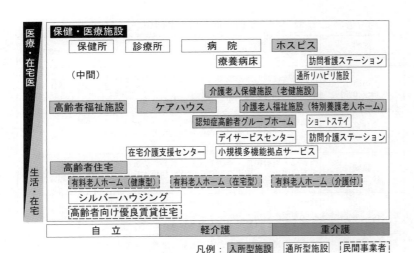

図10.1　保健・医療・福祉分野の施設体系[1]

度医療拠点病院など、医療圏に応じたそれぞれの役割分担と連携が今後ますます重要となる（図 10.1）。

2）地域医療

地域医療は、長野県諏訪中央病院などで実践されていたものが普及し、医療機関が地域住民とともに疾病の予防、健康の維持や増進に取り組む活動である。最近では、リハビリや高齢者・障害者の在宅支援、妊婦の保健指導、子育て支援など幅広いものとなっている。

一方、地域にある複数の医療機関で個人のカルテを共有する取り組みも始まっている。後述する病院内での電子カルテによる情報管理を地域に広げて行うもので、セキュリティやデータの改ざんなど問題点もあるが、今後はこうした取り組みが加速すると予想されている。

10.2 規模と寸法の計画

1）部門構成と面積構成

病院は大きく、病棟、外来部、診療部、供給部、管理部の 5 つに分けられる。病院の規模は病棟のベッド数で表わされることが多く、診療科が増えればそれだけベッド数も増え、外来や検査なども増えるため床面積も大きくなる。

大まかな面積構成を表 10.1 に示すと、病棟は 35〜40％で居住空間が主となる。外来は 10〜15％で様々な利用者がいる公共的な空間、診療部は 15〜20％で専門的な空間、供給部は 15〜20％で生産的な空間、管理は 10〜15％で執務的な空間となる。

2）最低水準の確保

一般的な多床室も療養型病床群と同じ 1 床あたり 6.4 ㎡以上必要だが、廊下幅は両側居室で一般病床 2.1 m、療養病床 2.7 m となり、一般的な急

有効寸法
建築基準法の廊下幅員は壁の内側寸法であるが、医療法による廊下幅員は手すり内側寸法でチェックされるので注意が必要。また、面積の基準も医療法は内法面積であり、基準法は壁芯の面積でよく、医療法の方が厳しい。

病室面積
2004 年の医療法改正で多床室の最低面積が 4.3 ㎡から 6.4 ㎡に引き上げられたが、ベッド間隔を 1m 確保すると 8 ㎡/床以上必要。

表 10.1　病院の部門構成と面積割合 [2]

部門 （面積構成割合）	概要	環境特性
病棟 （35〜40％）	入院患者に対して診療や看護を行う場であると同時に、患者にとっては生活の場でもある。病院の規模を表す指標ともなり、病院の中心となる部門である。	居住空間 （生活の場）
外来 （10〜15％）	通院患者への診療が行われる部門であり、身近な場所でもある。リハビリやがんの化学療法などの通院治療、日帰り手術が増え、重要性が高まっている。	公共空間 （にぎわい）
診療 （15〜20％）	検査部・放射線部・手術部など、医師の診療行為を支援する部門で、入院患者も外来患者も利用する。診療技術の進歩による変化が大きく、柔軟な計画が必要。	特殊空間 （心臓部分）
供給 （15〜20％）	滅菌材料・薬品・看護用品・食事・リネン・事務用品などの物品を供給する部門である。電子化も進み、情報やエネルギー、医療廃棄物も取り扱う。	生産空間 （物流管理）
管理 （10〜15％）	院長・看護部長・事務長室や医局、庶務・医療事務室などのオフィスで構成され、病院の管理・運営を行う部門である。カルテの管理や職員の福利厚生も司る。	執務空間 （オフィス）

性期病院と慢性期病院によるゆとり幅が若干異なる。

病院の規模は1床あたり30 ㎡／床の時代から、急性期病院でも70〜80 ㎡／床の時代へと拡大している。医療制度や医療に関する法律はよく改正するので、最新の情報をチェックする必要がある。

10.3 人・もの・情報の動線計画

1）動線の分離とつながり

病院は、先述の5つの部門が複雑に緊密に関係している。診療部は、病棟の入院患者と外来の外来患者のどちらも利用するため、EVなどの縦動線や外来診察室からも遠くない位置が望ましい。また、病院は増改築を繰返すためか迷路のようになっているので、ウェイ・ファインディング（経路探索：way finding）が重要である。床にカラーのラインや壁のサイン等で誘導することが多いが、吹き抜けや大通りといった空間の認知を促すような分りやすい空間構成が望ましい。

一方で、利用者とスタッフ、あるいは利用者同士が交わらないようにする必要が様々な場面で生じる。**スタンダードプリコーション（標準予防策）** を基本として、院内感染対策を検討することが重要である。特に、清潔動線と汚染動線とは、人はもちろんのこと物品も明確に分離をしなければならない。

病院における物品と情報の管理は、特に重要である。毎日、医療器具や

スタンダードプリコーション（標準予防策）
「すべての患者の血液、体液、分泌物、嘔吐物、排泄物、創傷皮膚・粘膜等は、感染する危険性があるものとして取り扱わなければならない」という考え方を基本としている。

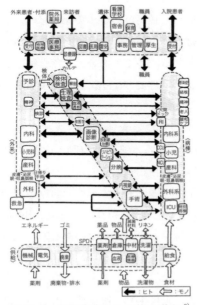

図10.2 部門構成と人と物の動き[2]

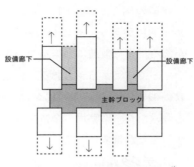

図10.3 多翼型平面の増築計画[2]

薬が供給部門から届けられるためには、物品の経路を確保しなければならない。物品が検体であることもあるので、安全に確実に運ばなければなら

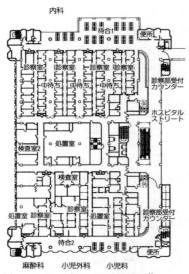
(a) マスタープランによる計画[1]
（東京大学医学部付属病院外来部門、岡田新一設計事務所）

(b) メガストラクチャーによる増築
（岐阜市民病院、山下設計）[3]

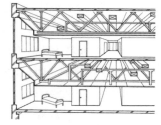
(c) 設備階（ISS）[2]

図 10.4　成長と変化への対応

ない。従来は、カルテや検査結果などが気送管や自動搬送装置、人の手によって運ばれていたが、ITの発展により、ロボット搬送や電子媒体でのやり取りに変わってきている。

2）成長と変化

病院ほど、増改築、改装、更新を繰返す建物はないだろう。医療技術の進歩は早く、これに対応するように空間も変化していくため、こうした成長と変化を計画の初期段階で想定しておく必要がある。実際にどのように変化するかを正確に予測することは難しいため、大きな方向性や手がかりとなるマスタープランの策定が重要となる。多くの場合、診療を続けながら増改築を行うためにはマスタープランが必要となり、倉敷中央病院では1973年から順次増改築を行い整備を続けている。

増築の例として、図10.4に示す中心となる大通り（ホスピタルストリート）があり、そこから外側へ伸びるような多翼型（図10.3）の形態がある。また敷地に余裕がない場合は、既存建物上部にスーパーストラクチャーで増築する例もある。医療技術の進展に対応すべく、診療部門では設備機器の更新が多い場合は設備階（ISS: Interstitial Space System）を設けたり、増築用の余裕スペースを確保したり、余裕のある階高を設定することが重要となる。

3）デジタル化

電子カルテやオーダリングシステムなどにより、医療情報の電子化はかなり進んでいる。これまで頻繁にモノの移動が多かった部屋同士のつながりが、電子化によって近くになくてもよくなることも十分にあり得る。

このように医療技術やITの進展も含め、今後はデジタル化が平面計画

デジタル化

電子カルテとオーダリングシステムはどちらもコンピュータ入力を行うが、意味するところは少し異なる。電子カルテは「患者に行った医療行為を記録」しているもので、オーダリングは「指示を出すために医療記録を保持」している。

などの自由度を増す可能性もある。

4）セキュリティ

病院は、救急診療部があれば24時間の受入体制となり、救急がなくても時間外や休日診療など、常に人が出入りしている。外来にある主玄関は総合案内や会計のカウンターから、時間外の受付横には守衛室などを配置し、各病棟ではサービスステーションから不審者を含む人の出入りをチェックする必要がある。

病院は不特定多数の人が利用する施設であるため、1か所だけのチェックではなく、複数の箇所で監視する必要がある。

10.4 診療所の計画

1）移動のための空間

利用者である患者や付添者が外部から入ってくる玄関には、**診療所**といえども風除け室を設けることが望ましい。清汚の区分のためか、玄関でスリッパに履き替える例もあるが、土間部分の奥行きが狭いと靴があふれるため、ゆとりをもった広さと靴箱のスペースを計画する。

エントランスや廊下空間は、なるべく落ち着いた雰囲気を作り出し、病気への緊張をほぐすようにしたい。床面は清掃のしやすいビニル系の仕上げ材となるが、単調とならないように工夫が必要である。天井面は、ストレッチャーで移動の際に光源が直接目に入らないように、間接照明や片側に寄せる計画とする。

2）滞留するための空間
①受付などのカウンター

診療所のエントランスホールは、受付・会計・投薬などのカウンター業務と待合空間が同居しているため、カウンター前にはスペースを確保し待合とは少し離す。受付カウンターは玄関や待合の様子が分かる位置に設け、待合側へすぐに出られるようにする。カルテ庫や診察室、処置室に直接つながるサービス用動線を確保したい。

> **診療所**
> 全国では、おおむね診療所は内科などの一般診療科が6割、歯科が4割となっている。

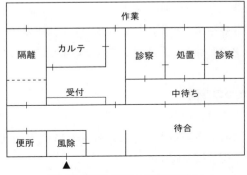

図10.5　診療所の平面モデル

②待合空間

　待合空間には様々な段階が計画される。インフルエンザなどの感染症で来院することが予想される場合は、他の患者と接しないよう受付から一般の待合を通らずに行ける隔離待合を計画する。

　一般の待合空間でも外待ち、中待ちと段階的に計画されることが多い。診察室の前に中待ちを計画することで、患者の待ち時間等に対するストレスの軽減、診察時間の短縮などの効果がある。しかし、診察室と中待合の距離が近いため、医師との診察内容に関する会話が外へ漏れる場合もあり、遮音性などの配慮が必要となる。中待ちは直接外気に面さない暗い空間となることが多いので、照明やトップライト、ハイサイドライトなどを計画したい。

3）医療を行うための空間

①診察室

　診察室には、横になって診る診察台、カルテを記入する机やパソコン、レントゲン写真などを見るシャウカステン、現在ではPACS（Picture Archiving and Communication System　医療用画像管理システム）の利用も進んでいる。患者と医師の椅子がある。**インフォームドコンセント**が進み、患者と医師が情報を共有するようにパソコンの画面が患者側に向けられていることも多い。医師と患者が正対する場合もあるが、90〜120°の角度で向き合うことが多い。診察室の形状は、診療科によって大きく変わるため、どのような診察方法がとられるのかを検討することが必要。

②処置室

　ほとんどの場合、診察室で処置できるが、点滴や経過観察、外科など専門的な処置が必要な場合は処置室を計画する。また、診察室と処置室は職員専用の動線が確保されるようにし、収納や流しなどの水回りも併せて計画する。

③検査室・手術室

　診療所では、採血などの検体検査、心電図などの生理検査のほとんどが診察室や処置室で行われるが、診断や治療に必要な内視鏡などの専門的な検査機器も設置される。レントゲンやCT、MRIを設置する診療所もあるので、シールドを床・壁・天井面に施す。

　外科系以外の診療科でも手術は行われるので、清汚のゾーン区分は明確に行い、人とモノの動線は、清汚が交差しないようにきちんと整理して計画する。

4）入院するための空間

　診療所のベッド数は、19床以下ならば設置可能であるため、サービス・ステーション（SS）を各室はもちろん、階段やEVなどの利用者の出入りをチェックできる位置に計画する。

　病室タイプは各医療法人の運営理念にもよるが、個室、2人部屋、4人

インフォームドコンセント
医師が患者に対して、治療内容の方法やその効果と危険性、治療にかかる費用などについて、丁寧に分かりやすく説明をし、そのうえで治療の同意を得ることをいう。

CT: Computed Tomography
X線を人体の回り360°の各方位から透過させて、体内の断面図をコンピューターによって作成する装置。

MRI: Magnetic Resonance Imaging
強力な磁場の中で人体細胞内の水素原子の動きを用いて、身体の断面図をコンピューターにより作成する装置。

部屋など差額ベッドを用意する方が一般的である。病棟部分の計画では、トイレなどの水回りを1か所に集中する例が多かったが、患者のアメニティ向上のため病室に併設して計画する事例も増えている。

5）グループプラクティス

異なる診療科がいくつか集まって、メディカルモールやグループプラクティスを形成する事例も増えてきた。**院外処方**の薬局や駐車場を共有することもでき、利用者には集まっていることで分かりやすいというメリットもある。

10.5　病院の部門構成

1）病棟の計画

病棟の計画で最も重要なことは、治療環境としての機能性確保と日常生活を行う療養環境としての配慮である。治療をサポートする病棟は看護単位（NU：ナーシングユニット）で構成され、一般病棟は40〜50床、小児科と産婦人科は25〜30床で1看護単位となる。看護単位は通常診療科別に設けられるが、手術後重点的に観察できる集中治療室（ICU：Intensive Care Unit、20㎡／床以上）、サービスステーション近くの重症患者専用の治療室（HCU：High Care Unit）が設置されている。また、新生児集中治療室（NICU：Neonatal Intensive Care Unit）設置も全国で進んでいる。

また、診療科ではなく、患者の症状や看護度に応じて看護単位を設定する**PPC病棟**（Progressive Patient Care：クリティカル、セミクリティカル、セルフケアなど段階に応じた病棟）の考えも実践されている。

差額ベッド

患者さんが療養環境として個室を要望する場合も増えている。患者の意思で個室を希望する場合は、差額ベッド代を払う必要がある。また、個室率は、開設者が国の場合は2割まで、市町村の場合は3割までと上限が設けられている。

院外処方

最近は、医師に書いてもらった処方箋を薬局へ持っていき、薬をもらうことが多くなり、院外処方、または調剤薬局ともいう。患者のメリットより経営面でのメリットの方が多い。

PPC病棟

筑波大学附属病院などでは①急性期②経過・回復期③一般など患者の段階に応じた看護体制をとっている。

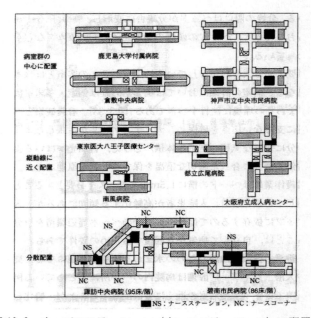

図10.6　サービスステーション（ナースステーション）の配置[1]

2）診療部の計画

　診療部は、検査部、放射線部、手術部など、外来も入院患者の両者が利用する病院の心臓部分である。

　検査部は大きく採血や尿などの検体を採取する検体検査と、心電図やエコーなどの身体を直接調べる生理検査に分かれる。放射線部は、放射線診断と放射線治療、核医学検査で構成され、外部に放射線が漏れないように、床・壁・天井を鉄筋コンクリート（RC）や鉛入りのボード、鉛ガラスで囲む。MRI（磁気共鳴画像診断）では、磁力線の漏洩や侵入を防ぐため電磁波のシールドが必要であったが、最近ではシールド工事が不要のものやシースルーのものもある。治療にリニアックなどの装置を用いる場合は、厚さ1mほどのRCの天井や壁で囲い込み、放射線の漏洩を防ぐ。

　核医学検査は、RI（Radio Isotope：放射性同位元素）を体内に投与して、疾患の診断を行う。

　手術室は人とモノの清潔・汚染の動線分離が必須であり、清潔ホールの周りに手術室を配置する平面形が多い。手術室内はパネル化されており、室内側を正圧に廊下側を負圧にしたクリーンルームとして計画する。

感染対策用の手術室
感染対策用の手術室の場合は、手術室内を負圧にする。切り替えが可能な手術室を計画する場合もある。

3）外来部の計画

　一般的に300床の病院だと、1000～1500人（ベッド数の3～5倍）近い外来患者が一日に訪れると言われている。外来部における最大の問題点は、待ち時間である。外待ち、中待ちなど徐々に診察室に近づけて待たせることで、診察への不安や緊張、長い待ち時間へのイライラを解消させている。診察の予約、投薬の院外処方が進み、院内ならどこでも診察順番が分かる電光掲示板などが設置されている例もある。

　外来の診療部はずらりと診療科が並んでいるが、感染予防の点からも産科と小児科は離して計画するなど隣り合う診療科にも配慮が必要である。小児科や内科では、感染症が疑われる場合は外待合から隔離した待合に誘導する必要もある。

　一方、会計など外来全体の待合は、ロビー空間としての役割も持つ。外来患者だけではなく、見舞客や入院患者も利用する。アメリカでは本屋やメガネ屋などのショッピングモールを持つ病院があり、都市的なにぎわいを演出し、入院患者らが気分転換に利用している。

中材
中央材料室の略で、院内の器具・材料の管理・滅菌・配置などを行う部屋。

　通院やリハビリだけではなく、今後は日帰り手術などが増えると予想されるため、外来部の重要性も増すと考えられる。

4）供給部の計画

　病院は人だけではなく、薬、食事、リネン、**中材**の滅菌器具、看護用品など非常に多くの物品が存在している。こうした物品を維持管理していくことは、病院運営にとって非常に重要なことである。

　従来は各診療科、あるいは病棟ごとに様々な物品を発注していたが、効率的なストックや流通のため、使った物品の情報を管理するSPD（院内物

SPD
SPDにどのような物品を含むのかは、各病院によって異なる。効率的な運用には、より多くの物品をSPDに含むことが良いが、物量に合わせた物品倉庫の面積や搬送用ロボット等の充電スペース等が必要となる。

流管理：Supply Processing and Distribution）による物と情報の一元管理が進んでいる。また、治療を支える ME（臨床工学）部門による医療機器の維持管理と機器の受け渡しも重要で、病棟部門との連携を考慮した配置が必要である。

5）管理部の計画

病院における医事、会計などの事務部門、カルテによる病歴の管理が管理部の重要な役割である。まだ紙媒体との併用も多いが、電子カルテによる管理もかなり増えてきている。

カルテをはじめ、処方箋やレントゲン写真もデジタル化され、LAN によるネットワークで情報を共有できるオーダリングシステムの導入も進んでいる。

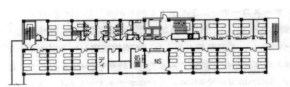

(a) 中廊下型病院（旧横浜市立湾病院、神奈川県横浜市、1972、芦原建築設計研究所）

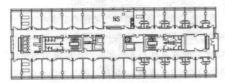

(b) 複廊下型病棟（虎ノ門病院、東京都港区、1958、伊藤喜三郎建築研究所）

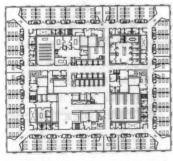

(c) 回廊型病棟（ベルビュー病院、ニューヨーク、アメリカ、1960、Pemerance ほか）

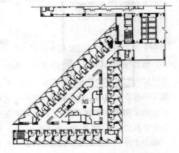

(d) 三角形型病棟（聖路加国際病院、東京都中央区、1992、MPA ＋日建設計）

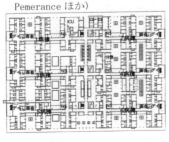

(e) 公立苅田総合病院（公立苅田総合病院、白石市、2002、アーキテクツ・コラボレーティブ）

図 10.7　病棟平面の変遷[1)]

10.6 病棟平面の変遷

1）廊下形状とサービスステーション（SS）の位置

病棟の平面計画は様々に変遷を遂げてきた。まずは**ナイチンゲール**が提唱したパビリオン型病棟（図10.8）と移動式のナース台である。ナイチンゲールは院内感染を防ぐため、天井の高いワンルーム型の30床の病室を考え実践した。これは、気積を大きくして空気中の病原菌濃度を低くなるようにしたもので、現代のクリーンルームにも通じる考え方である。

その後、図10.7に示すように、多床室が横に並ぶ片廊下型の病棟が考えだされたが、サービスステーションまでの距離が長いため、中廊下型の平面形となり、長きにわたり病棟の典型となった。その後、中廊下の発展形として複廊下型が考えだされ、廊下と廊下の間にサービスステーションや便所、光庭などが設けられ、看護動線の短縮と共に居住性があがった。

さらに複廊下の発展形として三角病棟が考えだされ、中央部にサービスステーション、三角形の両端に独立したナースコーナーを配置したものもある。

以上のように看護動線の短縮を目指して病棟の平面は変遷してきたが、苅田公立総合病院（2002）では病棟を積層せずに横に広げ、どの病室の窓からも屋上庭園の緑が見える療養空間が計画された。今後は、看護動線の短縮と居住性の向上を求めながら、病棟平面が計画されるだろう。

2）療養環境としての病室

病室の変遷をみると、先述のナイチンゲール病棟のパビリオン型の30

F・ナイチンゲール

ナイチンゲールはクリミア戦争で戦地での献身的な活動の後、英国に戻ってからは医療衛生環境の様々な改革に着手した。今もなお、看護学校でのバイブルである「看護覚え書」、建築的な示唆にも富む「病院覚え書」を記し、鶏頭図のような円グラフにより的確にデータを提示するなど統計学者としても有名である。

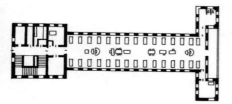

図10.8 ナイチンゲール病棟 聖トーマス病院（イギリス、1871）[2]

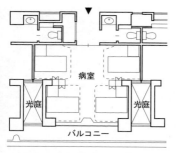

図10.9 個室的多床室[1]
（西神戸医療センター、兵庫県神戸市、1994、共同建築設計事務所）

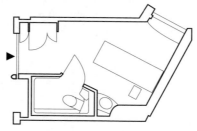

図10.10 シングルケアユニット[1]
（聖路加国際病院）

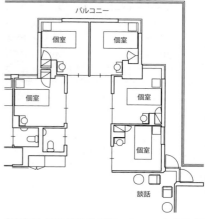

（岐阜県立下呂温泉病院、2014、安井建築設計事務所）

図10.11 多床室的な個室群（ユニットホール型）

床程度の大部屋が最初に挙げられる。その後一般病棟の多床室化が進み、当初6〜8人部屋が多かったが、多床室としては4床室と2床室が主流となった。

4床室の場合、窓側と廊下側に分けると廊下側の患者には窓がないため、廊下側ベッドにも窓を設けた図10.9のような個室的多床室が登場し、病室の間口が広くなり平面的な効率は高くないが、孤独にならない多床室の良さは保たれている。

一方、聖路加国際病院（1992）では全室個室の三角形病棟がわが国では初めて本格的に登場した。個室のため病室が多くなるので、間口を抑え病室をコンパクトに計画している。（図10.10）

病室の個室化は進んでいるが、差額ベッドとして4床室と個室の組み合わせによる病棟計画がまだ一般的で、計画時には病室の間口の設定が重要となる。また病室は治療するための空間であるため、ベッドの両脇には人が入って作業ができるスペース、頭側には医療ガスやナースコールが必要である（写真10.1）。最近では、個室がいくつか集まって計画する多床室的な個室群も登場している（図10.11）。

産科病棟では、陣痛・分娩・回復の妊婦の移動を減らし、家庭の居間と寝室の雰囲気を兼ね備えた居室で出産を行える **LDR**（居室型分娩室：Labor・Delivery・Recovery）もある。

①全室個室の聖路加国際病院　②屋上庭園のある公立苅田総合病院

写真10.1　特化したサービスを行う病院

3）療養環境としての病棟計画

病棟には大きく分けて、急性期と慢性期のふたつの考え方がある。急性期とは入院期間が2週間程度の短い病棟を指し、慢性期（療養型病床群）とは数ヶ月の長期療養を前提とした病棟である。一般的な病棟は急性期を指すことが多く、療養型病床群は一般病棟に比べ、病室も廊下も拡幅した基準となっている。

この他に病棟としては、サナトリウムなどの療養型、ホスピスなどの**緩和ケア**のための病棟がある。緩和ケア病棟はがん治療などの終末期のターミナルケア専用病棟で、治療よりも最後の時間をゆっくりと過ごすための施設であり、より家庭環境に近い病室空間が望ましい。

急性期はもとより慢性期や療養型の病棟では、面会室としてだけではな

病室の向き

病室は、中廊下や複廊下型の平面ならば、東西側はまぶしすぎるため、南側と北側に向けて計画するのが基本である。

LDR

LDRとは陣痛（Labor）、分娩（Delivery）、回復（Recovery）の略語で、これらが一体となった個室。

病室面積

療養型の病室では、1床ごとの病室面積が6.4㎡以上で、1床当たりの病棟面積は18㎡以上が必要とされている。

緩和ケア

厚生労働省によると、緩和ケアとは、病気に伴う心と体の痛みを和らげることとされている。

く、入院患者の気分転換や病室以外の居場所としてデイスペースの計画が重要となる。

10.7 暮らしの中の医療

1）安心と安全、建築ができること

診察時の医師と患者の座り位置において、コンピュータ画面を一緒に見るなど、インフォームドコンセントによる情報の共有が進んでいる。医療事故を減らすためにも、患者と医師との信頼関係の醸成は必要不可欠である。

病院の災害に対する安全面としては、耐震化はもちろん、医療行為中の災害に備えて無停電装置、非常用電源が必要不可欠である。独歩で避難できない患者も多いため、二方向避難の確保はもちろんのこと、避難バルコニーや非常用EVの設置も検討したい。大きな病院では、緊急搬送の視点から屋上にヘリポートが設置される事例も増えている。

また、写真10.2のように子ども病院における壁面や医療機器へのウォー

総合診療科
日本の診療科は基本的に臓器別に構成されており、初診ではどの診療科を受ければいいのか分からないことが多い。また、複数の病気を抱えている場合や診断がつかない場合など、総合的に診療するため対応するために、総合診療科が設置されている。

①エントランスホールのモニュメント　　②MRI室のウォールペイント（安井建築設計事務所より写真提供）

写真10.2　子ども病院の仕掛け（あいち小児保健医療総合センター、大府市、2001、安井建築設計事務所）

①外観の夜景　　②アトリウムを持つ外来待合

写真10.3　街のような待合空間（東京女子医科大学病院外来センター、東京、2005、現代建築研究所、東京女子医科大学より写真提供）

ルペイントによって、精神的なストレスを低減することも行われている。

2）健院の発想[11]

「病院が病人に害を与えない」とはナイチンゲールの言葉であるが、病院が病人を生み出さないように、配慮しなければならない。気分転換や今までの日常生活と近い体験ができるように、本屋や図書室、喫茶やレストランでの飲食、お店での買い物といったアメニティ施設の付加が重要となってくる（写真 10.3）。

3）地域の人々に愛されるために

医療施設はさまざまな基準値が変わるため、既存建物が合わなくなることや最新の医療設備を導入することがあり、新築移転の事例も少なくないが、増改築が比較的多い施設である。長くその地域医療を支えるためにも基本計画のときから建物や設備機器の長寿命化、維持管理のしやすさに配慮したい。

また名古屋市の南生協病院では、組合員が資金を出し合い、数十回も会議（通称：1000人会議）を行い、地域の人々が病院の案内をボランティアで行うなど、地域密着の運営がなされている。今後はこうした、地域に長く愛される病院づくりが求められる（写真 10.4）。

南生協病院
伊勢湾台風の救援活動の中から、住民主導による住民のための診療所設置が始まる。組合員数は6万人を超え、19の自治体・行政区に11ブロック75の支部、721の班が活動している。

①保育園や店舗を併設した病院づくり　②図書室からみた街のような外来の待合空間

写真 10.4　地域と協働する病院（総合病院南生協病院、名古屋市、2010、日建設計）[7]

【引用・参考文献】

1) 長澤泰編著『建築計画』市ヶ谷出版、2005 年
2) 内藤和彦他編著『設計に活かす建築計画』学芸出版、2010 年
3) 岐阜市：岐阜市民病院カタログ、岐阜市、2010 年
4) 日本建築学会編『第3版コンパクト建築設計資料集成』丸善、2005 年
5) 新建築、2005 年 6 月号
6) S.D.S. 編集委員会編『S.D.S.［スペース・デザイン・シリーズ］第 4 巻　医療・福祉』、新日本法規出版、1995 年

【コラム】病院施設の管理

　病院施設は、診療科や働く職種も多く計画も複雑であるが、病院規模が大きくなればなるほど運用も難易度が高くなる。

　病院では、温湿度環境の管理も複雑である。例えば、病棟では年間を通じて一定温度に保たれるように管理しているため、入院患者は比較的薄着である。診療部は外来患者も入院患者も使用し、また服を脱ぐこともある。加えて外来患者は季節に合わせた服装となっているため、運用コストの最適化と空調環境をどのように調整するかなど、建築系技術者が関わって検討したほうがよいことも多い。

　患者は、高齢者の割合が高く、身体機能の低下がみられる。そのため、駐車場における物損事故やトラブル、院内の歩行中における転倒、院内での迷子なども日常的に発生している。患者の動作に気を使った分かりやすく使いやすい計画が望まれる。

　廃棄物に関しても、一般のゴミ、感染性廃棄物（医療行為による廃棄物）、診療に使う放射性同位元素を含んだ廃棄物の管理など様々なものがあり、廃棄物の分別、保管といった場所を確保しておく必要がある。

　火災報知器が鳴動したり、地震による揺れを感じた時など緊急時の対応は、的確に情報を伝達するとともに、医療行為の必要最低限の継続や、患者を適切に避難させることなど、医療者の行動が可能なように建物を機能させることが求められる。そのために、建物の設計意図や仕組み、緊急時の対応などについて、設計者と施工者は、施設の管理運用を直接担う担当者に十分な理解を得るよう努める必要がある。

7）日本医療福祉建築協会編、医療福祉建築、No.171　201104、2011年

8）山下哲郎著：『クリニック時代のクリニック建築』、永井書店、2007年

9）岡田新一著：『病院建築—建築におけるシステムの意味〈OS DESIGN SERIES 4〉、彰国社、2005年

10）日本建築学会編『建築史料集成　福祉・医療』丸善、2003年

11）健康デザイン研究会著「建築が病院を健院に変える」彰国社、2002年

12）鈴木成文、守屋秀夫、太田俊彦編著『建築計画』実教出版、1975年

13）岡田光正、柏原士郎、辻正矩、森田孝夫、吉村英祐『現代建築学（新版）建築計画2』鹿島出版会、2003年

14）日本医療福祉建築協会編、三訂版医療・高齢者施設の計画法規ハンドブック—建築に関する基準の概要と留意点、中央法規、2005年

15）厚生労働省：第8次医療計画について
　https://www.mhlw.go.jp/content/10800000/001106486.pdf（参照日 2024.04.22）

第 11 章　自立する・支援する（福祉施設）

◇◇◇◇◇◇◇◇◇◇◇◇◇◇◇◇◇◇◇◇◇◇ **本章で学ぶ内容** ◇◇◇◇◇◇◇◇◇◇◇◇◇◇◇◇◇◇◇◇◇◇

　福祉施設は、もともと宗教色の強い救済的な意味合いから、戦後の新憲法制定の後に救済を脱しはじめたといえる。今では、児童が利用する施設でも、幼稚園・児童文化センターは文部科学省、保育所・児童館は厚生労働省と監督省庁が異なるなど、各種の法律や制度も煩雑で施設形態が多様化している。

　ここでは、日本が超高齢社会に突入した背景も鑑みて、高齢者福祉施設の計画を中心に見ていくことにする。利用者にとって最善の環境づくりが望まれるため、自立を促し、しっかりと見守り、いろんな角度から支援するといった、提供するサービスの基本をきちんと押さえて計画することが必要である。

◇◇

11.1　自立した生活

1）ノーマライゼーションとユニバーサルデザイン

　1950年代にデンマークでの社会運動からはじまり、ノーマライゼーションの父と称されるバンク−ミケルセン（N.E. Bank-Mikkelsen）が提唱した。社会には子どもから高齢者まで、男性と女性、障がいを持つ人などさまざまな人々が存在し、高齢者や障がいがある人とない人とを分け隔てることなく、社会生活を共に生きることが本来あるべき姿であるという考え方である。

　また、1997年にノースカロライナ州立大学ユニバーサルデザインセンターのロン・メイス所長（Ronald. R. Mace）たちが、障がいの有無、年齢、性別、人種等にかかわらず、多様な人々が利用しやすいよう都市や生活環境をデザインする考えを**ユニバーサルデザインの7原則**としてまとめた。その内容は、建築物にとどまらず、あらゆる製品を対象として、すべての人にとって特別な対応なしに使いやすく、価格も適切でなければならないとされている。これからのデザインの主流となる考え方である。

2）地域福祉と施設

　利用者を施設の中だけに押し込めるような施設づくりではなく、今では様々な障がいを持つ人々の社会進出も進み、障がい自体に関する認知度も高まっている。授産施設での職業訓練、企業での雇用促進もあり、地域社会全体でのサポートを行い、「共に生きる」地域福祉と施設づくりが望まれる。名古屋市のAJU自立の家では、身体障がい者が4年間下宿生活を

法律と施設名称

介護保険法と老人福祉法により、施設名称も異なる。老人福祉法での老人保健施設・特別養護老人ホームが、介護保険法では介護老人保健施設・介護老人福祉施設とよばれる。

ユニバーサルデザイン7原則

原則1：公平な利用
原則2：利用における柔軟性
原則3：単純で直感的な利用
原則4：認知できる情報
原則5：失敗に対する寛大さ
原則6：少ない身体的な努力
原則7：接近や利用のためのサイズと空間

http://www.design.ncsu.edu/cud/about_ud/docs/Japanese.pdf

ぼちぼち長屋

子ども連れのファミリー用1室、若い女性用4室を2階に配し、1階部分に高齢者用の居室を9室用意している。基本的に寄宿舎なので、福祉施設ではないが、24時間体制の介護サポートを受けることができ、高齢者とのふれあいを条件に家賃補助の制度もある。

(a) 平面図[2]　　　　　　　(b) 外観

図11.1 地域と共生する施設づくり（ぼちぼち長屋、長久手市、大久手計画工房）

し、共同生活や職業訓練を通して自立を促し地域社会へと巣立っていく。

また、長久手市にある「ほどほど横丁」では、デイサービス施設と子ども連れのファミリーや若いOLさんと高齢者が住む**ぼちぼち長屋**、地域にも開放されたカフェや集会室があり、何かを強制するのではなく、各々がそれぞれのペースで自立して共生している。福祉施設という範疇だけではくくれない、まちづくり・地域計画が行われている。

3) さまざまな福祉施設

①知的障がい者施設

主に夜間において施設入所支援（入浴、排せつ、食事等の介護、生活等に関する相談・助言のほか、必要な日常生活上の支援）を受け、昼間は生活介護（入浴、排せつ、食事の介護や創作活動、生産活動の機会の提供）の提供を受ける施設。障がいの特性に合わせ、利用者が落ち着ける空間を計画することが望ましいが、施設が地域に対して閉鎖的にならないよう注意が必要である。

②児童養護施設

父母と死別、ネグレクトや児童虐待などの理由で養育に不適切な家庭環境にあり、家庭での生活が困難と判断された場合に、児童を養育する児童福祉施設。形態については、定員20名以上の大舎制、定員13〜19名の中舎制、定員12名以下の小舎制3つに分けられており、近年は小舎制の形態が増加傾向にある。生活単位を小規模にすることにより、子ども一人ひとりに目が届くきめ細かな支援を提供することができる。

③ファミリーホーム（小規模住居型児童養育施設）

児童養護施設ではなく、一般家庭に近い環境で子どもたちを養育する施設で2009年に制度化された。里親の場合は実子を含め4名までだが、ファミリーホームでは実子を含め6名まで受入可能。養育里親として2年以上同時に2人以上養育を経験、養育里親として5年以上登録しており通算5人以上の養育を経験、もしくは児童養護施設3年以上勤務の経験が必要である。

11.2 高齢者のための福祉施設

1) 超高齢社会

わが国では、1970年に高齢化率（65才以上／人口）が7%を超えて以来、急速な高齢化が進み、2007年に21%を超えて超高齢社会に突入した。65歳以上74歳未満を前期高齢者、75歳以上を後期高齢者とすると、今後は介護が必要となる確率が高い後期高齢者の占める割合が増え、ますます高齢者福祉施設への需要が増すと考えられる（図11.2）。

高齢者福祉施設には、図11.3のように有料老人ホーム、サービス向け高齢者向け住宅、ケアハウス、認知症高齢者グループホーム、老人保健施設（老健）、特別養護老人ホーム（特養）、介護医療院など医療やケアの度合いに応じて様々な施設がある。

高齢者福祉施設の整備は、ゴールドプラン（1989）、新ゴールドプラン（1994）、ゴールドプラン21（1999）、介護保険の制定（2000）など国の福祉政策および改定により大きく影響されるため、施設計画の際には福祉政策の動向に注意しておくことが必要である。

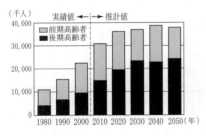

図11.2　高齢者人口の推移と推計[2]

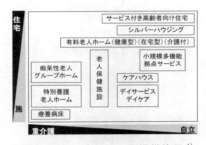

図11.3　ケアサービスと提供施設[1]

2) 在宅介護支援サービス

医療機関での高齢者の社会的入院を減らし、在宅介護を促す目的で、介護保険法が2000年4月から導入されたが、核家族化の進展、要介護高齢者の増加、施設の不足などから十分な水準に達しているとはいえない状況にある。特に、財源の問題から介護に関する法律が変わることが多く、今まで受けていた訪問介護や通所サービスが、突然受けられなくなるなどの混乱も続いている。2015年の介護保険法改正により特別養護老人ホームの入所条件が原則要介護度3以上となるなど、近年の施設入所は要介護度が重度化した高齢者が選択するサービスとなり、それ以外の高齢者は住み慣れた地域で在宅介護支援サービスを受けることが一般的である。

高齢化・高齢・超高齢社会
国連が1956年に高齢化社会という用語を定義したとされる。日本では1970年に高齢化率が7%を超えて高齢化社会に、1994年に高齢化率が14%を超え高齢社会になり、2007年には高齢化率が21%を超えて超高齢社会に突入した。

ゴールドプラン
最初のゴールドプランは1990年から10ヵ年、新ゴールドプランは1995年から10ヵ年、ゴールドプラン21は2000年からの5ヵ年の戦略や福祉政策の方向を提示している。

11.3 高齢者用の住宅

1) シルバーハウジング

高齢者を対象とした集合住宅で、自治体、都市機構、住宅供給公社等が供給している。手すり・段差解消などのバリアフリーに対応しており。生活援助員（ライフサポートアドバイザー：LSA）が入居者に対する生活相談、安否確認、緊急時対応等のサービスの提供を行う。入居条件は、60歳以上で独立して日常生活が営めることが条件となる。

2) サービス付き高齢者向け住宅

欧米諸国に比べて高齢者向けの住宅が少ないことが課題である日本において、2011年に高齢者円滑入居賃貸住宅、高齢者専用賃貸住宅、高齢者優良賃貸住宅、を統合する形で誕生したのがサービス付き高齢者向け住宅（サ高住）である。サ高住は1都道府県知事への登録制度を必要とする国土交通省・厚生労働省の共管制度として創設されてた。サ高住として登録することにより建設・改修費に対し補助を受けることができ、登録するための基準は、床面積（原則25 ㎡以上）、便所・洗面設備等の設置、バリアフリーなどがある。提供されるサービスは安否確認・生活相談サービスなどがある。

 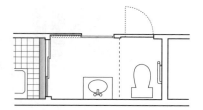

図11.4　高齢者用の住宅の玄関　　図11.5　高齢者住宅のトイレと浴室[4]

11.4　通所系の高齢者福祉施設

1) デイケアとデイサービス

食事、入浴、排泄、レクリエーション、生涯学習を行う場として週に何回か利用する「通所介護」のことをデイサービスと呼んでいる。また、機能回復訓練などのリハビリテーションを老健や診療所で行う「通所リハビリ」のことをデイケアと呼んでいる。デイケア、デイサービスとも、介護者の負担軽減を支える施設である。

2) ショートステイ

在宅介護をサポートするため、特別養護老人ホームなどの施設で短期間

（上限1ヵ月）入所する制度。介護保険制度外でるが、1ヵ月以上のミドルステイなども事業化されている。

3）小規模多機能拠点施設

2006年に介護保険法により制定され、地域で在宅ケアをサポートするシステムとして整備され、ショートステイ、デイサービス、訪問看護ステーションが複合した施設である（図11.6）。以前からも「宅老所」として整備されていたが、在宅介護のコンビニエンスストアとして、便利で安心感のある施設である。

生活圏（およそ中学校区）に一ヶ所程度整備が必要とされているが、24時間365日稼働して在宅介護をサポートする。しかし、多様な高齢者が利用するために採算がなかなか合わず単体運営が難しい現状がある。利用者を確保するために、小規模多機能だけではなくグループホームやサ高住と複合して計画する事例が多い。

小規模多機能拠点施設
利用者29人を地域で24時間365日ケアする。日中の「通い」の登録利用者数の1/2〜15名、「泊り」などの夜間ケアを受ける利用者は「通いサービス利用定員の1/3〜9名」となっている。

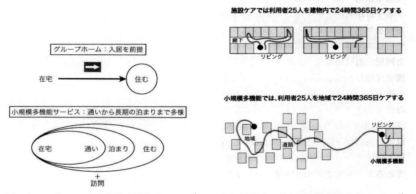

(a) グループホームと小規模多機能サービス[2]　　(b) 施設ケアと小規模多機能サービス[5]

図11.6　小規模多機能サービスの構成

11.5　入所系の高齢者福祉施設

1）高齢者福祉の施設像

1999年、5年間ゴールドプラン21が策定され、施設数の目標として特別養護老人ホーム6000、老人保健施設3500など入所系が12100施設と掲げられていたが、令和になり特別養護老人ホームだけでも施設数は10000施設を超えている。これは全国の中学校数に迫る施設数であることからも、特養などの入所系の高齢者施設は日常の生活圏の中にあるごく当たり前の施設として認知されている。

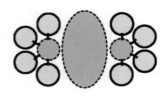

図11.8 いくつかの個室が共用空間を取り囲む配置[6]

図11.7 グループホーム[3]（だいたい村・嬉楽家、長久手市、2009、大久手計画工房）

図11.9 ユニットケアの段階的空間構成[2]

公共スペース	パブリックスペース Public space	エントランスホールなど
	セミパブリックスペース Semi Public space	各階の共用ロビーなど
個人スペース （ユニット）	セミプライベートスペース Semi Private space	共同生活室など
	プライベートスペース Private space	個室など

2）グループホーム

5〜9人程度の小さなグループでスタッフとともに共同生活する施設で、居室は基本的には個室である。小さなグループでの家庭的な環境の下で共同生活を送ることにより、認知症の症状が改善されたり、問題行動が少なくなった事例などが報告されている。（図11.7）

また、グループホームは高齢者だけではなく、精神障がい者、知的障がい者などが入所する施設でも計画されている。ともに小グループによる落ち着いた生活環境とするため、住宅のような雰囲気を作り出すように心掛ける必要がある。

3）特別養護老人ホーム（介護老人福祉施設）

認知症や要介護度が高く専門的なサービスを受ける必要がある利用者を収容する施設である（略して特養）。従来の4〜6人部屋といった収容型の施設計画から、図11.8に示す6〜12床のユニットケア（小規模生活単位）型の計画へと移行している。このユニットケアは家具を持ち込むことのできる個室（内法10.65 ㎡以上）を原則とし、生活領域をプライベート、セミプライベート、セミパブリック、パブリックの4段階で計画するように求められている（図11.9）。

トイレも2室に1ヶ所程度に分散し、家庭的なサイズの浴室の設置が推奨されている。各ユニットはリビングでもある共同生活室を個室が取り囲むように配置し、一体的なまとまりを設ける。リビングダイニングの共同生活室には、食事の準備の手伝いなどができるよう対面式のキッチンを設けることが望ましい（図11.10）。

個室化することで従来よりも面積やコストが増えるため、廊下幅員の緩和や建設費アップの分を受益者負担という形でホテルコストとして徴収で

個室面積

当初は内法13.2 ㎡であったが、10.65 ㎡に緩和された。13.2 ㎡の根拠は8帖の大きさである。ベッドの両脇に介護スペースを確保するには8帖程度の大きさが必要となる。面積だけを確保するのではなく、居室の間口を広げ、ベッド両側にスペースを設けるよう計画するべきである。

特養の廊下幅員

特別養護老人ホームは片廊下1.8m、中廊下2.7m以上の幅員が必要であるが、ユニットケア型では、すれ違いや転回スペースがあれば、それぞれ1.5m、1.8mまで緩和することができる。

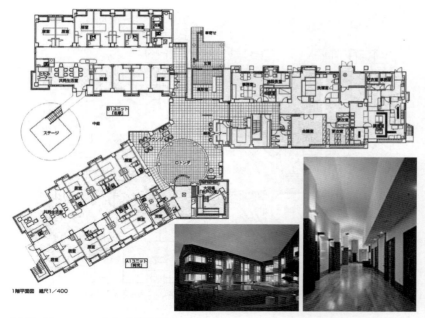

図11.10 ユニットケア型特別養護老人ホーム（シルバーケア豊壽園、志摩市、2006、安井建築設計事務所）[7]

きるようになっている。また、小規模でその地域に居住する住民しか入所できない地域密着型特養も整備されている。

2015年の介護保険法改定により新規入所者を原則要介護度3以上とするなど、施設入所者が重度化傾向にあるため、施設内で看取を行う事例も増加傾向にある。重度化・看取りにも対応できる計画が求められる。

4）老人保健施設（介護老人保健施設）

高齢者が一度病院に入院すると、入院期間が長くなる「社会的入院」の実態が問題となっている。そこで、家庭（介護）と病院（医療）との中間施設として老人保健施設（略して老健）が設置された。家庭への復帰を目指すために、医学的管理の下、看護・介護ケア及びリハビリテーション、さらに日常サービスまで併せて提供する施設。特養ほど、施設の設置基準は厳しくないが、老健でもユニットケアの考えが導入されており、小規模生活単位で計画された施設も増えている。

5）ケアハウス、有料老人ホーム

ケアハウスは従来の軽費老人ホームの一種として整備され、自立した生活が行える利用者が入所する自立型と、介護必要となっても住み続けられる介護型がある。また、近年では有料老人ホームが増加傾向にあり、各施設でそれぞれ特徴を出してサービスを提供している。

地域密着型特養
地域密着型特養とは、定員が29人以下と少人数制であり、一般的な特養より家庭的な雰囲気が特徴とされている。また、原則として施設がある市区町村に居住している要介護3以上の方のみが入所でき、入所者と地域や家族との結びつきを重視している点も特徴である。2006年の介護保険法改正により設置された。

福祉施設の運営
福祉施設は、社会福祉法人が運営することが多いが、有料老人ホームは株式会社などの民間の一般企業が設置・運営できる。

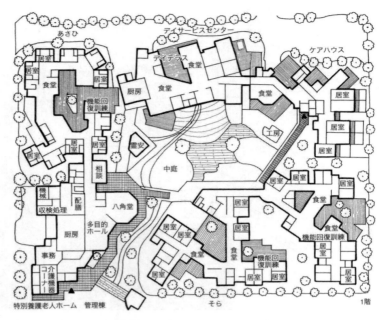

図 11.11　街のような施設群[2]
(愛知せんねん村、西尾市、2000、キットプランニング＋大久手計画工房)

11.6　福祉施設のこれから

1)「施設」からの脱却

中廊下の両側に居室が整然と並ぶのではなく、廊下幅に変化を持たせて小さなコーナーやリビングダイニングを設けて変化ある空間として計画している。インテリアは家庭のような雰囲気を出すように、床や化粧材に木材を使用したり、畳や障子などの素材を使用することもある。また、天井高を2400 mm程度にすることや、疑似的な梁や鴨居を設けるなどして、施設内に住宅スケールを設けることも効果的である。

2) 少人数の共同生活による「暮らし」

グループホーム、特養、老健、児童養護施設の小舎制など様々な入所施設でユニット化が行われている。小さなグループでコミュニケーションを育みながら共同生活を行い、各人に居場所がある暮らしが求められている。

3) 選択肢のある生活空間の確保

入所系の施設は利用者にとって「終の棲家」となることもある。持ち込み家具や家族との思い出の写真や記念の品々を眺めながら、生活できるプライベートな空間が必要である。また、入所者にとって各室のベッドだけでない拠点づくりやコーナーづくり等セミプライベートな空間も設けるこ

持ち込み家具
ユニットケア型の特養では、造作家具だけではなく、慣れ親しんだ家具を持ち込める施設も多い。

(特別養護老人ホームメリーホーム大喜、名古屋市、2005、安井建築設計事務所)

11.6 福祉施設のこれから **389**

写真 11.1 ホテルをイメージした手すりのない廊下（シルバーケア豊壽園）[7]

写真 11.2 みんなが集まるリビング・ダイニング（だいたい村・嬉楽家）

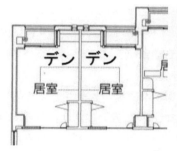
(a) 居室に設けたくぼみ（デン）[7]

(b) デンに置かれた表出物品

図 11.12 豊かなる生活への拠点づくり（シルバーケア豊壽園）

写真 11.3 トレーニング機器のあるデイサービス（セキスイ・オアシスセンター、名古屋市、2004）[9]

とにより、選択しのある豊かな生活を過ごすことができる。

4）介護予防の発想

「介護予防」という発想から、施設づくりを行う事例も見受けられる。まだ、お風呂つきの健康増進施設といったものも多いが、介護予防を兼ねたトレーニングを行うことができるデイサービス施設も登場するなど、地域の実情にあわせ、地域の資源を活用しながら、「健康」を維持するための施設サービスの提供をもっと積極的に取り組むべきである（写真11.3）。

5）地域の中で生きる

　福祉施設は収容施設ではなく生活の場であるため、普段の生活から施設外、すなわち地域への活動領域の展開が求められる。特に2022年の介護保険法改正からは地域共生社会への取組みも求められるようになり、福祉施設の設計の際は地域交流も意識した計画が重要となる。

　地域福祉の意識を醸成するためにも、これからは保育園や幼稚園、学校と高齢者福祉施設との交流をはじめ、福祉施設同士の交流も積極的に行うことが必要である（写真11.4）。

6）地域共生社会

　様々な立場の人たちが高齢者と共に住む試みが全国で行われている。商店街の跡地にサ高住と一般住宅が複合した共同住宅を計画したり、学生や社会人も含む一般世帯とサ高住との複合施設（ミクスチャーハウス）[10]も計画されている。

　老若男女、障がいの有無に関わらず様々な立場の人たちとの共同生活は、従来のケアを一方的にうける生活ではなく、互いに助け合う日々の生活の中で自身の役割を見出すことができ、高齢者の生きがいや自立にも繋がることが期待される。地域の福祉に対するニーズが多様かする中で、高齢者施設の可能性は拡大しているといる。

写真 11.4　地域密着型特養で宿題を行う近所の小学生
（だいたい村、長久手市）

【引用・参考文献】

1）長澤泰編著『建築計画』市ヶ谷出版、2005年
2）内藤和彦他編著：『設計に活かす建築計画』学芸出版、2010年
3）小規模高齢者施設における防火対策・耐震対策に関する研究委員会編：『小規模高齢者施設における防火対策・耐震対策－認知症高齢者グループホーム・小規模多機能型居宅介護』日本医療福祉建築協会、

【引用・参考文献】 391

> **【コラム】福祉施設の防災**
> 　近年地震や豪雨等の自然災害による高齢者施設の被害が多数報道されている。令和2年7月豪雨では浸水被害により特別養護老人ホームの入居者14名が亡くなる事例も生じている。後のヒアリング調査から、当該施設は土砂災害を警戒して山斜面から離れた1階ホールに避難していたため、浸水時の上階避難が遅れた。また、2階は職員の休憩スペースしかなく、避難するスペースが十分に無かったことが人的被害に繋がったと考えられる[12]。
> 　高齢者施設の災害対応として、2022年の都市計画法改正により災害レッドゾーンへの福祉施設の建設が原則禁止、2024年度から高齢者施設のBCP策定が義務付けされ、高齢者施設の防災への意識が高まりつつあるが、2000年以降に浸水被害を受けた高齢者施設へのヒアリング調査を行うと、「まかさ自施設が浸水するとは」という意見も多く聞かれた。施設計画を行う際は、敷地のハザードマップを十分に確認し、立地条件に合った計画を立てることが望ましい。また、高齢者施設の被災状況は特異なため、被災経験を共有することも有効である[13]。

　　　2010年
4）建設省住宅局住宅整備課監修：『長寿社会対応住宅設計指針マニュアル②－集合住宅編』、高齢者住宅財団、1998年
5）小規模多機能サービス拠点施設の計画ガイドライン作成に関する調査研究会編：『小規模多機能サービス拠点施設の計画－目指すべき方向性と考え方』日本医療福祉建築協会、2007年
6）NPO法人地域ケア政策ネットワーク編：『個室化・ユニットケア－特養ホームはこう変わる』、NPO法人地域ケア政策ネットワーク、2002年
7）近代建築、2007年3月号
8）日本建築学会編『建築資料集成　福祉・医療』丸善、2003年
9）鈴木成文、守屋秀夫、太田俊彦編著『建築計画』実教出版、1975年
10）岡田光正、柏原士郎、辻正矩、森田孝夫、吉村英祐『現代建築学（新版）　建築計画2』鹿島出版会、2003年
11）日本医療福祉建築協会編、三訂版医療・高齢者施設の計画法規ハンドブック－建築に関する基準の概要と留意点、中央法規、2005
12）宮崎崇文　中村優太　山口健太郎　金井純子　佐藤哲　石井敏：浸水被害を受けた高齢者施設における避難・復旧に関する研究—2018年以降の大規模水害を事例として—、建築学会技術報告集、巻73号、p1437-p1442、2023年10月
13）日本医療福祉建築協会編：介護施設等の職員に必要な防災・減災対策の知識に関する調査研究報告書、2023年3月

第12章　集まる・交流する（コミュニティ施設）

本書で学ぶ内容

コミュニティ施設は、それ自体は一つの建築であるが、その計画には周囲に広がる大きな空間の計画という側面がある。こうした大きな空間の計画は、専門としては都市計画など建築計画以外の領域とされることが多いが、地球環境時代を迎えた今日、その理解は建築計画に関わる者にとっても重要と思われる。そこで本章では、まず、理想コミュニティ論の系譜、近隣住区理論のなりたち、地球環境時代の計画を模索する新たな動きなどにふれながら建築・地区・地域のなりたちについて概説した後、コミュニティ施設の種類、課題、計画条件などについて説明する。次に地区センター、市民館など地域・市民交流施設ともいわれる施設群を取り上げ、コミュニティ施設の計画の要点を説明するとともに、近年、社会的関心が高まっている公共施設の更新・統廃合・長寿命化などとコンパクトシティ推進の動きを紹介し、コミュニティ施設について理解を深める。

12.1.　コミュニティとコミュニティ施設

12.1.1　建築・地区・地域のなりたち

　建築計画に関わる者として、日常生活圏を中心に建築群、団地、**地区**、さらには**地域**に広がる施設など、建築の外に広がる大きな空間のなかで施設の計画に携わることがある。そこでこのような空間を「地区」と総称し、それに関わる計画について概説しよう。地区の計画は、社会的なニューアンスを込めて**コミュニティ計画**といわれることもある。

　地球環境の時代を迎えた今日、建築を計画する場面でも、建築を越える諸領域にまたがる環境について理解し、これをふまえた計画を進めること、建築の周辺に広がる環境を考慮し、さらに地区や地域のなかでそのあり方を考えることは非常に大切である[1)2)]。そこで理想コミュニティ論の系譜、近隣住区理論のなりたちとそれによる住宅地計画などについて概観し、地区の計画のあり方についても考えておこう。

　よりよいコミュニティや都市をつくりたいという願望は、人が集まり、暮らすようになって以来、いつの時代にもあったといってよく、理想コミュニティ論の系譜をたどることは、人が集まり交流する施設の計画やコミュニティの形成を考えるにあたり意義のあることと思われる。

　理想都市の提案は、資本主義社会の弊害解消が切実な課題として意識されるようになった産業革命以降、具体的で活発になった。なかでも、エベネザー・ハワードの田園都市構想（1898）は最も影響が大きく、また、他

地区
地区計画の対象としての地区、団地等の整備計画の対象としての地区など、いくつかの意味で用いられる。本章では主に小学校区程度の広がりをもつ空間までをいう。

地域
都市の上位の空間（広域）と近隣や地区のスケールの空間という二重の意味をもつ。地域計画（リージョナル・プランニング）というときは前者の意。建築計画では近隣や地区の意で用いられることが多い。

コミュニティ計画
コミュニティは社会学者マキヴァー〔Robert M. MacIver 1882～1970〕の提起した社会集団の類型。家族、村落

第12章 集まる・交流する（コミュニティ施設）

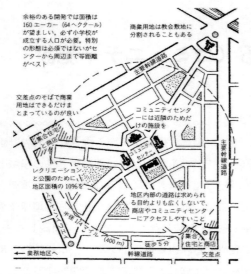

約65ha、人口5,000人程度、戸建住宅向けの配置タイプを示すモデル図である。都心と郊外の中間に位置する住宅地に適するとされる。

図 12.1 クラレンス A. ペリーの近隣住区の原則[3]

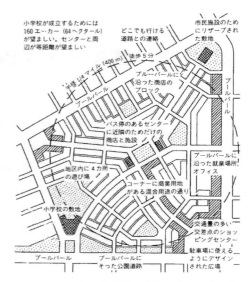

ニューアーバニズムの伝統的近隣住区開発の考え方を示すモデル図 (1994)。ペリーの近隣住区の原則の基本的有用性を確認するもの (The Updated "Neighborhood Unit") であるが、スプロール開発の中で多用されるクル・ド・サックは用いず、住戸密度はペリーによる提案の倍 (25戸/ha程度) を想定する。

図 12.2 新・近隣住区の原則[3]

などがこれにあたる。一定の範囲の空間に居住し、共属感情を持つことをその特徴とし、地域社会、共同体などと訳される。共同社会（社会学者テンニース [Ferdinand Tönnies] のゲマインシャフト）も、社会概念としてのコミュニティといえ、これと深く関わる。また、コミュニティ生活の場となる近隣や地区の空間をコミュニティということがある。日常生活圏の空間であり、これが空間概念としてのコミュニティにあたる。建築計画では空間概念としてのコミュニティの計画をいうことが多い。

の多くの提案とは異なり、田園都市レッチワースとウェルウィンの都市開発として実現をみた。さらに1920年代のドイツの集合住宅（ジードルンク）や、日本の郊外型都市開発（田園調布など）、第二次世界大戦後のイギリスのニュータウン政策などでも重要な役割を果たした。

近隣住区の原則は、1920年代、クラレンス A. ペリー（Clarence A. Perry）が提案したものである（ニューヨーク大都市圏調査報告 1929、図12.1）。ペリーは、都市居住地のコミュニティが占める広さは、小学校、運動場、地域の店舗のサービスが効率よく運営されるのに必要な地区の広さとちょうど同じであることを見出し、これを近隣住区（Neighborhood Unit）として、日常生活に必要な空間と施設を計画するとよいとしたのである[4]。これはやがて、ニュージャージーの**ラドバーン計画**、イギリスのハーロウやスティヴネイジのニュータウン計画など、大規模な理想的街づくりの基本原則として取り入れられるようになった。

近隣住区の原則は、個々の住宅地の環境を改善し、利便性を高めることを目ざすものであったが、やがて小さな単位から大きな単位への段階的構成により都市を形成する原理として定着するようになった。これが田園都市構想とともにコミュニティ計画の中心的理念となった近隣住区理論である。各国の実情に合わせながら展開され、20世紀のニュータウンや住宅団地の計画の基礎理論として位置づけられてきた。

日本でも第二次世界大戦後のベビーブームのなかで、若い世代の住宅需

要に応える大規模ニュータウンの計画が進められた。なかでも千里ニュータウンは近隣住区理論を採用した事例の典型とされる。近隣住区の構成と共同施設の種類、配置、数量、そして近隣センター、地区センターなどのセンターの構成は、計画人口や世帯あたりの人口、家族構成、自動車の普及、施設経営、消費行動などによるところが大きく、過去の基準はそのままでは適用できないが、日常生活圏施設として捉えられる各種の共同施設の一覧などにその基本的考え方が読み取れる（表 12.1）。

12.1.2 地球環境時代とコミュニティ

近隣住区理論には様々な批判がある。とりわけ車社会化、情報社会化によりわれわれの空間概念は大きく変わってきた。高い移動性、空間選択性により自由な生活圏形成と消費行動が可能となり、施設の側でも立地の自由度が高まって、規模の集積、小規模施設の淘汰、業態変化などが進んでいる。さらに少子高齢化・人口減少社会が現実のものとなりつつある現在、近隣住区理論そのままの計画はもはや成立が困難といえる。住区の規模や施設整備水準を決定するためのデータ・ベースも適切なものを見いだしにくくなった。心理的意識に基づく生活領域を考慮した集住環境のデザインを構想するもの[6]など新たな研究も進んでいる。しかし、これに代わる有力な統合的理論はいまだ確立しているとはいえない。

また、日常生活圏のなかで、幼児のあそび、小学校への通学、健康のた

表 12.1 共同施設一覧[5]

戸数	20～40	400～500	1,600～2,000	4,000
教育		幼稚園	小学校	中学校
医療		診療所		病院
文化			図書館	映画館
集会		集会所		コミュニティセンター
保安	消防器具置場	消防派出所 警官派出所		消防署 警察署
連絡	掲示板	ポスト	郵便局	公衆電話
交通		住宅路		街路 交通機関
収納	物置 ガレージ			倉庫
汚物処理	浄化槽	ゴミ捨場		共同便所 汚物処理場
整容衛生	洗濯場 物干場	共同洗濯場 共同物干場	共同浴場	理髪所 美容院	洗濯屋
供給	門灯	街灯	変圧塔	電気ガス水道事務所
育児体育	庭	幼児公園	保育所	少年公園	近隣公園 運動場
購買			日用品販売修理加工店	小売市場
事務			管理所	区役所出張所

戸数 1,600～2,000 戸が人口 8,000～10,000 人の近隣住区にあたるとされている。

ラドバーン計画

ペリーの近隣住区案をほぼ完全に実現した計画とされ、ラドバーン方式と呼ばれるクル・ド・サック（袋路）とスーパーブロック（街区を細分せず一体の計画単位とした大規模街区）の組み合わせ、車道と歩道の分離、広いオープンスペースなどをその特徴とする。開発開始は 1928 年。大恐慌に見舞われ計画は頓挫するが、温かい交友関係が結ばれる緑豊かなまちがつくり上げられた。

ニューアーバニズム

公共交通指向型開発 (TOD)、職住近接複合用途開発 (mixed-use development)、歩ける規模の伝統的近隣住区開発〔(neo) traditional neighborhood development〕、ヒューマンスケールで歩行者優先のまちづくり (New Pedestrianism)、そして地域性への配慮、環境に優しい省エネ型計画などを特徴とする（アワニー原則、1991）[7]。

公共交通指向型開発（TOD）

質の高い公共交通機関の整備により歩く生活のできるコンパクトで活気あるまちづくりを目指す都市開発 Trnsit-Oriented Development。ニューアーバニズムの主唱者の一人ピーター・カルソープが提唱した。

サイドバー

コンパクトシティ
都市の本質であるコンパクトさが失われた現在、規模的成長の抑制、機能の再配分などの政策により本来の形を取り戻そうとする。その中心的目標はエネルギー消費の最小化、中心市街地の再建、ヒューマンスケールの居住空間回復とコンパクトな生活様式の実現、都市圏全体のコンパクトで合理的な構成であり、各地で多面的に展開される[2]。

サステイナブルシティ
未来世代が自らの必要性を満たす能力を損なうことなく現在世代の必要性を満たせるまちづくりがサステイナブルシティあるいはその実現を目指すサステイナブル（持続可能）なまちづくりである。その条件は省資源・循環の実現、省エネルギー、自然共生、都市の温熱環境制御、歩行者を大切にする都市環境、次世代が元気に育つ都市空間、安全・安心環境、歴史的環境の継承、都市環境変化の速度制御など、人間的で快適な環境をつくる上で重要な幅広い内容を含む[2]。

環境共生型住宅地の開発
気候風土や地域の特色を生かした環境にやさしい建築とライフスタイルを住宅地全体に広げようとする試み（エコハウスなど）。ニューアーバニズムの理念をうたうアワニー原則の起草者の

本文

めのウォーキング等、歩行の上に成り立つ生活行為や交流が厳然として存在し、自動車を運転できない子どもや高齢者のような交通弱者への配慮も必要なため、近隣住区理論的な住区の構成や施設配置のなかの一定の要素は、今後とも必要であり続けることを認識しなければならない。

近隣住区の原則が提案されてからすでに100年近くがたち、これを展開しようとする多くの試みがなされ、運動が進められてきた。代表的なものは、**ニューアーバニズム**（1980年代〜、図12.2）、アーバンビレッジ（1980年代後半〜）、**公共交通指向型開発（TOD）**などである。人が集まり交流する施設の計画やコミュニティの形成は、さらに**コンパクトシティ**や**サステイナブルシティ**の追求、**環境共生型住宅地の開発**、スマートグロース[9]、子どもの成育環境としてふさわしい**次世代成育環境都市**といった、地球環境時代のまちづくりの動きまでをも視野に入れなければならない。公共交通が整備された日本の都市は、ニューアーバニズムなどが一つのモデルとするが、近年では、自動車への依存度を高め、郊外化と拡散的都市開発が進んでいる。地球環境時代のまちづくりのあり方を改めて考え直さなければならない。

12.1.3 コミュニティ施設とは

コミュニティ施設とは、明確な定義はないが、日常生活圏のなかで市民の生活を支える諸施設をいう。住宅地の共同施設、日常生活圏施設、地域施設、地域集会施設、市民サービス施設など、いくつかの異なる名称でくくられる。また、その内容も多様であり、教育施設系（幼稚園、小中学校など（第2、3章））、医療施設系（診療所、病院など（第10章））、社会福祉施設系（老人施設、保育所、子育て支援施設など（第11章））、社会教育施設系（図書館、博物館、公民館、集会施設、スポーツ・レクリエーション施設など（第4、5章））、購買施設系（日用品の店舗など（第7章））のような諸施設が広く含められる。

歴史的にみれば、人が集まる場としての会所の発達は室町時代にさかのぼる。江戸時代になると町方の集会所として会所や町会所が発達した。コミュニティ施設は、また、子育てや教育、冠婚葬祭、集会など住宅に収められていた諸機能が公共的な施設として外部化し、市民サービスのための各種の建築となって専門化したものとも見られる。公共的な市民サービス施設ないし共同施設として計画的に整備されること、地域住民のふれあいや交流を重要な目的として位置づけるものが多いことなどがその特徴といえる。喫茶店やレストランなども、同様に住宅機能を外部化、専門化するものと捉えられるが、これらはコミュニティ施設とはされず、その整備は市場のなかの自由な競争に委ねられている。ただし、住宅地の計画的整備のなかでは、日用品販売店、理髪店、映画館などの商業系施設も、近隣センター、地区センターなどに必要な共同施設とされ、種類、配置、数量の

計画的整備が試みられてきた（表12.1）。

コミュニティ施設の計画では、設置目的、その地区や周辺における他施設の整備状況などに応じて、諸機能のなかから必要なものが選択される。そのような機能としては、交流、展示、鑑賞、集会・研修、実習、閲覧、情報提供、運動、あそび、相談、健康・保健、飲食、託児などがあげられる。しかし、多様な生活ニーズに応えられなければならず、多目的に利用できる機能である交流や集会・研修がその中心となるといってよい。特徴ある施設づくりを強調しすぎると、利用の自由度が失われる。

そのためこうした施設には、機能が同様でありながら、関係法令、所管官庁、設置目的などの相違により、**公民館**、**コミュニティセンター**、**生涯学習センター**のように異なる名称を与えられているものがある。利用対象を名称に付す施設としては、児童館（厚生労働省所管、関係法令は児童福祉法）、児童文化センター（文部科学省所管、同　社会教育法）、婦人会館（文部科学省ほかの所管、社会教育法の公民館類似施設等）があるが、これ以外に女性センター、男女共生センター、男女共同参画センターなどもある。その他、様々な名称でよばれる地域集会所（自治公民館等）、地区センター（市民館、市民センター、住区センター等）などもコミュニティ施設である（図12.3）。

なお、市民生活のための身近な施設として地区に配置されるコミュニティ施設は、地域文化の向上や生涯学習、健康増進、高齢者の社会参加、子育て支援といったその基本的目的とともに、風水害、地震等の災害時の避難所としても重要な役割を果たす施設であることも忘れてはならない。

一人であるマイケル・コルベット夫妻が発案、設計し、開発を進めたヴィレジホームズ（1975～1982）はその先駆的事例である[8]。

次世代成育環境都市
健康で元気な次世代をになう子ども、幸せな家庭、人に優しいコミュニティをどう育てていくかという視点を中心にすえた都市像。子どもに優しい都市、豊かな成育空間の形成、ユニバーサルデザイン、安全・安心の都市環境を実現する必要がある[2]。

公民館
文部科学省の所管であり、社会教育法の適用を受ける。市町村その他一定区域内の住民のために、実際生活に即する教育、学術および文化に関する各種の事業

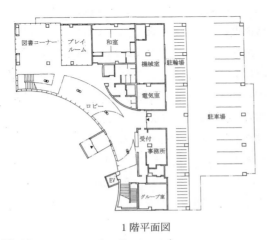
1階平面図

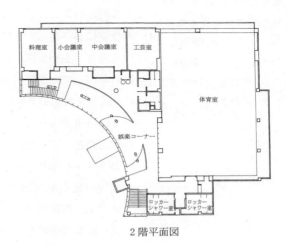
2階平面図

（横浜市、1995、ワークステーション）
近隣住民の日常的な利用のための施設。体育室と各種用途の室群よりなる。ロビーまわりの空間はハーフミラーガラスのアトリウムであり、満足度、入りやすさの評価が高い事例である（第9章参照）。

図12.3　横浜市仲町台地区センター[10]

12.2 コミュニティ施設の課題と計画条件

12.2.1 コミュニティ施設の課題

コミュニティ施設に対する社会的要求は、時代とともに変化してきた。そのため、施設の役割や機能、整備に関わる法令、制度なども時代とともに変わり続けている。戦後、社会教育のなかで重要な役割を果たしてきた公民館の整備は、やがて一段落し、1970年代には婦人会館、1990年代には生涯学習センター、2000年代には男女共同参画センターなどの一連の施設が整備されるようになったなどである。

コミュニティ施設には、市民の誰にとってもわかりやすく使いやすい空間の計画が求められるのは当然であるが、近年ではさらに、市民の多様な活動を受け止める場としての妥当性、幅広い年齢層の利用者へのサービス、高齢化社会のニーズへの対応、個人利用スペースや情報・映像機器の充実などとともに、サービスの効率化、重複的に整備される類似施設の整理統合、複合化なども、新たな課題とされるようになってきた。施設経営的視点よりみた成立可能性の検討、適切な維持管理などがますます重要となっているのである。

12.2.2 コミュニティ施設の計画条件

多様といえるコミュニティ施設であるが、こうした動向を踏まえるとき、今後の施設の計画条件にはいくつか共通事項があげられる（複合化については12.4参照）。すべての施設に共通といえる、丁寧なニーズ把握による計画（参加型の計画等）とともに、留意するようにしたい。

(1) 交流をうながす空間をつくる

交流はコミュニティ施設の中心的機能であり、公共施設にあっては公共の役割にふさわしい提供機能といえるものである。コミュニティの形成というとき、主たる関心は、意識のレベルではコミュニティ意識の醸成、行動のレベルでは交流の実現にあると考えられ、これをうながす空間をいかにつくりあげられるかが問われる。しかし、要素的な諸室・空間の積み重ねでは済ませられない。複合化する場合であれば、複合化のメリットを生かす空間として、交流を支えるロビーやフォーラムのような共用空間をどのように生み出し、構成するかということである（図12.4）。入りやすさと施設の魅力を演出するロビー、コミュニティ活動の拠点となるボランティア室、夜間利用に対応できる空間や設備などへの配慮も必要となる。

(2) 運営重視の施設づくり

公共施設は公設公営があたりまえであった時代、運営重視の施設づくりの関心は、施設管理者にとって管理がしやすい施設から利用者にとって利用がしやすい運営がなされる施設への視点の転換にあった。基礎調査段階

を行い、もって住民の教養の向上、健康の増進、情操の純化を図り、生活文化の振興、社会福祉の増進に寄与することを目的として設置される（同法第20条）。

コミュニティセンター
総務省の所管であり、コミュニティ振興政策（自治省 1971年〜）の一貫として設置助成、整備が進められた。2000年代に入ると、地域コミュニティ推進の活動拠点として公民館からコミュニティセンターへの移行も進み、公民館数は全国的に減少が続いている。また、他の省庁による類似施設の設置助成もなされている。

生涯学習センター
文部科学省の所管である。生涯を通じて各種の学習活動を行うことを目的として設置され、「生涯学習の振興のための施策の推進体制等の整備に関する法律」（通称「生涯学習振興法」）の適用を受ける。都道府県立のものは生涯学習推進センターという。

12.2 コミュニティ施設の課題と計画条件 **399**

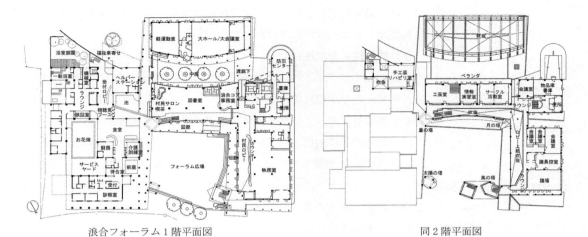

旧浪合村の中心施設。小学校、中学校、保育園よりなる浪合学校と浪合フォーラムにより構成される。平面図は浪合フォーラム（長野県浪合村、1997、中村勉総合計画事務所）。公民館（「浪合コア」）とその両側の役場、健康福祉・診療施設よりなり、中心となる「フォーラム広場」から直接各施設に行ける。浪合学校は日本建築学会作品賞（1991年）、浪合フォーラムは日本建築学会作品選奨（1999年）受賞。

図12.4 浪合村コミュニティ施設[11]

からの運営プログラム研究、管理運営チームの早期立ち上げなどの重要性が指摘されるが、運営を強調する「運営・管理」などの自由な表現はなかなか認められず、「施設管理」や「管理運営」という定型的表現に縛られながらの運営のあり方の追及であった。

しかし、近年では、指定管理者制度の導入などにより、運営を民間委託する公設民営は広く見られるようになってきた。一方で、運営費用や職員数の削減といった行政改革の側面が強調されすぎるとの批判もあるが、自主的活動を行う市民団体、ボランティア組織、住民などの積極的参加の可能性が開かれ、運営重視の施設づくりが新しい意味を持つようになってきたことは評価される。**多様な運営**を可能とする施設のあり方を、計画段階で検討する必要性が高まっているといえる。また、施設は、運営しながら育てるものである。利用が進むなかで、コミュニティとともに成長することができる施設づくりの視点は、コミュニティ施設にふさわしく、まちづくりにもつなげられる。

(3) フレキシビリティ

コミュニティ施設が、多様で変化する市民活動の容器であり続けるためには、さまざまな行為や使い方に対応できる空間の自由度を確保できるとよい。これがフレキシビリティである。空間的な可変性、改造性に着目するならアダプタビリティということもできる。面積や階高に余裕をもたせた空間の計画が望ましい。オープンプランによる空間構成、可動間仕切りによる室の連結・分割、屋外空間・半屋外空間の活用なども可能であるが、室やスペースの多様な使い方をあらかじめ想定し、計画する必要がある。機能の設備・装置化や情報機器の充実も重要であるが、オーバース

多様な運営

運営システムの計画への反映としては、たとえば、ゾーン別の利用時間帯、設備運転時間、料金徴収、施錠と防犯管理、職員配置などのきめ細かい設定が求められる。こうした運営上の条件が建築計画を大きく左右することになる。24時間利用の宿泊機能を持つ場合、休日利用や夜間利用をする場合などでは、利用時間に応じて閉館する部門をゾーニングにより明確に区分し、受付職員を配置しなければならない等である。

ペック（過剰性能）とならないよう注意を要し、適切な更新の可能性、利用頻度などをよく検討しなければならない。

（4）開放性・参加性

市民の誰もが入りやすく、利用しやすい施設の理念は、空間的な開放性、運営上の参加性により実現されるであろう。**まちの居場所**づくりへの関心も高まっており、コミュニティ施設を**滞在型の施設**とすることができれば、地域の人に利用されている姿を見せられる。開放的なロビー、活動が見える吹抜け空間やオープンプラン、ガラス壁面などによる空間構成、オープンカウンターの事務室、市民グループの活動を支援するコーナーなどがこれを実現する建築空間の手法となるが、これらはまた、「(1) 交流をうながす空間をつくる」ためのしかけとしても重要である。

（5）〈らしさ〉を表現する特徴ある建築

施設の個性化とその場所らしさの表現は、すべての建築に期待されるとしてよいであろうが、コミュニティという本来特徴ある空間のなかに計画されるコミュニティ施設では、とりわけ、大切な理念として位置づけたい。風土性としてとらえられる伝統的な建築形式、材料、技術、風景との関係などとともに、地域住民の要求にもとづく施設内容や住民活動、生活習慣や生活文化の建築的表現、参加のデザインなどいろいろな可能性を追及し、〈らしさ〉を表現する特徴ある建築が実現できるとよい。子どもが成長したとき、コミュニティ施設がふるさとの建築として記憶に残り、コミュニティがふるさととなり得るかが問われるのである。

12.3　コミュニティ施設の計画

12.3.1　全体計画

コミュニティ施設は、都市により種別や名称、内容などが多様である（12.1.3）。また、サービス圏を都市の行政区域全体とする中央館と一定の区域に分割する地区館とでは立地条件や規模も大きく異なるため、各都市における施設の設置体系（中央館の有無等）、総合計画（年次別事業計画等）などを調査し、整備事例（類例）を参考にしながら計画するとよい。ここでは、比較的身近な地区館としての地域・市民交流施設（地区センター、市民館等）を取り上げ、計画の要点を説明する。これを中核として、地区ごとに施設のバリエーション（類型）をつくり出すことも可能である（特定機能への特化や専門化、特徴あるテーマの設定、他の機能を加えた複合化など）。

（1）立地条件・敷地条件

周辺の歩行環境、安全な自転車アクセス、わかりやすい施設アプローチ、滞在型というにふさわしい居心地のよい空間づくりができる敷地の確保（周辺環境、風景等）などを考慮する。公共交通の利用者には駅やバス

まちの居場所

「私的な場所でもなく、形式ばった場所でもなく、人が思い思いに居合わせられる場所。そして、新たな地縁を結びなおす場所」とされる。近年では、公共施設の「居場所」としてのあり方から、さらに、公・共・私の境界を超越し、それらをつなぎ合わせる役割を担う「まちの居場所」へと議論が広がっている[12]。

滞在型の施設

滞在型図書館が各地につくられるようになってきたが、居心地がよく滞在できる空間への利用ニーズは高そうであり、その考え方は図書館に限らず各種の公共施設に適用できるであろう。ただし、カフェ併設などは経営上の配慮が必要であり、どこでも可能というわけではない。人が集まり、満足する空間の条件を整えることも重要である（3部第9章参照）。

停との距離、車に頼らざるを得ない利用者への配慮なども重要である。

近年では、さらに、居住機能や医療・福祉・商業、公共交通等のさまざまな都市機能の誘導によるコンパクトシティ・プラス・ネットワーク推進への関心も高まっている。市町村マスタープランの高度化版となる立地適正化計画（国土交通省）の考え方であり、公共施設の再配置や公的不動産を活用した民間機能の誘導を進めるものである。コミュニティ施設は、こうした都市計画上の要請からも、利便性の高い立地に集約され、あるいは複合化、融合化が進むことが期待される。

(2) 部門構成と諸室

全体計画としては、地域の実情に応じて必要な施設および設備を備える必要があるが、多目的に利用できるオープンスペース等が活用できるとよい。コーナーとして設置できる機能を**オープンスペース**につながる空間として配置すれば、フレキシブルな利用が可能となり、室名表示板でのみそれとわかる閉じられた部屋が続くのを避けられる。さらに、青少年、高齢者、障害者、乳幼児の保護者等の利用の促進が図れるよう、ユニバーサルデザインへの配慮（レベル差を抑えた設計、スロープ、バリアフリートイレ等）、IT機器の活用（パソコン、タブレット、視聴覚機器等）、授乳室や託児室の整備などが図れるとよい〔参考：「公民館の設置及び運営に関する基準」（文部科学省告示第112号、2003年）の告示について　第9条関係（施設及び設備）〕。

近年、公民館であれば建物面積330㎡以上（講堂がない場合）といった細かい規定（旧基準：「公民館の設置及び運営に関する基準」、1998年）はなくなり、基準などの大綱化、弾力化が進んでいる。施設を構成する機能・部門および諸室を、旧基準が上げる施設の諸室等も参照しながら整理すれば、表12.2のようになる。諸室の列記は例示であり、必要なものを選択する（一部重複的であり、室とするかコーナーとするかは空間構成に応じて判断する）。都市別の条件、バリエーション（類型）などがいろいろであり、施設規模と面積構成は一般的な指針を示しにくいが、集会・研修、実習などの利用部分（専用面積）が60％前後（70％未満）をしめる事例が多い。

12.3.2　各部計画

以下、コミュニティ施設の中心的機能とした集会・研修、実習部門および事務管理の諸室について概観する〔展示・鑑賞は3部第5章、閲覧・情報提供は同第4章、あそび（児童）は同第1章の関連記述参照〕。

(1) 会議室・研修室等

室名にかかわらずおおむね同様の、そしてかなり多用途の使用がなされる諸室であり、生け花、手芸講座、工作教室等による軽作業の利用も可能である。社交ダンスなどには動きが激しい活動に対応できる床仕上げや遮

オープンスペース

ひとつながりの空間の中で自由な活動を許容し、あるいは機能や活動を配置することができる空間。行動の連続性、誘発、相互作用（交流）などをつくり出すことができる。空間の区分には、ローパーティション、スクリーン、スロープ、段差やコーナーの設置等の手法が用いられる。オープンスペースによる計画をオープンプラン、これをつくる計画手法をオープンプランニングなどと呼ぶ。オープンプラン・スクールにおけるオープンスペース（オープンシステムにより計画される空間　3部第3章）、オフィスレイアウトにおけるオープンスペース（オープンオフィスシステムによるオフィス空間　同第9章）、住宅建築におけるオープンプランによるワンルームの空間などと同様のものである。

表 12.2　コミュニティ施設の機能・部門と諸室・コーナー（例）

機能・部門	諸室・コーナー
交流・展示・鑑賞	ロビー、談話コーナー・ドリンクコーナー・娯楽コーナー、展示室・展示コーナー等
集会・研修および活動一般	会議室・研修室・集会室・講座室・講義室、ホール・講堂（小規模施設を除く）
実習（実技・制作）	美術・工芸・工作室、調理実習室・料理教室、音楽室・音楽スタジオ、和室（茶道教室）等
閲覧・情報提供（図書・資料）	図書室・図書コーナー、郷土資料・郷土情報室、視聴覚コーナー等
運動（体育・レクリエーション）	体育室（多目的ホールを兼ねることがある）、ロッカー・シャワー室、レクリエーション・ルーム等
あそび（児童）	児童室、プレイルーム・幼児コーナー等（さらに老人部門が設けられる場合がある　老人室等）
その他の利用諸室および外部空間	相談室、サークル活動室・ボランティア室、印刷室、授乳室、託児室等および中庭等の外部空間（休憩、レクリエーション、イベント、修景等）
事務管理	受付・事務室、倉庫、機械室、電気室等（管理人室・宿直室が設けられることは少なくなっている）

比較的身近な地区館としての地域・市民交流施設（地区センター、市民館等）を取り上げ例示する。

音性への配慮が求められる。テーブルは、会議の一体感のためには円や長円がよいが、自由度が高い折りたたみ式とすることが多い。応接やグレードの高い会議用にはフォーマルな椅子のセットを設置する。

　会議室としては収容人数10名程度を小会議室、20名程度を中会議室、50名程度を大会議室とすることが多い。講義室では小が20名程度、中が40名程度、大が100名程度である。部屋の形状により異なるが、1人当たりの室面積は、会議室では1.8m^2、講義室（中）では1.5m^{2}が必要とされる。縦横比大の縦長の部屋はテーブル・レイアウトがしにくい。中・大会議室などはパーティションにより2、3分割して使用できるようにするとよいが、遮音性が上げにくく、隣接する部屋は同時使用が難しい。視聴覚資料が使用できるようAV機器、映写スクリーン、暗幕等の設置、レイアウト変更にともなう会議用テーブル等の収納スペース（大会議室付属の倉庫等）への配慮をする。

(2) 調理実習室、工芸室、和室等

　調理実習室は、地域の要望も高く、よく設置される室である。地域の給食サービス、子ども食堂等の活動や公民館まつりのための豚汁づくりなど、多様な利用がなされる。グループ・個人作業がしやすい調理台と十分なスペース、講師の実技指導が見えやすい配列、防火・排気・換気などが必要である。試食スペース（ダイニングルーム、試食室など）にも配慮できるとよい。

　工芸室等では、木工、金工、陶芸等の作業台、陶芸窯などの必要設備、備品を確認し、適切な配置を検討する。教材、材料等を保管する準備室の

併設が必要であり、テラス、中庭などの屋外作業スペースへの隣接が望ましい。騒音などによる他室への干渉を避ける室配置、壁・間仕切りの遮音性能確保、プラスタートラップ（阻集器）付の排水設備（石膏や陶土を洗う流し）、工作機械まわりの危険防止スペース確保や区画など、細かい配慮が必要である。

集会室として設けられる和室は、日本舞踊の稽古や茶道、華道等の場としても利用される。日本舞踊には姿見を造り付けられるとよい。華道では、座卓の上で花を生けるが、花器等の整理棚と流し台のある準備室を併設し、生花搬入、生ゴミ搬出がしやすいようにする。茶道では、和室大広間であれば、床の間のある8畳程度の広間を襖等で区画し、炉を切る。鉄筋コンクリート造建築では、スラブに炉のためのピットを設け、釜（かま）の熱源（電源）を確保する。茶道具を洗うすのこ流し、道具用の棚などのある水屋は準備室などの次の間に設ける。

(3) 受付・事務室

施設規模により受付・事務室と関連諸室の構成は異なるが、総じて、利用者が職員と気軽に話せ、相談などができるオープンな受付カウンターの設置および職員1人当たりの床面積の大きめの確保（事務作業の電子化が進んでいるが取り扱う書類、備品などは多いことを考慮）が望ましい。講座、集会等の活動で使う資料の作成、保管のための印刷室・準備室、外部講師の休憩や打ち合わせのための講師控室・応接室、相談業務がある場合は相談室なども設置できるとよい。なお、相談室や印刷室は、サークル活動室・ボランティア室からも利用しやすいものとするのがよく、その他の利用諸室として位置づけることができる。

12.4　コミュニティ施設をめぐる近年の動向

近年、人口減少等による利用需要の変化が予想され、財政状況が厳しくなるなか、公共施設等の更新・統廃合・長寿命化などの計画的実施による財政負担の軽減・平準化と最適配置の実現が必要となっている（総務省「公共施設等総合管理計画の策定にあたっての指針」2014）。統廃合などの対象には、庁舎や学校、公営住宅、図書館、公民館、福祉施設、文化・芸術・スポーツ施設などの公共施設が幅広く含まれるとされている。これはコンパクトシティの推進にもつながるものであり、建築計画としては建築の**複合化**、合築、併設などとしてこれまで議論されてきたものと考えてよい。

複合化は、多様化、高度化し、選択性を高める市民の要求に応える上で有効な方法となる。関連する施設の立地や整備時期を調整し、コミュニティの中心施設にふさわしい集中立地とし、さらに単体施設の集積以上の複合化を進め、その活気と機能を高められないか検討するとよい。コミュ

複合化
複数の施設を集積して複合施設を形成し、相互利用、部分共用、全体共用などを行うこと。合築、併設、コミュニティ施設ゾーンの形成などでは実現できない重複機能の共用などが可能である。それにより生み出されるスペースを活用した新たな共用空間の創出、付加的機能による機能充実などもでき、複合化は共用化、専門化、高度化にもつなげられる。また、重複的に整備される類似施設の整理統合、サービスの効率化という、行政改革的側面からも評価される。複合化の概念をさらに進めた融合化も論じられている[2]。

ニティ施設の複合化では、楽しく学び、活動できる場を必要数確保するとともに、交流の場となる共用空間の充実を期待したい。また、講演や発表にあわせた展示、情報提供、交流といった各種の機能的連携に対応できるよう、室相互の関連性や使い勝手重視の計画とする必要がある。

たとえば、武蔵野プレイスでは、図書館、生涯学習支援、市民活動支援、青少年活動支援の4つの機能を備えた複合施設を実現している（図12.5）。須賀川市民交流センターtetteは、生涯学習と市民活動（市民活動サポートセンター）、中央図書館、こどもセンター（子育て支援センター、わいわいパーク、預かりルーム）、ルーム（貸室）などからなり、1階をtette通り、3階を交流フロア（通称：つくるフロア）、4階を交流フロア（通称：うごく・かなでるフロア）としている。交流フロアに配架された図書は中央図書館の閉館時間や休館日にも利用できる。5階の円谷英二ミュージアムにも、「図書との融合」をコンセプトに展示テーマに沿って図書が配架されている（図12.6）。なお、複合したい施設の機能により、どこまでが可能かは異なる。たとえば、美術館であれば、独立のエレベーター、入口、搬入動線などの確保や建築部分の空間的分離までが施設管

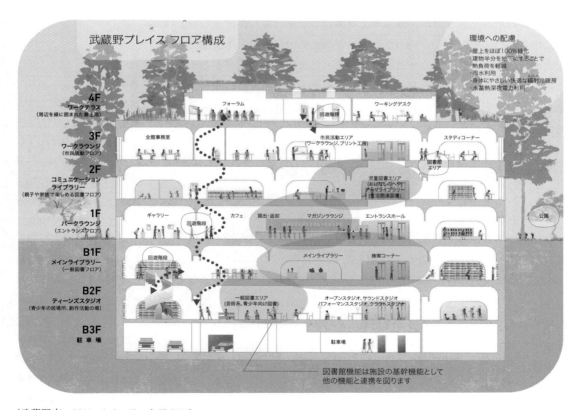

（武蔵野市、2011、kwhgアーキテクツ）
正式名称は武蔵野市立ひと・まち・情報 創造館 武蔵野プレイス。図書や活動を通して人が出会い、知識や経験を共有・交換しながら知的な創造や交流を創出し、地域社会を活性化することを基本理念とし、4つの機能が複合的に活用されるよう一体的な管理運営を行う。日本建築学会賞作品賞（2016年）受賞。

図12.5 武蔵野プレイス フロア構成[13]

理・警備上求められることがあり、その形態は併設、合築に近いものとなりやすい。

【演習問題】

1．日本における近隣住区理論では、近隣住区は人口8,000〜10,000人、戸数1,600〜2,000戸ぐらいがよいとされてきた。近年の核家族化、少子化、単身世帯増加、車社会化などの社会的傾向よりみるとき、計画単位のこのような設定はどのような困難に直面するであろうか。検討してみよう。

2．集会・研修、展示・鑑賞、実習等の一般的な機能の言葉で空間をとらえようとすると、コミュニティ施設の中心的機能である交流のための空間は見えにくいであろう。エントランスホール、ロビーなどは交流の空間にあたりそうであるが、これらも、まずは出入り、人を待ちあるいは休むなどの機能のための空間として計画される。そこで、交流を幅広い概念としてとらえた上で、設計事例を数例上げ、平面図上の交流空間を色塗りし、比較してみよう。たとえば、広場型の空間、道型の空間、分散・多極型の空間などはあるであろうか。施設のまつりやイベントは開

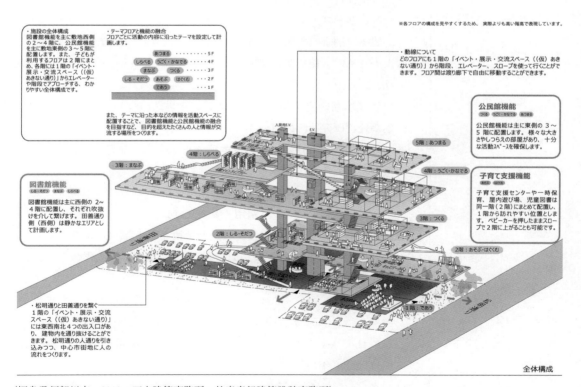

（福島県須賀川市、2019、石本建築事務所・畝森泰行建築設計事務所）
設置目的を、生涯学習の推進および市民活動の支援を図るとともに、世代や分野を超えた市民交流を促進し、もって東日本大震災により甚大な被害を受けた市街地中心部ににぎわいと活気を取り戻し、震災からの創造的復興の実現を図ることとする複合施設。日本建築学会賞作品賞（2019年）受賞。

図12.6　須賀川市民交流センター tette 全体構成[14]

きやすそうであろうか。そうした観察を通じて交流空間の型や計画のあり方について考えてみよう。
3．集会室内の机の配置方法には会議タイプの配置と研修タイプの配置がある。それぞれについて、折りたたみ式テーブルがどのように並べられるか、設計資料を当たり検討してみよう。標準的なテーブルの寸法、机と机の間隔、机と側面の壁や背後の壁の間隔、椅子の背後に必要な通路の寸法、右手採光を避けられる窓の位置などを理解しておく必要がある。
4．異なる施設の複合にはどのようなタイプがあるか、複合のメリットはどのようなものか、少し詳しく調べてみよう。また、それぞれのタイプについて、モデル的な事例を探してその特徴を整理してみよう。

【学習を深める参考図書】

1．クラレンス・A・ペリー：近隣住区論—新しいコミュニティ計画のために（倉田和四生訳）、鹿島出版会、1975年
2．ピーター・カルソープ：次世代のアメリカの都市づくり—ニューアーバニズムの手法（倉田直道・倉田洋子訳）、学芸出版社、2004年
3．有田桂吉（執筆代表）：公民館・コミュニティセンター（建築計画・設計シリーズ11）、市ヶ谷出版、1996年
4．建築思潮研究所編：地域交流・市民交流施設—地域連携・地域力向上のための多機能複合型施設（［新］建築設計資料1）、建築資料研究社、2019年
5．建築思潮研究所編：コミュニティセンター2（建築設計資料70）、建築資料研究社、1999年
6．建築思潮研究所編：コミュニティセンター（建築設計資料9）、建築資料研究社、1985年

【引用・参考文献】

1）仙田満：環境デザイン論、放送大学教育振興会、2009年
2）仙田満・佐藤滋編著：都市環境デザイン論、放送大学教育振興会、2010年
3）海道清信：コンパクトシティ—持続可能な社会の都市像を求めて、学芸出版、2001年　図5.4および図5.5より転載（出典　Congress for the New Urbanism: Charter of the New Urbanism, McGraw-Hill, 2000年）
4）クラレンスA．ペリー：近隣住区論—新しいコミュニティ計画のために（倉田和四生訳）、鹿島出版会、1975年
5）建築学大系編集委員会：集団住宅（建築学大系27、新訂第1版）、彰国社、1971年をもとに作成

6）小林秀樹：集住のなわばり学、彰国社、1992 年
7）ピーター・カルソープ：次世代のアメリカの都市づくり―ニューアーバニズムの手法（倉田直道・倉田洋子訳）、学芸出版社、2004 年
8）日本建築学会編：地球環境時代のまちづくり（まちづくり教科書第 10 巻）、丸善、2007 年
9）小泉秀樹・西浦定継：スマートグロース―アメリカのサスティナブルな都市圏政策、学芸出版社、2003 年
10）ワークステーション提供
11）中村勉総合計画事務所提供
12）日本建築学会：まちの居場所―ささえる／まもる／そだてる／つなぐ、鹿島出版会、2019
13）kwhg アーキテクツ提供
14）須賀川市：須賀川市市民交流センター実施設計説明書―概要版（7 頁）、2015 より転載

第 13 章　まちづくりと建築

本章で学ぶ内容

まちづくりという言葉は、様々な場面で使用されている。ここでは、人びとの生活を豊かにするための建築とまちづくりという建築計画学の視点から考えていきたい。まちづくりに関して、建築物と密接に関係する都市計画、景観計画に関する制度、建築物に関する制限などについては、都市計画分野に多数の文献があるため、そちらを参照されたい。ここでは、まちづくり組織、住民活動、伝統環境などについて、建築計画学的な関わりから考える。また、発展的学習として、建築物などと関連が深い外部の公共空間の在り方についても考えたい。まちづくりは、大人だけでなくこどもの参画も重要であるが、こどもに関する施設と空間、まちづくりに関する内容は第1章で扱っている。

13.1　まちづくり・地域づくり・街づくり

「まちづくり」という言葉は、私たちの日常生活でもよく耳にする。すまいの集合が集落を形作り、集落が集まると地域となり、地域が集まって街（都市）となっていく。これらのどの段階でも「まちづくり」という言葉が使われる。もっとも生活に密着しているのが、日常生活のあり方を住民同士が直接議論する町内会やコミュニティといった組織である。話題の中心がソフト的なものであってもまちづくりである。そしてこれらの小さな「まちづくり」組織があつまって、地域全体の地域づくりの取り組みを行っている。さらに、地域があつまり都市における街づくりでは、都市計画的な側面が加わり建物に規制と誘導をはかる仕組みづくりとなる。そのため、まちづくりの目標や対象によって住民の参加の形や対象が異なる（写真 13.1、13.2）。

まちとの関わりが、特に都市居住においては、サービスとして提供されるものととらえられがちである。一方で、今でも、毎朝自宅前の道を掃除し打ち水をされているのを見かける。その前を通るとまちに積極的につな

写真 13.1　住民との勉強会

写真 13.2　まちの目標の共有

現代的まちづくりの4つ潮流

街並み保全、住民参加、住環境整備などのまちづくりは1970年代から盛んに行われている。内田奈芳美は現代のまちづくりとして「対資本力」、「らしさ強調」、「領域をひらく」、「ゲリラ的」の4つの潮流を以下のように記している[1]。対資本力のまちづくりとは、金融資本の不動産市場へ流入による価格上昇に対するまちづくりの動きである。らしさ強調のまちづくりとは、〇〇らしさや現代アートを活用したまちづくりで、その場所にある意味を活かす取り組みである。領域をひらくまちづくりとは、資本主義経済価値の主流とは異なる価値ではなく、個人的選択肢や小規模資本などが経済や地理的領域を超えて行うものであ

第 13 章 まちづくりと建築

る。ゲリラ的まちづくりは、道路などを一時的に変化させるなどにより公共性や財産価値などのこれまでの利害関係を超えるようなまちづくりの動きである。

範囲を表す言葉

まちづくりの単位を考える場合、その言葉が表す範囲を意識する必要がある。
住民が自分自身が住んでいる場所からみた範囲を考えることを前提に、広辞苑、デイリーコンサイス国語辞典を参考に整理すると以下のようになる。

隣地：となり
近隣：となり近所
近所：近いところ
界隈：そのあたりの地域
地域：住民が共同して生活を送る地理的範囲

本章の地域まちづくり組織の「地域」は、都市関連法制度の「地域」意味より狭い範囲を指している。
また、地理的範囲が「町丁目」となると町内会や自治会などと呼ばれ、町内会や自治会などが集まり小学校区や連区といった範囲を表す言葉になっていく。

がっていると実感する。自分たちが住み、働く場と接する公共の空間へ関心をもち、まちの想いを共有し広げていくことがまちづくりの 1 歩であり、関心をもつことが、街並みの保全や、空き家対策など具体的な「まちづくり」を進める土台となる。

13.1.1 コミュニティの再構築

　現在多くの人々が暮らす都市は、分業化されたサービスによって生活が維持されている。例えば、日本各地に存在する水田は、稲の生育に合わせて水が必要である。この水は、ため池や用水によって確保され、用水路の樋門を開けることにより水は上流から下流の田へと流れ潤す。水田の景観は、上流から下流までの田を作る人々の協働関係によって成り立っている。このようなコミュニティの関係性が前提となり、山から適切に雨水を河川に排水するための排水路の維持管理や、道路の除草といった、生活の維持に必要なインフラの管理も自分たちで行い、地域コミュニティが生活の一部となっている（写真 13.3）。しかし、少子高齢化、労働人口や第一次産業従事者の減少、産業構造の変化によって、地域での生活時間が減少し、特に農山漁村ではミュニティの維持、継続が難しくなっている。

　また、高度経済成長期に各地で開発された住宅地では、同時期に多くの住民が転居し、建物用途も一定であったため、地域コミュニティへの帰属意識が低く、また地域での人間関係構築の必要性が小さかった。そのため、地域における住民同士のつながりの構築や、旧住民と新住民の軋轢の解消などに地域の祭りが重要な役割を果たしてきた（写真 13.4）。しかし、地域住民全体が高齢化し、子供世代が同居できる敷地に余裕のある住宅地は少なく、地域の祭りの担い手も減少、地域コミュニティの形成が難しくなっている。人口減少社会となったいま、公共サービスも含めて住環境の維持が他人事ではなくなっている。地域コミュニティの果たす役割は、余暇や趣味の人間関係の充実に加え、病院や買い物への送迎を住民同士が担うといった、住民の暮らし、生活の継続性が求められている。そのため、建築物を作るだけでなく、その後の生活を見据えて地域との関りを建設時点から十分に検討し、生活の継続に適した地域の枠組みと組織に参画できるような取り組みが求められる（写真 13.5）。

写真 13.4　稚児行列に多くの住民

写真 13.5　新しい形で文化を継承

(1) 公共の場の充実

古くからの集落には、鎮守の森や神社などが存在する。神社の境内は、子どもの遊び場であり、祭礼の中心でもあった。このような日常でもハレの場においても活躍する所有権を意識しない公共の空間は、人々の記憶に深く残ると共に生活に豊かさをもたらす。一方都市の中では、神社がビルとビルの間に残されたり、ビルの屋上に移転したりとその存在が目立たない。また、植栽も必要最低限となっており、緑地というには心もとない状況にある。これに代わるものとして、公開空地やセットバックによる空間が、公私の境界を曖昧にした空間として存在している。高層の建物と道路を歩く人間との適切な離隔を与え、植栽・ファニチャなどを設置することで非日常的な空間を作り出すことができる。個々の建物の効率性だけでなく、まち全体における建築物の役割や、まちへの影響を考慮し、公私の境界を曖昧にした公共の場の創出が、建物の魅力をたかめ、まち全体の魅力の創出にもつながる。

都市の街路には植栽がされており、これも公共空間の充実に寄与している。仙台市青葉通りのケヤキ並木（写真 13.6）や、名古屋市錦通りのイチョウ並木など、木々が作り出す空間は、日本独特の四季の移ろいを感じさせ大切な要素である。植栽時は小さな木だったものが年月を経て現在の樹勢となっており、植物の成長を見込んだ計画が重要となる。

13.1.2 空間の質の向上と管理
(1) 街路空間の質的向上

日本の街路を歩くと多くの屋外広告が目に留まる。芦原義信は「街並みの美学」のなかで銀座のビルの突き出し看板に着目し、規制の必要性を提案している。広告の多くは、施主と専門業者によって検討がされるが、軒上の看板や、突き出し広告、壁面サインなどは、建築計画時点で設計者も検討に加わることができる。広告による雑然さは、活気をもたらす効果もある一方で、道路上に競うように設置される立看板や、まちにそぐわない原色の看板など、安全上景観上好ましくない部分もある（写真 13.7）。周囲の環境や街並みを読み、これに合わせた広告を提案していくことは大切な役割である。

町中には、多くの細街路がある（写真 13.8）。建築基準法によって建築物が接する敷地の道路は 4m とされたものの、全国各地には、古くからの名残の細街路がいまだ健在である。細街路には、人々の暮らしや、その痕跡があり大きな魅力を感じる。しかし、不安を感じる人も増えている。壊れた塀、錆びたトタン、高くまで積まれたブロック塀、道端の雑草といった、危険や不安を感じる要素が気になるようである。車での生活が中心となって、車が入りにくい街路は、生活から切り離されてしまったのではないだろうか。しかし、人間の血管も大動脈から毛細血管まであり、そのす

写真 13.3 水路の存在意義は？

住宅地の中にある水路。都市整備とともに、使用されなくなってきている。水路には用水用と排水用があるが、暗渠化、公共下水道の整備も進み、存在意義が見えにくくなっている。

写真 13.6 青葉通り
植栽間隔が広くても美しい並木となる

写真 13.7 犬山城下町
犬山城下町地区では、観光客の増加とともに屋外広告物が増加し、景観を損ねる結果となってしまったことから、犬山城下町屋外広告物ガイドラインを 2019 年に策定し、城下町の空間の質の向上に取り組んでいる[2]。

412　第13章　まちづくりと建築

写真 13.8　呉市の細街路

写真 13.9　筋骨めぐり（下呂市）

電線地中化の提案

電線地中化には、大きな費用が発生する。そのため、面的に地中化をする場合は、区画整理事業や市街地開発事業などの面整備事業に合わせて実施されている。一方、景観保全を図るような地域においての地中化は、費用負担が大きい、道路が狭いなど、費用面、施工面にも課題がある。そのため、効果を検討し、効果的な部分を把握したうえで実施することが考えられる。

写真 13.10　景観を損ねる電線

べてに血が通い生きている。小さな街路にも役割があることから、このような細街路の質的な維持、魅力向上も重要である（写真 13.9）。

（2）無電柱化

電力を供給するインフラである電線は、私たちの生活に必要不可欠である。電柱と架空電線による配電が全国的に行われている。しかし、写真 13.10 では、神社の奥の森の背後を地区計画により森を超える高さの建物の建設を制限し景観の維持を図っているが、参道と楼門の間に無数の電線が見えており好ましいものではない。日本の美しい空間をより美しく見せるためには無電柱化の取り組みは重要で全国で進められている。

無電柱化には、電線の地中化（共同溝、地中配線）、軒下配線、裏側配線などがある。現在都市部でよく行われているのは地中化であり、道路に共同溝を埋設し、ここに電気、電話などのケーブルと、ガス、給排水などの配管をまとめるものである。地中化の場合、地上にトランスなどの地上機器が歩道上に設置されることも多いが、安全上も景観上も好ましくなく、設置位置には十分考慮が必要である。軒下配線の場合は建物が連続して建っている必要があるが、近年は空き家も増加しており、維持管理上の困難さを抱える。

図 13.1 は、中山道大湫宿での無電柱化を検討した写真である。電柱や電線によって、空が分断し街並みにとっては不要な線となっている。まち全体の雰囲気を良好なものとするために、無電柱化は欠かせないものである。

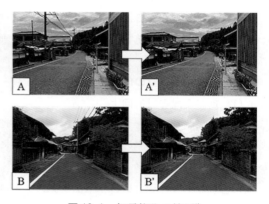

図 13.1　無電柱化の検討[3]

（3）維持管理

街路樹や外構に植えられた植栽は人工的な空間に自然を取り込む重要な要素である。これらは植物であるため維持管理が欠かせない。植栽の樹種により起こる維持管理上の課題として、いちょうの葉は腐りにくく水分を含むと転倒やスリップ事故の原因となることや、落葉樹による落ち葉が、建物の雨どいのつまりの原因や、敷地の排水溝のつまりによる排水不良の原因となる。また、どのような樹種であっても、高木であれば植樹から20年以上経過すると、台風による倒木なども報告される。さらに、いちょうやクスノキなどの臭いが苦情となることもある。

このように、自然の植物であっても適切な管理は必須であり、なるべく扱いやすい樹種が多用される。落葉樹種から非落葉種へ、在来種から、排気ガス、日射、高温に強い樹種へと、外来種の樹種が選定されてきた。そ

の結果、例えば、街路樹として多く見られるアメリカフウでは、これまでにはなかった新たなアメリカシロヒトリという害虫の大量発生を生み、他の植栽の葉を食べつくし、植栽がなくなってしまうなど、効率性が景観を変えている事例も見られる。

写真13.11　ストリートピアノ

安全性を阻害する問題として、根上がりがある。これは植栽ますが小さいため、樹木の根が収まらず地面に凸凹を生じさせるものである。根の張り方、植栽年数を考慮しないと躓きや転倒の危険性をうみ、結果伐採されることになる。

多くの建築物や街路の植栽を見ると、木と木の間隔が非常に狭い。特に高木の間隔は、緑化推進のために地方自治体で定められた基準に則って決められるが、この基準によって緑化されたものが10年、20年と経過すると必要以上に繁茂し、薄暗さを感じることがある。

このように、空間の魅力を高める植栽も、適切な維持管理がなされないと意味をなさない。そのため自主的な管理やアダプトプログラムを通じて地域住民に愛着をもってもらう取り組みが進められている。また、植栽の計画にあたっては、造園家などの協力が欠かせないこと、地域の植生に配慮すること、植えマスを大きくゆとりを持たせること、20年後の葉張りを考えた計画とすることが必要である。目指す管理は、旧来の集落で行われていたような、神社の境内の月1回の清掃のように直接的な関りをもち、住民たちの自主的な管理と見守りで維持されていくことである。

コラム：ストリートピアノ

最近駅ピアノやストリートピアノで演奏している人を見かけるようになった。上手な人、ピアノを習い始めた人、いろいろな人が思い思いの演奏をしている。ヨーロッパを旅していると駅、広場、道路などで様々な人が楽器を演奏している場面に出会う。日本においてもストリートミュージシャンが演奏していることもあるが、どちらかというと若者を中心とした文化といった感じである。ストリートピアノは万人が音楽を奏でる光景であり、都市空間に積極的に関係を持とうとする貴重な場となっている。「ピアノ」という道具と、だれでも参加できるという「仕組み」が、空間を構成する要素の1つとして、日本の文化の中に定着していくことが望まれる（写真13.11）。

13.1.3　アートの街づくり

日本全国でトリエンナーレと呼ばれる3年に1度の芸術祭が盛んにおこなわれている。都市や地域の中で芸術作品を展開し、まちと建物と人が関係性をもって進められていく取り組みである。日本においては「大都市型」、「里山型」に分類できるといわれ、「大都市型」では、名古屋市を中

414　第13章　まちづくりと建築

写真 13.12　石職人の家跡
淺井裕介「太古の声を聴くように、昨日の声を聴く」
2016
写真：井上嘉和
（岡山県岡山市犬島）

写真 13.13　勝者はいない
―マルチ・バスケットボール
作：イオベット＆ポンズ
（香川県豊島）

心に開催されるあいちトリエンナーレが、「里山型」として、越後妻有トリエンナーレ、瀬戸内国際芸術祭があげられる[4]。

　2010年に始まったあいちトリエンナーレでは、その会場は常設の美術館だけでなく名古屋市中心部の繊維問屋街に様々な作品が出現するなど、芸術と町が密接に関係している。

　2000年に始まった大地の芸術祭越後妻有トリエンナーレや2010年に開始された瀬戸内国際芸術祭は、人口減少が進む地方において、その地域の景観や地域性を生かしながら、芸術家、住民、ボランティアなどの多くの人が関わり合いながら作り上げていくものである。結果として、芸術家たちとの交流がきっかけで住民同士のつながりの再構築を生み、住民のまちへの関わり方がより深くなっていく。特に、直島や豊島などでは、海外から多くの人々がこの地を目的地として訪れており、街そのものが鑑賞の対象となっている。芸術を通した新しいコミュニティの創造につながる取り組みであり、これからのまちづくりの大きな可能性を有している（写真 13.12、13.13）。

13.2　伝統的環境

　現在は経済発展に合わせて多くの人口が都市に集中しているが、急峻で可住地が少ない日本には、古くから同じような場所で人々が集まって生活が営まれている。

　例えば、世界遺産として名高く合掌造りで有名な白川郷や、東海道や中山道といった街道に発展した関宿、妻籠宿、足助といった宿場町、城下町の岩村、多くの町屋が残る高山の三之町地区など、伝統的建造物群保存地区として昔の姿を現在に伝えている（写真 13.14、13.15）。

　伝統環境は、これらの特別な地区だけでなく、私たちの身の回りにも残されている。例えば、名古屋市近郊でも飯田街道や、鎌倉街道、美濃路といった道の名前は現在でも使用されており、これらの古い道には、宿場町の名残を残している建物がいくつも存在している。生活の変化の中で、宿場から商店に変わり、さらに現在は住宅にと用途を変えていても、そこに街の成り立ちと地域の文化が示されている。これらの建物を、リノベー

写真 13.14　妻籠宿

写真 13.15　白川郷

ションやコンバージョンなどにより活かし、新しい形で継承していくことで、日本の建築文化を残していくことが可能となる。

13.2.1 景観計画

平成16年に景観法が成立した。国宝・重要文化財建造物や、重要伝統的保存地区といった文化財としての価値が認められた建築物や建築物群については、それまでも保護の対象とされてきた。しかし、文化財的な価値は認められないものについては、その価値を評価する仕組みがなかった。景観法では、その地域の景観の価値を共有し、後世に継承していく取り組みに法的は枠組みを与えるものである。景観法の運用には、景観行政団体となる必要がある。都道府県、政令市、中核市は景観行政団体であり、それ以外の自治体は景観行政団体となることを表明し都道府県の同意を経て景観行政団体となり、景観計画を策定し具体的な景観の取り組みを進めることになる。そのうえで、景観計画で景観を保全する区域や、景観の基準、行為の制限などを定めこれを担保していく[5]。

景観の維持保全は、そこに暮らす住民の生活が豊かに、快適な暮らしになることを目指して行う取り組みである。それには住民の意思と意向が重要であり、住民自身が地域の景観の価値を共有し、自らの取り組みとして継続的に取り組みを進めていくことが大切である。建築の専門家は地域の住民組織と対等な立場で、豊かな暮らしを創造するために積極的に関与していくことが重要である。

13.3 住民活動

13.3.1 街のまちづくり

商店街や温泉街における「街のまちづくり」には、街の再生や発展を目標に掲げるものがある。たとえば、地方都市における商店街や山間部にある温泉街では衰退してしまった街の再生を目指してまちづくりに取り組んでいる。

（1）商店街のまちづくり

かつて消費の中心であった商店街も郊外部における大規模なショッピングセンターの出店やオンラインショッピングの登場により購買行動が変化したことで大きな影響を受けた。特に地方都市における商店街ではシャッターが目立つ街並みとなってしまった場所も少なくない。かつては人通りが多かったストリートも閑散とし、繁栄の象徴であった**アーケード**も維持管理費が重荷となって錆びついたまま残っていたり、取り壊されてしまっている。このような衰退する現状を受けて、運営組織である商店街振興組合を中心として再生を目指すまちづくりに取り組まれている。商店街のまちづくりでは近隣商店街が連携して**コンソーシアム**を立ち上げることで協

商店街のアーケード

アーケードは車道を含めた道路全体を覆う全蓋式と歩道のみを覆う片側式がある。いずれも雨風や日差しから買い物客を守る役割がある。全蓋式のものでも開閉可能な機構をもちオープンにできるものも存在するが、特にメンテナンスが必要で維持管理費負担が大きい。

写真 13.16 片側式アーケードのある街並み（室蘭市中央町商店街）

コンソーシアム

建築や都市計画の分野では、大規模なプロジェクトにおいて、建設業者、設計者、コンサルタント、政府機関などが協力してプロジェクトを成功させるために組織される。商店街においては複数の商店街が協力する組織を指し、商店主同士の連携や情報共有が容易になるなどのメリットがある。

コミュニティスペース

商店街に限らず、地域交流のための居場所として各地に作られている。空き家や空き店舗を活用している場合が多く、改修費の一部補助が利用しやすいことも関係している。管理者を常駐して継続的に運営するために収益の確保が重要となる。

働で効率的な運営に取り組み、様々なイベントを実施して集客を図ったり、空き店舗を活用した拠点づくりが行われている。

　北海道室蘭市では人口減少が進み、ショッピングセンターやロードサイドショップの出店により商店街への集客力が低下し、空き店舗も増加した。2010年に新市街地である中島地区の5つの商店街で中島商店会コンソーシアムを立ち上げ、拠点作りやイベント運営を行なっている。従前はスーパーであった空き店舗をコミュニティスペース（ふれあいサロン「ほっとな～る」）として改修し、専従職員を配置して運営している。コミュニティスペースの主な機能はイベント・休憩スペースであり、観光案内の機能やまちなかライブラリー、サテライトショップ、赤ちゃんの駅が付属することで、高校生の自習や子育て世代の利用も増えている。空き店舗の改修にあたっては地元大学の建築学生が打ち合わせやワークショップを重ね、店主らのイメージを聞き取りながら設計や模型製作を通して若者目線で具体化していった。家具製作や壁面塗装など、学生でも施工しやすい部分は学生自身が設計から材料の調達、施工することで、授業で修得したスキルを実践できる学びの場として活きている。（写真13.17、図13.2）

写真13.17 コミュニティスペース内の様子（室蘭市中島商店街）

図13.2 コミュニティスペースの改修内容（室蘭市中島商店街）[8]

(2) 温泉街のまちづくり

　山間部に位置する温泉街では宿泊客以外の購買が見込みにくいため、観光客の減少は大きな痛手になる。特に学校のスキー合宿で栄えた温泉街は生徒数の減少により衰退している。観光客が減れば旅館周辺の商店が閉店したり、旅館そのものが閉館する場合も少なくない。このような現状を受けて旅館関係者や温泉街関係者を中心として再生を目指すまちづくりに取り組まれている。温泉街では地熱・廃湯を活かした手湯の開設や名産品の開発など、地域資源を活かしたまちづくりに取り組まれている。

　北海道登別市には日本有数の温泉地である登別温泉があるが、そこから車で15分程度の山間部にもカルルス温泉という小さな温泉地がある。登別温泉の観光客が増加傾向であるのに対し、カルルス温泉には自然と旅館以外の観光スポットがなく、観光客が減少している。旅館同士が連携して「はしご湯」のイベントに取り組んだが、スキー客で栄えていた最盛期には7軒あった旅館も4軒にまで減少した。2017年より旅館関係者と大学、民間企業が連携し、再生に向けた検討が始まったが、山間部であるため旅館関係者と行政が主体となって地域主導でまちづくりを進めることが難しい局面にあった。調停役として隣まちの大学と民間企業が入り、他者誘導型で進められた。具体的には建築学生が現地調査による地域の魅力さがしを行い、行政も交えて発表会を設けることでカルルス温泉の現状と今後のまちづくり活動についてイメージが共有された。また、建築学生が源泉余剰廃湯を活用した足湯を製作することで、製作中の見学など、地域では1つのイベントとして賑わった。

　これらのような「街のまちづくり」は街の運営主体や民間企業、行政など様々な関係者と、かつて栄えていた街の情景を共有する瞬間があり、ノスタルジックなまちづくりでもある。街の再生が参加者にとっての共通目標になり、学生や教員はヨソモノとなる場合がある。大学が主体的に参加してまちづくりを進めるためには街のためにどのように貢献したいかが重要になる。一方で、まちづくりにおいては活動の拠点づくりや魅力的な場所づくりのために、建築が必要とされることは多い。時には調停役としての役割もあり、建築クラスターにとってヨソモノでありながらも大きな役割を期待される難しさがまちづくりにはある。

13.3.2　住民参加のまちづくり

　街から離れている郊外の住宅地でもまちづくりは有効である。古くからある郊外型の住宅地では住み替えにより住民が減少し、空き家の増加や公営住宅及び公園の老朽化など課題が多い。住宅地のまちづくりはこれらの課題解決のために住民や町内会、行政などが同じテーブルにつく機会になる。施設の整備や更新のプロセスに参加することで施設に対する愛着やまちに対するプライドが醸成されるため、住民参加を積極的に募るまちづく

地熱・廃湯利用

宇奈月温泉では温泉を利用した発電システムにより、電気自動車100％のまちづくりに取り組んでいる。地熱・廃湯といった未活用な地域資源を利用したエコを意識したまちづくりである。地熱・廃湯には幅広い活用方法があるため、旅館事業者らがクローズに検討するのではなく、行政や地域住民、観光客を交えてオープンに検討することが望ましい。

写真13.18　温泉街を走行する低速電気バスEMU（黒部市宇奈月温泉）

りが少なくない。

（1）既成市街地における公園リニューアルへの住民参加

　北海道室蘭市にある高砂5丁目公園は老朽化のため、リニューアルが検討されていた。リニューアルの基本的な考え方について行政と大学で協議し、従来型の住民参加ではなく、地域に関わる多くの主体が課題解決に関われるような「住民参加型のリニューアル事業」を目指して検討が始まった。幅広い住民の意識を探るアンケートや関心の高い住民の意見を取り入れるワークショップを組み合わせ、事務局側にも住民が参加できる形式がとられた。ワークショップでは地域住民や行政、大学、設計事務所等が参加し、現地の魅力・課題や地域に必要な公園像について意見交換され、それらが取り入れられたリニューアルデザイン案が検討された。建築学生はファシリテーターとして参加者の意見をカタチに翻訳する役割を担う。意見を持ち帰って図面や模型で反映することでも大いに貢献できるが、スケッチや図を描けるのも建築学生のウリの1つである（写真13.19、13.20）。

　ワークショップが終わった後、散策路やため池整備の際は参加者らが集まって自ら整備を進め、公園の維持管理も含めて活動するマネジメント団体（高砂5丁目公園コミュニティ）が立ち上がった。公園の近隣住民や大学生有志が、毎年必要になる草刈りや雨水で崩れる散策路の踏み固め等、公園の維持管理を焼き芋やそり滑り、落ち葉プール等と併せて年数回の行事として企画・実施する団体である。企画の実施にあたっては、休日に子供と段ボールを集める地域住民、部活のない日に樹木プレートを作る高校生とその先生、授業の合間に企画立案や周知に取り組む大学生など、近くに住んでいても普段は顔を合わせないような人たちが各々の日常生活の中で積み重ねた活動があって実施に至る。立ち上げ当初は連絡手段を含めて様々な困難があったが、定期的な話し合いの中で打ち解けあい、地域住民のメンバーから降り積もった雪を利用したアイスキャンドルづくりの企画が新たに提案される等、「地域をもっと良くしたいと願う地域住民が自らの手でその願いを実現する」プロジェクトとして取り組ま

写真 13.19 公園のリニューアル模型

写真 13.20 公園リニューアルワークショップの様子（室蘭市高砂5丁目公園）

公園の維持管理

公園は身近に緑をもたらす空間で日常に癒しを与えてくれるが、それらは伸びた草木やゴミの処理など、維持管理によって支えられている。財政状況の逼迫によって官民連携による維持管理、イベント等による収益で運営するパークマネジメントが注目されている。

れている。

(2) 新興住宅地におけるまちづくりへの住民参加

青森県八戸市にある八戸駅前の一等地は空地が目立つ。八戸駅は新幹線が停着する駅だが中心市街地とは離れており、2002年の新幹線駅開業と合わせて区画整理が行われてきたものの、駅前の一等地を除いて周囲には住宅地が拡がっている。2020年の新しいアイススケート施設のオープンに合わせ、駅前への施設誘致と将来の地域マネジメントを見据えた住民参加のまちづくりが始まった。参加希望者は地域住民だけでなく当初200名以上の幅広い応募があり、ポテンシャルが高い地域である。これまで、ロータリーを利用した3x3の実施やマルシェなどのイベント実施で賑わった。実施にあたっては月に一度の定例会を開催し、イベントの企画運営を行なっている。ラジオ体操など小さなことから始めていることに特徴があり、参加のハードルが低く、気軽に参加しやすい。地域住民や駅西地区で働いている方を主体として従来メンバーがサポートしながら、地域の課題解決や魅力の発揮に焦点を当てた内容・規模で企画を継続的に実施することで、将来的な「住民参加型の地域マネジメント」への素地が養われる。区画整理の事業開始から25年になるが新しい商業施設も立地してきており、まちづくりによって少しずつ賑わいが拡がっている。

これらのような住宅地のまちづくりでは地域の課題解決が参加者の共通目標となり、地域の魅力・課題については住民意見が不可欠である。施設の整備や更新の際は住民意見を取り入れることで整備後の「使うモチベーション」も高まる。整備プロセスへの参加を促せれば、整備後のマネジメントにも関心が高まるだろう。新しい住宅地では小さなまちづくりの活動を継続していくことで、将来の地域マネジメントに向けたキッカケづくりになる。地域マネジメントにとって住民は貴重な存在であり、関心やモチベーションを維持することが重要になる。そのために設計や模型、スケッチを使って参加者の意見をカタチに翻訳することが建築クラスターの大きな役割になる。

13.3.3 ゼロから始めるまちづくり

まちづくりでは拠点づくりや組織づくり、資金集めといった様々な課題がある。拠点づくりでは人手や資金が必要であり、運営を継続するために組織づくりも重要になる。これらがなにもないゼロの状態からまちづくりを始めようとすれば、思いが強くあったとしても実現は簡単ではない。

青森県弘前市にゼロから始まったまちづくりがある。アーティストや起業家のための居場所をつくりたいという思いから、**Uターン**者が中心となって拠点をつくり、運営している。2018年からおよそ4年がかりでリノベーションを行い、小さな複合施設（『HIROSAKI ORANDO』）を創りあげた。利用者は年々増えており、5年間で2万人を超える。株式会社ORANDO

Uターン
移住して以前住んでいた地域に戻ってくること。以前住んでいた地域の近くまで戻ってくる移住をJターンという。地方のまちづくりをみると、都会で経験を積んだUターン者が地元に戻って活躍していることも少なくない。

HIROSAKI ORANDO
移住した起業家たちの拠点としてはじまった複合施設。昭和53年に竣工した2階建RC造のセレモニーホールの1階をカフェバーとギャラリー、2階をゲストハウスとして再生した。

写真13.21 『HIROSAKI ORANDO』の外観

ゲストハウス
1室にベッドが複数台あり、シャワーやトイレを共用とするドミトリー形式の場合が多い。プライバシーでみれば個室が好まれるが、宿泊費が比較的安く、海外からの旅行者も多いため、旅先での交流を好む人に人気がある。

写真13.22 2段ベッドのドミトリー（『ORANDOの2階』）

ORANDO の 2 階

『HIROSAKI ORANDO』の2階にあるゲストハウス。ベッドの材料には津軽地方でよく見かけられるりんごを入れる木箱が約480個使われており、滞在するアーティストや起業家に地域を身近に感じさせてくれる。普段から見慣れていて扱いにも慣れている木箱を縦横に連結してシンプルな方法でつくることで、大学生でも協力して製作することができている（写真13.23）。

写真 13.23　りんごドミトリー（『ORANDOの2階』）

クラウドファンディング

プロジェクトやアイディアの資金調達方法のひとつ。インターネット上でのプレゼンテーションに対して資金を調達する。出資者に完成品や利用券などをリターンとして提示することで出資が募りやすくなる。提供プラットフォームも複数あり、気軽に利用しやすくなったことでまちづくりに伴う建物改修やイベント費用の調達でも活用される。

PLUS、一般社団法人 Next Commons Lab（NCL）が共同で運営しており、**ゲストハウス**が2022年8月にオープンしたことで道筋がようやく見えてきたところではあるが、そこに至るまでには様々な課題があった。

まず課題となったのは場所探しである。拠点づくりの予算は市の補助金500万円／年と一般社団法人NCLからの持ち出し数百万円のみであったため、まちなかで家賃を抑えられる場所を知人伝手で工面した。補助金には年度ごとの上限があるために補助金が切れる3年目までの完成を目指して段階的に改修を行っている。

段階的に改修を行うことで用途変更・確認申請も4回に分けて必要となった（図13.3）。メンバーである建築家は、業務として赤字であっても「建築家はクリエイティブなことに飛びつく生き物」という思いから設計や改修計画に継続的に関わってきた。最初の改修は集客を得やすいカフェバーから始め、エントランス側にカウンターとキッチンを設けることで、小さいながらもアーティストや起業家が昼夜語り合えるような居場所をつくり、2019年4月に『HIROSAKI ORANDO』としてオープンした。第2期工事でギャラリーを設け、アーティストの作品展示などのイベントが行えるようになった。ゲストハウスの工事は異種用途区画が必要になるため2段階に工事を分け、第3期で2階の防火区画を施工し、第4期で内装やベッドの施工を計画したが、コロナ禍で保留となった。

コロナ禍の時期で先行き不透明な状況にあったが、補助金の利用条件として10年間の活動継続があったため、事業の継続・拡大をしていきたいというメンバーの思いから**クラウドファンディング**に踏み切った。初めての申請で手探りでのチャレンジとなったものの結果的に目標金額400万円に対して140%の支援があり、ゲストハウスの内装・ベッドの予算も確保することができた。

ベッドの材料として市場で使用されていたりんご木箱を再利用しており、手書きの文字や数字が残された生の素材感と学生施工の手づくり感と合わさって、温かみのある空間となっている。その他にも地元出身アーティストの作品が天井に描かれたり、まちづくり掲示板が設けられたりと、使い手がつくり手になるような様々な関わり方が見て感じられる。リピーターや固定客もおり、ゲストハウスの収益を運営資金とすることで活動も軌道に乗り始めた。なかにはインターンとして参加したいという若者も増えており、アーティストや起業家が地域との接点を持つ場所で、まちを支える次世代のサイクルが生まれることをメンバーも期待している。

このようにゼロから始めるまちづくりでは、乗り越えなければならない課題が多いが、予算をクラウドファンディングにより調達する事例も増えている。一度に設計・工事を進められない難しさもあるが、使い手と一緒に少しずつアップデートしていく拠点づくりにはそこでしか得られないまちづくりの楽しさがある。

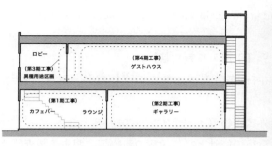

図 13.3 『HIROSAKI ORANDO』の改修内容

写真 13.24 「りんご箱ベッド」組み立ての様子

―― コラム：まちづくりと建築学生 ――

　まちづくりに学生が参加することの意義は大きい。ワークショップなどで社会人や高齢者と共に学生がまちづくりに参加することで場の雰囲気が和やかになり、若いエネルギーはまちづくりの起爆剤にもなる。学生にとっては大学外の人と関わることで得られる経験も少なくない。特に拠点づくりを行う場合には、建築学生の活躍できる場面が多く、設計の授業とは違って実践的に取り組める。プロほどの提案ができなかったとしても、日常的に設計や模型製作に取り組んでいれば「たたき台」には十分なる。建築を学んでいない人と比べれば、図面や模型がつくれることはアドバンテージになる。実際につくる場合は部材の厚みを考えさせられたり、既存建物の歪みをどう考えるべきか悩まされるかもしれない。施主に直接プレゼンテーションできる機会が得られれば、授業の発表とはまた違った緊張感を経験できる。提案が実際に建築されたとすれば、そのときの達成感は学内では決して味わえないものだろう。

【演習問題】

1．まちづくりのきっかけとなることがらにはどんな要因が考えられるか。身の回りのまちの課題を整理してみよう。
2．植栽を計画する際にどのようなことに気を付けるのが良いか。実際の植栽を例にとり、気を付けるべき事柄をまとめてみよう。
3．芸術とまちとの関係性について、事例を調べて考えてみよう。
4．身近な場所のまちづくり事例を調べてみよう。
5．身近な場所でまちづくりに参加するとしたらどのように参加したいか、自分なりの参加の仕方を考えてみよう。

【学習を深める参考図書】

1　横浜市の対策　https://www.jstage.jst.go.jp/article/jjsrt/35/2/35_2_267/_pdf
2　室蘭市HP、高砂5丁目公園最終リニューアル案の報告会

https://www.city.muroran.lg.jp/main/org7330/hokokukai.html

【引用・参考文献】

1) 佐藤滋、饗庭伸、内田奈芳美編：まちづくり教書、鹿島出版会、2017年

2) 犬山市：犬山市屋外広告物ガイドライン、2019年

3) 櫻木耕史ほか：大湫宿の修景と細久手宿の建物等に関する調査研究報告書、岐阜工業高等専門学校、2020年

4) 吉本　光宏：トリエンナーレの時代―国際芸術祭は何を問いかけているのか、ニッセイ基礎研レポート 2014-03-31

5) 国土交通省都市局公園緑地・景観課：景観計画策定・改定の手引き 令和4年3月 https://www.mlit.go.jp/toshi/townscape/content/001474535.pdf

6) 西尾洸毅、真境名達哉：室蘭市の商店街における店舗の実態把握、日本建築学会北海道支部研究報告集86、pp495-498、2013年6月

7) 山本修平、真境名達哉、西尾洸毅：商店街におけるコミュニティスペースの実態とその効果に関する研究　その1、日本建築学会大会学術講演梗概集2013、pp1093-1094、2013年8月

8) 山本修平、真境名達哉、西尾洸毅：商店街におけるコミュニティスペースの実態とその効果に関する研究　その2、日本建築学会大会学術講演梗概集2013、pp1095-1096、2013年8月

9) 中川雄平、真境名達哉、西尾洸毅：商店街を中心とした地域連携によるまちづくりの可能性　その1、日本建築学会大会学術講演梗概集2014、pp901-902、2014年9月

10) 中川雄平、真境名達哉、西尾洸毅：商店街を中心とした地域連携によるまちづくりの可能性　その2 日本建築学会大会学術講演梗概集2014 pp903-904

11) Hiroki Nishio, Tomohito Noto, Kunio Kawauchi, Tatuya Majikina: A Study on Interests of Residents and Tourists in Sightseeing spot, JSED2017, pp67-68, Feb, 2017

12) 照井渉平、西尾洸毅、真境名達哉：他者誘導型まちづくり活動と組織形態の関係、日本建築学会北海道支部研究報告集91、pp363-366、2018年6月

13) HIROSAKI ORANDO ホームページ：https://www.hirosakiorando.com

事項索引

【欧文】

200年住宅	167, 242, 243
2元論	38
3D	67, 173
5エレメント	98
51C型	189
AIDMA（アイドマ）の法則	336
asian chaos	99
BCP	162
BDS	296
BIM	110
BM	293
C.アレグザンダー	5
CASBEE	22
CHS	242
CIAM	9
CM	110
COP10	10
CPTED	166
DINKS	7
DMO	351
ECI方式	110
FM	53, 109, 353
HOPE計画	228
ICU	373
ISS	370
J.J.ギブソン	101
K.E.ボウルディング	95, 96
LDR	377
M.ヤンマー	37
Muller-Lyerの錯視	60
N-スペース	68
NDC	298
NEXT21	240
O.F.ボルノウ	38, 40
OPAC	294
P-スペース	68
PFI	109, 172
PM	110
PN-スペース	68
POSシステム	340
PPC病棟	373
PPP	172
R.アルンハイム	39, 52
R・ヴェンチューリ	52
RFIDタグ	297
S.S.Stevens	26
SD法	72
SDGs	10, 32
SI	31
SI住宅	31, 241
SOHO	241, 355
SPC	172
SPD	374
TOD	395, 396
U.ナイサー	101, 102
UNEP	20
VE	172
VR	331
ZEB	123, 174
ZEH	174

【あ】

アイデンティティ	97, 98
アインシュタイン	39
アウグスト・シュマルゾー	38, 40, 45
アウトレットモール	333, 334
上がり框	116
アクセシブル・デザイン	122
アクティブソーラー	123
アクティブラーニング	275, 295, 296
芦原義信	46, 52, 68, 411
アセットベースド コミュニティディベロップメント	111
あそび環境	51, 256, 268, 275
あそび空間	257, 261, 262
あそび空間発生性	262
あそびの発展段階	260
後舞台	326
アトリウム	360, 361, 362
アトリウムの公共性	361
アトリウムの種類	361, 364
アフォーダンス理論	101
あふれだし	222
あふれ率法（α法）	360
アプローチ	130, 201
アメニティ	338
アリーナ型	324
アリストテレス	37, 38, 46
アルコーブ	116, 268, 272, 286
アレクサンドリア図書館	289, 307
アレックス・F・オズボーン	25
アンケート調査	26, 295, 319
安全性	156, 187
アンビギュイティ	99
飯田勝幸	72
イーフー・トゥアン	39
意外感	105, 106
池辺陽	8
居心地	302, 325
一斉保育	268
一夫多妻制	186, 190
移動速度	141
伊藤ていじ	52
移動できる家具	272
移動図書館	292
井上充夫	45, 51
居場所	284, 400
イベント変動	128
イマヌエル・カント	38
意味構造	73
意味次元	73
イメージ	95
イメージアビィリティ	98
イメージ研究	100
陰翳礼讃	49, 117
院外処方	373
因子分析	73
インタビュー	24
インテリジェントビル	357, 358
インフィルハウジング	111
インフォームドコンセント	372

ヴァリューエンジニアリング ・・・ 172	開架式 ・・・・・・・・・ 294	川添登 ・・・・・・・・・ 104
ウィトルウィウス ・・・・・・ 4, 5	回帰式 ・・・・・・・・・ 127	環境イメージ ・・・・・・・ 95
ウェイ・ファインディング ・・ 83, 369	介護予防 ・・・・・・・・・ 389	環境共生型住宅地の開発 ・・・・ 396
上松佑二 ・・・・・・・ 39, 42, 59	改正旅館業法 ・・・・・・・ 350	環境共生住宅 ・・・・・・ 32, 242
ウォールペイント ・・・・・・ 378	階層別人口行列 ・・・・・・・ 127	環境性能 ・・・・・・・・・ 22
運営方式 ・・・・・・・・・ 278	階段室型 ・・・・・・・・・ 219	環境の 3 成分 ・・・・・・・ 98
運動視差 ・・・・・・・・・・ 64	階段部分 ・・・・・・・・・ 286	環境のイメージ ・・・・・・・ 98
エアカーテン ・・・・・・・ 337	快適性 ・・・・ 2, 24, 82, 149, 154, 187	環境負荷 ・・・・・・ 22, 196, 353
エーロ・サーリネン ・・・・ 42, 49	外部空間 ・・・・・ 41, 51, 82, 313	環境保全 ・・・・・・・・・ 17
エコで省エネルギー性能 ・・・・ 286	外部空間計画 ・・・・・・・ 130	環境倫理学の提唱 ・・・・・・ 21
エスキス ・・・・・・・ 112, 134	外部空間の設計 ・・・・・・・ 46	関係人口 ・・・・・・・・・ 350
エッジ ・・・・・・・・・・ 98	外部空地 ・・・・・・・・・ 362	看護単位 ・・・・・・・・・ 373
エドワード・レルフ ・・・・・ 40	買回品 ・・・・・・・・・・ 336	観察 ・・・・・・・・・・・ 25
エレベータ設置義務 ・・・・・ 143	回遊性 ・・・・・・ 270, 335, 339	館種 ・・・・・・・・・ 310, 312
延焼しゃ断帯 ・・・・・・ 163, 164	界隈 ・・・・・・・・・ 3, 410	鑑賞距離 ・・・・・・・・・ 83
エンターテイメント性 ・・・・ 334	科学館 ・・・・・・ 257, 307, 317	幹線道路 ・・・・・・・ 29, 130
沿道型 ・・・・・・・・・・ 230	学習展開 ・・・・・・・・・ 282	関東大震災 ・・・・・・・・ 161
オイルショック ・・・・・ 9, 225	学童保育 ・・・・・・・・・ 261	監督室 ・・・・・・・・・・ 329
王義之 ・・・・・・・・・・ 58	楽屋部門 ・・・・・・・・・ 325	管理組合 ・・・・・・・・・ 223
黄金比 ・・・・・・・・・・ 61	確率行列 ・・・・・・・・・ 127	キーテナント ・・・・・・・ 334
オーケストラピット ・・・・・ 326	隔離待合 ・・・・・・・・・ 372	記憶 ・・・・・・・ 96, 103, 289
オーダリングシステム ・・・・・ 370	囲み型 ・・・・・・・・・・ 230	機械式 ・・・・・・・・・・ 339
オープンシステム ・・・ 275, 276, 278	火災温度 ・・・・・・・・・ 157	企業イメージの表現 ・・・・・ 354
オープンステージ ・・・・・・ 323	瑕疵 ・・・・・・・・・ 168, 169	起居様式 ・・・・・・・ 186, 246
オープンスペース	貸出型 ・・・・・・・・・・ 290	基準階 ・・・・・・・・・・ 357
・・・・ 163, 222, 278, 280, 282, 401	貸出中心型 ・・・・・・・・ 295	気象条件 ・・・・・・・・・ 131
オープン陳列 ・・・・・・・ 337	貸ビル ・・・・・・・・・・ 355	帰心の会 ・・・・・・・・・ 162
オープンハウジング ・・・・・ 240	霞が関ビルディング ・・・・ 356, 358	季節変動 ・・・・・・・ 125, 128
オープンビルディング ・・・・・ 111	仮想現実 ・・・・・・・・・ 331	期待感 ・・・・・・・・・・ 105
沖種郎 ・・・・・・・・・・ 37	家族構成 ・・・・・・ 30, 199, 240	機能距離 ・・・・・・・・・ 104
奥野健男 ・・・・・・・・・ 104	課題解決型 ・・・・・・・・ 295	機能主義 ・・・・・・・・ 8, 208
奥行の知覚 ・・・・・・・・・ 63	型式認定工法 ・・・・・・・ 210	機能性 ・・・・・・・・ 42, 154
お茶の水文化アパート ・・・・・ 194	片側廊下型一文字校舎 ・・・・ 276	規模計画 ・・・・・・ 125, 140, 281
オフィス従業者一人あたり床面積	片捌き ・・・・・・・・・・ 58	規模推定 ・・・・・・・・・ 130
・・・・・・・・・・・・ 359	形は機能に従う ・・・・・・・ 42	逆遠近 ・・・・・・・・・・ 69
オフィスビル ・・・・・・ 30, 353	片廊下型 ・・・・・・・ 219, 376	客動線 ・・・・・・・・・・ 337
オフィスマンション ・・・・・ 355	学校運営協議会 ・・・・・・・ 286	ギャラリー ・・・・ 214, 314, 326, 420
オフィスレイアウト ・・・・・ 358	学校建築図説明及設計大要 ・・・ 275	急性期 ・・・・・・・ 369, 373, 377
オベリスク ・・・・・・・・ 44	学校のセキュリティ ・・・・・ 280	ギュンター・ニチュケ ・・・・ 40
音響調整室 ・・・・・・・・ 329	桂離宮 ・・・・・・・・・・ 58	強、用、美 ・・・・・・・ 4, 58
音響特性 ・・・・・・・・・ 327	可動区画壁 ・・・・・・・・ 328	教育・保育給付認定 ・・・・・ 269
	可読性 ・・・・・・・・・・ 147	教員コーナー ・・・・・・・ 284
【か】	加藤尚武 ・・・・・・・・・ 21	教科教室型 ・・・・・ 275, 276, 278
カーテンウォール ・・・・・ 355, 356	香山寿夫 ・・・・・・・・・ 43	共感現象 ・・・・・・・・・ 58

教室 ・・・・・・・・・・・ 140	グリッド ・・・・・・ 120, 137, 206	建築美論の歩み ・・・・・・・ 45
教室南面・北廊下 ・・・・・・ 275	グリッドプラン ・・・・・・ 137, 206	原風景 ・・・・・・・・・ 103, 104
教室まわりの機能構成要素 ・・・・ 282	グルーピング ・・・・・・ 206, 221	コアシステム ・・・・・・ 138, 357
業態変更 ・・・・・・・・・・ 351	グループホーム ・・・・・・ 383, 386	小泉八雲 ・・・・・・・・・・ 50
擬洋風建築 ・・・・・・・・・・ 8	クルドサック ・・・・・・・・ 130	広域連携 ・・・・・・・・・ 325
京間 ・・・・・・・・・・ 120, 138	黒川紀章 ・・・・・・ 53, 208, 209	公会堂 ・・・・・・・・・・ 325
業務施設 ・・・・・・・・・・ 353	軍艦島 ・・・・・・・・・・ 194	公共交通指向型開発（TOD）・・ 395, 396
共用化 ・・・・・・・・・ 20, 403	燻蒸室 ・・・・・・・・・・ 315	公共ホール ・・・・・・・・ 325
居室型分娩室 ・・・・・・・・ 377	けあげ ・・・・・・・・・ 81, 120	合計特殊出生率 ・・・・・・・ 239
居住者 ・・・・・・ 26, 186, 239, 240	ケアハウス ・・・・・・・・ 387	恒常性 ・・・・・・・・・・ 60
距離尺度 ・・・・・・・・・・ 26	計画原論 ・・・・・・・・・ 5, 8	構造改革特区制度 ・・・・・・ 286
距離認知 ・・・・・・・・・・ 105	計画住宅地 ・・・・・・・・ 127	公開空地 ・・・・・・・・ 360, 363
ギリシア劇場 ・・・・・・・・ 323	計画条件 ・・・ 7, 199, 214, 258, 398	高蔵寺ニュータウン ・・・・・・ 20
木割法 ・・・・・・・・・・ 200	景観 ・・・・・・・・ 71, 102, 415	公的宿泊施設 ・・・・・・・ 351
金閣寺 ・・・・・・・・・・ 105	景観計画 ・・・・・・・・・ 415	行動観察調査 ・・・・・・・・ 25
緊急地震速報 ・・・・・・ 161, 162	経済性 ・・・・・・・・ 170, 353	行動場面 ・・・・・・・・・ 278
緊急避難所 ・・・・・・・・ 126	傾斜路 ・・・・・・・・・・ 82	高度化 ・・・・・・・・・・ 20
近隣住区の原則 ・・・・・・・ 394	継承性 ・・・・・・・・・・ 22	公民館 ・・・・・・・・ 397, 401
近隣住区理論 ・・・・ 280, 393, 395	契約不適合 ・・・・・・・・ 169	小売施設 ・・・・・・・ 333, 336
くい基礎 ・・・・・・・・・ 122	系列別教科教室型 ・・・・・・ 275	合理主義 ・・・・・・・・・・ 8
空間 ・・・・・・・・・・ 4, 37	経路距離 ・・・・・・・ 104, 126	効率性・生産性 ・・・・・・・ 353
空間イメージ ・・・・・・・・ 95	ゲシュタルト心理学 ・・・・ 62, 68	交流空間 ・・・・・・・・・ 310
空間条件 ・・・・・・・・・・ 26	ゲストハウス ・・・・・・ 349, 419	交流をうながす空間 ・・・・ 255, 398
空間図式 ・・・・・・・・・ 101	ゲニウスロキ ・・・・・・・ 112	高齢化社会 ・・・・・・・ 9, 383
空間像 ・・・・・・・・・・ 23	ケビン・リンチ ・・・・・・・ 97	高齢者専用賃貸住宅 ・・・・・・ 384
空間知覚 ・・・・・・・・・ 5, 51	研究開発学校 ・・・・・・・ 286	高齢者向け住宅 ・・・・・ 383, 384
空間と時間 ・・・・・・・・ 37, 39	健康 ・・・・・・・・・ 32, 155	ゴーストフロア ・・・・・・ 360, 362
空間と場所 ・・・・・・・・・ 39	健康住宅 ・・・・・・・・・ 242	コートハウス ・・・・・・ 204, 210
空間認知 ・・・・・・・・・・ 5	健康増進法 ・・・・・・・ 360, 361	ゴードン・カレン ・・・・・・ 71
空間の価値 ・・・・・・・ 261, 262	顕在要求 ・・・・・・・・・ 24	コーポラティブ住宅 ・・・・・ 240
空間の段階構成 ・・・・・・ 28, 222	建設コスト ・・・・・・・ 7, 220	コーポラティブ方式 ・・・・・ 188
空間の分節 ・・・・・・・・・ 68	建築5団体 ・・・・・・・・ 22	ゴールドプラン ・・・・・・・ 383
空間のまとまり ・・・・・・・・ 68	建築企画 ・・・・・・・・・ 311	互換スペース ・・・・・・・・ 31
空間の無限性 ・・・・・・・・ 37	建築空間シミュレーション ・・・・ 9	五感によるイメージ ・・・・・ 97
空間譜 ・・・・・・・・・・ 72	建築空間の三要素 ・・・・・・ 45	子育て支援 ・・・・ 253, 258, 268
空間領域 ・・・・・・・・ 86, 221	建築計画原論 ・・・・・・・・ 8	戸建て住宅 ・・・・・ 6, 228, 233
空間論 ・・・・・・・・・・ 37	建築計画と展示計画のコラボレーション	コト消費 ・・・・・・・・・ 334
空調効率 ・・・・・・・・ 132, 174	・・・・・・・・・・・ 311, 312	子どもの安全 ・・・・・・・ 165
クールチューブ ・・・・・・ 32, 123	建築主 ・・・ 19, 29, 109, 168, 217, 218	子どもの不慮の事故 ・・・・・ 164
クラウドファンディング ・・・・ 420	建築十書 ・・・・・・・ 5, 42, 58	個別化 ・・・・・・・・・・ 19
グラハム・ホートン ・・・・・・ 21	建築生理・心理 ・・・・・・・・ 8	コミュニケーション空間 ・・・・ 18
グラビティモデル ・・・・・・ 129	建築設計競技 ・・・・・・・・ 6	コミュニティ ・・・・・・・・ 3
グリーンビルディング ・・・・・ 355	建築設計三会 ・・・・・・・ 207	コミュニティ計画 ・・・・・・ 393
クリーンルーム ・・・・・・・ 374	減築の時代 ・・・・・・・・ 167	

コミュニティ施設 ‥‥‥‥‥393, 398, 400, 403	参加体験型展示 ‥‥‥‥ 318, 319	質の時代 ‥‥‥‥‥‥‥ 227
コミュニティスクール ‥‥‥‥‥‥‥‥‥ 280	残響時間 ‥‥‥‥‥‥ 119, 327	失望感 ‥‥‥‥‥‥‥ 106
	シークエンシャル ‥‥‥‥‥ 118	シティホテル ‥‥‥‥‥‥ 343
コミュニティスペース ‥‥‥ 416	シェアハウス ‥‥‥‥‥‥ 241	児童開架 ‥‥‥‥‥ 300, 301
コミュニティセンター ‥‥‥ 398	シェルター ‥‥‥‥‥‥ 3, 185	自動火災報知設備 ‥‥‥ 159
コミュニティホテル ‥‥‥‥ 344	視覚情報量 ‥‥‥‥‥‥ 105	児童館 ‥‥‥‥‥ 251, 257, 260
コモンスペース ‥‥‥ 282, 284, 286	視覚的イメージ ‥‥‥‥ 98, 103	児童施設 ‥‥‥‥‥‥ 256
コレクティブハウス ‥‥‥‥ 241	時間距離 ‥‥‥‥‥ 25, 32, 104	児童養護施設 ‥‥‥‥‥ 382
コワーキングスペース ‥‥‥ 354	時間消費 ‥‥‥‥‥‥ 334, 338	シドニーオペラハウス ‥‥‥ 42
コンサートホール ‥‥‥‥‥ 325	時間変動 ‥‥‥‥‥‥‥ 128	視認性 ‥‥‥‥ 146, 147, 148, 331
コンストラクションマネジメント ‥ 110	敷地計画 ‥‥‥‥‥‥ 130, 313	シミュレーション ‥‥ 9, 147, 148, 331
コンソーシアム ‥‥‥‥‥ 415	識別距離 ‥‥‥‥‥‥‥ 65	市民参加 ‥‥‥‥‥‥ 329, 330
コンバージョン ‥‥‥‥ 30, 167	事業継続計画 ‥‥‥‥‥ 162	市民の図書館 ‥‥‥‥ 289, 295
コンパクトシティ ‥‥‥‥‥ 396	事業タイプ ‥‥‥‥‥ 343, 344	事務所ビル ‥‥‥‥‥ 355, 358
コンビニエンスストア ‥‥‥‥ 339	視距離 ‥‥‥‥‥ 316, 317, 327	下田菊太郎 ‥‥‥‥‥‥ 8
コンペ ‥‥‥‥‥‥‥‥ 6	視距離・視線角度 ‥‥‥ 316, 317	遮音性 ‥‥‥‥‥‥‥ 284
コンペティション ‥‥‥‥ 110, 170	資源の有効利用 ‥‥‥‥‥ 17	シャッター街化 ‥‥‥‥‥ 341
	時刻変動 ‥‥‥‥‥‥ 127, 355	シャワー効果 ‥‥‥‥‥ 336
【さ】	自己形成空間 ‥‥‥‥‥ 104	集客性 ‥‥‥‥‥‥‥ 312
ザ・イメージ ‥‥‥‥‥‥ 95	自己定位 ‥‥‥‥‥‥ 51, 96	住区街路 ‥‥‥‥‥‥ 130
サービス ‥‥‥ 90, 224, 292, 298, 347, 383	自社ビル ‥‥‥‥‥‥‥ 355	集合業態 ‥‥‥‥‥‥ 334
サービスカウンターデスク ‥‥‥ 301	指数曲線 ‥‥‥‥‥‥‥ 127	集合住宅 ‥‥‥‥‥‥ 217
サービスステーション ‥‥‥ 376	次世代成育環境都市 ‥‥‥ 396, 397	集合の目的と型 ‥‥‥‥‥ 87
サービス付き高齢者向け住宅 ‥‥ 384	施設規模 ‥‥‥‥‥ 125, 127, 317	収蔵庫 ‥‥‥‥‥‥ 311, 315
サービス量 ‥‥‥‥‥‥ 126, 128	施設計画 ‥‥‥‥‥‥ 7, 222	住宅双六 ‥‥‥‥‥‥ 186
災害対応 ‥‥‥‥‥ 168, 243, 391	施設配置 ‥‥‥‥‥‥ 129, 396	住宅の標準化・規格化 ‥‥‥ 226
採光 ‥‥‥‥‥ 204, 316, 359, 360	施設要求 ‥‥‥‥‥‥‥ 19	住宅の品質確保促進法 ‥‥‥ 244
採光に有効な部分の面積 ‥‥ 359, 360	施設利用圏 ‥‥‥‥‥‥ 126	集中率 ‥‥‥‥‥‥‥ 355
最小規模 ‥‥‥‥‥‥ 125, 359	施設利用率 ‥‥‥‥‥‥ 128	自由通学区制 ‥‥‥‥‥ 286
最小限住宅 ‥‥‥‥‥‥ 8, 208	自然環境との共生 ‥‥‥‥ 286	柔軟性 ‥‥‥‥‥‥ 122, 381
最大規模 ‥‥‥‥‥‥‥ 125	自然監視システム ‥‥‥‥ 166	周辺条件 ‥‥‥‥‥‥ 23, 131
最短距離 ‥‥‥‥‥‥‥ 126	自然共生 ‥‥‥‥‥‥‥ 22	週変動 ‥‥‥‥‥‥‥ 128
サイン ‥‥‥‥‥‥‥ 57, 83	自然採光と人工照明 ‥‥‥ 316, 319	自由保育 ‥‥‥‥‥‥‥ 268
差額ベッド ‥‥‥‥‥‥‥ 373	自然素材 ‥‥‥‥‥‥‥ 272	シューボックス型 ‥‥‥ 323, 324
坂道の勾配 ‥‥‥‥‥‥ 66	自走式 ‥‥‥‥‥‥‥ 339	収容力 ‥‥‥‥‥‥‥ 128
錯視 ‥‥‥‥‥‥‥‥ 59	持続可能な開発 ‥‥‥ 10, 21, 32	重力モデル ‥‥‥‥‥‥ 129
桟敷 ‥‥‥‥‥‥‥‥ 323	持続性 ‥‥‥‥‥‥‥ 2, 17	主観距離 ‥‥‥‥‥‥ 105
サステイナブルシティ ‥‥‥‥ 396	視対象に付随する影 ‥‥‥‥ 64	宿泊施設 ‥‥‥‥‥ 343, 350, 351
座席寸法 ‥‥‥‥‥‥‥ 327	視対象の明瞭さ ‥‥‥‥‥ 64	主舞台 ‥‥‥‥‥‥‥ 326
座席の選択 ‥‥‥‥‥ 26, 85	自治会 ‥‥‥‥‥‥‥ 223	シュマルゾー ‥‥‥‥ 38, 40, 45
雑踏事故 ‥‥‥‥‥‥‥ 141	シックスクール症候群 ‥‥‥ 286	シュムメトリア ‥‥‥‥‥ 59
サナトリウム ‥‥‥‥‥‥ 377	シックハウス症候群 ‥‥ 155, 156, 242	順応型住宅 ‥‥‥‥‥‥ 241
	実験 ‥‥‥‥‥‥‥‥ 26	巡回形式 ‥‥‥‥‥‥ 316
	実存的空間 ‥‥‥‥‥‥ 41	順序尺度 ‥‥‥‥‥‥‥ 26

書院造 ・・・・・・・・・・・ 192	スキップフロア型 ・・・・・・ 219	絶対空間 ・・・・・・・・・・ 38
省エネルギー ・・・・・・ 22, 174	スクラップ・アンド・ビルド	設備諸室 ・・・・・・・ 360, 362
生涯学習 ・・・・・・ 275, 276, 398	・・・・・・・・・・・・ 31, 167	設備動線 ・・・・・・・・ 30, 141
生涯学習センター ・・・・・・ 398	スケッチマップ ・・・・・・・ 98	設備の所要数 ・・・・・・・・ 125
生涯学習の場としての学校 ・・・ 276	スケルトン・インフィル ・・・・ 31	セミラチス構造 ・・・・・・・ 25
小規模多機能拠点施設 ・・・・・ 385	スザンヌ・ランガー ・・・・・・ 40	遷移確率行列 ・・・・・・・・ 127
象形文字 ・・・・・・・・・・ 57	図式 ・・・・・・・・・ 101, 102	潜在要求 ・・・・・・・・・・ 24
商圏 ・・・・・・・・・・・ 129	図示法 ・・・・・・・・・・ 100	センターコア ・・・・・・・・ 139
省資源・循環 ・・・・・・・・ 22	鈴木毅 ・・・・・・・・・・ 284	全体計画
少女と老婆 ・・・・・・・・・ 63	スタジオ ・・・・・・・・・ 326	・・・・・・ 125, 313, 347, 356, 400
小中一貫校 ・・・・・・・・・ 281	スタディ模型 ・・・・・・・・ 114	選択性の高い動線 ・・・・・・ 316
小中高一貫教育 ・・・・・・ 282, 286	スタンダードプリコーション ・・ 369	仙田満 ・・・・・・・・・・ 142
情緒的意味 ・・・・・・・・・ 72	図と地 ・・・・・・・・ 62, 63, 116	線履き替え ・・・・・・・・ 284
商店街 ・・・・・・・ 333, 341, 415	ストックアンドフロー ・・・・ 31, 358	線密度 ・・・・・・・・・・ 84
情報の非対称性 ・・・・・・ 243, 244	ストラクチャー ・・・・・・・ 98	専門化 ・・・・・・・・ 325, 331
照明操作室 ・・・・・・・・・ 329	ストリートファニチャー ・・ 49, 342	千里ニュータウン ・・・・・ 8, 20
ショーウィンドー ・・・・・・ 337	図になりやすさ ・・・・・・・ 62	想起距離 ・・・・・・・・・ 105
ショートステイ ・・・・・・・ 384	スノコ ・・・・・・・・・・ 326	想起法 ・・・・・・・・・・ 100
書架間隔 ・・・・・・・・ 297, 300	スプリンクラー ・・・・・・・ 159	総合教室型 ・・・・・・・ 275, 278
植栽 ・・・・・・ 133, 251, 263, 412	住まい方 ・・・・・・・・ 7, 25	総合診療科 ・・・・・・・・ 378
食寝分離論 ・・・・・・・・・ 8	住み心地 ・・・・・・・・・ 26	総合設計制度 ・・・・・・ 360, 363
ショッピングセンター ・・・・ 333	スモールスペース ・・・・・・ 286	蔵書新鮮度 ・・・・・・・・ 298
ジョン・ラスキン ・・・・・・ 41	スロープ ・・・・・・ 82, 115, 338	創造性 ・・・・・・・・・・ 353
真、副、体 ・・・・・・・・・ 59	成育環境 ・・・・・・・・・ 251	ゾーニング ・・・・ 135, 147, 298, 302
真行草 ・・・・・・・・・・ 58	生活行動 ・・・・・・・・ 24, 29	測定 ・・・・・・・・・・・ 25
新業態 ・・・・・・・・ 333, 334	生活像 ・・・・・・・・ 23, 24, 25	側舞台 ・・・・・・・・・・ 326
新業態ホテル ・・・・・・・・ 349	生活の器 ・・・・・・・・・ 41	側面販売 ・・・・・・・・・ 337
シングルグリッド ・・・・・・ 120	生活要求 ・・・・・・・・・ 24	
人口動態 ・・・・・・・・・ 239	生活領域 ・・・・・・・・・ 95	【た】
人口予測 ・・・・・・・・・ 127	清家清 ・・・・・・・ 131, 135, 208	ターミナルケア ・・・・・・・ 377
真珠庵 ・・・・・・・・・・ 58	制作部門 ・・・・・・・・・ 325	第一次オイルショック ・・・・ 225
心象構成要素 ・・・・・・・・ 104	制震技術 ・・・・・・・・・ 162	待機児童 ・・・・・・・・ 268, 273
心象風景 ・・・・・・・・・ 103	生存権 ・・・・・・・・・・ 21	大規模小売店舗法 ・・・・・・ 334
人体寸法 ・・・・・・・・ 77, 129	生態学的視覚論 ・・・・・・・ 101	大規模小売店舗立地法 ・・・・ 335
身体の動き ・・・・・・・・・ 83	成長の限界 ・・・・・・・・・ 9	大規模集積化 ・・・・・・・・ 356
寝殿造 ・・・・・・・・・・ 191	静的空間 ・・・・・・・・ 28, 261	滞在型 ・・・・・・・・ 295, 400
シンボル ・・・・・・・・・ 57	生物多様性社会 ・・・・・・・ 10	対象の重なり ・・・・・・・・ 64
シンメトリー ・・・・・・・・ 59	正方形グリッド ・・・・・・・ 137	大店法 ・・・・・・・・・・ 334
垂直動線 ・・・・・・・・・ 30	生命権 ・・・・・・・・・・ 21	大店立地法 ・・・・・・・・ 335
スーパーストラクチャー ・・・ 370	生理心理 ・・・・・・・・・ 28	ダイニングキッチン ・・・・・ 189
スーパーマーケット ・・・・・ 333	施主 ・・・・・・ 23, 29, 109, 114	対面販売 ・・・・・・・・・ 337
数量化 ・・・・・・・・・・ 26	世代間公平性 ・・・・・・・・ 21	太陽高度 ・・・・・・ 132, 145, 220
スキーマ ・・・・・・・・・ 101	世代間倫理 ・・・・・・・・・ 21	滞留 ・・・・・・ 84, 85, 92, 361, 371
スキップフロア ・・・・・・ 205	設計コンセプト ・・・・・・・ 29	滞留調査 ・・・・・・・・・ 26

タウンハウス・・・・・・・・・ 227	地球環境問題・・・・・・・・ 20	デザインレビュー・・・・・・・ 110
高床式住居・・・・・・・・・ 191	地球全体主義・・・・・・・・ 21	手すり・・・・・・ 82, 164, 165, 384
多義性・・・・・・・・・・・ 99	地区・・・・・・・・・・・・ 393	デモクリトス・・・・・・・・・ 37
多視点・・・・・・・・・・・ 103	地区センター・・・・・ 257, 395, 400	デン・・・・・・・・ 286, 300, 389
多翼型・・・・・・・・・・・ 370	地産の木材・・・・・・・・・ 286	転移責任・・・・・・・・・・ 21
竪穴式住居・・・・・・・・・ 191	地熱・廃湯利用・・・・・・・ 417	天候変動・・・・・・・・・・ 128
建物火災件数・・・・・・・・ 157	チャペル MIT・・・・・・・・ 49	電子カルテ・・・・・・・ 370, 375
建物全体規模・・・・・・・・ 129	中間的空間・・・・・・・ 28, 52	展示空間・・・・・・・・・・ 310
谷崎潤一郎・・・・・・・・ 49, 117	中間領域・・・・・・ 52, 115, 204	展示形式・・・・・・・・・・ 316
田の字型・・・・・・・・・・ 192	中小都市における公共図書館の運営	展示室・・・・・・ 310, 314, 316
ダブルグリッド・・・・・・・・ 120	・・・・・・・・・・・・・ 289	電子図書館・・・・・・・・・ 291
ダブルコア・・・・・・・・・ 139	中小レポート・・・・・・・・ 289	展示方法・・・・・・・・・・ 310
ダブルスキン・・・・・・・・ 356	長期修繕計画・・・・・・・・ 224	天地人・・・・・・・・・・・ 59
多方向・・・・・・・・・ 103, 104	超高層化・・・・・・・・・・ 356	伝統環境保存・・・・・・・・ 7
多面化・・・・・・・・・ 20, 24	超高層建築時代・・・・・・・ 8	転用・・・・・・ 30, 178, 330, 341
多目的ホール・・・・・・ 261, 325	超高齢社会・・・・・・・ 9, 383	同化と調節・・・・・・・・・ 43
多目的利用・・・・・・・・・ 30	長寿命・・・・・・・・・ 22, 242	凍結深度・・・・・・・・・・ 176
多様性の時代・・・・・・ 225, 228	長短錯視・・・・・・・・・・ 60	動作寸法・・・・・・・・ 78, 119
多様な運営・・・・・・・・・ 399	超超高層建築・・・・・・・・ 9	動作特性・・・・・・・・・・ 25
多様な展開の可能性・・・・・・ 312	眺望・・・・・・・・・・・・ 132	動作能力・・・・・・・・・・ 26
段階構成・・・・・・ 28, 29, 222	長方形グリッド・・・・・・・・ 137	動作範囲・・・・・・・・・ 5, 26
丹下健三・・・・・・・・・・ 43	直接基礎・・・・・・・・・・ 121	同潤会・・・・・・・・・ 31, 194
男女就寝室の分離・・・・・・・ 8	直線距離・・・・・・・・ 104, 126	動線計画・・・・ 4, 141, 142, 347, 369
単独業態・・・・・・・・・・ 333	地理的イメージ・・・・・・・・ 96	動線図・・・・・・・・・ 141, 154
断面計画・・・・・・・・ 143, 360	チルドレンズ・ミュージアム・・・ 258	動的空間・・・・・・・・ 28, 261
断面図・・・・・・・・・・・ 114	陳列計画・・・・・・・・・・ 337	動的領域・・・・・・・・・・ 28
地域・・・・・・・・・・・・ 393	通行量・・・・・・・・・ 131, 142	トーテンポール・・・・・・・・ 44
地域医療・・・・・・・・・・ 368	通時性・・・・・・・・・・・ 21	特殊階・・・・・・・・・・・ 359
地域開放ゾーン・・・・・・・ 280	通路・・・・・・・・・・・・ 139	特徴あるビル形態・・・・・ 359, 360
地域計画・・・・・・・・ 294, 393	月の桂の庭・・・・・・・・・ 69	特別教室型・・・・・・・ 275, 278
地域中心館・・・・・・・・・ 292	月変動・・・・・・・・・・・ 128	特別養護老人ホーム・・・・・・ 386
地域図書館・・・・・・・・・ 292	つなぎの空間・・・・・・・・ 53	都市居住・・・・・・・・・・ 209
地域に開かれた、地域の特色・・・ 286	ツリー構造・・・・・・・・・ 25	都市公園・・・・・・・・・・ 262
地域のサロン・・・・・・・・ 302	吊物・・・・・・・・・・・・ 326	都市のイメージ・・・・・・・・ 97
地域の中の開かれた博物館・・・・ 311	定位・・・・・・・・・・ 66, 96	都市のエレメント・・・・・・・ 98
地域包括医療・・・・・・・・ 367	デイケア・・・・・・・・・・ 384	土地条件・・・・・・・・ 131, 136
地域密着型・・・・・・・・・ 387	デイサービス・・・・・・・・ 384	トポス・・・・・・・・・・・ 37
地域連携・・・・・・・・ 86, 331	ディスカウント業態・・・・・・ 334	ドミノ・ハウス・・・・・・・・ 47
チームティーチング学習・・・ 275, 276	ディストリクト・・・・・・・・ 98	トラッキング火災・・・・・・・ 157
知覚循環・・・・・・・・・・ 102	デイスペース・・・・・・・・ 378	トレンド法・・・・・・・・・・ 126
近道・・・・・・・・ 82, 142, 260	デヴッド・ハフ・・・・・・・・ 129	トワイライトスクール・・・・・ 282
地球環境・建築憲章・・・・・・ 22	適正規模・・・・・・・・・・ 125	【な】
地球環境概況 2000・・・・・・・ 21	テクスチャー・・・・・・ 49, 51, 146	ナイチンゲール・・・・・・・・ 376
地球環境時代・・・・・・・・ 395	デザインビルド方式・・・・・・ 110	内部階段・・・・・・・・・・ 81

内部空間	・・・・・・・・	51
中之郷アパートメント	・・・・・・	31
中待ち	・・・・・・・・・・	372
中廊下型	・・・・・・・・・	193
奈落	・・・・・・・・・・・	326
習志野市秋津小学校	・・・・・	280
縄張り	・・・・・・・・・	46, 87
南面平行配置	・・・・・・	220, 221
にぎわい	・・・・・・・・・	302
西周	・・・・・・・・・・・	37
西山夘三	・・・・・・・・・	155
二重グリッド	・・・・・・・・	137
二重構造	・・・・・・・・・	294
二段階供給方式	・・・・・・・	241
日常安全性	・・・・・・	156, 187
日常災害	・・・・・・・	163, 164
日光	・・・・・・・・・・・	132
日射	・・・・・・・・・	132, 176
日照	・・・・・・・・・	131, 220
日照時間	・・・・・・	113, 175, 220
ニッチ	・・・・・・・・・	42, 116
二方向避難	・・・・	141, 142, 358, 378
ニューアーバニズム	・・・・	395, 396
ニュータウン	・・・・・	20, 225, 394
ニュートン	・・・・・・・・・	38
人間工学	・・・・・・・・・	79
人間行動特性	・・・・・・・・	159
人間的な環境	・・・・・・・・	353
人間のくせ	・・・・・・・・	80
認識距離	・・・・・・・・・	105
認知距離	・・・・・・・	104, 105
認知空間	・・・・・・・・・	105
認知地図	・・・・・・・	100, 105
認知の構図	・・・・・・・・	101
鼠返し	・・・・・・・・・	191
熱効率	・・・・・・・・・	132
ネットワーク	・・・・・・・・	292
年齢・発達段階	・・・・・・・	252
農家	・・・・・・・・・・・	191
ノーテーション	・・・・・・・	71
ノード	・・・・・・・・・・	98
ノーマライゼーション	・・・・	381
軒下	・・・・・・・・	49, 52, 412
軒内	・・・・・・・・・・	53
ノルベルク・シュルツ	・・・・	40

【は】

パーソナルスペース	・・・・・	87
ハードとソフトの構成	・・・	319, 320
バーチャルリアリティ	・・・・	4, 331
ハートビル法	・・・・・・・・	83
ハーモニーの原理	・・・・・・	59
灰色の空間	・・・・・・・・	53
配膳室	・・・・・・・・・	340
配置計画	・・・・・・・・・	125
ハイデッガー	・・・・・・	40, 42
パイプシャフト（PS）	・・・・	359
パウダースペース	・・・・・	339
博物館	・・・・・・・・・	307
博物館の数	・・・・・・・・	309
博物館の基本的な機能	・・・	310
博物館の種類	・・・・・・・・	308
ハザードマップ	・・・・・・・	161
パス	・・・・・・・・・・・	98
パタン・ランゲージ	・・・・・	5
客家	・・・・・・・・・・・	188
パッシブソーラー	・・・・	32, 124
発注者	・・・・・・・・・	109
バトン	・・・・・・・・・	326
花道	・・・・・・・・・・	323
羽生和紀	・・・・・・・・・	105
パビリオン型病棟	・・・・・・	376
ハフのモデル	・・・・・・・・	129
パブリック	・・・・・・・・	28
パブリックアート	・・・・・・	49
パブリックスペース	・・・・・	328
パラサイト・シングル	・・・・	7
バリアフリー	・・・・・・・・	122
バリアフリーデザイン	・・・・	5
バルコニー席	・・・・・・・・	327
パルテノン神殿	・・・・・・	61
バロック劇場	・・・・・・・・	324
パワーセンター	・・・・・・・	334
ハンガー陳列	・・・・・・・・	337
反射板	・・・・・・・・・	327
ハンス・ホライン	・・・・・・	42
バンダリズム	・・・・・・・・	166
反転図形	・・・・・・・・・	63

パントリー	・・・・・・・	340, 348
搬入動線	・・・・・・・・・	313
ヒエログリフ	・・・・・・・・	57
東日本大震災	・・・・・・・・	195
ピクチャーウィンドウ	・・・・	118
ピクトグラム	・・・・・・・・	57
日差し	・・・・・・・・・	132
ビジネスパーク	・・・・・・・	354
ビジネスホテル	・・・・・・・	344
美術館	・・・・・・・・・	307
美術館での鑑賞距離	・・・・・	83
人が集まる空間の条件	・・・・	364
人が満足する空間の条件	・・・	362
人の動線	・・・・・・・・・	141
一文字校舎	・・・・・・・・	276
避難計画	・・・・・・・・・	159
避難行動	・・・・・・・	159, 161
避難所	・・・・・・・・・	163
避難場所	・・・・・・・	161, 163
避難ルート	・・・・・・・・	161
避難路	・・・・・・・・・	163
百貨店	・・・・・・・・・	333
表意文字	・・・・・・・・・	57
評価構造	・・・・・・・・・	73
描画法	・・・・・・・・・	100
費用距離	・・・・・・・・・	104
表現性	・・・・・・・・・	188
病室面積	・・・・・・	140, 368, 377
表出	・・・・・・・・・・・	222
標準設計	・・・・・・・・・	275
平土間	・・・・・・・・・	327
ビル風	・・・・・・・・・	356
比例尺度	・・・・・・・・・	26
広瀬鎌二	・・・・・・・・・	8
ピロティ	・・・・・・・	116, 206
品質確保促進法	・・・・・・・	244
ファサード	・・・・・・・・	117
ファシリティマネジメント（FM）		
	・・・・・・・・・・・	353
ファシリテーター	・・・・・・	418
ファンズワース邸	・・・・・・	47
フィリップ・シール	・・・・・	71
風景	・・・・・・・・・・	102
風除室	・・・・・・・	139, 337

風水思想	186	偏心コア	139	満足度	263, 317, 319, 362
夫婦就寝室の隔離	8	ポアソン分布	128	ミース・ファン・デル・ローエ	47
フォームとデザイン	17	保育室の機能分離	271	ミーニング	98
吹抜け	116	方位	131, 201	三島由紀夫	105
副幹線道路	130	放課後児童クラブ	280	道のり	104, 126
複合化	20, 280, 326, 403	方向錯視	60	見通し角度	327
物理距離	104	防災	163, 391	ミングル	7
フライタワー	326	防災センター	316	民泊	350
プライバシー	28, 90, 133, 203	防災避難	6, 270	無学年生	286
プライベート	28, 206, 386	防犯安全性	166, 187	ムセイオン	307
フラッシュオーバー	157	防犯環境設計	166	名義尺度	26
プラトーン型	278	防犯性能	243	メートル法	77
プラトン	37	法令上の位置づけ	308, 309	メタバース	4
フランク・ロイド・ライト	42, 137	ホームベース	276, 278	メタボリズム	208
ブランドショップ	334, 336	歩行者のくせ	82	メッセージ	96
ブリーズ・ソレイユ	32, 123	歩者分離	130, 335	メディアセンター	280, 284
フリースクール	275	ポストモダニズム	9	メルテンスの理論	71
プルキンエ現象	147	ホスピス	377	免震技術	162, 360
フレキシビリティ	30, 399	保存	311, 318	免震レトロフィット	162
プレゼンテーション	113	保存環境	311	面積錯視	60
プレハブ建築	7	ぼちぼち長屋	382	面積効果	146
プロクセミックス	87	ポツ窓	347	メンタルマップ	100
プログラム学習	275	ボルノー	46	面履き替え	284
プロジェクトマネジメント	110	ホレイショ・グリーナフ	42	綿密度	85
プロセニアムアーチ	323	ボロノイの多角形	126	網膜像の大きさ	64
プロセニアムステージ	323	ホワイエ	328	モール	334, 336
ブロックプラン	8	ボンエルフ道路	238	持ち込み家具	388
プロパティマネジメント	172			モデュール	120
プロフィール曲線	73	【ま】		モデュラーコーディネーション	7
プロポーザル方式	110	マーキング	66	モデュロール	61, 119
プロポーション	40, 59, 115	幕間	328	物の動線	141
プロポーションの原理	59	増沢洵	208	最寄品	336
文化住宅	194	マスターアーキテクト方式	228		
分割距離錯視	60	マスタープラン	370	【や】	
分割の手法	119, 206	待ち行列	85, 127	山本理顕	29, 211
分散型ホテル	350	街並み修景	7	遊環構造	142, 260, 316, 317
分散コア	139	まちの居場所	400	有効利用	350
噴水効果	336	待ちの確率	128	誘目性	146, 147, 148
閉架書庫	297	町屋	193	ユーザー参加型	286
平地式住居	191	マッハバンド効果	66, 67	遊歩道	238
平面計画	134, 336	間取り	201	有料老人ホーム	387
平面駐車	339	マンション	194	床座	78, 186
壁面ディスプレイ	338	マンション管理適正化法	223	雪国	106
ペリメーターゾーン	355, 356	慢性期	369, 377	豊かな空間体験	142

ゆとり寸法 ・・・・・・・・・・ 78	リファインの時代 ・・・・・・・ 167	ロジスティック曲線 ・・・・・・ 127
ユニットケア ・・・・・・・・ 386	リフォーム ・・・・・・・・・ 201	ロンシャン教会堂 ・・・・・・・ 137
ユニットプラン ・・・・・・・ 138	リフレッシュルーム ・・・・・ 360	
ユニバーサルデザイン	利便性 ・・・・・・・・・ 154, 188	【わ】
・・・・・・・ 5, 122, 147, 148, 381	利用確率 ・・・・・・・・・・ 128	ワークショップ ・・・ 25, 109, 330, 418
ユニバーサルデザインの 7 原則 ・・ 381	両眼視差 ・・・・・・・・・・・ 64	分かりやすい順路 ・・・・・ 316, 317
ユビキタス環境 ・・・・・・・ 10, 17	両眼輻輳 ・・・・・・・・・・・ 64	和室 ・・・・・・・・・・・ 245, 402
容積率 ・・ 113, 220, 224, 231, 356, 363	利用圏 ・・・・・・・・・・・ 126	環象 ・・・・・・・・・・・・・ 43
要素心理学 ・・・・・・・・・・ 63	利用圏域 ・・・・・・・・・・ 292	和洋折衷 ・・・・・・・・ 8, 81, 193
用途転換 ・・・・・・・・・・ 341	利用者数 ・・・・・・・・ 126, 129	
用途変更 ・・・ 167, 178, 227, 297, 351	利用者数予測 ・・・・・・ 126, 130	
ヨーロッパで最も古い博物館 ・・・ 308	利用者単位規模 ・・・・・・・ 129	
ヨーン・ウッツォン ・・・・・・ 42	両端にコア ・・・・・・・・・ 139	
予期図式 ・・・・・・・・・・ 102	量の時代 ・・・・・・・・ 225, 229	
横穴式住居 ・・・・・・・・・ 191	利用要求 ・・・・・・・・ 30, 125	
吉武泰水 ・・・・・・・・・・・ 8	利用率 ・・・・・・・ 128, 262, 295	
予測モデル ・・・・・・・・・ 128	旅館 ・・・・・・・ 343, 344, 350, 417	
	旅館業法 ・・・・・・・・ 343, 350	
【ら】	緑道 ・・・・・・・・・・・・ 238	
ラーニングコモンズ ・・・ 295, 296, 304	ルイス・カーン ・・・ 17, 28, 43, 136	
ラーニングセンター ・・・・・・ 284	ルイス・サリヴァン ・・・・・・ 42	
ライオン ・・・・・・・・・・・ 87	ル・コルビュジエ ・・・・・ 47, 135	
来館目的 ・・・・・・・・ 317, 319	ルドルフ・アルンハイム ・・・・ 39	
ライトシェルフ ・・・・・・・ 148	ルネ・デカルト ・・・・・・・・ 38	
ライフスタイル ・・・ 199, 240, 241	ルビンの杯 ・・・・・・・・ 63, 115	
ライフステージ ・・・・・・ 30, 201	歴史的建造物 ・・・・・ 104, 162, 341	
ライリー・コンバースの重力 ・・ 129	歴史文化遺産 ・・・・・・・・ 280	
ラチス構造 ・・・・・・・・・・ 25	レジビリティ ・・・・・・・・・ 98	
ラドバーン計画 ・・・・・・ 394, 395	レストスペース ・・・・・・・ 339	
ラドバーン方式 ・・・・・・ 130, 395	レセプト ・・・・・・・・・・ 367	
ラポポート ・・・・・・・・・・ 99	レファレンス ・・・・・・ 295, 298	
ランガー ・・・・・・・・・・・ 40	連結の手法 ・・・・・・・ 119, 206	
ランドスケープ的演出 ・・・ 338, 341	練習室 ・・・・・・・・・・・ 329	
ランドマーク ・・・・・・・・・ 98	連想法 ・・・・・・・・・・・ 100	
リズム ・・・・・・・・・・ 40, 59	レンタブル比 ・・・・・・・・ 357	
理想コミュニティ論 ・・・・・・ 393	廊下	
リゾートホテル ・・・・・・・ 344	・・・・・・ 120, 139, 359, 376, 386	
立体最小限住宅 ・・・・・・・・ 8	老子 ・・・・・・・・・・・・ 41	
立体駐車 ・・・・・・・・・・ 339	老人保健施設 ・・・・・・・・ 387	
リニューアル ・・・・・・ 358, 418	ロードサイドショップ ・・・・ 333	
リノベーション ・・・・・・ 168, 214	ローパーティション ・・・ 358, 359	
リハーサル室 ・・・・・・・・ 329	ローマクラブ ・・・・・・・・・ 9	
リファイニング建築 ・・・・・・ 167	ローマ劇場 ・・・・・・・・・ 323	
リファイン建築 ・・・・・・・ 167	ローリーモデル ・・・・・・・ 127	

著者略歴

松本 直司（まつもと なおじ）
1950 年 埼玉県に生まれる
1974 年 東京工業大学工学部建築学科卒業
1979 年 同大学院理工学研究科建築学専攻
　　　　博士課程修了
1996～1997 年
　　　　UC Berkeley-University of Surrey 在外研究員
現　職　名古屋工業大学大学名誉教授　工学博士

（以下 50 音順）

櫻木 耕史（さくらぎ こうし）
1973 年 愛知県に生まれる
1996 年 名古屋工業大学工学部社会開発工学科卒業
2007 年 名古屋工業大学大学院工学研究科
　　　　博士課程修了
現　職　独）国立高等専門学校機構岐阜工業高等専
　　　　門学校建築学科　准教授　博士（工学）

瀬田 惠之（せた しげゆき）
1951 年 埼玉県に生まれる
1975 年 東北大学工学部建築学科卒業
1977 年 東京工業大学大学院理工学研究科
　　　　建築学専攻修士課程修了
　　　　飛島建設技術研究所副所長、
　　　　名古屋工業大学技術部、
　　　　財団法人 住宅保証機構を経て
元　職　一般財団法人住宅保証支援機構住宅保証研
　　　　究所研究第二部長　博士（工学）

高井 宏之（たかい ひろゆき）
1957 年 岡山県に生まれる
1980 年 京都大学工学部建築学科卒業
1982 年 同大学院工学研究科建築学専攻
　　　　博士前期課程修了
　　　　竹中工務店（技術研究所・設計部など）、
　　　　三重大学准教授を経て
現　職　名城大学理工学部建築学科教授　博士
　　　　（工学）

建部 謙治（たてべ けんじ）
1950 年 滋賀県に生まれる
1973 年 愛知工業大学工学部建築学科卒業
1978 年 同大学院工学研究科修士課程修了
2021 年 愛知工業大学名誉教授　博士（工学）逝去

谷田 真（たにだ まこと）
1971 年 名古屋市に生まれる
1995 年 名城大学理工学部建築学科卒業
1997 年 名古屋大学大学院工学研究科建築学専攻
　　　　博士前期課程修了
2008 年 University of East London 在外研究員
現　職　名城大学理工学部建築学科准教授
　　　　博士（工学）

中井 孝幸（なかい たかゆき）
1967 年 大阪府に生まれる
1991 年 三重大学工学部建築学科卒業
1993 年 同大学院工学研究科建築学専攻
　　　　修士課程修了
現　職　愛知工業大学工学部建築学科 教授
　　　　博士（工学）

夏目 欣昇（なつめ よしのり）
1970 年 愛知県に生まれる
1993 年 名古屋工業大学工学部社会開発工学科卒業
1995 年 名古屋工業大学大学院工学研究科
　　　　社会開発工学専攻博士前期課程修了
現　職　名古屋工業大学工学部社会工学科建築・
　　　　デザイン分野 准教授　博士（工学）

西尾 洸毅（にしお ひろき）
1990 年 宮城県に生まれる
2013 年 室蘭工業大学工学部建築社会基盤系学科
　　　　建築学コース卒業
2019 年 室蘭工業大学大学院工学研究科
　　　　博士課程修了
現　職　八戸工業大学工学部工学科 講師
　　　　博士（工学）

西本 雅人（にしもと まさと）
1980 年 石川県に生まれる
2003 年 三重大学工学部建築学科卒業
2008 年 同大学院工学研究科博士後期課程修了
現　職　福井大学工学部建築・都市環境工学科
　　　　准教授　博士（工学）

船曳 悦子（ふなびき えつこ）
1976年 大阪府に生まれる
1999年 大阪産業大学工学部環境デザイン学科卒業
2003年 神戸大学大学院総合人間科学研究科
　　　　博士前期課程修了
2010年 名古屋工業大学大学院工学研究科
　　　　博士後期課程修了
現　職 大阪産業大学デザイン工学部建築・
　　　　環境デザイン学科　教授　博士（工学）

宮崎 崇文（みやざき たかふみ）
1986年 兵庫県に生まれる
2009年 京都工芸繊維大学工芸学部造形工学科卒業
2016年 大阪市立大学大学院生活科学研究科後期
　　　　博士課程修了
現　職 愛知工業大学工学部建築学科　講師
　　　　博士（学術）

矢田 努（やた つとむ）
1951年 神奈川県に生まれる
1973年 東京工業大学工学部建築学科卒業
1976年 同大学院理工学研究科建築学専攻
　　　　修士課程修了
1981年 米国マサチューセッツ工科大学大学院都市
　　　　計画学科博士課程修了
　　　　（Urban and Regional Planning）
現　職 愛知産業大学名誉教授　Ph.D.

改訂版 建築計画学

	編 著 者　松本直司
	共 著 者　櫻木耕史　瀬田惠之　高井宏之
2024年8月26日　　初版第1刷発行	建部謙治　谷田 真　中井孝幸
	夏目欣昇　西尾洸毅　西本雅人
	船曳悦子　宮崎崇文　矢田 努
	発 行 者　柴山斐呂子

発 行 所　理工図書株式会社	〒102-0082　東京都千代田区一番町 27-2 電話 03（3230）0221（代表） FAX 03（3262）8247 振替口座 00180-3-36087 番 http://www.rikohtosho.co.jp お問合せ info@rikohtosho.co.jp

© 松本直司　　　　　　　　　　2024 Printed in Japan　ISBN978-4-8446-0954-4

印刷・製本　藤原印刷

本書のコピー等による無断転載・複製は、著作権法上の例外を除き禁じられています。内容についてのお問合せはホームページ内お問合せフォームもしくはメールにてお願いいたします。落丁・乱丁本は、送料小社負担にてお取替えいたします。

＜出版者著作権管理機構 委託出版物＞
本書（誌）の無断複製は著作権法上での例外を除き禁じられています。複製される場合は、そのつど事前に、出版者著作権管理機構（電話 03-5244-5088、FAX 03-5244-5089、e-mail: info@jcopy.or.jp）の許諾を得てください。

メモ欄

メモ欄

メモ欄

メモ欄